인문학 · 과학 에세이

인문학 · 과학 에세이

「황필호 지음」

철학과현실사

■ 머리말 : 인문학과 과학

　현대인의 삶에서 가장 중요한 것은 무엇인가? 나는 단연코 과학과 교육을 들겠다. 과학이 주로 육체와 관련이 있다면, 교육은 다분히 정신·이성·영혼과 관련이 있다.

　첫째, 우리는 흔히 밤하늘의 별을 쳐다보면서 "자연으로 돌아가라!"는 루소의 말을 상기하며, 노자의 무위자연과 소요유를 그리워한다. 기계의 소리보다는 사람의 소리를 듣고, 사람의 소리보다는 자연의 소리를 들으려고 한다. 그러나 현대인에게 자연은 어디까지나 이상일 뿐이다. 과학과 기술은 이미 우리의 선택이 아니라 우리들의 삶의 일부분이 되었다. 자연을 좋아한다는 현대인들 중에서 라디오도 듣지 않고, 전기나 냉장고도 사용하지 않고, 텔레비전도 보지 않고 살 수 있는 사람이 과연 몇 명이나 되겠는가. 이제는 토굴 속의 수도승도 자신의 명상하는 모습이 텔레비전으로 방영되기를 바라는 시대가 되었다. 현대인은 과학을 완전히 팽개칠 수 없다.

　둘째, 그러나 현대인은 과학과 기술만 가지고 살 수 없다. 그는 계속 배워야 하며, 죽을 때까지 배워야 한다. 더구나 요즘은 새로운 정보가 계속 쏟아지는 정보화 시대라고 하지 않는가. 배우지 않는 사람은 이미 시체와 다름이 없다. 그러므로 어느 사람의 사람됨은 그가 현재 어느 정도 아느냐에 달려 있는 것이 아니라 그가 앞으로 얼마나 넓고 깊게 배우려고 결심하고 있느냐에 달려 있다. 교육은 사람됨의 기본이다.

그런데 요즘의 교육은 지금 당장 써먹을 수 있는 것, 현실의 삶에 유용하고 실용적인 것, 즉 과학적이고 기술적인 것에 집중되어 있다. 그래서 전통적으로 교육의 가장 중요한 부분을 차지하고 있던 인문학은 이제 자신의 생존 자체를 위협받고 있다. 그러나 이런 현실은 아주 잘못된 것이다. 순수 과학이 살아 있어야 응용 과학의 결과가 계속 생산될 수 있듯이, 우리들의 모든 교육은 일단 인문학을 영원히 마르지 않는 샘물로 간주해야 한다. 나는 이 책에서 인문학과 인문학적 방법을 여러 가지 실례를 들어 설명하면서 강조하려고 한다.

이 책의 제1부는 과학과 관련된 글들이다. 제1장 「인간 복제, 어떻게 볼 것인가」는 미래 언젠가는 정상인과 복제인이 동시에 이 세상을 걸어다닐 것이라는 가정에서 거기에 관련된 여러 가지 과학적 및 철학적 문제를 토론한다. 제2장 「우연과 필연, 어느 쪽을 선택할 것인가」는 인간과 우주를 창조한 어떤 '이지적인 존재'를 가정해야 되느냐는 문제를 최신 천체물리학을 중심으로 토론한다. 제3장 「신과학과 '한' 사상은 만날 수 있는가」는 한국인의 고유한 정서라고 볼 수 있는 한의 개념을 신과학의 관점에서 토론한다. 제4장 「현대 종교인의 과학·기술 윤리」는 과학을 외면할 수 없는 현대 종교인들이 지켜야 할 구체적인 헌장의 원칙을 제시한다. 제5장 「하이데거의 생명관」은 현대와 기술에 대한 독특한 의견을 제시한 하이데거의 사상을 그의 생명관을 통해 고찰한다. 그러나 제1부의 모든 글은 인문학적 관점에서 쓴 것이다.

이 책의 제2부는 인문학적 관점 뿐만 아니라 그 대상도 인문학이다. 제6장 「공자에 대한 네 가지 질문」은 첫째로 공자는 성인인가, 둘째로 공자의 덕치는 오늘날에도 가능한가, 셋째로 공자는 종교인인가, 넷째로 공자는 전통주의자인가를 묻는다. 제7장 「누가 대중 스타인가」는 과거의 영웅과 현재의 영웅을 대비시키면서, 현대판 영웅의 총아인 대중 스타가 탄생되는 과정을 분석하고, 끝으로 왜 우리나라는 영원한 스타를 갖지 못하고 있느냐를 토론한다. 제8장 「아리스토파네스와 소크라테스」는 『구름』에 나타난 아리스토파네스의 사상을 토론하면서 그와 소크라테스를 비교한다. 제9장「서양 중세 철학에서 철학사와 철학함의 관계」는 철학 교육의 본질을 철학사와 철학함의 관계로 설정하고 그것을 서양 중세 철학의 입장에서 토론한다. 제10장「죽음에 대한 서양인과 한국인의 견해」는 죽음에 대한 서양인의 각기 다른 태도를 하이데거·사르트르·필립스·힉의 견해로 설명하고, 그들의 견해와 한국인의 견해를 비교해서 고찰한다. 제11장「21세기 교양 교육의 성격과 방법」은 교육 중에서 가장 중요한 교양 교육을 21세기에는 어떻게 전개해야 되느냐는 문제를 토론한다. 제12장「경천애인애물과 학문」은 한국인의 전통 사상인 '경천애인'에다가 애물(愛物)을 포함하는 새로운 교육관을 내가 봉직했던 강남대학교의 실례로 제시한다. 제13장「조동일의 인문학문론」은 우리나라 학자 중에서 가장 포괄적인 인문학문론을 전개한 조동일의 사상을 심층적으로 고찰한다.

나는 이 책을 '황필호의 종교철학 시리즈'의 열다섯 번째로 독자에게 보낸다.

2002년 7월 1일
又空 弗居 황필호 드림

차 례

차 례

쓸모 없는 사람의 쓸모
─ 송항룡, 「쓸모 없는 사람」을 읽고

송항룡 교수는 생김부터가 신선이다. 갈비뼈가 보일 정도의 바짝 마른 체구에다가 아무렇게나 흩어진 수염, 더구나 그가 청우당(聽雨堂)이라고 부르는 초가(草家)에 무명옷과 흰 고무신을 걸치고 앉아 있는 꼬라지를 보면 더욱 그렇다. 김규화(金圭和)는 「인상(人相)」에서 그를 이렇게 표현한다.

초벌 뽑은 흰 무명베의
동조고리 바람으로
주머니도 단추도 없이
한 여름을 그렇게 산에서 산다.
길쭉한 동정의 끝에 매달린
가는 옷고름으로 가는 육체를 여미다.
장자(莊子)의 말씀이 그가 밟는 땅의
흙과 바람이 되어
얼키설키 자른 콧수염에도 새까만 긴 머리결에도
웃을 때만 빛나는 탄탄한 치아에도
힘있게 뻗어 현대를 날다.

송항룡은 분명히 생불(生佛)이 아닌 생노장(生老莊)이다. 그런데 그 신선이 '힘있게 뻗어 현대를 날아다닌다.' 이 말에 어리둥절한 독자는 시의 다음 구절을 읽을 필요가 있다.

> 엑셀인지 프라이드인지 중고차로
> 서울로 학교로 설악(雪岳)의 산 속으로
> 미국의 대학으로 내달리어
> 나무를 심듯이 장자를 심으며
> 징검다리 훌쩍 훌쩍 뛰어넘어서
> 이천오백 년 전의
> 백발광부(白髮狂夫)인지
> 꿈속에서 노니는 나비 장자(莊子)인지.[1]

실제로 송항룡은 현직 대학 교수일 뿐만 아니라 이미 『한국도교철학사』, 『동양철학의 문제들』, 『무하유지향(无何有之鄕)의 사람들』, 『동양인의 철학적 사고와 그 삶의 세계』, 『맹랑선생전』 등의 묵직한 저서를 내기도 한 우리나라의 대표적 학자이기도 하다. 그런 그가 착심(着心)을 버리려고 시간만 있으면 폐가로 은거하여 혼자 라면을 끓여먹고 지낸다.

그는 인위(人爲)를 지독히 싫어한다. "나는 지금 힘들고도 무서운 하루하루를 넘기고 있다. 영혼은 병들고 마음은 지쳐 있다. 이대로는 아무것도 할 수가 없다. 학기가 시작되어도 강의를 할 수가 없을 것 같다. 학교를 그만두어야 할 것 같은 생각이 든다. 내 인생의 마감이 좋지 않을 것만 같다."[2] 그러나 그는 아직 학교라는 인위의 장(場)을 완전히 벗어나지 못하고 있다. 이것은 송항룡이라는 개인의 약점이 아니라 우리네 인생이 바로 그런 것이기 때문이다. 내가 「머리말」에서 말했듯이, 과연 우리 중에 몇 사람이 냉장고, 텔레비전 그리고 책과 돈을 완전히 팽개치고 살 수 있단 말인가. 인생의 길에는 성(聖)과 속(俗)이 공존한다. 삶이란 희로애락의 연속이다.

---

1) 송항룡, 『맹랑선생전』, 동인서원, 1998, p. 20에서 재인용.
2) 같은 책, p. 40.

인생을 무어라 해야 하는가. 아름답다 하기엔 너무 아프고, 억울하다 하기에는 얼룩진 자국들이 너무 아롱지다. 어느 성인은 선도 악도 저지르지 말라 했다지만, 붓길 한 번 간 일이 없는 백지장이 무슨 그림일 수 있으며, 회한의 눈물 한 번 흘리지 않은 인간이 무슨 인생을 살았다 하랴.[3]

송항룡은 벌써 10여 년 전부터 한 가지 희망을 가지고 있다. '맹랑(孟浪)선생전'이라는 제목의 소설을 쓰는 것이다. 그러나 10여 년이 지난 오늘날까지 아직 완성하지 못하고 있으며, 다시 이렇게 10여 년을 보내면 그것이 아마도 이 세상에서 제일 짧은 소설이 될 것이라고 말한다.[4] 그런데 그는 「쓸모 없는 사람」이라는 원고지 두 쪽도 되지 않는 글에서 맹랑선생전을 완성시켜 놓았다. 이 글은 "사람들은 맹랑 선생을 쓸모 없는 사람이라고 하였다"로 시작해서 "맹랑 선생은 쓸모 없는 사람이 되었다"로 끝맺고 있다. 사람들이 그를 맹랑 선생이라고 부를 뿐만 아니라 그는 실제로 맹랑 선생이 된다는 내용이다.

원래 '맹랑'이란 『장자』의 맹랑지언(孟浪之言)에서 따온 말이다. "터무니없고 가당치도 않은 말이라는 뜻이다. 맹랑은 그런 어처구니없는 말을 하는, 또는 맹랑하게 살아가는 사람이라 해도 좋을 것이다."[5] 그러나 맹랑이 처음부터 그렇게 맹랑한 사람은 아니었다. 오히려 그는 존경받고 인기 있고 성실한 철학 교수였다.

그는 많은 학식을 가진 사람이었고 학자요 한때는 대학 강단에서 학생들과 사념(思念)의 세계를 넘나들면서 인간이 추구하는 모든 것들, 이른바 진리와 선(善)의 문제들 그리고 그러한 것의 원리와 본질을 분명히 하여 인식 체계 안에 들어가도록 정열을 쏟아붓기도 하였다. 그때 그의 철학 강의는 제자들에게 마음을 움직이게 하였고, 자신도 안다는 것에 대한 모든 것이 분명하고 확실하였다. 진리에 대한 그의 확신은 대단하였고, 그 신념 속에 그의 지식은 한없이 확충되어 갔고, 또한 그것을 보편의 기준 위에 올려놓음으로써 앎의 정당성, 이른바 선을 증명하는 데 자신이 있었다.[6]

---

3) 같은 책, pp. 5-6.
4) 같은 책, p. 22.
5) 같은 책, p. 6.
6) 같은 책, p. 55.

나도 한때는 진리 탐구에 모든 정열을 쏟았다. 그리고 나의 정열적인 강의는 분명히 많은 학생들을 감격시켰을 것이다. 적어도 그렇게 믿고 싶다. 또한 맹랑은 자신의 임무에 충실한 사람이었다.

> 맹랑 선생은 자기가 아는 모든 것을, 아니 그 이상의 지식을 부풀리어 학생들에게 강의하였다. 그는 자신이 있었고, 아는 것은 확실하였다. 그리고 그것을 표현하고 전달하는 언어 구사력도 뛰어났으므로 그의 강의는 대단한 인기를 얻었다. 그가 강의실에 들어서면 가득 메운 젊은이들의 눈망울, 선망과 존경의 마음을 읽을 수 있었으므로 더욱 열정을 쏟아 때로는 자기가 미처 생각지도 못했던 것까지 이야기하게 되는 경우가 있었다.
> 그러기 위하여 그는 밤을 새워 공부도 열심히 하였다. 그의 명성은 날로 높아갔고 강의 내용을 책으로 발간하는 등의 연구 업적도 쌓여갔으므로 그에 따르는 학계의 인정은 물론 사회적 지위와 예우도 받을 수 있었다. 그는 결코 겉으로는 오만하지 않았다. 다만 자기가 알고 있는 것에 대한 자신이 있었을 뿐이다.[7]

나도 한때는 자신이 있었고, 내가 알고 있는 것은 명석판명하게 알고 있다고 생각했다. 나의 언어 구사력도 남에게 떨어지지 않는다고 생각했다. 그리고 어느 정도 인정도 받았다. 아, 송항룡은 맹랑 선생을 빌어서 바로 나에게 욕을 하고 있는 것이다. 결코 겉으로는 절대로 오만하지 않았던 맹랑 선생, 그는 바로 나 자신이다.

그러나 맹랑은 '모든 것이 무너지는 날'을 맞이하여 학생들에게 자신이야말로 아무것도 모르는 사람이라고 선언한다. 겉으로는 오만하지 않았지만 실제로는 지적 오만에 쌓여 있었으며, 또한 자신에게 쏟아졌던 모든 존경조차 아무런 의미가 없다는 사실을 자각한 것이다. 그리고 그는 무엇을 했는가.

> 그리고는 긴 여행을 하고 돌아왔다. 돌아오던 그 날 선생은 서재로 들어가더니 지금까지 써온 모든 원고를 태웠다. 마당에는 하루종일 연기가 피어오르고 있었다. 그의 원고는 그만큼 많았다. 그러나 선생은 원고만을 태우고 있었

---

7) 같은 책, pp. 55-56.

던 것은 아니었다. 그 날 이후로 맹랑 선생은 쓸모 없는 사람이 되었다.[8]

송항룡과 나는 아직도 원고를 불태우지 못하고 있다. 그러나 나는 그의 글을 읽으면서 이렇게 결심한다. "나도 '쓸모 없는 사람'이라는 말을 들을 정도로 겸손한 사람이 되려고 노력하겠습니다. 그래서 종교인이 될 수 있는 '첫째 조건은 겸손이며, 둘째 조건도 겸손이며, 셋째 조건도 겸손'이라는 성 아우구스티누스를 본받으려고 노력하겠습니다."[9]

송항룡이 스스로 그렇게 되기를 바라는 맹랑 선생의 세계는 도덕과 종교를 초월하는 넓은 세계다. 붕(鵬)이 날고, 곤(鯤)이 자맥질을 하고, 생명이 숨(息)을 쉬는 넓은 호연지기의 세상이다. 사랑(善)도 미움(惡)도 없고, 옳음(是)도 그름(非)도 없는 대자유의 세상이다.[10] 그것은 이를테면 일반 기독교인이 생각하는 세계보다 훨씬 광활한 세상이다. 송항룡이 맹랑을 무하공(无何公)이나 거리의 광대(廣大)라고 부르는 이유도 여기에 있다. 그는 이렇게 말한다.

사과 한 알 따먹은 것이 뭐 그리 큰 죄가 되겠습니까
공연한 생트집이겠지요
간음 한 번 한 것이 뭐 그리 나쁜 짓이겠습니까
아마도 시샘이겠지요 (중략)

원두막 없는 참외 도둑이
무슨 재미가 있어 밭에 들어갈 것이며
들킬 위험이 없는 간음이
무슨 마음 울렁거림이 있겠습니까
장애물 경기의 묘미를
당신이 어떻게 알겠습니까

큰길을 놔두고 좁은 길로 가라니
그런 억지가 어디 있습니까

---

8) 같은 책, p. 56.
9) 황필호, 『백두산, 킬리만자로, 설악산』, 신아출판사, 2000, p. 69.
10) 송항룡, 앞의 책, p. 17.

낙타를 탔으면 광활한 사막으로 갈 것이지
뭣 하러 바늘구멍으로 나가려 하겠습니까
당신은 알고 있으면서
심술을 한 번 부려보는 것이겠지요

투정을 그만 부리시고 시샘을 그만 거두시소서
아이 낳는 산고의 고통 없이 젖 물리는 환희를 어떻게 알 것이며
밭가는 수고로움 없이 수확의 즐거움을 어떻게 가질 수 있겠습니까

이게 당신의 벌이 아니라 축복인 줄을 알고 있습니다.
잘 알고 있습니다. 아멘.[11]

현재 우리나라에는 자신을 쓸모 있는 인물이라고 믿고 외치는 사람들
이 너무나 많다. 참으로 쓸모 없는 사람의 쓸모가 필요한 시기가 아닐 수
없다.

송항룡은 이미 절반 맹랑 선생이 되었으며, 머지 않아 진짜 맹랑 선생
이 될 것이다. 그러나 나는 아무래도 거꾸로 달리고 있는 듯하다. 그는
자유의 산봉우리로 올라가고 있으며, 나는 내려오고 있다.

11) 같은 책, pp. 27-28.

제 I 부

과학 에세이

제1장
인간 복제, 어떻게 볼 것인가

1. 머리말

시인 키플링은 1889년에 발표한 「동서의 발라드」에서 "오, 동양은 동양이며 서양은 서양이라, 그들은 영원히 만나지 않을 것이다"라고 외쳤다. 그러나 우리나라가 배출한 세계적 비디오 아티스트인 백남준은 현재 동양과 서양은 이미 서로 만나고 있으며 또한 서로 만나야 한다는 뜻으로 「키플링이여 안녕」이라는 작품을 만들어 전세계에 큰 감명을 주었다.

우리나라의 전통적인 종교인들과 과학자들의 관계는 — 적어도 지금까지는 — "그들은 영원히 만나지 않을 것이다"로 표현될 수 있었다. 종교인들은 인간 복제가 신의 영역을 침해하는 프로메테우스적인 작업이라고 생각해 왔으며, 다른 한편으로 과학자들은 유전자 조작을 통해 앞으로 모든 인간이 최소한 200년을 살 수 있는 단계로 돌입하고 있다고 생각해 왔다. 그들의 관계는 물과 기름의 관계였다. 그런데 2000년 9월 25~26일 미국 템플톤재단과 '신학·자연과학센터'의 후원을 받은 강남대학교와 기독교사상사가 공동 주최한 "인간 복제와 인간 게놈을 어떻게 볼 것인가"라는 주제의 국제회의를 열어서 이 분야에 새로운 바람을 일으켰다.[1]

---

1) 신학·자연과학센터(Center for Theology and Natural Science, CTNS)는 로버트 존 러

2. 인간 복제, 어디까지 와 있는가

오늘날 인간 복제는 모든 사람들에 회자되고 있지만 아직 완성된 것은 아니다. 그러나 현재까지 축적된 유전자 공학의 성과는 가공할 정도라고 할 수 있다. 예를 들어서, 미국 콜로라도에 사는 몰리(여, 6)의 부모는 '팬코니 빈혈'이라는 치명적 유전병을 앓고 있는 딸을 살리기 위해, 태어난지 한 달도 되지 않은 그녀의 남동생의 세포를 이식했는데, 그 아들은 팬코니 유전자가 없으면서도 몰리와 체질이 일치하는 세포가 필요하다는 의사의 말을 듣고, 10여 개의 인공수정란 중에서 유전자 선별을 통해 팬코니 유전자가 없는 것을 골라 자궁에 착상시켜 탄생한 아이였다.

바야흐로 이제 아이 출생도 — 마치 우리가 가구나 집을 특별 주문하듯이 — 맞춤 시대가 된 것이다. 또한 이런 유전자 공학의 연구는 새로운 사회적 불평등의 문제를 제기하기도 했는데, 벌써 영국에서는 정신이상자가 있는 가정에서 태어난 사람은 취직이나 승진에서 차별받고 있다는 항의 시위가 있었다.

특히, 인간 게놈 프로젝트에서 구조가 거의 판독된 21번 염색체는 가장 적지만 다운증후군·알츠하이머병·백혈병 등 20개 이상의 질병 관련 인자가 포함되어 있어서 앞으로 질병 치료에 커다란 성과를 기대하게 되었다. 물론 인간 게놈 프로젝트는 염색체를 잘게 분류하여 지도를 만드는 단계, 분류된 염색체의 염기 서열을 분석하는 차례 세우기의 단계, 염기 서열 속에서 의학적 치료에 필요한 염색체를 찾아내는 단계, 끝으로 거기에 맞는 약을 개발하는 단계까지 나아가야 하기 때문에 현재까지의 결과는 아직 걸음마 단계라고 할 수 있다. 그러나 지금까지의 결과만 가지고도, 이제 우리는 인간의 생명·인간의 권위·인간의 자유·인간의 정체성 등의 문제에 대한 새로운 시각을 요구받고 있다.

셸 박사가 1981년에 설립한 비영리 단체로 현대물리학·우주론·과학 기술·환경 연구·진화론·분자생물학 등을 기독교 신학 및 기독교 윤리학과 연결시키는 연구를 진척시키고 있다. CTNS는 1984년부터 '과학과 종교의 교과 과정 수상 대회'를 열고 있는데, 2000년에 선정된 83명의 학자에게는 미화 1만 달러가 지불되었고, 이 수여자의 32퍼센트는 파키스탄·멕시코·인도·러시아·한국 등에서 차지했으며, 1999년과 2000년 한국의 수상자로는 각각 호남신학대학교 신재식 교수와 강남대학교 김흡영 교수가 선정되었다.

이런 일련의 소용돌이는 단연 1997년 2월 27일, 영국 스코틀랜드 에딘 버그에 있는 로슬린 연구소(Roslin Institute)의 윌머트(Ian Wilmut)가 '돌리'라는 복제양을 탄생시킴으로써 시작되었다. 도대체 돌리는 어떻게 태어났는가? 우리는 이 과정을 네 단계로 설명할 수 있다. 첫째는 임신한 암소의 유방에서 세포를 떼어내어 양식시켜 혈청 영양분을 주지 않음으로써 — 마치 동면의 경우와 같이 — 세포 분열을 하지 않는 정지 상태(quiescent)로 만든다. 둘째는 아직 수정되지 않은 암양의 난세포(oocyte)를 채취하여 핵을 제거한다. 셋째는 이렇게 만든 정지 세포를 난세포 옆에 놓고 전기 자극을 주면, 난세포가 자연스레 DNA를 받아들이고 정상적 세포 분열을 한다. 넷째는 이렇게 6일간의 세포 분열을 지난 배아를 암양의 자궁에 넣어서 돌리가 탄생한 것이다. 이것을 의학자들은 체세포 핵치환(somatic cell nuclear transfer)에 의한 생명체 복제라고 부른다.

돌리의 탄생은 수많은 시행착오의 결과며 경제적으로도 엄청난 것이었다. 실제로 이번 실험에서도 277개의 배아 중 29개만 6일간 생존했으며, 14일이 되어서는 전체 배아의 62퍼센트가 사망했는데, 이것은 자연 분만의 6퍼센트에 비교하면 큰 차이가 있다. 하여간 이번에 277마리 중에서 8마리만이 새끼를 낳았고, 그 중에서 유일하게 생존한 것이 돌리였다. 언제나 승리는 수많은 실패를 동반하게 마련이다.[2] 이런 사실은 결국 우리가 앞으로 생명 공학을 계속 연구할 수 있는 비용을 어떻게 장만하느냐는 경제적 문제를 제기한다. 그러나 돌리의 탄생은 이런 경제적 문제보다 더욱 본질적인 문제를 제기한다.

첫째, 지금까지 과학자들은 일단 분화된 세포(differentiated cell)는 분화 이전의 세포(predifferentiated cell)로 되돌아갈 수 없다고 생각해 왔다. 그런데 그것이 포유 동물의 정상적 발달 과정에서도 가능하다는 것이 증명된 것이다. 인간이 자연의 순서를 거역한 것이다.

둘째, 지금까지 모든 생물의 출산은 유성 생식(有性生殖, sexual reproduction)이었다. 그런데 난자와 정자의 결합이 아닌 체세포 배양에 의한 돌리의 탄생은 이제 무성 생식(無性生殖, asexual reproduction)의 가능성을 완

---

2) Ted Peters, "Cloning Shock : A Theological Reaction", 강남대학교 발표문, p. 3 : "Triumph is accompanied by loss."

전히 증명한 것이다. 전통주의자들은 이것도 자연의 순서를 거역한 것이라고 말한다.[3)]

앞으로 무성 생식에 의한 인간 복제가 가능하게 된다면, 우선 우리들의 가족 관계는 완전히 변화될 것이다. 미혼 부모 아이(single-parent child) 뿐만 아니라 부자 쌍둥이(father-son twins)나 모녀 쌍둥이(mother-daughter twins)도 얼마든지 가능할 것이다. 그리고 이렇게 변화된 가족 관계는 "생육하고 번성하여 땅에 충만하라"(창세기, 1장 28절)는 구절과 "남자가 부모를 떠나 그 아내와 연합하여 둘이 한 몸을 이룰지로다"(창세기, 2장 24절)라는 구절에 대한 새로운 해석을 요청할 것이다.[4)]

셋째, 돌리의 탄생이 제기한 가장 획기적인 사실은, 앞으로 인간이 동일한 유전자를 가진 복제 인간을 만들 수 있다는 가능성이며, 이것은 자연 질서의 분명한 파괴로 보인다. 여기서 피조물이었던 인간은 다른 인간을 창조하는 신이 되는 것이다.

3. 인간 복제, 어떻게 토론해야 하는가

이번 국제회의에서 발표된 논문 중에서 최근의 유전학적 발견과 발명을 최대한도로 소개하면서 자신들의 의견을 개진한 것으로는 역시 외국인들의 발표였는데, 여기서는 가장 중요하다고 생각되는 두 논문을 소개하겠다.

세인트 폴 신학대학 학장 호웰(Nancy Howell)은 「인간 복제에 대한

---

3) Cf. 최근 외신은 척추 신경을 전기로 자극하여 오르가슴을 유발하는 데 성공했다는 소식을 전했다. 지금까지 성행위는 어디까지나 성기 삽입에 의한 것이었다. 그러나 '밖의 성행위(outer sex)'라고 불리는 이 '성행위 없는 성행위'는, 우선 추잡한 포르노 잡지와 인터넷 음란 사이트에 의해 "사랑 = 성행위 = 삽입"이라는 잘못된 관념에 사로잡힌 청소년들에게 임신 없는 성을 제공하며, 특히 정상적인 성기 기능을 찾지 못한 장애인들에게는 새로운 희망을 주며, 임신녀와 폐경기 여성에게는 새로운 젊음을 주고, 성기의 크기와 성행위 시간에 고민하는 중년 남성에게는 성기가 불완전하게 발기된 상태에서도 충분한 만족감을 준다는 것이다. 『동아일보』, 2001년 2월 14일자.
4) Cf. 박승길, 「인간 복제에 대한 논평」, 2000년 한국종교사학회 추계 학술대회, 2000년 12월 9일, 원광대학교, p. 2.

과학과 신학의 대화」에서 우선 과학과 종교의 관계에 대한 바버(Ian Barbour)의 네 가지 유형을 소개한다. 첫째는 갈등으로 보는 성서적 문자주의와 과학적 유물론이며, 둘째는 독립 혹은 분리로 보는 신정통신학과 실존주의며, 셋째는 대화로 보는 자연숭배론이며, 넷째는 통합으로 보는 — 계시신학에 반대되는 — 자연신학이다.

호웰은 이 중에서 세 번째 관계를 은연중에 추천하면서, 더욱 넓은 문화적 및 종교적 전통을 포용할 수 있는 인간 복제에 대한 지구적 담론(a global conversation)의 전제 조건을 제시한다. 첫째, 인간 복제가 허용되려면 먼저 정의 사회가 실현되어야 한다. 인종, 계급, 성별, 장애, 국적, 종교에 의한 차별이 먼저 사라져야 한다. 그렇지 않은 상황에서의 인간 복제는 결국 지금까지의 차별을 더욱 심화시킬 것이다. 둘째, 우리는 가정에 대한 다양한 접근을 인정해야 한다. 혼혈 가정, 동성애 부부, 시험관 수정을 통해 임신한 레즈비언 가정 뿐만 아니라 복제된 아이들을 기르는 가정까지 인정할 수 있는 아량을 가져야 한다. 셋째, 이제 우리는 자연 뿐만 아니라 동물에 대해서도 새로운 시각을 가져야 한다. 지금까지 대부분의 기독교인들은 동물 복제를 인간 행복을 위한다는 미명 아래 순순히 허락해 왔다. 그러나 우리는 실제로 이 과정에서 — 인권과 비슷한 — 동물권을 침해하고 있는 것이다. 또한 우리는 인간 복제가 가지고 올 환경 파괴에 대해서도 충분히 준비하고 있지 않다. 넷째, 인간 복제와 관련된 논의는 종교다원주의와 이념다원주의라는 입장에서 진행되어야 한다. 기독교의 테두리를 벗어나지 못하고 있는 현재의 논의를 이슬람교와 같은 비기독교 종교와 불교와 같은 동양 종교로 확대시켜야 한다.5)

---

5) Nancy R. Howell, "Mapping Human Cloning in Science-Religion Dialogue", 강남대학교 발표문, pp. 18-19. Cf. "수명의 불교학자가 인간 복제에 대한 의견을 표시했다. 그들에게는 기독교인들이 관심을 가지고 있는 창조의 주권성 · 영혼의 본질 · 인간 자유의 한계 · 하느님의 영역 침해보다는 카르마 · 자비심 · 양심이 더욱 중요하다. 예를 들어서 그로스(Rita M. Gross)는 어떤 유전자와 그 유전자의 복제물은 동일한 카르마를 갖지 않으며, 그래서 불교의 무상(無常) 사상은 양자에게 동일하게 적용된다고 말한다. 펜실바니아대학교의 일본학 교수며 생윤리학 센터의 라플레르(William LaFleur)는 개인에게 더욱 잔인하게 되거나 혹은 이미 이 세상에 존재하는 비참보다 더욱 큰 비참을 가져올 가능성이 있는 연구는 기피하는 것이 불교의 자비심이라고 말하며, 비교종교학과 물리학 교수인 리빈드라(Ravi Ravindra)는 과학자들이 영적 수련을 받아서 자비심과 양심이 과학과 동행하도록 해야 한다고 말하며, 복제의

생명 공학, 특히 유전자 공학은 굉장히 빠른 속도로 발전하고 있다. 이제 모든 종교, 문화, 국가는 도대체 어떤 조건 밑에서 이 문제를 토론해야 되느냐를 한가롭게 따지고 있을 때가 아니다. 인간 복제는 내일이라도 어느 곳에서 당장 나올 수 있기 때문이다. 물론 이 문제와 관련된 신학적, 윤리적, 철학적 문제들에 대한 단순한 답변은 존재하지 않을 것이다. 그러나 호월은 이런 '복잡성의 인정' 자체를 환영한다고 말하면서, 결국 우리는 "인간이란 무엇인가"와 "공동체란 무엇인가"라는 전통적 질문을 새로운 각도에서 조명하는 입장에서 새로운 토론을 시작해야 된다고 결론을 내린다.

호월의 주장 중에서 가장 열띤 토론을 일으킨 것은 그가 인간을 '피조된 공동 창조주(created co-creators)'라고 주장한 헤프너(Philip Hefner)의 사상을 소개한 대목이다. 후자에 의하면, 인간은 분명히 하느님의 피조물이지만 동시에 또 다른 인간을 창조할 수 있는 공동 창조주며, 인간의 이런 공동 창조주적 역할은 인간 복제까지 포함한다는 것이다. 그리고 이런 주장이 바로 '하느님의 형상'을 따라 인간이 태어났다는 주장의 내용이라는 것이다.6) 헤프너는 1993년에 출판한 『인간적 요소 : 진화, 문화, 종교(Human Factor : Evolution, Culture and Religion)』에서 이렇게 말한다.

인간은 하느님의 피조된 공동 창조주며, 공동 창조주의 목표는 우리를 탄생시켜준 자연, 즉 우리들의 유전적 상속 뿐만 아니라 전체 인간 공동체와 우리가 살고 있고 속해 있는 유전적 및 생태적 실재라는 자연에게 가장 유익한 미래를 자유롭게 탄생시키는 대리인이 되는 것이다. 이 대리권을 행사하는 것이 바로 인간을 위한 하느님의 의지라고 말할 수 있다.7)

동기를 중요시하는 나로파 연구소(Naropa Institute)의 짐머 브라운(Judith Simmer-Brown)은 타인에 대한 배려를 경제적 이익보다 먼저 고려해야 한다고 말한다." 같은 글, p. 19.
6) 인간의 공동 창조성을 특별히 강조하는 종교로는 통일교를 들 수 있다. 황필호, 『통일교의 종교철학』, 생각하는 백성, 2000, pp. 117-124.
7) 김용준, 「Ted Peters 교수에 대란 논찬」, 강남대학교 발표문, p. 2에서 재인용. "Human beings are God's created co-creators whose purpose is to be the agency, acting in freedom, to birth the future that is most wholesome for the nature that has birthed us — the nature that is not only our own genetic heritage, but also the entire human

물론 하느님의 창조성과 인간의 창조성이 동일하지는 않다. 인간의 창조성은 우선 '없음으로부터의 창조'가 아니며, 인간의 창조 행위는 선할 수도 있고 악할 수도 있다는 애매성을 가지고 있다. 그럼에도 불구하고 인간은 공동 창조의 능력을 가지고 있으며, 이 능력은 복제의 기술까지 포함한다는 것이다. 이런 뜻에서 헤프너는 복제를 '자연의 한 과정'이라고 말하며, 여기서 인간은 '자연을 복제하는 자연(nature cloning nature)'이 된다.[8]

그러나 호웰은 몇 가지 주의 사항을 제시한다. 첫째로 우리는 인간 복제 과정에서 인간보다 그 인간을 구성하는 유전자를 더욱 중요시하는 실수를 범할 수 있으며, 둘째로 복제 인간과 유전자 제공자를 도구적 가치로 전락시킬 수 있으며, 셋째로 어떤 사람을 복제한다는 것은 그만치 다른 사람들은 가치가 없다고 판단하는 상업주의에 빠질 수 있다. 그러나 바로 이런 이유 때문에 앞으로 과학과 종교의 대화는 선택의 대상이 아니라 필수적인 과제가 된다는 것이다.

4. 인간 복제, 무엇이 문제인가

이제 나는 이번에 발표된 논문 중에서 가장 중요한 피터스(Ted Peters)의 「복제의 충격과 신학적 반응」의 내용을 살펴보겠다. 그는 신학·자연과학센터의 소장이며, 이번 국제회의의 후원자이기도 하다.

돌리의 탄생이 발표되자 사방에서 반대의 목소리가 들려왔다. 스코틀랜드교회는 즉각 반대 입장을 발표했으며, 『타임』지는 이 사건을 '영혼 전율(soulquake)'이라고 부르면서 "영혼을 복사할 수 있는가?(Can souls be xeroxed?)"라고 질문했으며, 1997년 3월 3일자 『슈피겔』지는 아돌프 히틀러·알버트 아인슈타인·클로디아 쉬퍼를 합성해서 복사한 사진을 실으면서 '타락(Der Sundenfall)'이라는 큰 제목을 달았다. 『타임』지는 다시 "인

community and the evolutionary and ecological reality in which and to which we belong. Exercising this agency is said to be God's will for humans."

8) Howell, 앞의 글, p. 17.

간 복제는 하느님의 뜻을 어기는 것인가?"라는 설문을 실시했는데, 74퍼센트가 그렇다고 답변했고 오직 19퍼센트만이 그렇지 않다고 답변했다.

또한 『크리스티아니티 투데이』는 "복제 놀이를 중단하라"는 제목의 사설을 실었으며, 『크리스천 센추리』는 사설에서 "인간 복제는 자신의 정체성을 유지하려는 인간의 자유를 침해하는 것"이라고 주장했으며, 남침례교협회 생명위원회는 1947년 3월 6일, 인간 복제를 반대한다는 결의문을 채택했으며, 미국감리교 유전자연구 특별위원회는 대통령이 인간 복제를 금지시켜야 한다는 재판을 신청했으며, 신학자 말티(Martin Marty)는 "새로운 과학적 지평을 넘어서는 행위는 대부분의 사람들이 영원히 닫혀 있기를 바라는 문의 열쇠를 과학이 갖게 되는 것이다"라고 말했으며, 일반인들은 "자연을 우습게 보지 말라(Don't Fool with Mother Nature!)"거나 "하느님을 데리고 놀지 말라(Don't Play with God!)"는 전통적으로 내려온 문구를 다시 외치고 나왔다.9)

도대체 왜 사람들은 인간 복제를 반대하는가? 한마디로 그것이 하느님이 인간에게 준 인간 생명의 존엄성을 위배하기 때문이라는 주장이다. 이제 우리는 이 주장을 좀 세밀하게 관찰해 보자. 우선 이 주장은 다음과 같은 세 가지 가정을 가지고 있다. 첫째, 인간이 자신의 고유한 정체성을 갖기 위해서는 자신만이 가지고 있는 독특한 유전자를 가지고 있어야 한다. 둘째, 하느님은 각자에게 다른 사람의 유전자와 상이한 유전자를 주었다. 셋째, 유전공학은 실수로 동일한 정체성을 가진 두 사람을 생산하여 창조주의 의도를 거역할 수 있다.

첫째 가정은 전혀 과학적인 근거를 가지고 있지 않다. 복제 인간은 그의 DNA를 채취한 사람의 유전자와 동일한 유전자를 갖게 된다. 즉, DNA 기증자와 거기서 복제된 인간은 동일한 유전형(genotype)을 갖게 된다. 그러나 그들이 언제나 동일한 표현형(phenotype)을 갖는 것은 아니다.

둘째 가정도 전혀 과학적인 근거를 가지고 있지 않다. 우선 모든 DNA는 항상 한 가지의 일정한 방향으로만 표현되지 않는다. 또한 음식, 운동, 건강 관리 등과 같은 환경적 요인도 중요한 영향을 준다. 동일한 유전자를 가지고 태어난 일란성 쌍둥이(monozygotic twins)가 성장 과정에 따

---

9) Peters, 앞의 글, p. 1.

라서 서로 상이한 의식, 자아 개념, 사고 과정, 윤리적 책임감을 갖게 되는 이유도 여기에 있다. 이렇게 보면, 우리는 복제 인간을 '연기된 일란성 쌍둥이(delayed twins)'라고 말할 수 있다. 자연적 쌍둥이는 몇 분 간격으로 나오지만 복제 인간은 형보다 수십 년 후에도 나올 수 있기 때문이다. 하여간 우리는 이렇게 결론을 내릴 수 있다. 유전자는 개인의 정체성 결정에 큰 영향을 주지만 그렇다고 해서 유전자가 모든 것을 결정하는 것은 아니다.10)

그렇다면 여기서 문제가 되는 것은 오직 셋째 가정의 경우다. 혹시 인간은 '동일한 두 사람'을 만들지 않을까? 이 질문에 대한 피터스의 답변은 다음과 같다. 유전자가 동일하다고 해서 그들의 영혼이 동일하다고 말할 수는 없다. 신학적으로 말하면, 영혼이란 마치 유전형에서 표현형이 되듯이 유전자로부터 형성되는 것이 아니라 하느님과의 관련에서 생기는 것이다. 그러므로 우리는 영혼을 인간의 육체나 정신 이상의 어떤 속성이나 실체로 보지 말고 '하느님과의 관계성'으로 보아야 한다. 이런 뜻에서, 피터스는 어떤 신학적 논증도 인간 복제가 인간의 고유한 정체성이나 영혼을 파괴한다는 사실을 증명할 수 없다고 말한다. 그 이유는 무엇인가?

「요한 1서」(3장 19절)는 "우리가 사랑함은 하느님이 먼저 우리를 사랑했기 때문"이라고 말한다. 조직신학자인 피터스는 이 구절을 다음과 같이 해석한다. "나는 이 구절을 하느님은 우리들의 유전적 구성에 관계없이 각자를 사랑하시며, 우리도 그렇게 해야 한다는 구절을 첨부해서 읽는다. 이런 종교적 신념은 우리가 다른 사람을 수단으로 취급하지 말고 목적 자체로 취급해야 된다는 계몽 시대의 원칙 혹은 세속적 원칙을 동반한다. 이 두 가지가 바로 인간 권위의 중심이다."11) 여기서 중요한 것은 인간의 권위가 본질적으로 관계적 개념이라는 사실이라고 피터스는 주장한다.

비록 우리는 평소에 그렇게 생각하지 않지만, 권위는 관계적이다. 일상적으

---

10) 같은 글, pp. 4-5.
11) 같은 글, p. 8.

로 우리는 권위를 타고나는 것, 본래적인 것, 육체를 가진 인간이 도덕과 법률에서 존경해야 할 자연이나 하느님이 준 어떤 속성으로 생각한다. 철학적으로 보면 이것은 옳다.

그러나 우리가 실제로 경험하는 권위는 관계적이다. 그것은 타인으로부터 가치 있다고 취급되는 경험이며, 그 다음에는 우리의 가치를 우리들에게 주입시키는 경험이다. 개인적으로 다른 사람들이나 법률이 우리를 목적으로 취급할 때 — 더 큰 목적을 위한 수단으로만 취급하지 않을 때 — 우리는 인간으로서의 근본적인 가치를 갖게 된다. 그러므로 우리들의 윤리적 임무는 아직도 권위를 경험하지 못하고 있는 사람들에게 권위를 돌려주어서 그들도 일어나서 그들의 권위를 주장하도록 하는 것이다. 이렇게 사람을 가치 있는 사람으로 취급하는 행위가 바로 사랑이다. 이런 뜻에서 사랑은 개인의 자기 가치를 증진시키는 관계적 힘이다.

인간의 권위를 구성하는 것은 개인성이나 정체성 자체가 아니다. 독특성은 권위를 결정하지 않는다. 오히려 가치에 대한 모든 다른 주장들을 축하하는 것이 바로 가치의 의미다. 인간으로서의 가치는 경험적으로 우리를 사랑하는 사람들로부터 나오며, 종국적으로는 — 존재론적이 아니라면 — 우리에 대한 하느님의 사랑으로부터 나온다.[12]

물론 피터스도 인간 복제가 수많은 문제점을 초래할 수 있다는 점을 인정한다. 우선 그것은 아이를 상품화시킬 수 있다. 현재 불임 여성의 임신은 적어도 당분간은 인공 수정, 정자와 난자의 기증, 시험관 수정, 대리모의 과정을 거칠 수밖에 없기 때문이다. 그래서 유전 공학은 모든 인간 복제를 상품의 품질 관리(quality control)하듯이 취급할 수 있으며, 한심한 과대 망상자는 자신의 영원한 불멸을 위해 복제 인간을 만들 수 있으며, 더욱 한심한 경우로는 앞으로 신혼 부부가 우량 유전자를 상품 고르듯이 선택하는 시장 보기가 전개될 수도 있다. 그럼에도 불구하고 피터스는 유전 공학의 탐구는 계속되어야 하며, 그것은 절대로 인간의 정체성이나 신의 의지를 파괴하지 않으며, 오히려 무자녀 가정에 자녀를 주어 행복하게 만들 수 있으며, 그 이외의 여러 방면에서 인간의 행복을 증진시킬 것이라고 예견한다.

---

12) 같은 글, pp. 8-9.

그러면 우리는 이제 현재 급속도로 진행되고 있는 유전자 공학을 그대로 방치해야 하는가? 이 마지막 질문에 대한 피터스의 답변은 이렇다. "나는 청색 등이나 영원한 적색 등보다는 안전성과 윤리적 문제들이 해결될 때까지 모든 탐구를 임시 금지시키는 황색 등을 지지한다."13) 그의 이런 주장은 이 방면의 연구에 대하여 2000년부터 5년 동안 국가 지원을 하지 않을 것이며, 개인 연구소들도 자발적으로 이 임시 금지 조항에 협조해 주기를 바란다는 클린턴 행정부의 시책과 동일한 것이다. 그는 이렇게 말한다.

나는 말기 조항 — 즉 5년 동안 재검토하고 재조사하라는 말기 조항 — 을 가진 금지 조처를 제안한 대통령 위원회의 권고안을 지지한다. 여기서 나는 미국 감리교 유전학 특별위원회가 1997년 5월 9일에 발표한 성명이 도움을 줄 수 있다고 믿는다. "신앙인인 우리들은 인간으로서의 정체성이란 유전적 상속, 사회적 환경 혹은 이 두 가지의 종합 이상이라고 믿는다. 우리는 현재 복제에 대한 (심리적, 사회적, 유전적) 결과를 모두 알지 못하고 있다. 그러므로 새로운 정책을 만들 때는 인간 지식의 한계를 고려해야 한다. 이런 상태에서 우리는 당분간의 인간 복제 금지를 요구한다……."
그러나 만약 인간이 복제된다면, 그들도 다른 사람들과 마찬가지로 고유한 가치와 도덕적 신분을 가질 것이며, 그들도 동일한 시민권을 가져야 할 것이다. 어떤 사람도 출산 기원에 따라서 차별받지 말아야 한다.14)

그러나 당분간 무분별한 유전자 탐구와 조작을 금지해야 된다는 황색 등 이론은 정말 차지도 않고 뜨겁지도 않은 미지근한 태도가 아닐 수 없다. 인간은 호기심의 존재다. 인간이 할 수 있는 것은 — 그것이 무엇이든지 간에 — 누군가에 의해 저질러지게 마련이다. 이런 상황에서 5년이라는 금지 기간이 도대체 무슨 의미가 있는가. 복제 인간은 내일 태어날 수도 있다.

---

13) 같은 글, p. 11.
14) 같은 글, p. 11, 각주.

5. 인간 복제, 과연 축복인가

요즘 과학자들은 인간 게놈 지도의 완성으로 새로운 소용돌이에 휘말려 있다. 18개국이 참여한 다국적 연구 단체인 '인간 게놈 프로젝트 (HGP)'와 미국의 생명 공학 업체인 '셀레라 제노믹스'사가 2001년 2월 12일에 인간의 DNA 설계도인 게놈의 전모를 공동 발표한 것이다.

원래 게놈(genome)이란 '유전자(gene)'와 '전체(ome)'를 합성해 만든 어휘로 '한 생물체에 담긴 전체 유전 정보'를 말한다. 사람의 세포는 약 60조 개가 되고, 모든 세포핵에는 23쌍의 염색체가 들어 있으며, 이 염색체에는 인간에 대한 모든 정보가 담긴 디옥시리보 핵산(DNA, deoxyribonucleic acid)이 있는데, 이 모든 정보의 '암호문'을 합쳐서 인간 게놈이라고 부른다. 그리고 유전자의 비밀이 담긴 DNA는 아데닌(A) · 티민(T) · 구아닌(G) · 시토닌(C)의 네 가지 염기가 나열된 이중 나선 구조로 되어 있으며, 세포마다 대개 32억 쌍의 염기가 있으며, 이 32억 쌍의 염기 배열 순서를 밝혀내는 작업이 바로 인간 게놈 프로젝트다.

그런데 2000년 6월 27일에 인간 게놈 프로젝트가 완성되었다고 발표되었을 때만 해도, 당시 염색체 지도를 발견한 것은 23쌍의 염색체 중에서 21번과 22번 뿐이었으며, 그 중에도 99.997퍼센트라는 최고 신뢰도까지 발견한 것은 21번 염색체 뿐이었다. 그런데 이번 발표는 32억 쌍의 염기 배열 조합을 완성했다는 것이다. 물론 현재 게놈 프로젝트 지도가 100퍼센트 완성된 것은 아니다. 그러나 과학자들은 현재 99퍼센트에 이르는 완성도를 DNA 발견 5주년이 되는 2003년 4월 25일까지 100퍼센트 완성시키겠다고 장담하고 있다. 지금까지의 연구가 당초 계획보다 5~10년 정도 빠른 것을 보면 그들의 장담은 충분한 이유를 가지고 있는 듯하다. 하여간 이제 염기 배열의 차이에서 오는 각종 질병 발생 위험의 원인 발견과 치료에 획기적 전기가 마련된 것이다.15)

현재까지 진행된 인간 게놈 연구 결과를 정리하면 다음과 같다. 첫째로 인간 유전자의 99.99퍼센트는 구조가 같다. 나머지 0.01퍼센트의 차이가 인간 개개인의 차이를 만든다. 둘째로 인간은 대략 2만 6000 내지 3만

---

15) 『동아일보』, 2001년 2월 13일자.

9000개의 유전자를 가지고 있다. 그동안 과학자들은 인간의 유전자가 6만 내지 10만 개에 이를 것으로 추정해왔다. 셋째로 유전자 변이는 여성보다 남성에게서 2배 가량 더욱 빈번하게 발생한다. 이것은 인류의 진화를 촉진시켰다고 볼 수도 있고, 더욱 많은 질병을 유발했다고 볼 수도 있다. 여성의 평균 수명이 남성보다 긴 것도 여기서 비롯된 것으로 추정된다. 넷째로 약 2백 개의 유전자는 박테리아에 의해 인간의 조상인 초기 척추 동물에 삽입된 유전자에서 생겨난 것으로 보인다. 다섯째로 DNA의 1~1.5퍼센트만이 단백질을 생산하는 암호를 가지고 있다. 이것은 과학자들이 예상했던 3~5퍼센트보다 낮은 수치다. 유전자는 세포의 구조와 기능에 반드시 필요한 단백질을 생산하도록 세포에 명령한다. 여섯째로 유전자는 DNA 사슬에 다발의 형태로 존재한다.[16]

인간 게놈 프로젝트에 참여한 영국 생거 센터의 존 설스톤 소장은 완성된 인간 게놈 지도를 설명하면서 "이 지도는 판매를 목적으로 연구된 것이 아니다"라고 선포했다. 그러나 현재 수많은 제약 회사들과 대기업들이 빠르게 발전하고 있는 정보 기술(IT) 분야에 이어 생명 기술(BT) 분야에서 바이오 벤처 산업의 밝을 미래를 꿈꾸고 있다.

예를 들어서, 나는 이미 인간의 유전자 숫자가 예상보다 훨씬 적은 2만 6000 내지 3만 9000개라는 사실이 밝혀졌다고 말했다. 물론 이 숫자는 가장 초보적인 생명체인 박테리아의 200여 개보다는 많지만 2만 5000개의 애기 장대나 1만 3000개의 과실 파리 등의 식물이나 벌레의 유전자 숫자보다 크게 많지 않으며, 이는 하나의 유전자가 하나의 핵심 단백질을 형성하여 이것이 질병이나 어떤 이상적 징후에 직접 연관될 것이라는 기대와는 달리 유전자들의 복합 작용이 더욱 중요하다는 점을 말해주며, 이런 사실은 다시 앞으로는 환경에 따른 유전자의 복합 작용에 초점이 맞추어져 연구가 진행되어야 한다는 점을 말해 준다. "실제로 하나의 유전자로 인해 질병이 발생하는 것은 만성 유전성 무도병과 치명적 뇌 손상 정도에 불과하며, 심장병과 암 등은 환경에 따라 유전자들의 복합 작용에 기인한다고 이번 연구에 참가한 과학자들이 밝혔다."[17]

---

16) 같은 글.
17) 『문화일보』, 2001년 2월 13일자.

몇 년 뒤부터 유전자 치료제는 쏟아져나올 것이다. 특히 정신 질환·심장 질환·비만 분야에서는 가까운 장래에 신약이 개발될 것 같으며, 이렇게 되면 인간의 생로병사도 모두 과학적 탐구의 대상이 될 것이다. 지금까지 신약 개발의 역사는 천연 물질에서 추출(抽出)한 생약 성분의 제1세대, 화학물을 합성한 제2세대, 인체 및 동물 성분의 제3세대에 이어 특정 유전자를 과녁으로 삼는 제4세대로 넘어가고 있다. 이것은 가히 '의학적 혁명'이라고 할 수 있다. 왜?

첫째, 우선 신약 개발의 기간이 확실히 단축될 것이다. 지금까지 하나의 신약은 수많은 실험을 거쳐야 하기 때문에 보통 10~15년이 걸렸다. 그러나 유전자 치료제는 실험실에서 미리 약의 효과와 해독을 알 수 있기 때문에 그 기간이 훨씬 단축된다.

둘째, 연구 방법도 새로운 방식이 될 것이다. 지금까지는 신약을 일단 동물과 사람에게 실험해보는 '귀납적 방법'을 사용했지만, 앞으로의 유전자 치료제는 연구진이 명확한 타깃을 설정한 후에 신약을 개발하는 '연역적 방법'을 사용한다.

셋째, 신약 개발은 현대 과학의 모든 분야가 협동할 때만 가능할 것이며, 그것은 현대 과학이 집대성된 총아로 다양한 파생 분야를 낳을 것이다. 예를 들자.

유전자 지도 제작에는 유전자의 염기 서열을 구조와 기능별로 분류하는 'PE 바이오 시스템'사의 슈퍼컴퓨터가 이용되었으며, 이 컴퓨터는 개인별·인종별 유전자의 차이를 분석하는 단일 염기 다양성(SNP)이라는 관련 분야를 가능하게 했다.

'어피메트릭스'사는 기능이 밝혀진 유전자 조작을 우표 만한 칩 안에 빼곡이 넣어 질병이 발생할 확률을 분석하는 DNA 칩을 개발하여 질병의 조기 진단을 가능하게 했다. 또한 DNA 제조에는 '밀레니엄'사의 제우스 등의 로봇이 이용되고 있다.

생물정보학은 실험실에서 컴퓨터를 통해 약의 효과를 분석하는 데 이용되고 있다. 또한 샌디애고의 '진포매틱'사는 퍼지 이론으로 각종 상황을 연출하고 있으며, 다른 회사는 단백질이 특정 자극에 어떻게 꼬이고 풀리는지를 동영상을 통해 가상 실험하고 있다.18)

이런 상황에서 미국의 국립 인간게놈연구소의 소장이며 인간 게놈 프로젝트의 수석 연구원인 프란시스 콜린스는 2001년 3월 3일에 열린 '바이오 비전(Biovision)' 국제회의에서 다음과 같은 10년 단위의 예상 일정을 발표했다.

첫째, 2010년까지 과학자들은 당뇨병과 심장병 등 유전자가 원인이 되는 10여 개의 질병에 대한 정확한 예측 테스트법을 개발한다. 이를 통해 유전적으로 특정 질환에 걸릴 위험이 높은 사람을 골라내게 된다. 그래서 유전적으로 심장 질환의 위험이 높은 사람에게는 저콜레스테롤 식이 요법을 권하는 식으로 예방법 처방도 이루어진다. 체외 수정에서는 유전자 결함을 알아내기 위해 배아의 유전자 테스트가 광범위하게 실시된다.

둘째, 2020년까지 모든 환자는 유전자 테스트를 실시하여 자신의 유전자 지도를 알아낸 뒤 거기에 적합한 치료를 받게 된다. 특히 당뇨병·심장병·정신분열증 등에 관한 유전자가 밝혀져 보다 효과적인 치료가 가능하게 된다. 암은 DNA 손상이 건강한 세포를 비정상적으로 만드는 것이기 때문에 유전자 지도를 이용한 적절한 치료가 이루어진다. 결함이 있는 유전자를 교정하고, 이를 통해 얻은 후천적 유전자를 2세에게 전달하여 최초의 유전자 조작 인류가 탄생한다.

셋째, 2030년까지 모든 사람은 유전자 테스트를 통상적 예방 의학 프로그램으로 이용하게 된다. 인간 유전자에 대한 정보와 지식이 대부분 밝혀져 질병이나 인간의 세포 연구는 유전자 정보가 입력된 컴퓨터를 통해 진행된다. 이렇게 되면 선진국의 평균 인간 수명은 90세에 이른다. 그러나 이때가 되면, 유전자 조작을 비난하는 인류의 반(反)테크놀로지 움직임이 극에 달해 전세계적인 지지를 얻게 된다. 또한 수명 연장에 따라 각 국가는 엄청난 사회적·경제적 부담을 지게 된다.[19]

결국 콜린스는 인간 게놈 연구를 주도하고 있으면서도, 인류가 유전자 조작을 하면 할수록 그만큼 반발도 거세질 것이라고 말한다. 이것은 문명의 이기가 언제나 축복과 저주를 동시에 가지고 있다는 우리들의 상식을 다시 상기시킨다.[20]

---

18) 『동아일보』, 2001년 2월 14일자.
19) 『문화일보』, 2001년 2월 10일자.

6. 인간 복제, 남은 문제는 무엇인가

이번 국제회의에서 수많은 목회자, 신학자, 철학자, 과학자들이 서로
머리를 맞대고 진지한 토론을 벌였다. 여러 가지 비판과 찬성이 있었고,
기발한 제안도 많았다. 후자의 실례로는 "인류 최초의 복제 인간은 예수"
라는 입장이 있었다. 그는 '없음으로부터 창조'된 분이 아니라 하느님의
영을 가지고 마리아의 육체를 통해 탄생되었으며, 그래서 우리는 하느님
과 예수를 동일시하는 삼위일체론을 받아들이고 있다는 것이다. 이제 나
는 이번 회의에 대한 전체적인 감상과 앞으로의 문제점을 간단히 언급하
겠다.

첫째, 스노우(C. P. Snow)는 『두 개의 문화』에서 모든 지식인을 인문
학자와 과학자로 분류하고, 인문학자는 뉴턴의 법칙을 모르고 과학자는
소크라테스를 모르기 때문에 그들 사이에는 진정한 대화가 있을 수 없게
되고, 그래서 우리가 살고 있는 현대에는 전혀 다른 두 개의 문화가 병존
하고 있다고 말한다. 이와 마찬가지로 지금까지 신학자들은 최신 과학의
이론을 모르고 과학자들은 정교한 신학의 이론을 이해할 수 없었다. 그
래서 그들은 서로 만날 수 없었다. 마치 「주기도문」을 전혀 모르는 불교
인이 기독교를 비판할 수 없으며, 「반야심경」을 전혀 모르는 기독교인이
불교를 비판할 수 없듯이.

---

20) 이런 상황에서 한국생명공학연구원의 이대실은 한국의 낙후된 연구 상황을 지적한다.
"과학기술부는 1995년부터 게놈 연구의 시범 사업을 추진했으며, 2000년부터는 프런티어 정
보 산업을 전개하면서 게놈 연구에 박차를 가하고 있다. 그러나 '인간 게놈 프로젝트'에는
아시아에서 일본과 중국의 연구 기관이 참여하고 있으며 한국은 빠져 있다. 현재 국내 연구
기관의 게놈 정보 산출 능력은 '셀레라 제노믹스'사의 1퍼센트 정도이고, 세계 정보 산출 능
력의 0.1퍼센트에도 미치지 못하고 있는 실정이다."
  "게놈 정보의 컴퓨터 저장과 전산 해석 능력을 들여다보면 더욱 걱정스럽다. 인간과 모델
생물의 게놈 정보를 무료로 주어도 담아놓고 분석할 전산 시스템이 없고, 게놈 정보를 국가
적으로 집대성할 기관조차 없다. 게다가 국내 연구자들이 산출한 유전 정보는 외국 기관을
통해 분석해야 하기 때문에 사실상 국내의 모든 게놈 정보와 관련된 생명공학 연구 결과가
밖으로 유출되고 있다. 또한 게놈 정보를 1차 가공할 생물정보학 전문가는 단 몇 명 뿐이다.
더 나아가서 연구에 필요한 게놈 분석 장비들과 실험 소재가 대부분 수입품이기 때문에 단
위 정보당 산출 단가 면에서도 국제 경쟁력을 확보하지 못하고 있다." 이대실, 「게놈 정보
가공 전문가 키우자」, 『동아일보』, 2001년 2월 14일자.

이번에 발표한 대부분의 서양 학자들은 과학자가 아닌 조직신학자였다. 그럼에도 그들은 최신의 과학적 성취에 대한 완벽한 지식을 가지고 있었다. 무턱대고 인간 복제를 반대하거나 찬성하는 우리들의 태도는 진정 설 자리가 없다는 것을 알게 되었다. 여기서 우리는 "아무도 알지 못하는 것을 말할 수 없다"는 상식을 되찾아야 할 것이다.

둘째, 이 회의에 참석한 거의 모든 발표자들은 인간 복제가 몰고 올 현실적, 윤리적, 종교적, 사회적, 경제적 문제점들을 지적하면서도 인간 복제를 당장 금지해야 된다고 주장하지 않았다. 문제가 많다고 해서 무서워하지 말아야 한다는 뜻이다. 김용준은 이런 신학자들의 입장을 1972년 UN 환경회의를 주도한 토양생물학자 두보(Rene Dubos)가 그에게 퓰리처상을 안겨준『인간이라는 동물(*Human So Animal*)』(1968)에서 제창한 '휴머니티의 과학'으로 설명한다. 두보는 이렇게 말한다.

> 인간의 다른 행위와 마찬가지로, 과학에서도 중요한 것은 발전의 속도가 아니라 발전의 방향이다. 이상적으로 말해서 지식은 경제적 성장을 위한 권력·통제·기술 발전보다는 이해·자유·행복에 봉사해야 한다. 그러나 이런 인간적 기준에 대한 강조가 과학으로부터의 후퇴를 의미하는 것은 아니다. 오히려 그것은 과학적 작업의 확대와 재헌신의 필요성을 지적한다. 과학자들은 그들의 문제와 결과를 선택할 때 광범위한 인간적 관심에 더욱 많은 탁월성을 부여해야 한다.
> 또한 과학자들은 사물에 대한 과학 뿐만 아니라 휴머니티의 과학을 창조해야 한다. 만약 그들이 그들의 지적 함축 의미와 실제적 노력이 진정 현대 생명의 구조 속으로 성공적으로 조립되게 하려면. 여타의 살아 있는 유기체와 마찬가지로, 문화와 사회도 어떤 내적 통합성 없이는 생존할 수 없다. 과학은 인간의 살아 있는 경험과 의미 있는 관계를 성취함으로서만 사회 문화적 실체와 완전히 통합될 수 있다.[21]

셋째, 그러나 발표자들의 현실적 결론은 극히 소극적이다. 이미 지적한 피터스의 황색 등 이론 뿐만 아니라 미국 행정부가 현재 견지하고 있는 '안전성과 윤리적 문제들이 해결될 때까지'라는 문장도 극히 애매하다.

---

21) 김용준, 앞의 글, p. 2에서 재인용.

실제로 미국 정부에 과학·기술 문제를 자문하고 있는 국립과학원은 2002년 1월 18일, 인간 복제는 태아와 모체에 모두 위험하기 때문에 법으로 금지해야 된다고 건의했다. 그러면서도 과학원은 '질병 치료에 이용될 수 있는 줄기 세포를 얻기 위한 인간 배아 복제는 허용되어야 한다'고 주장하면서, 현재의 인간 복제 금지 조치도 앞으로 5년 후에는 재검토할 필요가 있을 것이라고 건의했다.

그렇다면 우리는 우선 무엇을 토론하고 해결하란 말인가? 즉, 어떤 목표를 가지고 토론하고 해결하란 말인가? 전자의 질문에 대해서도 발표자들은 인간의 정체성, 인간의 자아, 인간의 자유, 신의 속성, 영혼, 하느님의 형상 등 여러 가지를 제시했다. 우리는 이들 중에서 어느 것을 택해야 종교다원주의적 및 이념다원주의적 입장에서 토론할 수 있는가? 그리고 어떻게 토론해야 오늘날 만연되고 있는 불평등의 조건들을 조금이라도 감소시키는 방향으로 탐구할 수 있는가?

맹주만은 이런 질문들을 염두에 두고 인간 복제의 문제를 출산권, 자기정체성, 인간의 존엄성, 미래 세대의 권리라는 네 가지 입장에서 비교적 상세히 토론한다.

첫째, 인간 복제는 전통적 출산 방법이 아닌 체세포에 의한 생식의 결과며, 그래서 그것은 인간 생명이 갖고 있는 자연성(naturalness)에 위배되는 듯이 보인다. 그러나 여기서 말하는 자연성이란 상당히 모호한 개념이다. 현재 우리는 가능한 한 기형아를 출산하지 않기 위해 최선의 노력을 경주한다. 즉, 필요한 경우에는, 자연적인 출산에도 어느 정도의 인위성이 허용되고 있는 것이다. 그러므로 체세포에 의한 출산만이 개인의 출산권과 충돌하는 것은 아니다.

둘째, 인간 복제는 자기정체성을 부인하는 듯이 보인다. 그러나 실제로 태어난 아이의 권리가 침해되는 경우는, 오직 복제로 인한 '유전적 동일성'이 '인격적 동일성'까지 결정하는 경우다. 그러나 이것은 실제로 불가능하다. 일란성 쌍둥이나 삼쌍둥이도 환경적 요인에 따라서 서로 다를 수 있기 때문이다.

셋째, 복제 인간은 인간의 존엄성을 부인하는 듯이 보인다. 태어난 아이를 다른 목적을 위한 수단으로 이용할 수 있기 때문이다. 이런 주장은 어느 정도의 설득력을 가지고 있기는 하지만, 그러나 그것은 인간 복제 자체에서 온 문제라기보다는 인간의 이기심에서 나온 문제일 뿐이다. 그 이유는 무엇인가?

우리가 인간 존엄성의 가치를 자율성(주체성)과 인격성(도덕성) 그리고 목적적 가치에서 찾는다면 자기정체성을 갖는 복제 인간은 원본 인간이 갖는 인간적 가치를 공유할 것이며, 따라서 그 역시 존엄한 존재로 간주되어야 할 것이다.
모든 인간이 목적적 존재라는 점에서, 그가 미남이든 추남이든 혹은 가난한 자든 부유한 자든 마땅히 도덕적으로 평등한 존재로 대우받아야 하듯이, 인간 역시 창조되었든 제조되었든 혹은 흙으로 빚어내었든 기계로 만들었든 원본 인간과 평등한 목적적 존재로 대우받아야 할 것이다.[22]

넷째, 그러나 인간 복제가 우리가 지금까지 토론한 개인 출산권, 자기 정체성, 인간의 존엄성과 직접 상치되지 않는다고 해서 무한정 허용할 수 있는 것은 아니다. 그것은 복제된 인간이 '자신의 삶을 스스로 만들어 가는데 전혀 지장이 없는 미래권(未來權)을 소유할 수 있는 존재'라는 보장이 있어야 하는데, 현재 우리는 그것을 확실히 결정할 수 있는 처지가 아니라고 맹주만은 말한다. 결국 그도 인간 복제가 처음의 세 가지와는 정면으로 배치되지 않는다고 주장하다가, 마지막에는 윤리적 결단의 필요성을 강조하는 어정쩡한 상태로 결론을 맺는다. "과학적 진보를 적절히 사용하는 지혜는 과학 외적인 권위로부터 나와야 한다."[23]

7. 인간 복제, 왜 두려워하는가

펜스(Gregory Pence)는 최근에 인간 복제를 전면적으로 찬성하는 저서를 출판해서 새로운 논쟁의 중심에 서 있다. 우선 그는 대부분의 보통

---

22) 맹주만, 「인간 복제와 인간의 가치」, 『철학 탐구』, 제12집, 중앙대 중앙철학연구소, 2000, pp. 50-51.
23) 같은 글, pp. 59-60.

사람들이 인간 복제의 가능성에 대하여 거의 본능적인 혐오감을 가지고 있다는 사실을 인정하며, 전문가들은 이런 보통 사람들의 감정을 등에 업고 인간 복제를 반대하고 있으며, 이런 전문가 중에는 돌리를 탄생시킨 이안 윌머트도 예외는 아니라고 말한다.

그러나 펜스는 이 일반적 감정이 도대체 왜 발생했는지를 잘 관찰하라고 권고하면서 이렇게 결론을 내린다. "나는 감정적인 반응을 이해할 수도 있고 설명할 수도 있다고 생각한다. 우리 대부분은 공상 과학 소설을 통해 인간을 복제했을 때 발생하는 결과들의 예를 많이 보아왔다. 무수히 많은 영화나 소설을 통해서 과학자들에 대한 불신감도 많이 생겨났다. 대중 매체는 인간을 복제하려는 사람들이 매우 사악한 목적을 가지고 있다고 반복해서 묘사했다. 그러니 이제 많은 권위자들이 복제가 히틀러와 같은 독재자가 시키는 대로만 하는 자동 인간을 만들기 위한 방법이거나 복제된 아이들을 세뇌된 성인으로 성장시키기 위한 방법이라고 주장할 때 과연 누가 부정하겠는가?" 그러나 펜스는 이런 '타당한 근거가 없는 감정'은 결국 도덕적 주장이 될 수 없다고 말한다.

감정은 변하게 마련이다. 그리고 증거가 드러나면 상황은 더 나아질 것이다. 1940년대만 해도 불임 여성을 위한 인공 수정의 도입은 혐오스럽고 비난받아 마땅한 것이었다. 하지만 지금은 사회적으로 용인되었다. 1960년대에 다운증후군 같은 유전 상태를 알아보기 위한 양수 검사가 가능하게 되자 일부 비평가들은 사람들로 하여금 완벽한 아기만을 '선별'하도록 만든다는 이유로 이 검사를 금지시키길 원했다. 에이즈(AIDS) 발병 초기에 사람들은 우발적인 신체적 접촉에 의해서도 HIV(면역 결핍 바이러스)에 감염될 것이라며 비이성적으로 두려워했다. 1970년대 초에는 미국인의 단 15퍼센트만이 체외 수정에 동의했지만 현재는 70퍼센트가 넘게 동의하고 있다.

그러므로 타당한 근거가 없는 감정은 건전한 도덕적 주장이 될 수 없다. 물론 감정은 정당화될 수도 있지만 편견에서 비롯된 원시적 반응일 경우가 많다. 우리의 본성은 언제나 우리가 그렇게 느끼는 이유에 대한 합리적 설명을 요구할 것이다.[24]

---

24) Gregory Pence, 이용혜 역, 『누가 인간 복제를 두려워하는가』, 2001, pp. 22-23.

그러면 우리가 인간 복제를 두려워하지 말아야 하는 적극적인 이유는 무엇인가? 왜 우리는 그것을 생리적으로 혐오하는 보통 사람들의 발상이 잘못된 것이라고 말해야 하는가?

첫째, 복제에 대한 연구가 불임 부부나 불치병 및 유전병에 걸린 사람에게 희망을 줄 수 있다는 것은 의심의 여지가 없다. 일반적으로 과학에서 복제는 분자 복제, 세포 복제, 배아 복제 그리고 체세포 이식으로 분류된다. "분자 복제는 유전자를 가지고 있는 DNA 나선을 숙주 박테리아에서 복제하는 것이다. 세포 복제란 한 세포를 복사해서 세포계(cell line)를 만드는 것이다. 즉, 원래 세포와 동일한 복사본을 무한정으로 키우는 반복 과정이다. 배아 복제는 이미 유성 생식으로 형성된 배아를 반으로 나누어 쌍둥이를 만드는 것이다. 이론상으로 이 과정은 무한정 계속될 수 있는 것처럼 보이지만 실제로는 쌍생이나 재쌍생 정도로 제한된다. 마지막으로 성체의 세포에서 핵을 꺼내서 핵이 제거된 난자에 삽입하는 방법인 체세포 핵 이식이 있다. 실제로 돌리를 만들어내는 데 사용된 융합 기술은 체세포 핵 이식이 약간 변형된 것이다.[25] 이 중에서 특히 배아 복제의 유용성은 이미 많은 사람들이 인정하고 있다.

유전병이란 질병이 유전되는 것을 말한다. 실제로 우리 대부분은 유전병에 연관된 유전자를 가지고 있다. 하지만 이 질병에 대해 우리는 대개 '이형접합자(heterozygous)'라고 한다. 즉, 우리는 유전된 병이나 특성에 대한 서로 다른 유전자 쌍을 가지고 있다. 만약 보유하고 있는 유전자가 '우성'이라면 이형접합자에서도 유전병이 발현될 것이다. 그러나 열성이라면 발현되지 않을 것이다. 하지만 이형접합자 자신에서는 나타나지 않는다고 하더라도 병에 대한 유전자를 전할 수 있는 보인자가 되어서 자식으로 이어질 수 있다.

만약 부모가 모두 이형접합자로 자식에게 그 질병에 대한 유전자를 둘 다 자식에게 전한다면, 자식은 그 질환에 대한 '동형접합자(homozygous)'가 되어서 동일한 유전자 쌍을 갖게 될 것이다. 그리고 동형접합자에서는 언제나 질병이 발생할 것이다.

현재 분명하게 밝혀지고 있는 흥미로운 전망이 있다. 윌머트를 비롯해 그와 비슷한 연구를 하는 많은 사람들은 세포 분화란 전부 아니면 전무의 과정이

---

25) 같은 책, p. 29.

아니라 연속체이고 역분화가 가능한 과정으로 신경학적 질병에 희망적이라는 것을 증명해 왔다. 한 연구원은 신경 성장 인자(NGF)가 9일 내로 분화된 종양 세포를 제어할 수 있다고 발표했다. 분명 이런 기술은 파킨슨병이나 알츠하이머병에 걸린 사람들을 치료하기 위해, 혹은 이런 질병을 가진 사람들의 신경 세포를 건강한 신경 세포로 바꾸기 위해, 배아에서 특별한 신경 세포를 만드는 데 사용될 수 있다.26)

둘째, 펜스는 인간 복제가 절대로 완벽한 분신을 만드는 것이 아니라고 주장한다. 인간의 가장 중요한 기관이며 개체의 연속성에 가장 필수적인 뇌(腦)는 복제될 수 없고, DNA 청사진으로 복사할 수도 없기 때문이다. "이런 사실은 복제에 의해 개성을 위협받게 될 것이라고 걱정하는 사람들의 마음을 편안하게 해줄 것이다."27)

셋째, 펜스는 한 걸음 더 나아가서 완벽한 분신의 복제는 원칙적으로 불가능할 것이라고 시사한다. 복제 인간과 가장 가깝다고 할 수 있는 최초의 샴쌍둥이었던 엥과 창까지도 뚜렷하게 다른 개성을 가지고 있었기 때문이며, 이것은 복제된 인간은 동일할 것이라는 주장에 대한 훌륭한 반례가 된다.

모든 샴쌍둥이들은 단생아로 성장하기 위해 필요한 충분한 시간을 얻지 못한 단일접합자(single-zytone)에서 발생한다. 또한 같은 자궁을 공유하며 일생 동안 정확하게 똑같은 환경을 공유한다. C. R. 오스틴이 쓴 『포유류의 복제 (Reproduction in Mammals)』에 의하면 "복제 생물이란 유전적으로 동일한 개체 그룹이다. 따라서 단일접합자 쌍둥이들은 서로 각자의 복제된 생물이 된다." 그러나 같은 접합자에서 비롯되어 같이 수태된 샴쌍둥이들도 때로는 자라서 뚜렷하게 다른 개성을 보여준다.28)

넷째, 펜스는 유전적 결정론이 복제에 대한 오해를 낳는다고 말한다. "일단 임신이 되고 아이가 되면 생후 첫 두 달 동안 엄청난 양의 후발 특성이 형성된다. 이런 현상에는 유전자도 일조(一助)를 하겠지만 부모,

---

26) 같은 책, p. 38.
27) 같은 책, p. 35.
28) 같은 책, p. 43.

영양, 아이를 둘러싸고 있는 세상 등의 모든 요소들이 복합적으로 작용할 것이다. 요컨대 모든 것이 유전자 안에 있다는 일반적 시각은 잘못된 것이다."29)

유전적 결정론의 대표자로는 아리스토텔레스를 들 수 있다. 그는 남성의 정액만이 개체 발생에 기여하며, 정액 속에 들어 있는 개체가 배아로 성장한다는 전성설(前成説, preformationism)을 주장했다. 이 주장에 의하면, 인간은 임신하는 즉시 형성되며, 우리는 이런 '작은 인간'을 극미인(極微人, homunculus)이라고 부를 수 있다는 것이다.

그러나 "유전자는 사람에게 어떤 특성을 만들어주는 단순한 메커니즘이 아니라 환경에서 발생하는 요인들로 인해 조성되어 발견되는 기능으로 이해되어야 한다. 유전자의 발현은 유전자 자체에 들어 있는 것이 아니라 특별한 개개인의 유전자가 다른 환경과 어떻게 상호 작용하는지에 따라 결정된다."30) 펜스는 이렇게 말한다.

이안 윌머트의 성공의 중요성은 부분적으로 다른 사람들이 포기한 영역을 계속 고집했기 때문이고 또 자신의 영역에서 소문으로만 들리던 사실을 증명했기 때문이다. 그러나 그의 결과를 지나치게 강조해서는 안 된다. 유전자만 가지고서는 우리의 가장 중요한 기관인 '마음'을 복제할 수 없다. 더구나 우리의 경험과 기억을 복제할 수도 없으므로 우리의 독특한 정체성은 보호된다. 따라서 복제된 인간이 원 개체의 완벽한 복사일 수는 없다. 인간 복제에 대한 일부 오해는 유전적 결정론으로부터 기인한다.31)

끝으로 펜스는 자신의 주장을 철학적으로 변호하면서, 이른바 인간 복제를 반대하는 '윤리'에 대한 네 가지 질문을 제기한다.

첫째, 우리는 우리가 당연하게 받아들이고 있는 규율들이 개인의 자유를 너무 많이 침해하고 있지 않는가를 질문해야 하는데, 펜스는 이 질문에 대하여 J. S. 밀의 위해 원칙(危害原則)을 토론하면서 "아무리 다수라고 해도 자신의 종교적 관점과 의견을 달리하는 소수에게 그것을 강요하

---

29) 같은 책, p. 48.
30) 같은 책, p. 46
31) 같은 책, p. 48.

지 말아야 한다"고 답변한다. "특히 가족의 구성과 재생산과 같은 아주 개인적인 영역에 관한 종교적 관점에 우리가 정치적으로 개입할 여지는 전혀 없는 것이다."[32]

둘째, 우리는 도덕적 규율 자체의 문제점은 없는가를 질문해야 하는데, 펜스는 이 질문에 대하여 이렇게 답변한다.

> 내가 강조하고 싶은 점은 도덕적 규율만으로는 이상 사회를 만들어내지 못
> 한다는 것이다. 도덕적 규율이 우리가 서로 함께 잘 지낼 수 있는 이상 사회를
> 만들어줄 것이라는 철학적 관점이 있는데, 그건 말 그대로 이상일 뿐이다. 도
> 덕 철학의 전문적인 표현을 빌리자면 거기에는 정의에 대한 이론과 선에 대한
> 이론이 있다. 만일 우리가 정의에 대한 올바른 이론을 가지고 있다면, 다른 사
> 람들이 선의 관점에 따라서 자신들의 삶을 살도록 이끌게 된다는 것이 이 이
> 론의 논점이다.
> 인간의 무성 생식에 대해서도 이런 논점이 분명히 적용되고 있다. 아마도
> 여기서 무성 생식은 정의의 반대편에 서 있는 것처럼 치부되는 것 같다. 하지
> 만 두 명 이상의 사람들 사이에서 이해가 상충되지 않는다면 무성 생식에 도
> 덕적 문제는 없을 것이다. 즉, 널리 퍼져 있는 반대 믿음에도 불구하고, 인간의
> 무성 생식으로 다른 사람들이 해를 입지 않는다면 도덕적 문제는 일어나지 않
> 을 것이다.[33]

셋째, 우리는 왜 인간 복제에 관한 한 언제나 최악의 동기를 상상하는가를 질문해야 하는데, 펜스는 이 질문에 대하여 여러 가지 실례로 답변한다. 만약 어떤 사람이 그가 만나는 모든 사람이 인종차별주의자나 반(反)유태인주의자라고 생각한다면, 우리는 분명히 그를 염세가나 편집증 환자로 볼 것이다. 그런데 우리는 언제나 히틀러나 스탈린의 복제만 상상하고 있지 않은가. 펜스는 이렇게 말한다.

> 여기서 말하고자 하는 중요한 결론은, 왜 평범한 사람들에게 나쁜 동기를
> 상상하게 만드는지 그 이유를 물어보자는 것이다. 타당한 이유가 없다면 그런
> 동기를 가정해서는 안 될 것이다. 우리는 수천 년 동안 인간적인 너무나 인간

---

32) 같은 책, p. 100.
33) 같은 책, p. 102.

적인 부모와 세대를 거듭하며 함께 살아왔다. 그리고 지금까지 존재해 온 대부분의 부모들이 아이들에게 사악한 동기를 가지고 있지 않다는 것도 잘 알고 있다.

그럼에도 이 시대의 많은 학자들은 우리에게 일어날지도 모를 최악의 가정을 기정 사실로 받아들이고 있다. 가톨릭대학의 법학 교수 로버트 데스트로(Robert Destro)는 복제 인간이 '특별한 일을 수행하기 위해 만들어진다면' 적절한 합법적인 권리를 가지고 있는지를 알고 싶어했다. 왜 이런 생각을 할까. 이것은 우리가 이 나라에 오는 이주자들이 노예가 될지도 모른다는 이유로 그들을 인정해서는 안 된다고 말하는 것과 같다. 어느 부모든 그렇게 편협해질 이유가 있는가. 지금 우리는 "애 로라야, 개를 훈련시키고 고양이 집을 깨끗이 청소해줄 노예 아이 한 명을 복제하는 게 어떨까?"라고 말하는 부모를 상상하고 있는가. (중략)

아이를 가지고 싶어하는 평범한 부부의 동기에 대해 터무니없는 가정을 만들어내는 이유는 무엇일까. 학부모와 교사의 모임이나 그 외 여러 지역 모임에 가서 한번 자신에게 물어보라. 이 모든 사람들이 과연 나쁜 의도를 가진 사람들인가. 알코올이나 마약에 중독된 부모의 경우 나쁜 동기를 가정하는 것은 이해할 수 있다. 그들에게 마약은 아이들의 행복을 위한 어떤 동기보다 우선할 것이다. 그러나 대부분의 부모들은 마약에 의존하지 않으며 지나치게 자기 중심적이지도 않다.[34]

넷째, 우리는 왜 위험한 비탈길(slippery slope)을 두려워하는가를 질문해야 된다. 위험한 비탈길이란, 만약 우리가 한 경우를 허용하면 이와 유사한 경우도 계속 허용해야 되며, 이것은 결국 끔찍한 상태까지 계속 이어질 것이라는 일종의 '도미노 현상'을 말한다. 펜스는 이런 사람의 실례로 20년 전 체외 수정을 반대했던 레온 카스의 말을 인용한다.

박애주의적인 측면에서 타당한 한 가지 이유가 각 단계를 정당화시킬 수 있다. 하지만 첫 단계는 두 번째 단계를 위한 선례가 되고 두 번째는 세 번째를 위한 선례가 된다. 기술적 부분에만 국한된 것이 아니라 도덕적 주장에서도 마찬가지다. 아마도 현명한 사회는 불임 부부에게 말할 것이다. "우리는 당신들의 슬픔을 이해합니다만 이 일을 진행시키지 않는 것이 더 나을 것입니

---

34) 같은 책, pp. 105-107.

다."[35]

그러나 펜스는 이런 식으로 인류의 미래를 걱정했던 ─『제3의 물결』의 저자인 앨빈 토플러를 포함한 ─ 모든 예언가들의 주장은 빗나갔다고 말한다.

그동안 수많은 예언들이 존재해 왔지만 실현된 경우는 거의 없다. 1960년대에는 컴퓨터가 구소련이 미국을 압도할 수 있는 군사 네트워크로 활용될 것이라는 예언이 지배적이었다. 하지만 실제로는 개인용 컴퓨터가 보급되면서 전 세계적으로 공산주의를 무너뜨리는 데 도움이 되는 생각을 공유하는 새로운 방법을 만들어냈다. 네덜란드에서는 말기 환자에 대한 안락사가 평화로운 나라를 윤리적 지옥으로 바꿀 것이라고 예언했다. 그러나 25년 동안 나쁜 결과는 거의 나타나지 않았다. 유사하게 미국에서는 25년 동안 낙태가 합법적이었지만, 오늘날에는 상당히 적절하게 그 기능을 유지해나가고 있다.
여러 분야의 선각자들은 컴퓨터, 보조 생식, 안락사, 낙태 등의 모든 변화가 우리를 위험한 비탈길로 냉혹하게 미끄러뜨릴 것이라고 예언했다. 하지만 어느 것도 실현되지는 않았다. 여기서 주는 교훈은 간단하다. "비탈길 예언을 경계하라. 이런 예언들로 인해 당신에게 더 나은 미래를 선사할지도 모를 변화를 두려워하지 말라."[36]

8. 맺음말

우리는 생명공학의 발달과 복제 인간에 대한 실험과 연구 등이 축복과 저주의 두 측면을 모두 가지고 있다는 사실을 잘 알고 있다. 그러나 우리가 어느 쪽을 강조하느냐에 따라서 과학자와 인문학자를 일단 구분한다면, 우리는 전문가들을 다음의 네 부류로 나눌 수 있다.

─ 찬성하는 과학자

---

35) 같은 책, p. 108.
36) 같은 책, pp. 113-114.

— 반대하는 과학자
— 찬성하는 인문학자
— 반대하는 인문학자

이제 나는 이상의 분류에 대하여 몇 마디 하겠다.

정확한 통계는 없지만, 과학자들 중에는 찬성 쪽이 훨씬 많은 듯이 보인다. 그러나 대부분의 과학자들은 그들의 연구가 초래할 수많은 사회적·윤리적·철학적·종교적 문제들을 무의식적으로나 의식적으로 외면하고 있다. 역시 정확한 통계는 없지만, 종교인들 중에는 아무래도 반대 쪽이 많은 듯이 보인다. 그러나 그들은 정확한 논증보다는 단순한 감정적 호소에 의지하는 경우가 많다. 앞으로 그들은 더욱 정교한 과학적 접근을 시도할 필요가 있다. 이렇게 보면, 앞으로는 생명공학의 연구를 반대하는 소수의 과학자들과 그것을 찬성하는 소수의 종교인들의 발언이 앞으로 더욱 중요한 위치를 차지하게 될 것이다. 그러나 현재 후자의 목소리는 아직도 신학적·윤리적 입장을 벗어나지 못하고 있으며, 전자는 가끔 정확한 과학적 및 신학적 언어로 표현하고 있다.

끝으로 나는 인간 복제가 언젠가는 꼭 이루어질 것이라고 장담하겠다. 물론 대부분의 찬성하는 과학자들도 현재의 과학적 지식을 가지고 인간을 복제한다는 것은 대단히 위험하다고 경고한다. 예를 들어서 동물 복제의 권위자인 황우석 교수는 "소의 경우 자궁에 성공적으로 착상된 150마리의 복제 태아 가운데 33퍼센트가 유산되었으며, 설사 출산을 했다 하더라도 급성 설사 등으로 태어난 지 한 달도 못 되어 죽은, 이른바 '급사 증후군'이 22퍼센트에 달했으며, 태어난 복제 동물 가운데 12퍼센트는 다리·간·심장·폐·생식기 등이 기형이었으며, 또한 8퍼센트는 정상 체중의 2배 이상인 '거대체중 증후군'으로 출산 과정에서 죽거나 얼마 살지 못했다"고 말하면서, "따라서 복제는 우량 가축을 대량으로 농가에 보급하거나, 거부 반응이 없는 이식용 장기를 동물에게서 생산해내기 위한 목적이나, 치료용 세포나 조직을 생산하기 위한 인간 배아 줄기 세포의 복제까지만 허용해야 하며, 인간 자체의 복제는 법률로 금지해야 한다"고 말한다.[37]

복제양 돌리를 만든 영국 로슬린연구소의 해리 그리핀 부소장도 인간 복제는 철저한 남성중심주의에서 나온 발상이라고 말한다. 남성은 간단히 체세포만 제공하면 되지만 산모와 아기는 치명적 위험에 노출되기 때문이다. 또한 인간 복제의 권리를 개인에게 준다면, 기형아가 태어나면 그 책임을 개인에게 묻게 되어서 커다란 사회 문제가 될 것이라고 말한다. 그러나 대부분의 찬성하는 과학자들은 "복제 기술은 동물 실험을 통해 계속 발전되고 있으며, 앞으로 5~7년 뒤에는 사람에게 적용할 수 있는 수준에 이르게 될 것"이라고 예언한다.38)

이런 상황에서 미국 대통령 직속 생명윤리위원회 위원인 프란시스 후쿠야마 교수는 그의 최신작 『인간 이후의 미래』에서 생명공학 기술(BT) 혁명으로 인류는 이제 인간 이후(post-human) 단계로 옮겨가고 있다고 말하며, 국제 문제 전문 격월간지인 『포린 폴리시』의 최신호(2002년 3~4월)에서는 "인간 배아 복제 문제를 효율적이고 체계적으로 다스릴 국제 체제(international regime)를 마련해야 한다"고 주장한다. 『동아일보』는 이렇게 말한다.

BT는 핵무기 기술처럼 파괴력이 뚜렷하지는 않지만 정보 통신 기술처럼 무조건 이롭지만도 않다. 이 기술은 심지어 인간 본성과 인류 존재에 대한 사고 방식을 뒤바꿀 수도 있는 잠재력을 가진 기술이다. 이 같은 문제점을 통제할 수 있는 유일한 대안은 세계 각국이 정치적 수단을 통해 BT의 이용과 발전을 규제하는 것 뿐이다. BT 산업에는 너무나 많은 상업적 이익이 발생하는 관계로 자율적 규제가 작동하기 힘들기 때문이다.

인간 복제와 잡종 생명체의 출현 등으로까지 이어질 수 있는 개체 복제 기술은 윤리적 이유 등에 따라 철저히 금지해야 한다. 하지만 치료 목적의 배아 복제 등 다른 BT에 대해서는 좀더 세밀한 접근이 필요하다. 이 같은 규제 장치는 세계적 수준에서 마련되지 않고서는 제대로 작동할 수 없다. 세계화와 정보화의 급속한 진전으로 연구 인력과 기업 모두가 손쉽게 다른 나라로 이동할 수 있게 됐기 때문이다. 실제로 규제가 엄격한 독일의 복제 기술 연구자들은 이런 연구에 관대한 영국으로 대거 옮겨갔다. 그러나 국제적 수준의 논의

---

37) 『동아일보』, 2001년 2월 22일자.
38) 같은 글.

를 시작하기 전에 각 국가는 자국내 규정을 우선 마련해야 한다. 특히 이 같은 국제 체제는 미국의 조치가 있을 때 쉽게 출범할 수 있다.[39]

이제 나는 인간 복제 뿐만 아니라 배아 복제를 포함한 모든 생명공학 기술의 연구를 무조건 신의 의지를 거역하는 것이라는 이유로 반대하는 종교인, 신학자, 종교학자, 종교철학자 등의 인문학자들에게 말하고 싶다. 세상은 급격히 변하고 있으며, 우리가 아무리 반대해도 이런 과학적 탐구는 여전히 계속될 것이라고.

내가 할리우드에 호모 교회(Metropolitan Community Church)가 있다는 것을 발견한 것은 1960년대 후반이었다. 물론 그 교회의 담임 목사님은 호모였고 대부분의 신도들도 호모이거나 호모의 친척들이었다. 그 후에 샌프란시스코의 시장에 당선되려면 호모 지역 사회의 지지를 받지 않으면 절대로 불가능하다는 것도 알게 되었다. 그들의 정치 세력이 그만치 무시할 수 없는 정도가 되었기 때문이다.

그러나 최근에 세계는 정말 어지러울 정도로 빨리 변하고 있다. 지난번에 파리의 시장으로 당선된 사람은 자신이 호모라는 사실을 발표하면서 더욱 인기를 얻게 되었고, 네덜란드는 2001년 4월 10일에 상원이 작년 11월에 하원에서 통과된 안락사 관련 법안을 정식으로 통과시켰다. 네덜란드에서는 이미 1996년부터 2123명의 환자가 안락사로 죽었다. 그래서 사람들은 2001년 동성간의 결혼을 정식으로 허락한 네덜란드 정부의 시책을 실용적 허용 정책(pragmatic tolerance policy)이라고 부른다.

또한 복제 양 돌리의 탄생에 참여했던 영국 생물공학회사 'PPL 세라퓨딕스'는 2001년 4월 11일에 인간 유전자를 주입시킨 5마리의 건강한 복제 돼지 새끼를 탄생시켰다고 발표했다. 원래 돼지의 간·심장·신장은 인간 장기와 크기가 비슷하고, 인체 이식 이후의 거부 반응이 상대적으로 적기 때문에 환자들의 만성적 장기 부족 현상을 해소시킬 수 있는 최선의 방안으로 복제 연구의 대상이 되어왔는데, 이번의 복제는 돼지의 체세포에 인체의 귀 등에 해당하는 유전자를 미리 끼워 넣어서 '갈 트란스페라제(GT) 유전자'의 거부 반응을 무력화시키는 길을 연 것이다. 또한

---

39) 『동아일보』, 2002년 3월 21일자.

우리나라에서도 2001년 4월 12일에 최초의 체세포 복제 젖소인 '영롱이' 가 황소와의 자연 교배를 통해 정상적인 암송아지를 탄생시켰다. 바야흐로 우리는 21세기라는 새 시대로 돌입하고 있으며, 새 시대는 새로운 문제를 제기하며, 새로운 문제는 새로운 해결책을 필요로 한다.

우선 2001년 한 해 동안에 일어난 일을 정리해보자. 지난 2월에는 국제 컨소시엄인 '인간 게놈 프로젝트(HGP)'와 미국의 벤처 기업인 제노믹스 가 인간 게놈 지도를 완성하여 21세기 바이오 시대의 도래를 선언했다. 이어 8월에는 이탈리아와 미국의 불임연구팀이 인간 복제를 실험하겠다고 선언했으며, 미국의 바이오 벤처인 '어드밴스드 셀 테크놀로지(ACT)' 는 세계 최초로 인간 배아 복제에 성공했다고 발표했다. 공상 과학 소설 에서나 볼 수 있었던, 아직은 먼 미래의 일이라고 생각했던 클론(clone) 이 눈앞으로 다가온 것이다.

이런 논란의 중심에 서 있는 이탈리아의 의사 세베리노 안티노리는 지 난 1993년에 59세의 여성을 임신시켜 쌍둥이를 출산하도록 했으며, 1994 년에는 63세의 여성을 출산하도록 하여 '세계 최고령 인공 수정 임신'으 로 기네스북에 올라 있다. 그는 인간 복제는 전세계의 불임 부부들에게 큰 희망이 될 것이라고 말하면서 연구를 강행하고 있다. 또한 '라엘리안 운동'의 창시자며, 전직 카 레이서 출신으로 2001년 8월에 한국을 방문했 던 라엘(본명 클로드 보이몽)은 "과학은 종교와 마찬가지로 인간을 통해 영원한 생명에 이르게 할 수 있다"고 공언하고 있다. 그리고 이 두 사람 은 2002년 현재 57세밖에 되지 않은 장년이다.[40]

그런데 아랍에미리트의 영자 신문인 『걸프 뉴스』는 지금까지 2002년 이내에 복제 인간을 탄생시키겠다고 장담해온 안티노리가 "한 불임 여성 이 인간 복제를 통해 임신 8주가 되었다"고 주장했다고 보도했다. 이 신 문은 안티노리가 아부다비의 한 싱크 탱크 초청 강연에서 이렇게 밝혔으 나, 그 여성의 신분과 누구의 세포를 복제했는지 등은 밝히지 않았다고 보도했다. 나는 이 보도가 사실이 아니기를 바란다. 현재의 과학적 기술 로는 안전한 복제 인간의 출현이 거의 불가능하기 때문이다. 우선 그런 경우에는 사산아가 나올 확률이 크며, 비록 복제가 성공했다고 해도 심

---

40) 『문화일보』, 2001년 12월 21일자.

각한 비정상아가 나올 가능성이 매우 높기 때문이다.[41]

여기서 중요한 것은 그들의 이런 태도가 과연 도덕적, 종교적, 신학적, 철학적으로 받아들일 수 있느냐는 것이 아니다. 중요한 것은 인간 복제가 언젠가는 실행될 것이라는 사실이다. 인문학자들이 우선 과학을 배워야 하는 이유가 거기에 있다. 어차피 인간 복제가 실현될 수밖에 없다면, 그리고 이것이 아무도 막을 수 없는 추세라면, 인문학자는 먼저 그 과정에서 과학적으로 덜 나쁜 길(lesser evil)을 권유할 수 있을 정도로 과학을 연구하면서 자신의 도덕적 및 종교적 충고를 주어야 할 것이다. 대안 없는 반대는 공허할 뿐이다. 그리고 그 대안은 엄연한 현실로부터 출발해야 할 것이다.

인간 복제, 그것은 이제 과학적으로 가능하게 되었으며, 이미 수많은 인간의 호기심을 자극하고 있다. 2001년 2월 현재 한 명의 복제 인간 비용은 6400만 원이며, 그 비용은 점차 낮아질 것이라고 한다. 그러므로 이것은 먼 장래의 문제가 아니라 바로 발등의 불이 되었다.

최근 한국에서는 '인간의 장기를 배양하는 것쯤은 여반장(如反掌)인 시대'를 비판하는 목소리가 대두되고 있다. 이른바 생명공학에 브레이크를 작동시켜야 한다는 것이다. 그래서 2001년 10월에 열린 한국철학자대회의 주제는 '생명공학 시대의 철학적 성찰'이었으며, 국내 학자들은 이미 1998년에 '한국생명윤리학회'를 발족시켰다. 그러나 이들은 아직도 '원론적 수준의 해답' 이상을 제시하지 못하고 있다. 즉, 복제 인간이 실제로 탄생하게 된다는 전제에서 출발한 논의는 아직도 나타나지 않고 있는 실정이다. 새 술은 새 통에 담아야 한다.

---

41) 『문화일보』, 2002년 4월 8일자.

제2장

우연과 필연, 어느 쪽을 선택할 것인가
― 이영욱, 「현대 우주론과 인간」을 읽고

1. 머리말

법을 모른다는 것은 이유가 될 수 없다는 말이 있듯이, 과학을 모른다는 것은 정당한 이유가 될 수 없다. 그러나 종교와 철학의 관계를 공부하는 종교철학자가 '지구상에 인간이 출현하기 위해 꼭 필요한 우주의 조건'을 연구하는 천체물리학의 글을 독해하는 데는 일정한 한계가 있을 수밖에 없다. 그러나 모르는 게 약이라는 말을 믿고 몇 가지 질문을 하겠다.

첫째, 이영욱은 이렇게 말한다. "과학적으로 직접 탐구가 가능한 것은 우리 몸, 즉 육체의 근원에 관한 것이다. 정신과 영혼의 세계는 초자연적 해석을 필요로 하며, 따라서 어쩌면 과학적 탐구의 범주 밖에 있는지도 모른다. 그러나 우리가 육체의 근원에 대한 확실한 이해를 할 수 있을 때, 비로소 우리는 그보다 더 심오한 정신과 영혼의 차원을 이해할 수 있는 발판을 마련하는 셈이 될 것이다."[1]

이런 주장에 대하여는 여러 가지 질문을 던질 수 있다. 왜 과학적으로 직접 탐구가 가능한 것은 우리의 육체 뿐인가. 예를 들어서 실험심리학

---

[1] 이영욱, 「현대 우주론과 인간」, 강남대 우원사상연구소 심포지엄(2001. 4. 16), p. 1.

자들은 정신도 과학의 대상으로 믿고 있지 않은가. 정신과 영혼의 세계를 선험적으로 과학의 영역 밖에 있다고 단정하는 이유는 무엇인가.

또한 우리가 육체를 확실히 이해할 때 정신과 영혼을 이해할 수 있다는 그의 주장은 엄청난 형이상학적 전제를 필요로 한다. 예를 들어서 데카르트는 육체를 통해 정신이나 영혼을 알 수 있는 것이 아니라 정신이나 영혼을 통해 육체를 알 수 있다고 주장할 것이며, 정신과 육체를 완벽하게 구별하는 다른 이원론자들은 ― 그들의 신비적인 상호 관련에도 불구하고 ― 한쪽의 탐구가 다른 쪽의 탐구에 전혀 도움이 되지 않는다고 주장할 것이며, 인간이 오직 육체나 정신으로만 구성되어 있다는 일원론자들도 그의 주장에 반대할 것이다. 한마디로, 육체를 통한 정신의 탐구, 이것은 마치 "물질을 개벽하여 정신을 개벽하자"는 원불교의 주장과 비슷하며, 이런 주장은 분명히 옳을 수도 있다. 다만 우리는 이런 주장을 반대하는 주장들도 수없이 많다는 사실을 잊지 말아야 한다.

둘째, 왜 이영욱은 인간이 육체·정신·영혼의 세 요소로 구성되어 있다는 삼원론을 주장하는가. 일원론도 있고, 이원론도 있고, 다원론도 있을 수 있지 않은가. 비록 성서에도 ― 여러 가지 번역이 가능하겠지만 ― "너희는 몸과 마음과 영혼을 다하여 하느님을 섬기라"는 표현이 있으며, 이 표현은 일단 삼원론을 지지하는 듯이 보이지만.

셋째, 이영욱은 전통적으로 대립해온 유전설과 빅뱅 이론 중에서 후자를 당연한 것으로 받아들인다. 그래서 그는 '여러 관측적 증거들로 인하여 믿을 수밖에 없는 빅뱅 우주론'이라고 말한다. 나의 얄팍한 지식에 의하면, 이 문제는 아직도 완전히 해결되지 않았으며, 최근에는 두 이론을 종합하려는 시도가 진행되고 있지 않은가.

그러나 나는 이 글에서 이상의 일반적 문제보다는 과연 현대 천체물리학적 지식이 인간을 만들어낸 어떤 '이지적 설계자' 혹은 신의 존재를 증명했느냐는 문제를 집중적으로 토론하겠다. 즉, 나는 다음의 질문을 염두에 두고 이영욱의 글을 토론하겠다. 우주는 지구와 인간의 탄생을 계획적으로 준비해 왔는가? 혹은 그것은 순수한 우연의 결과인가?

상식적으로 보면, 현재 우리가 살고 있는 지구는 인간 창조를 위한 우주적 조건들을 거의 완벽하게 구비하고 있는 듯이 보인다. 예를 들어서 지구는 태양으로부터 세 번째 거리에 있는 행성이다. "만약 지구의 위치가 현재의 금성과 같이 태양에 너무 가까이 있다면, 지구는 너무 뜨거워서 지구상의 모든 물은 증발할 것이며, 물론 그런 곳에서는 인간을 비롯한 어떤 생명체도 살 수 없다. 반대로 지구의 위치가 현재의 화성과 같이 태양으로부터 너무 멀리 있다면, 그곳에는 물이 있다 해도 모두 얼음의 형태로 존재할 것이다. 실제로 현재의 화성은 지구의 남극이나 북극보다 훨씬 가혹한 환경이며, 따라서 생명체가 살기에는 적합하지 않은 조건을 가지고 있다." 여기서 우리는 이렇게 결론을 내릴 수 있다. "태양계의 9개 행성 중에서 오직 지구만이 물이 액체로 존재할 수 있는 거리에 놓여 있고, 따라서 우리 인간을 비롯한 생명체가 살 수 있는 조건을 만족시키고 있다."[2] 이런 사실은 전혀 우연의 결과로 보이지 않는다.

그런데 이영욱은 최근의 천체물리학이 이런 상식의 정당성을 과학적으로 증명했다고 말한다. 20세기 후반에 들어와서 과학자들은 인간을 구성하는 가장 기본적 단위인 원자들이 지구가 생기기 이전의 머나먼 옛날에 어느 뜨거운 별들의 내부에서 만들어졌다는 '놀라운 사실'을 발견했기 때문이다.

빅뱅 직후 물질의 미세한 요동에 의해 은하가 형성되고, 그 속에서 태어난 제1세대 별들은 핵융합 반응을 통해 탄소와 같은 중원소를 만들고, 자신은 초신성(超新星, supernova)으로 폭발하여 사라진다. 이렇게 1세대 별 속에서 만들어진 원소들은 초신성의 폭발과 함께 성운이라고 불리는 거대한 가스 구름으로 흩어지게 되고, 여기서 제2세대 별들이 다시 탄생하게 된다. 2세대 별들도 핵융합 반응에 의해 더 많은 원소들을 만들고 초신성으로 일생을 마친다. 이와 같은 사이클이 여러 번 반복되면 별이 태어나는 성운에는 탄소, 질소, 산소와 같은 중원소들이 점차 증가하게 된다. 그리고 이렇게 중원소를 많이 포함하고 있는 성운에는 비로소 태양과 지구를 포함한 태양계가 형성된다.

지구와 태양의 나이는 약 45억 년, 그리고 우주의 나이는 약 120억 년이란 점을 고려하면, 우리 우주는 생성된 후 약 80억 년이라는 긴 세월 동안 별 속에서 중원소들을 만들며 지구와 인간의 탄생을 소리 없이 준비해 온 것이다. 오늘날 우리 몸을 이루는 대부분의 원소들은 모두 지구가 생기기 이전인 머나

---

2) 같은 글, p. 3.

먼 과거에 어느 뜨거운 별의 중심에서 비롯되었다는 놀라운 사실은 우리에게 심오한 자연철학적 의미를 전해 준다.[3]

2. 우연과 필연, 왜 문제인가

과학자들은 이렇게 인간의 출현을 위한 조건을 우주 전체의 차원에서 고려하는 원칙을 '인본 원리(anthropic principle)'라고 부르며, 스티븐 호킹과 그의 동료들은 1970년대에 들어와서 이 원리를 우주론에 적용하기 시작했다. 이런 과학자들의 연구 결과로, 오늘날 우리들은 — 이미 말했듯이 — 인간이 존재하기 위해서는 별들이 태어나서 핵융합 반응을 통해 충분한 중원소를 만든 다음에 반드시 초신성으로 죽어야 하며, 이런 사이클이 충분히 진행되지 못한 초기 우주 역사에는 인류가 존재할 수 없으며, 반대로 우주 역사의 후반부에는 대부분의 별들이 빛을 발하지 않는 상태가 되어 태양과 같은 별에서 에너지를 공급받아 환경을 유지하는 지구와 같은 행성은 생명체가 살 수 없는 환경이 될 것이라는 사실을 알게 되었다. 이렇게 우주의 전 역사 중에서 오직 특정한 기간에만 인간이 존재할 수 있다는 주장을 과학자들은 '약한 인본 원리'라고 부른다. 그러나 일부의 과학자들은 여기서 한 걸음 더 나아가서 오직 특별한 조건을 가진 특별한 우주만이 인류의 출현을 가능하게 한다는 '강한 인본 원리'를 주장하기도 한다.

이런 입장에서 보면, 특히 강한 인본 원리의 입장에서 보면, 우주는 인간의 존재를 위해 필요한 모든 조건들을 너무나도 완벽하게 갖추고 있는 것처럼 보인다. 우리는 이런 사실을 양성자와 전자의 질량 비례 혹은 천문학자들이 '오메가'라고 부르는 우주의 밀도 계수와 관련해서 쉽게 찾을 수 있다.

예를 들면, 물질을 이루는 기본적 입자인 양성자와 전자의 질량비는 약 2,000으로 관측되는데, 이것이 만약에 20이나 200,000과 같이 다른 값을 갖는

---

3) 같은 글, pp. 2-3.

다면 생명체의 존재에 필요한 천문학, 물리학, 화학 그리고 생물학의 요구 조건을 벗어나게 되는 것이다. 우리가 살고 있는 우주 이외에 다른 우주가 있다면 그런 우주에서는 양성자와 전자의 질량비가 우리와 다른 값을 가질 수도 있을 것이다. 그리고 그런 우주도 나름대로 다른 조건들을 만족하면서 존재할 수 있을 지 모르나, 그곳에서는 우리와 같은 생명체를 발견할 수는 없을 것이다. 우리가 살고 있는 우주는 우리의 존재를 위해 필요한 모든 조건들을 너무나도 완벽하게 갖추고 있는 것처럼 보인다.[4]

바버(Ian G. Barbour)는 인본 원리를 '우주론으로부터 출발하는 새로운 형태의 신학이라고 해석할 수 있다'고 말하면서, 그는 이 새로운 신학을 전통적으로 사용되어온 '자연신학(natural theology)' 대신에 '자연의 신학(theology of nature)'이라고 부르며, 자연의 신학의 입장에서 볼 때 인간이 이 세상에 존재할 수 있을 정도로 '잘 조율된 현상들'의 몇 가지 실례를 든다.

첫째로 지구의 팽창 속도를 생각해 보자. 스티븐 호킹은 "만약 빅뱅이 있은 1초 후 우주의 팽창 속도가 1000억 분의 1 정도만 늦었다면, 그 우주는 현재의 크기에 이르기 전에 다시 찌그러들었을 것"이라고 말한다. 또한 빅뱅이 있은 1초 후 우주의 팽창 속도가 100만 분의 1 정도만 빨랐더라면 우주는 너무 빨리 팽창되어 별이나 행성이 만들어지지 않았을 것이라고 한다. 우주의 팽창 속도는 초기의 폭발 에너지, 우주의 질량, 중력의 크기 등 여러 요소에 달려 있다. 우주는 마치 칼날 위에 서 있는 것처럼 아슬아슬한 균형을 유지하고 있는 듯하다.

둘째로 원소들의 형성을 생각해 보자. 강한 핵력이 조금만 약했더라면 우리 우주는 수소 원자만 지니게 되었을 것이며, 조금만 강했더라면 모든 수소 이온은 헬륨 이온으로 변화되었을 것이다. 위의 어떤 경우든 안정적인 별들과 물과 같은 화합물은 형성될 수 없었을 것이다. 그 핵력은 겨우 탄소를 형성할 정도였지만, 마찬가지로 그 힘이 조금만 강했더라면 모든 탄소가 산소로 바뀌었을 것이다. 탄소는 우리가 알고 있는 유기 생명체의 출현을 좌우할 결정적인 특성들을 지니고 있다.

셋째로 입자와 반입자의 비율을 생각해 보자. 초기 우주에서 반양성자와 양

---

4) 같은 글, pp. 4-5.

성자의 비율은 1억 대 1억 1이었다. 곧 1억 개의 양성자와 반양성자의 쌍들이 서로 반응하여 소멸되어 복사 에너지를 방출하는 과정에서 단 한 개의 양성자가 남았다. 그렇게 반응하지 않고 남은 양성자의 수가 조금 많았거나 전혀 남지 않은 경우 (반양성자와 양성자의 비율이 1 대 1이었을 경우), 우리가 알고 있는 물질들로 구성된 우주는 존재할 수 없었을 것이다. 물리학의 법칙들이 입자와 반입자 사이에 대칭적이라면, 왜 이와 같이 아주 미소한 비대칭이 존재했던 것일까.[5]

원래 물리학자 카터(Brandon Carter)가 우주의 '수많은 우연성'을 설명하기 위해 1974년에 도입한 인본 원리는 이렇게 질문한다. 도대체 빛의 속도나 플라크 상수 등과 같은 자연의 근본적인 상수 가치와 기본적인 문리 법칙의 형식이 다같이 정확히 생명 탄생에 꼭 필요한 조건을 가지고 있다는 이 엄연한 사실을 어떻게 설명할 수 있는가? 이 질문에 대하여 대부분의 유신론적 과학자들은 이 사실을 현대판 '계획성에 의한 논증'으로 받아들인다. 그러나 무신론적 과학자들은 이른바 '다세계 논증(many-worlds argument)'으로 이를 반박한다. 이 우주에는 각기 다른 자연 상수 혹은 아마도 각기 다른 물리 법칙을 가진 수많은 세계가 존재하고 있으며, 이런 경우에 생명에 필수 불가결한 요소를 갖추고 있는 세계에서 생명이 탄생할 수 있었다는 주장은 동어반복에 불과하다고 말한다.

그러면 우주 탄생의 우연론과 필연론이라는 각기 다른 두 가지 입장의 과학적, 철학적, 신학적 토론은 지금까지 어떻게 진행되어 왔는가? 러셀(Robert John Russell)은 이렇게 말한다.

엘리스(George Ellis)는 이른바 '기독교적 인본 원리'를 사용하여 신의 계획적인 측면을 템플(William Temple)로부터 끌어낸 신의 전능성 및 초월성과 결합시켰다. 그러나 머피(Nancy Murphy)는 엘리스의 이런 시도를 신 존재 증명의 논증으로 취급하면서도, 신학을 과학의 입장에서 볼 수 있게 할 뿐만 아니라 또한 우주론적 조정(fine-tuning)이 이런 신학적 작업의 '보조적 가설'로 기여할 수 있도록 엘리스의 논증을 재구성했으며, 스윈번(Richard Swinburne)과 폴킹혼(John Polkinghorn)도 역시 인본 원리를 건설적으로 이용했다.

---

5) Ian G. Barbour, 이철우 역, 『과학이 종교를 만날 때』, 김영사, 2002, pp. 107-108.

그러나 모든 사람이 이런 학자들의 주장에 완전히 동의한 것은 아니다. 신학자 워씽(Mark Worthing)은 우주의 설계자가 유신론 종교가 주장하는 창조주의 신일 필요는 없다고 주장했다. 그 설계자는 도킨스(Richard Dawkins)가 주장하는 '신적 형성자(divine demiurge)'이거나 배로우(John Barrow)와 티플러(Frank Tipler)가 제안한 '나타나는 신성(emerging divinity)'일 수도 있기 때문이다. 바버(Ian Barbour)는 인본 원리가 현대판 계획성에 의한 논증에 기여할 수 있는 측면은 별로 없다고 주장했으며, 철학자 레슬리(John Leslie)는 두 입장이 모두 일리를 가지고 있다고 말하면서 미학적 및 윤리적 원칙으로서의 신플라톤적 신관을 주장했다. 과학사가 맥물린(Ernan McMullin)은 인본 원리가 기독교적 전제 조건들 속에서도 일종의 '설명'이 될 수 있다고 주장하면서도, 과학적 이론 변화의 공격에 쉽게 노출되어 있다고 주장했다.

다세계 논증의 경우도 의견이 분분하다. 예를 들어서 스테거(Bill Stoeger)는 이론물리학과 우주론의 수학적 구조는 단순히 우주를 설명하는 단계를 넘어서 수많은 우주의 집합으로 볼 수 있다고 인정한다. 그리고 만약 우리가 플라톤주의자가 아니라면, 그런 여러 세계의 병렬이 수학적으로 가능하다는 사실이 필연적으로 그런 우주들이 존재한다는 것을 함유하지 않는다는 것이다.

나의 견해에 의하면, 인본 원리는 신의 존재를 증명하는 논증의 근거가 되지 않는다. 실제로 우리는 '계획성 대 다세계'의 논쟁에서 신의 우연적인 속성과 필연적인 속성을 동시에 발견하며, 그 이상의 계획성과 수많은 세계에 대해서도 각기 다른 계층의 추상성과 제안들을 발견한다.

그러나 이 원칙이 현재 진행되고 있는 구성신학과 연결되었을 때, 그것은 지금까지 보지 못했던 여러 신학적 주제들의 상호 관계와 그것의 내적 의미를 밝혀줄 수 있다. 예를 들어서, 인본 원리는 플랑크 상수가 우주의 어떤 특수한 일반적 구조에서 작용하는 역할, 즉 무(無)로부터의 창조를 강조하는 신학의 역할을 수행할 수 있으며, 그 상수는 자유 의지와 신학적 인류학이 과연 공존할 수 있느냐는 문제에서도 아주 중요한 요인이 될 수도 있다. 우리가 행동하려면, 물리적인 수준의 자연은 일단 비결정적이어야 하기 때문이다. 동시에 그것은 신의 불개입 원칙에 대한 접근에서, 특히 신적 유전론의 맥락 속에서, 중심적 역할을 할 수 있다.[6]

그러나 인본 원리를 비판하는 사람들은 인간이 살고 있는 우주에서 상

---

6) Robert John Russell, "Cosmology and the Doctrine of Creation", *Science, Theology, and Religions : An Encounter of Three Stories*, 교육문화회관, 2002년 1월 18-22일, p. 144.

수들이 알맞게 조합된 것은 수많은 우주들 가운데서 일어난 우연이 결과일 뿐이라는 생각을 견지한다. 그리고 빅뱅 전에 대붕괴가 일어났을 것이라는 진동우주론, 여러 번 되풀이되는 폭발들 대신에 한 번의 빅뱅이 여러 개의 영역을 만들어냈을 것이라는 다중고립영역론, 원자 내부에는 양자 수준의 확정불능성이 언제나 존재한다는 다세계양자론, 양자가 진공 속에서 요동한다는 양자진공요동론 등으로 표현된 다세계 논증은 모두 인간이 생명체가 존재할 수 있는 우주에 살게 된 것은 우연의 결과라고 주장한다. 물론 유신론자들은 이런 주장을 반대한다.

여기서 우리는 다시 처음 제기한 문제로 되돌아가게 된다. 이 우주는 어떤 필연에 의해 인간을 존재하게 했는가? 그렇지 않으면 순수한 우연의 결과인가? 우연론자들은 이렇게 주장한다. "우리가 아는 자연 법칙과 상수들이 특별한 형태와 값을 갖는 이유는, 그렇지 않으면 우리가 존재하는 우주가 될 수 없기 때문이다. 우리의 존재는 주어진 사실이기 때문에, 인간이 존재하는 우주에서는 반드시 자연 법칙과 상수들이 우리가 아는 형태와 값을 가지는 것으로 관측될 수밖에 없다."

필연론자들은 이렇게 추측한다. "우주는 태초부터 인간을 만들기 위해 특별한 목적을 갖고 디자인된 것이다. 마치 시인이 특별한 시상(詩想)을 갖고 타자기를 칠 때만 윤동주의 「별 헤는 밤」이라는 시가 나올 수 있듯이, 우주의 창조자는 태초부터 우리를 염두에 두고 계셨던 것이다."[7]

우리는 우연과 필연 중에서 어느 쪽을 선택해야 하는가? 우리는 이 문제를 신앙의 입장에서 바라볼 수도 있고 논리의 입장에서 바라볼 수도 있다. 예를 들어 전자에 속하는 기독교인은 현대 천체물리학의 모든 새로운 지식이 오히려 창조주의 존재를 지지한다고 주장할 것이며, 다시 이 창조주의 업적이 과연 '무(無)로부터의 창조'까지 포함할 수 있느냐를 연구할 것이다. 그러나 우리가 순수한 논리의 입장에서 본다면, 그리고 현재까지의 과학의 발전 단계에서 본다면, 우리는 어느 쪽을 선택해야 하는가.

---

7) 이영욱, 「현대 우주론과 인간」, 앞의 글, pp. 7-8.

3. 우연과 필연, 어느 쪽을 선택할 것인가 (I)

최근에는 우연 자체를 유신론적으로 해석하려는 시도가 두 가지 방향에서 제기되었다. 첫째로 예를 들어서 "양자 이론으로 예측될 수 있는 일정한 범위의 가능성 가운데 일어난 특정한 사건은 우연한 일이 아니라 과학적으로 탐지되지 않은 상태에서 만들어낸 것이라는 주장이 있다. 자연 법칙들은 단지 일정한 범위의 잠재적 가능성만 들어낼 뿐이며, 그 가운데 어떤 것이 실제로 구현될 것인지는 하느님이 결정한다"는 것이다. 둘째로는 법칙과 우연이 모두 하느님의 설계의 일부라는 주장이 있다. "하느님은 상위 수준에서의 조직화에 아로새겨진 잠재적 가능성들을 통해 진화적 변화의 일반적 방향을 그려둔 것이지 사건들의 정확한 순서까지 그려둔 것은 아니기 때문이다."[8]

그러나 여기에 사용된 '우연'이라는 어휘는 전통적으로 사용된 필연과 모순되는 우연이 아니다. 그것은 어디까지나 현재 우리가 가지고 있는 과학적 지식으로는 설명할 수 없다는 뜻에서 우연적 현상이거나 '진화적 변화의 일반적 가능성'에서 벗어난 구체적 사건이라는 뜻에서 우연적 현상이며, 아무런 원인이 없다는 뜻에서의 우연적 현상은 아니기 때문이다. 나는 이 글에서 '우연'을 필연과 모순되며, 아무런 원인이 없으며, 그래서 그것은 무신론을 지지할 수밖에 없다는 뜻으로, 즉 전통적인 뜻으로 사용하겠다.

우연과 필연, 어느 쪽을 선택할 것인가. 이영욱은 이 선택에서 어느 쪽도 확실하게 지지하지 않는다. 아마도 과학은 단지 이미 결정된 자연의 법칙을 밝히는 학문이며, 그보다 한 차원이 높은 '왜?'라는 질문에는 직접 답을 줄 수 없다는 객관성을 유지하기 위한 것이리라. 그러면서도 그는 필연론을 은근히 지지하는 듯하다. 나의 추측이 옳다면.

첫째, 그는 수많은 자연의 법칙과 상수들이 우연에 의해 우리가 아는 것과 같이 될 확률은 너무 적어서 영에 가깝기 때문에, 우리는 인간을 '특별한 존재'로 볼 수밖에 없다는 점을 다음의 실례로 설명한다.

---

8) Ian G. Barbour, 『과학이 종교를 만날 때』, 앞의 책, pp. 131-132.

자동차를 만들 때 들어가는 부품의 수는 약 만 개 정도가 된다고 한다. 그런데 어느 날 이 공장에 거대한 태풍이 불어서 만 개의 부품이 모두 하늘로 올라갔다가 다시 땅으로 떨어졌다고 가정하자. 이때 우연히 모든 부품이 맞추어져서 완성된 자동차가 되어 떨어질 확률은 지극히 낮을 것이다. 아니, 절대로 불가능할 것이다. 그런데 우리 우주의 모든 자연 법칙과 상수들이 우연히 우리가 관측하는 값을 가질 확률은 이보다 더 낮다.

또 다른 표현으로는, 야생에서 갓 잡은 원숭이에게 타자기를 주었을 경우를 가정하자. 이 원숭이는 쉴 새 없이 타자기를 두드리지만 아무리 오래 쳐도 '별'이라는 단어 하나를 완성하지는 못할 것이다. 대부분의 경우는 'ㄷ ㅇ ㄱ ㅗ# ㅅ · ㅑ ㅔ$ ……' 등 아무 의미 없는 철자의 나열에 불과할 것이다. 아주 오랜 기간 칠 경우, 혹시 우연히 아주 우연히 '별'이라는 단어를 치게 될지도 모른다. 그러나 아무리 수십 년을 친다고 해도 윤동주의 「별 헤는 밤」이라는 아름다운 시는 결코 우연히 나타나지 않을 것이다. 우리 우주가 우연히 이런 모습을 가질 수 있는 확률은, 원숭이가 친 자음과 모음의 배합에서 우연히 윤동주의 시 전문이 나올 수 있는 확률보다 작다.9)

둘째, 이영욱은 우연론자들의 주장은 우리가 살고 있는 우주 이외에도 수많은 다른 우주를 가정하게 만든다고 말한다. "수많은 자연 법칙과 상수들이 우연의 일치에 의하여 그렇게 완벽하게 인간을 만들기 위해서는 확률적으로 볼 때 수천억 개 이상의 수없이 많은 우주를 필요로 할 것이고, 우리는 단지 그 많은 우주 중에 우연히 모든 조건을 만족시키는 우주에서 된 것으로 간주"해야 한다. 그리고 러시아 태생의 천체물리학자 린데(Linde)는 실제로 우리가 현재 살고 있는 우주가 수많은 우주 중에 하나라는 '번식우주론'을 주장하기도 했다. 즉, "초기 우주가 형성될 때 양자역학적 요동에 의하여 여러 우주가 만들어졌고, 그 우주들은 또 자식 우주들을 만들며 끊임없이 번식해나갔다는 것이다."10) 그러나 린데의 이런 가설은 관측과 실험으로 검증할 방법이 없다고 이영욱은 비판한다. 천문학자는 우리가 살고 있는 밖의 다른 우주를 관찰할 수 없으며, "우리 우주의 특이한 점을 설명하기 위해 관측이 불가능한 우주 밖으로 나아가야 하는 이론은 이미 과학의 영역을 떠난 것"이기 때문이다.

---

9) 이영욱, 「현대 우주론과 인간」, 앞의 글, p. 8.
10) 같은 글, p. 7.

그러나 나는 우연론을 지지하는 것이 더욱 논리적이고 합리적이라고 생각한다. 왜? 우선 나는 그 이유를 제시하기 전에 이영욱과 내가 지금까지 사용해 온 '필연'이라는 어휘를 '목적' 혹은 '계획성'으로 바꾸려고 한다. 물론 '우연'의 반대말은 '필연'이다. 그러나 이 표현은 너무 강한 뜻을 지칭한다. 그래서 나는 그것이 순수한 우연이 아니라 어떤 목적이나 계획성을 가지고 있다는 뜻에서 '목적론'이라고 부를 것이며, 또한 이런 표현이 종교철학의 일반 지식과도 일치된다.

4. 우연과 필연, 어느 쪽을 선택할 것인가 (II)

왜 우리는 ― 적어도 논리적으로는 ― 목적론보다 우연론을 주장할 수밖에 없는가?

첫째, 우연론자와 목적론자 중에서 어느 쪽이 더욱 큰 증명의 부담을 안고 있는가? 그것은 아무래도 목적론자일 수밖에 없다. 일단 우리는 감각적으로 우주의 '목적'이나 우주의 '창조주'를 관찰할 수 없기 때문이다. 이것은 마치 귀신이 존재한다고 주장하는 사람과 존재하지 않는다고 주장하는 사람 중에서 전자가 더욱 많은 증명의 부담을 안고 있는 경우와 비슷하다. 특히 우리가 인과론에 대한 흄(1711~1776)의 분석을 받아들인다면, 우리가 흔히 인과적 관계라고 부르는 현상에서 발견할 수 있는 것은 '필연적 결합(necessary connection)'이 아니라 '지속적 접속(constant conjunction)'일 뿐이며, 그래서 우리는 신과 우주 사이의 어떤 인과 법칙도 인정할 수 없다. 그런데 왜 우리는 우리들의 객관적 관찰과 일치하는 우연론을 팽개치고 목적론을 주장해야 하는가.

둘째, 이영욱은 우연론은 필연적으로 수많은 우주의 존재를 함의하게 된다고 말한다. 그러나 이런 주장은 논리적으로 정당하지 않다. 우리가 살고 있는 단 하나의 우주가 우연히 출현했다고 보지 말아야 할 필연적 이유는 없기 때문이다.

셋째, 이영욱은 비록 린데의 이론이 옳다고 해도, 우리는 그것을 증명할 방법이 없다고 말한다. 관측이 불가능한 우주 밖으로 나아가야 하는 이론은 이미 과학의 영역을 떠난 것이기 때문이다. 그러나 그가 여기서 말하는 '과학의 영역을 떠난'이라는 표현은 '현재 우리가 알고 있는 과학의 영역을 떠난'이라고 말해야 할 것이다. 미래 언젠가는 그것도 과학의 대상이 될 수 있다. 여기에 바로 종교인과 과학자의 차이점이 있다. 지금까지 종교인들은 언제나 "X는 과학의 영역을 초월한다"고 주장해 왔으며, 과학자들은 언제나 종교인들의 이런 주장이 틀린 것이라는 사실을 증명해 왔다. 일단 과학자들은 '무한한 발전'을 믿는다. 현재 어떤 현상에 대한 관찰이나 증명이 불가능하다고 해서, 그것이 영원히 그럴 것이라고 추측하는 것은 과학자의 태도가 아니다. 옛날에는 번개라는 자연 현상도 종교의 영역, 신의 진노의 표시였지만 지금은 과학의 영역이 되었다. 그러므로 지금 '우주 밖으로 나아가야 하는 이론'도 미래 언젠가는 과학적 탐구의 대상이 될 수도 있다. 물론 그렇게 되지 않을 수도 있겠지만.

넷째, 목적론자들이 내세우는 가장 강력한 논증은, 현재 우리가 갖고 있는 과학적 지식을 가지고 판단할 때, 우리가 살고 있는 우주를 우연의 결과라고 보는 것은 전혀 비합리적인 듯이 보인다는 사실이다. 이영욱은 이 점을 이미 자동차 부속품들이 하늘로 치솟았다가 다시 온전한 자동차로 우연히 조립될 수 있는 확률과 원숭이가 타이프를 쳐서 우연히 '별'이라는 어휘를 만들 수 있는 확률이 거의 영에 가깝다는 사실로 설명했다.

종교철학자들은 이런 논증을 '계획성에 의한 논증(argument from design)' 혹은 '목적론적 논증(teleological argument)'이라고 부른다. 이 논증은 고대 플라톤의 『티마에우스』 대화편, 중세 토마스 아퀴나스의 우주론적 증명의 5번째 논증, 근대 페일리(William Paley, 1743~1805)의 '시계에 의한 유추론', 최근에는 브라운(Arthur Brown)의 오존층에 대한 주장에 잘 나타나 있다. 그 중에서 『자연신학』에 나오는 페일리의 설명을 들어보자.[11]

사막을 걷다가 정말 희한하게 생긴 바위를 발견한다. 우리는 그것이 바람, 비, 열, 서리, 화산 폭발 등의 자연적 힘에 의해 생겨났다고 생각할 수 있다. 그런데 우리가 사막에서 시계를 발견했다고 하자. 그 시계 속에

---

11) William Paley, *Natural Theology : Or Evidences of the Existence and Attributes of the Deity Collected from the Appearances of Nature*, 1802.

는 엄청난 규칙성이 있다. 꼭 60초가 지나야 1분이 되고, 60분이 지나야 1시간이 되고, 24시간이 지나야 하루가 된다.

우리가 과연 이렇게 복잡하면서도 규칙성을 가지고 있는 시계가 비와 바람 등의 자연적 힘에 의해 우연히 생겨났다고 생각할 수 있겠는가. 이성을 가진 사람이라면, 그렇게 생각할 수 없을 것이다. 이 모든 현상이 발생하도록 만든 어떤 이지적 마음(intelligent mind)이 있다고 추측해야 한다. 그런데 우리가 살고 있는 세계와 우주는 시계보다 훨씬 복잡한 규칙성을 가지고 있으며, 이 경우에 우리는 시계의 경우보다 더욱 확실하게 이 세계와 우주를 만든 어떤 신적 설계자(Divine Designer)의 존재를 가정해야 한다. 힉은 페일리의 주장을 이렇게 정리한다.

> 태양계에 속해 있는 모든 유성의 회전, 어김없이 찾아오는 계절, 생물의 신체 구조가 복잡한 기관을 가지고 있으면서도 서로 협조하여 움직이는 일, 이 모든 것은 분명한 설계의 결과가 아닐 수 없다. 또한 인간의 두뇌에는 수백만 개의 세포가 서로 협동하여 움직이고 있으며, 인간의 눈은 고도의 정확성과 색 분별감을 가진 자동식 렌즈를 가진 영화 카메라가 아닌가. 이렇게 복잡하고 성능이 좋은 기관을, 마치 자연의 힘에 의하여 만들어진 바위와 같이, 우연에 의하여 만들어졌다고 상상할 수는 없다.12)

또한 브라운은 강렬한 태양의 자외선을 걸러내어서 지상에 생명체가 살 수 있도록 해주는 공기의 오존층을 실례로 들면서 이렇게 말한다. "오존층이야말로 창조주의 선견(先見)을 증명해 주는 유력한 재료가 아닐 수 없다. 아무도 이러한 오존층의 현상을 우연적이고 진화론적인 과정으로 설명할 수 없다. 모든 생물을 죽음으로부터 보호해 주는 이 오존층의 벽은, 어쩌면 이렇게도 적당한 두께를 가지고 있으며, 이렇게도 정확하게 생물을 보호해 주고 있는가. 그것은 설계자가 있었다는 명확한 증거다."13)

그러나 흄은 자신이 죽은 다음에 출판되었으나 페일리의 책보다 무려 23년 전에 출판된 『자연 종교에 대한 대화』(1779)에서 계획성에 의한 논

---

12) John Hick, 황필호 역, 『종교철학 개론』, 종로서적, 1980, p. 56.
13) Arthur I, Brown, *Footprints of God*, Fundamental Truth Publishers, Ohio, 1943 (Hick, 앞의 책, p. 57에서 재인용).

증에 대한 거의 완벽한 비판을 제시하고 있다.

첫째, "우리가 살고 있는 세계는 설계된 듯이 보이게 마련이다. 이 세계의 모든 부분이 어느 정도는 서로 적응하도록 되어 있기 때문이다. 비교적 안정된 환경 속에 살고 있는 모든 생물은 일종의 질서와 적응력을 가지고 있으며, 이런 사실은 모든 생물이 계획에 의해 만들어진 정교한 작품으로 간주하도록 강요한다. 그러나 이런 질서가 반드시 '의식적인 계획에 의한 질서'라고 장담할 수는 없다. (중략) 예를 들어서, 지상의 동물이 오존 가스의 여과 작용에 감탄할 정도의 혜택을 받고 있는 이유는, 하느님이 동물을 창조하고 그 다음에 동물을 보호하기 위하여 오존층을 그곳으로 보낸 것이 아니라, 반대로 오존층이 거기에 먼저 있었고 이 오존층을 통과하는 자외선을 견뎌낼 수 있는 동물만이 이 세상에서 번식할 수 있었기 때문이다."14) 결국 계획성에 의한 논증은 현재 상태를 근거로 과거 상태를 설명하려는 '사후 논증(post-facto argument)'이다.

둘째, 세계를 시계와 같은 인조물(人造物)과 비교하는 것은 그리 강력한 유추론이 될 수 없다. 우리가 살고 있는 세계는 하나의 커다란 기계보다는 차라리 하나의 커다란 갑곡류(甲穀類)의 동물이나 식물에 비유될 수 있으며, 이 경우에 계획성에 의한 논증은 실패할 수밖에 없다. 이런 갑곡류의 동물이 마치 시계처럼 어떤 의식적 창조주를 가지고 있느냐는 것이 바로 문제의 초점이기 때문이다. 즉, 이 세계가 거의 완전할 정도로 시계와 같은 인조물과 동일하다는 것이 증명되었을 때만, 페일리의 유추론은 성공할 수 있다. (아무리 강력해도 유추론은 바로 증명이 될 수 없다는 것은 차치하고라도.)

셋째, 우리가 비록 세계의 설계자를 추론해낼 수 있다고 가정하자. 그러나 우리는 그 설계자가 바로 기독교인들이 주장하는 무한히 자비롭고, 무한히 선하고, 무한히 능력 있는 하느님이라고 주장할 수는 없다. 우리가 주어진 결과로부터 추론할 수 있는 것은 그 결과를 낳은 원인 뿐이다. 힉은 흄의 실례를 이렇게 설명한다.

우리가 10킬로그램이 달린 저울의 한쪽이 다른 쪽보다 가볍다는 것을 발견

---

14) Hick, 앞의 책, p. 58.

했다고 하자. 그러면 우리가 볼 수 없는 다른 쪽의 물체는 적어도 10킬로그램이 넘는다는 것을 알 수 있다. 그러나 그것이 100킬로그램이라거나 무한 킬로그램이라고는 추론할 수 없다.

이와 마찬가지로 비록 자연 속에 어떤 질서가 있다고 가정하더라도 우리는 여기서부터 오직 하나의 하느님이 존재한다고 추론해낼 수 없고 (이 세상은 여러 가지 다양성을 가지고 있기 때문에), 온전히 선한 하느님이 존재한다고 단정할 수도 없고 (이 세상에는 악도 많이 존재하기 때문에), 완전히 지혜로운 하느님이나 무한한 힘을 가진 하느님을 추론해낼 수도 없다.15)

켐프 스미스(Norman Kemp Smith)는 이 점을 다음과 같이 설명한다.

유신론자들의 논증은 특별한 결과의 존재로부터 그런 결과를 생산하기에 충분한 원인의 존재로 진행된다. 여기서 원인은 오직 결과를 통해서만 알 수 있다. 그러므로 우리는 그 원인에다가 결과를 생산하기에 필요한 것 이상의 어떤 성격도 부여할 정당성이 없다. 분명히 저울에 올려진 10온스가 넘는 물체는 적어도 그것이 10온스보다 높다는 사실에 대한 증명이 될 수 있다. 그러나 그것이 100온스보다 높다는 이유는 될 수 없다. 결과에 비례하는 원인이 '다르고 더욱 큰 효과(other and greater effect)'를 생산할 수 있는 원인이라고 추리될 수는 없다.

그러나 '종교적 가정'은 바로 이런 짓을 한다. 신이 그의 작품에 나타난 정도의 힘·지성·사랑을 소유하고 있다고 추리하자마자, 그들은 그 논증의 결점을 보완하기 위해 '과장과 엉터리'를 불러들인다. 상상의 날개로 이성을 상승시키려고 한다. 그러나 이런 행위는 마치 우리가 주피터 신에게 올라가서 현재의 결과는 그의 영광된 속성을 충분히 증명하지 못하며, 그래서 "그는 병마와 무질서로 가득 찬 현재의 결과물들보다 더욱 위대하고 더욱 완전한 결과물들을 생산해야 된다"고 말하는 것과 같다.

그들은 여기서 그들이 주장하는 논증의 순서를 뒤집은 것이다. 처음에 유일한 증거로 인정된 것이 이제는 더욱 위대한 전체의 조그만 부분(a minor part of a greater whole)으로 전락하여 — '위대하고 거대한 다른 빌딩으로 인도하는 현관'으로 타락한다.

그러므로 우리는 그들에게 왜 결과에 나타나지 않은 속성을 원인에 부과하느냐고 질문해야 한다. 우리가 결과에 나타나는 것 이상을 원인의 속성에 추

---

15) 같은 책, p. 59.

가하지 않는다면, 우리는 어떻게 정당한 방법으로 결과에 어떤 것을 추가하여 원인보다 더욱 훌륭하게 할 수 있겠는가?

현생의 삶을 더욱 훌륭한 내생의 삶으로 향하는 단순한 통과로 상상하는 것, 사물에 대한 현재의 상황들을 거대한 다른 빌딩으로 인도하는 현관으로 상상하는 것, 이런 것들은 단순한 가능성이며 가정이다. 그런 결론은 아직 증명되지 않았으며, 또한 증명될 수도 없다. 또한 결론이 증명되어서 — 계획성에 의한 논증의 타당성을 인정한다고 해도 — 자연의 창조주가 존재한다는 주장은 전적으로 불필요한 결론(an entirely *useless* conclusion)이다.16)

여기서 목적론자들은 다시 이렇게 반문할 수 있다. 비록 목적론자들이 더욱 많은 증명의 부담을 가지고 있으며, 현재까지의 모든 논증이 그런 목적성의 존재를 완전히 증명하지 못했다고 하자. 그렇다고 해서 우리가 목적론적으로 해석하지 말아야 되는 논리적 이유는 없지 않은가. 예를 들어서, 만약 우리가 절반 완성된 집을 보면, 우리는 언젠가는 그 집이 완성될 것이라고 추리한다. 바닷가에서 사람의 발자국을 발견하면, 우리는 직접 관찰하지는 못했지만 어떤 사람이 그곳을 지나갔다고 추리한다. 그렇다면 우리는 왜 자연, 세계, 우주에 대하여는 이런 추리를 하지 말아야 하는가. 더구나 우주의 모든 질서는 완벽하게 어떤 목적의 존재를 증명하는 듯이 보이지 않는가. 그러나 흄은 이런 비판에 대해서도 거의 완벽한 답변을 제시하고 있는데, 켐프 스미스는 그 내용을 다음과 같이 설명한다.

분명히 사람의 발자국은, 동물이라는 종의 일상적 모양과 구성원에 대한 우리들의 경험에 따라서, 비록 바람과 다른 사건들에 의해 많이 지워지기는 했지만 아마도 어떤 사람이 이런 자국을 만들었다는 점을 증명한다.

그러나 자연이라는 작품에 관한 한 우리는 이런 식으로 추리할 입장에 있지 않다. 신성(神性)은 그의 생산물에 의해서만 알 수 있으며, 그는 유일한 존재이기 때문에 어떤 종(種)이나 유(類)로도 파악될 수 없다. 우리는 여기서 아주 특별하고 유일한 결과를 설명할 수 있는 역시 특별하고 유일한 원인을 추

---

16) Norman Kemp Smith, "Hume's Argument against Miracles, and His Criticism of the Argument from Design, in the *Enquiry*", David Hume, *Dialogues Concerning Natural Religion*, Bobbs-Merrill, New York, 1947, pp. 52-53.

리하는 것이다. 그리고 '추측의 면허증'이 없이는 ─ 인간과 인간의 작품의 경우와 비슷한 어떤 이전의 경험 혹은 다른 경험에 의존할 수 없기 때문에 ─ 우리는 자연에다가 우리가 발견한 자연 이상을 추가할 아무런 근거를 가지고 있지 않다.

그러므로 우리가 계획성에 의한 논증에서 진정 하는 일은 은연중에 우리 자신을 절대자로 간주하고, 모든 경우에 그는 우리들 스스로 그의 입장에서 합리적이고 이해 가능하다고 생각하는 행동을 관찰한다고 결론을 내리는 것이다. 그러나 이런 결론은, 자연의 일상적 과정이 우리들의 원칙과는 굉장히 상이한 원칙과 법칙에 의해 규제받고 있다는 사실을 부인하고, 창조주는 우리가 그에게 어떤 속성이나 완전성을 부여할 자격이 없는 경지를 초월한 희미한 발자취나 윤곽을 통해서만 자신을 나타낸다는 사실을 부인할 때만 가능한 것이다.17)

5. 맺음말

페일리는 자신의 유추론을 설명하면서 몇 가지 중요한 사실을 첨가한다. 첫째로 우리는 이 세상 이외의 다른 세상을 경험한 일이 없다. 이와 마찬가지로, 만약 우리가 시계를 한 번도 본 일이 없고, 또한 시계가 인간 지성의 산물이라는 사실을 직접 경험하지 못했다고 해도, 시계와 세계의 유추론은 그대로 적용될 수 있다. 둘째로 우리는 이 세계의 운행이 항상 여일(如一)하지 않다는 것을 잘 알고 있다. 자연 속에는 수많은 예외가 존재한다. 이와 마찬가지로, 만약 우리가 시계의 모든 부분이 항상 여일하게 작용하지 않는다는 것을 발견했다고 해도, 즉 그 시계가 가끔 고장이 난다고 해도, 시계로부터 시계를 만든 분의 존재를 연역하는 데는 아무런 지장이 없다. 우리가 자주 만나는 자연의 불규칙성은 어디까지나 자연의 규칙성을 전제로 해서만 설명될 수 있기 때문이다. 셋째로 우리는 자연의 모든 현상을 이해할 수 없다. 이와 마찬가지로, 만약 우리가 시계의 모든 부분을 정확히 이해하지 못한다고 해도, 즉 어떤 부품이 어떤 역할을 하는지를 정확히 알 수 없다고 해도, 페일리의 유추론은 그대

---

17) 같은 글, pp. 54-55.

로 설득력을 갖는다.[18]

그러나 우리는 여기서 잠시 생각해 보아야 한다. 나는 방금 자연의 불규칙성은 자연의 규칙성을 전제로 해서만 설명될 수 있다고 말했다. 그렇다면 반대로, 어떤 사람은 자연의 규칙성은 자연의 불규칙성을 전제로 해서만 설명될 수 있다고 말할 수 있지 않을까. 그리고 이런 관점에서 보면, 우리들의 자연 해석은 결국 자연의 주된 현상을 규칙성에서 찾느냐 혹은 불규칙성에서 찾느냐는 문제에 매달려 있다. 그러므로 페일리의 논증이 전부 옳다고 해도, 그것은 우선 우주를 불규칙성보다는 규칙성으로 보려는 전제에서 출발한 것이다. 다시 말하지만, 어떤 사람들은 자연의 보편 현상은 언제나 불규칙적이며, 아주 가끔 예외적으로 규칙적으로 보일 뿐이라고 주장할 수도 있기 때문이다.

솔직히 말해서, 나는 개인적으로 우연론보다는 목적론을 믿는 사람이다. 즉, 나는 목적론을 신앙의 대상으로 간주한다. 다만 나는 우리가 목적론을 정당화할 수 있는 논리적 근거를 갖지 못하고 있으며, 이런 뜻에서 나는 흄의 견해에 동의한다. 그러나 나의 이런 주장도 현재 우리가 가지고 있는 과학적 지식에서 볼 때 그렇다는 것이다. 미래 언젠가는 과학자들이 목적론을 과학적으로 증명할 수도 있을 것이며 혹은 그것은 영원히 신앙의 문제로 남을 수도 있을 것이다.

그러면 우리는 이제 적어도 논리적으로는 우연론을 믿을 수밖에 없는가. 반드시 그렇지는 않다. 우리는 이 세계를 아직도 불규칙성보다는 규칙성으로 설명하려는 동양의 비인격적 원리나 도(道)로 설명할 수도 있기 때문이다. 주로 동양 종교에서 주장하는 이런 원칙은 기독교의 인격적 창조주를 전제하지 않으면서도 어떤 '이지적 마음'이 존재하며, 그 존재의 무게는 ─ 다시 흄의 표현을 빌리면 ─ 거의 무한 킬로그램에 가깝다고 추론할 수 있을 것이다. 나는 이 제3의 길을 유신론과 무신론을 동시에 초월한 비신론(非神論)이라고 부른다.

---

18) Hick, 앞의 책, p. 18.

제3장

신과학과 '한' 사상은 만날 수 있는가
― 김상일, 『현대 물리학과 한국철학』을 읽고

1. 머리말

우리나라 학계에서 '국적 있는 학문'을 해야 된다는 목소리는 꽤 오래 전부터 있었다. 그러나 막상 그런 학문을 하는 학자들은 별로 많지 않다. 우선 대부분의 학자들은 그들이 서양에서 배운 틀을 그대로 한국에 적용시키려 하고, 동양이나 한국에 관련된 연구를 하는 학자들은 그들의 학문 대상이 서양이 아니라는 한 가지 사실만 가지고 국적 있는 학문을 하고 있다고 착각하고 있다.

이런 상황에서 김상일의 학문 세계야말로 자타가 공인하는 국적 있는 학문의 세계가 아닐 수 없다. 원래 그는 화이트헤드(Alfred North Whitehead, 1861~1947)의 과정철학에서 시작하여 불교철학 일반을 연구하다가 한국 불교 사상의 특색을 발견하며, 이제는 우리가 흔히 일상 언어에서 사용하는 '한국' '한옥' '한밤중' '한가위' 등의 어휘에 나타나는 '한' 사상을 한국 사상의 원류(源流)일 뿐만 아니라 본질로 간주한다.

그는 "과정철학 → 불교 → 한국 불교 → 한 사상"으로 대표되는 학문적 발전 과정이 각기 상이한 학문의 집합이 아니라 자연스럽게 서로 상통한다고 주장한다. 일찍이 그는 1981년의 박사 학위 논문에서 화이트헤드의 과정철학을 불교와 연결시키는 작업을 하다가 그것이 중국 불교보다는 한국 불교에 더욱 가깝다는 것을 발견하며, 한국 불교를 연구하다가 한국 사상의 원류인 한 사상을 알게 되었다는 것이다. 그는 현재 "한 철학은 한국철학이라고 바꾸어 사용하여도 좋다"고 말할 정도로 한국의 모든 사상을 한의 입장에서 해석한다.[1] 그리하여 그는 한 철학의 역사적 기원을 찾기 위하여 『인류 문명의 기원과 한』(1986)을 엮었으며, 한 사상의 철학적 성격을 규명하기 위하여 『한 철학 : 한국철학의 과정신학적 해석』(1983)·『한 사상 : 김상일 철학 에세이』(1986)·『세계 철학과 한 : 일과 다의 문제로 본 동서 철학의 비교』(1989)·『한밝문명론』(1989)을 저술했으며, 최근에는 『한 사상의 이론과 실제』(1990)·『현대 물리학과 한국철학』(1991)·『퍼지와 한국 문화』(1992)를 발표했다.

물론 한 사상 혹은 한 철학이 외국의 사상과 전혀 연관되지 않은 한국의 순수한 사상만은 아니다. 오히려 그것은 "한국의 역사와 전통 속에서 이루어진 모든 사상과, 서양이나 중국 그리고 인도에서 유입된 모든 사상들이 비판적인 논의를 통해 수용된 전반적인 것을 그 주된 내용으로 삼는다."[2]

이렇게 보면, 김상일의 학문 태도는 결국 서양 사상 혹은 동양 사상에서 한국적인 특성을 찾아내려는 다른 학자들의 태도와 비슷한 듯이 보인다. 그러나 실제로 그들 사이에는 엄청난 차이가 있다. 그는 다른 학자들과 같이 서양 사상 및 동양 사상 속에 내재된 한국 사상을 찾는 대신에 한 사상의 입장에서 다른 사상들을 비판하고 수용한다. 예를 들어서, 그는 그가 신학도로서 이미 대학 시절부터 관심을 가지고 있던 기독교의 토착화 문제에 대해서도 종래의 방식과는 전혀 다른 코페르니크스적 전회를 시도한다.

나는 기독교를 중심으로 세워놓고 한국 문화를 땜질하는 방법론으로 토착화 문제에 접근하기보다는, 기독교가 발생하게 된 보다 근원적인 뿌리를 찾아내어 한국 문화와의 상호 연관성을 밝히려 합니다. 나의 관심은, 한국 사상의

---

1) 김상일, 『현대 물리학과 한국철학』, 고려원, 1991, p.12.
2) 같은 책, p. 13.

본질이 무엇이며 그리고 그것이 어떻게 세계의 보편적 사상이 될 수 있는가 하는 문제입니다. 그 관심의 맥락 속에 기독교가 놓여 있을 뿐입니다.[3]

김상일은 유교·불교는 물론이며 서양 사상까지도 한의 조형(祖形, archetype)이나 변형(變形, transtype)이라고 주장하며, 특히 천도교·증산교·원불교 같은 민족 종교는 한의 범형(凡型)이 직접 적용된 것이라고 주장하고, "종교적으로 보아 '하느님'은 가장 존재의 핵심이 되는 말인데, 바로 이 말의 개념도 '한' 속에 포함되어 있다"고 주장하고,[4] 『세계철학과 한』에서는 한의 5가지 개념을 서양철학·힌두철학·이슬람철학·도가철학·불교철학의 전형으로 적용시키려고 시도한다. 그의 주장은 가히 혁명적이라고 말할 수 있다.

2. 한 사상의 특수성과 보편성

우리가 김상일의 코페르니크스적 전회를 인정할 때, 우리는 그의 학문 태도에 대한 심각한 문제를 제기하지 않을 수 없다. 그것은 바로 그가 지향하는 학문 목표가 너무 국수적이지 않느냐는 문제다. 우리가 한 사상이 한국의 고유한 사상이라는 사실을 인정한다고 하더라도, 그것은 어디까지나 보편성을 결여한 한국의 사상이라고 볼 수 있기 때문이다.

그리고 한 사상이 이런 것이라면, 결국 김상일은 ― 그가 비판했던 ― '기독교를 중심으로 세워놓고 한국 문화를 땜질하는 방법론'을 정반대편에서 반복하고 있다고 말할 수밖에 없을 것이다. 그러나 김상일은 한 사상을 모태로 가지고 있는 한국철학이 '국지적 특수성과 국제적 보편성'을 동시에 가지고 있다고 주장한다.

'한식' '한옥' '한글' 할 때의 '한'은 국지적 성격이 뚜렷한 민족 고유의 정체성을 밝히기에 충분하다. 다산(茶山)이 한으로 토착 민족을 정의하려고 했던

---

3) 오애리, 「가장 한국적인 것이 가장 과학적이다 : 저자와의 대화」, 출처 불명.
4) 김상일, 앞의 책, p.15.

그러한 한을 두고 하는 말이다. 다른 한편 '한'이라는 어휘 속에는 '크다(大)', '하나(一)' '여럿(多)' '가운데(中)' '얼마(量)' '같은(同)'과 같은 의미가 모두 포함되어 있다.

한 철학은 이런 양면성을 살리면서 전개되는 철학이다. 전자가 한의 정약용적 특징이라면, 후자는 주시경적 특징이라고 할 수 있다. 한국철학을 'Korean Philosophy'라고 하면, 국지적 성격에서 벗어나기 힘들 것이다. 그러나 'Han Philosophy'라고 한다면, 국지적 성격과 국제적 성격을 모두 살릴 수 있을 것이다.[5]

김상일의 이런 주장이 정당화되려면 최소한 두 가지가 증명되어야 한다. 첫째는 한 사상이 정말 한국 사상의 모태라는 것이 증명되어야 하며, 둘째로는 한 사상이 특수성 뿐만 아니라 보편성까지 가지고 있다는 것을 단순히 주장하는 단계에서 끝나지 말고 구체적인 실례를 통하여 예시(例示)해야 된다. 마치 "비교철학의 영역에서 누구든지 이론을 제시할 수는 있으나 자신의 이론을 뒷받침하는 실례를 구체적으로 제공하는 사람은 그리 많지 않으며, 그러나 진정한 비교철학함은 언제나 이론과 내용이 동시에 병행"되어야 하듯이.[6]

전자를 증명하기 위하여, 김상일은 최치원의 「난랑비서문」에 나오는 '풍류'라는 어휘는 우리말인 '밝'이 한자로 전음된 것이라고 주장한다. 그리고 그는 『한밝문명론』에서 '알' '감' '닥' '밝' '한'과 같은 한국 문화의 목록어(inventory)들을 고찰하면서, 그 중에도 '한'은 '중국인의 도(道)와 같이 한국인과 한국 사상을 대표할 수 있는 목록어로 삼기에 가장 적합한 말'이라고 결론을 내리는데, 이런 결론을 내리는 가장 중요한 이유로는 "철학의 궁극적 범주는 일(一)과 다(多)의 문제인데, 우리말 '한'의 어휘 속에 바로 이 두 개념이 포함되어 있다"는 사실을 든다.[7]

후자를 증명하기 위하여, 김상일은 이미 『세계 철학과 한』에서 한 사상을 서양철학, 힌두철학, 이슬람철학 등에 적용시킨 일이 있다. 그러나 그는 ─ 솔직히 말해서 ─ "우리가 사는 시대는 종교의 시대도 철학의 시

---

5) 같은 책, p. 12.
6) 황필호 편역, 『비교철학 입문』, 철학과현실사, 1989, pp. 216-217.
7) 김상일, 앞의 책, p. 15.

대도 아닌 과학의 시대"며, 그래서 "모든 학문이 과학적인 토대 위에 서 있지 않으면 현대인들에게 자기 학문의 타당성을 설명할 수 없을 것이며, 한 철학도 과학적인 용어로 그 개념들을 설명할 필요성을 절실히 느끼게 된다"고 말한다.8)

김상일은 평소에 "한을 철학적 개념으로 삼아 전개하면서도 마음 한구석에 부족하게 느껴지는 점은, 한의 이러한 틀을 좀더 극명하게 나타내 보여줄 수 있는 분야가 없는가 하는 생각이었다."9) 그가 이번에 한 사상과 아인슈타인의 상대성 원리로 대표되는 물리학의 '어법(語法)이 유사하다'는 내용을 담고 있는『현대 물리학과 한국철학』을 저술한 첫 번째 이유가 여기에 있다.

물론 그는 '한'이라는 하나의 어휘가 일(一)과 다(多)를 동시에 포함하고 있다는 사실은 바로 한국인의 사고 방식이 무분별하다는 것을 증명한다는 비난을 잘 알고 있다. 그래서 그는 "한 철학에 대한 이런 도전과 비판은 자못 심각한 문제며 한 철학의 사활이 걸린 문제"라고 말하면서, "한 철학이 이 땅에 살아남아 철학의 한 분야로 행세하려면 이 문제에 대하여 흔쾌한 대답을 주어야 한다"고 말한다.10) 한 철학 생존의 문제, 이것이 그가 이 책을 저술한 두 번째 이유다.

그는 평소에 한국인은 비합리적이며 비과학적이라는 비난을 자주 듣고 있었다. 물론 이런 비난은 한국인에게만 해당하는 것이 아니어서 서양인들은 중국인의 비과학성을 오래 전부터 비난해 왔으며, 중국의 학자들은 이런 비난이 근거가 없다고 반박하기도 한다.11) 그러나 그는 한국인이 비과학적이라는 비난은 일본인들이 한국을 식민지화시키면서 한국인을 '너와 나의 구별도 없는 민족'이라는 뜻으로 호칭했던 '함바지'나 '엽전'이라는 멸시를 우리 스스로가 받아들인 비극이며, 오히려 한국인이야말로 현대 물리학의 근본 정신과 동일한 성향을 가지고 있으며, 이런 뜻

---

8) 같은 책, p. 16.
9) 같은 책, p. 15.
10) 같은 책, p. 16.
11) 이 문제에 대한 고전적인 글로는 다음을 들 수 있다. Hu Shih, "The Scientific Spirit and Method in Chinese Philosophy", Charles A. Moore, ed. *The Chinese Mind*, The University Press of Hawaii, 1967, pp. 104-131.

에서 "가장 한국적인 것이 가장 과학적"이라고 말할 수 있다고 주장한다.[12] 결국 한국인은 뉴턴 물리학에 나타난 기계적인 성격보다는 현대 물리학에 나타난 유기적 성격을 가지고 있다는 사실을 증명하려는 것이 그가 이 책을 쓴 세 번째 이유다.

3. 한 사상과 신과학의 만남

한 사상과 현대 물리학은 만날 수 있는가? 저자는 이 질문에 대한 긍정적인 답변을 다음과 같은 몇 단계로 설명한다.

첫째, 우리가 일상적으로 사용하는 '과학적' 혹은 '비과학적'이라는 판단은 절대적인 것이 아니라 당시의 상황에 따라서 다를 수밖에 없는 존재 구속성의 성격을 가지고 있다는 사실을 알아야 한다. 그렇지 않으면, 우리는 마치 히틀러가 유태인들을 무조건 비과학적인 인종으로 취급했던 실수를 다시 자행하는 것이다. 그러므로 우리는 "한국 사람들이 비과학적이라고 말할 때, 이 말은 나치즘이 비(非)아리아인들은 비과학적이라고 한 말과 같은 맥락"이라는 사실을 알아야 한다.

둘째, 현재 일상적으로 통용되는 과학과 비과학을 구별하는 기준은 기계론적 뉴턴의 물리학에서 유래된 것이다. 뉴턴의 세계관에 의하면, "우리가 살고 있는 우주는 완전한 균형(perfect symmetry)과 완전한 정확성(perfect precision)을 가지고 있는 물체다. 이런 뜻에서 우주는 하나의 커다란 기계라고 말할 수 있다." 그런데 이런 "기계론적 세계관의 한 가지 두드러진 특징은 요소환원주의라고 할 수 있다. 요소환원주의란 전체와 부분을 나누어 생각하여, 부분이 모여 전체가 되고 전체가 흩어지면 요소로 나뉘어져 더 나눌 수 없는 불변적이며 절대적인 입자 같은 것으로 환원된다고 보는 사상이다. 이런 요소환원주의적 사고 방식은 과학, 철학, 정치, 경제, 교육 등 모든 분야에 만연되어 있다."[13]

오늘날 이런 기계론적 세계관은 아인슈타인의 상대성 원리, 하이젠베

---

12) 김상일, 『현대 물리학과 한국철학』, p. 17.
13) 같은 책, p. 16.

르그의 불확정성 원리, 닐스 보어의 상보성 원리 등을 통하여 대두된 유기론적 세계관에 의하여 완전히 대체되었다. 이제는 부분의 집합으로 전체를 파악하는 대신에 실재의 근원에 깔려 있는 전체적 연관성에서 사물을 관찰하고, 주관과 객관의 이원론을 배척하고, 모든 상반되는 두 견해까지도 상보되지 않고는 사물을 바로 이해할 수 없다고 믿으며, 존재와 비존재도 유기적인 관계로 파악하며, 이상의 이론에 근거하여 정신 또는 의식에 대해서도 새로운 해석을 내리고 있다.

서양에서 카프라(F. Capra), 주카브(Gary Zukav), 윌버(Ken Wilber) 등의 학자들이 현대 물리학과 유기적인 세계관에 기초를 둔 동양 사상의 유사점을 강력히 주장함으로써 시작된 신과학 운동(New Age Science Movement, 혹은 New Wave Science Movement)이 강력히 대두되고 있는 이유도 여기에 있다. 김상일은 「맺음말」에서 이렇게 주장한다.

현대 물리학과 이에 사상적 기반을 둔 신과학 운동은 서양의 환원주의와 이원론을 극복하는 데 그 주된 목표를 두고 있다. 부분을 부분으로만 관찰하고, 아무 유기적 관계성이 없는 부분이 기계적으로 짜여지면 전체가 된다는 요소환원주의는 이 책이 타기시하는 제일 목표가 된다. 카프라는 *The Turning Point*에서 이런 요소환원주의 철학이 오늘날 서양의 정치, 경제, 문화, 교육, 의학 등에 스며들어 병폐를 안 만드는 곳이 없다고 신랄하게 지적한다.

그러나 신과학 운동은 "부분이 곧 전체"라는 철학에 근거를 두고, 어느 부분이든 전체를 반영하며, 부분은 유기적 관계성 속에 있다고 본다. 인체의 부위는 전체를 반영하며, 부분은 유기적 관계성 속에 있다고 본다. 인체의 부위는 인체 전체의 상호 유기체적 상관성 속에서 파악되어야 한다고 본다.

이것은 동양철학이 오랫동안 추구해온 가치와 일치한다. 우리 한국의 '한'이라는 말속에는 전체(一)와 부분(多)의 양면적 의미가 모두 포함되어 있다. 한은 "부분 곧 전체(一即多)", "전체 곧 부분(多即一)"이라는 뜻이다. 그리고 한국의 한 사상은 중국이나 인도보다 이 양면성의 조화가 더 철저하다는 것이 이 책의 요지다. 이 점에서 카프라 등이 주도하는 신과학 운동은 한국 사상과의 대화를 통해 그 진정한 국면을 맞이하게 될 것이다.14)

---

14) 같은 책, pp. 355-356.

그러나 신과학 운동의 기수들은 아직 중국이나 불교로 대표되는 동양 사상과 한국 사상의 차이점을 분별하지 못하고 있다. 물론 그들에게 이런 주문을 하는 것은 지나친 주문이라고 말할 수 있다. 그러나 김상일은 중국 사상에서 한국 사상으로 변화하는 과정은, 마치 서양에서 기계론적 세계관에서 유기론적 세계관으로 변하는 과정과 비슷할 정도로 한국 사상은 다른 동양 사상들과 다르다고 주장하며, 그는 이런 주장을 제2~4편에서 홀로그래피·불확정성 이론·프랑크 상수에 나타난 한 사상을 들어서 구체적으로 설명한다.

이런 뜻에서, 김상일은 단순히 신과학 운동을 소개하거나 신과학 운동가들이 주장하는 현대 물리학과 동양 사상의 만남이 한국 사상에도 그대로 적용될 수 있다는 주장의 단계를 넘어서 — 그가 '카프라와 월버를 넘어서'라고 표현했듯이 — 진실로 한 사상의 입장에서 현대 물리학과 한국 철학의 만남을 시도한 '국적 있는 학문'을 전개하고 있다.

4. 몇 가지 문제점

나는 저자와 마찬가지로 현대 물리학을 전공한 사람이 아니며 저자와는 달리 한 사상을 전공한 사람도 아니다. 그래서 나는 한 사상의 입장에서 저자의 주장을 면밀히 검토할 수 없으며, 현대 물리학의 입장에서 저자의 주장을 반박할 자격도 없다. 다만 나는 이제 저자의 모든 주장이 정당하다고 가정하더라도 저자가 좀더 명확히 밝혀야 될 몇 가지 불분명한 점을 지적하겠다.

첫째, 한 사상과 현대 물리학이 만난다고 가정할 때, 도대체 그것이 정확히 어떤 종류의 만남이냐는 문제가 이 책에서는 분명치 않다. 우선 그들이 서로 영향을 주는 상보적 관계에 있어야 한다는 당위적인 만남이라면, 이런 주장은 별로 신기할 것도 없는 일이다. 입자설과 파동설, 물리학과 형이상학, 종교와 과학, 자연과 인간, 하다 못해 존재와 비존재가 서로 협력해야 한다는 주장은 고전적인 기계론을 맹신하지 않는 현대인들에게는 자명한 진리이기 때문이다. 그러므로 그들의 만남이 최소한의 의미를 가지려면 그것은 이런 당위적인 주장이 아니라 양자가 실제로 만나고 있다는 사실적인 주장이어야 한다. 그런데 저자는 양자가 "만나야 한다"는 주장과 "만나고 있다"는 주장을 여러 곳에서 상호 교체적으로 사용하는 듯하다.

둘째, 한 사상과 현대 물리학이 가능적으로나 사실적으로 만난다고 가정했을 때도, 우리는 그 만남을 여러 가지로 규정할 수 있다. 우선 양자가 완전히 딱 맞아떨어지는 동일(同一)한 경우가 있고, 동일성과 차이점을 동시에 가지고 있어서 비슷하게 유사(類似)한 경우가 있고, 양자의 가장 중요한 부분이 서로 걸맞아서 일관성을 가지고 있는 경우도 있다.

저자는 이 세 가지 경우를 정확히 구별하지 않고 있다. 그는 "강입자(hadron) 사이의 구두끈 모양과 같은 상호 작용 현상을 설명하기 위하여 신과학에서 가장 많이 언급하고 있는 '구두끈 이론(bootstrap)'은 모델 M으로서의 화엄 불교 내용 가운데 이사무애(理事無碍) 혹은 사사무애(事事無碍) 이론과 1 대 1로 대응된다"고 말하기도 하고,[15] 다른 곳에서는 신과학의 여러 이론들과 동양인의 우주관이 서로 '부합'된다고 말하기도 하고,[16] 일반적으로는 양자의 만남의 필요성을 그저 강조하기도 한다.

그의 전체적인 맥락은 세 번째의 만남을 역설하고 있는 듯하다. 그는 한국 사상을 포함한 동양 사상과 현대 물리학을 직접 연결하려고 시도하지 말고 화이트헤드의 과정철학이라는 중매자를 통해서 시도하라고 말하고 있기 때문이다. "여기서 한 가지 특별한 분야를 소개하면, 물리학과 동양 사상이 비약 없이 접근할 수 있는 분야는 과정철학이다. 그래서 앞으로 우리는 신물리학 → 과정철학 → 동양 사상의 맥락에서 논의해야 한다."[17] 이것은 우리가 앞으로 토론해야 할 주장이다.

셋째, 저자가 한 사상과 신과학의 동일성이나 유사성이 아니라 일관성

---

15) 같은 책, p. 23.
16) 같은 책, p. 17.
17) 같은 책, p. 42. Cf. 화이트헤드와 과정신학에 대한 김상일의 저서 및 역서로는 다음을 참조할 것. Robert B. Mellert, 김상일 역,『화이트헤드의 철학과 신학』, 지식산업사, 1969 ; John B. Cobb, 김상일 역,『과정신학과 불교』, 대한기독교출판사, 1988 ; 김상일,『화이트헤드와 동양철학』, 서광사, 1993 ;『동양과 신서학』, 지식산업사, 2000 ;『수운과 화이트헤드』, 지식산업사, 2001.

을 주장한다고 해서, 모든 문제가 끝난 것은 아니다. 일관성도 역사적으로 발전되는 과정에 나타난 일관성과 양자의 사상 자체의 일관성으로 구별되기 때문이다. 저자는 양자의 일관성을 다음과 같은 세 가지 발전 과정의 유비성(類比性)으로 설명한다.

① 뉴턴의 입자설 → 보어의 불확정설
② 원시 불교의 실재론 → 대승불교의 중관론
③ 인도와 중국의 불교와 유교 → 한국의 불교와 유교

저자가 양자를 비교하는 방법은 직접 비교가 아니라 중세 철학에서 흔히 사용했던 유비론을 통한 간접 비교다. 그래서 그는 자신의 비교를 중세의 '존재의 유비'가 아닌 '관계의 유비(analogy of relation)' 혹은 '과정의 유비(analogy of process)'라고 부른다. 그가 신과학과 동양 사상이 사용하는 어법(語法)의 유사성을 특별히 강조하는 이유도 여기에 있다.

그러나 뉴턴의 입자설이 보어의 불확정설로 발전된 역사적인 과정과 원시 불교의 실재론이 용수의 중관론으로 발전된 역사적 과정이 비슷하다고 해서 양자의 사상 자체가 비슷하다는 것이 증명된 것은 아니다. 역사적으로 유사한 방향으로 발전된 사상, 이데올로기, 종교가 전혀 다른 것으로 판명된 경우는 너무나 많다.

물론 저자는 자신의 유비를 너무 심각하게 받아들이지 말라는 뜻으로 율곡의 활간(活看) 개념을 권고한다. 양자를 연결하기 위하여 사용된 비유를 너무 문자적으로 해석하지 말고 그것이 제시하려는 '교훈'만을 받아들이라고 충고한다. 손가락에 매어서 달을 쳐다보지 못하는 실수를 범하지 말고. 그러나 저자는 분명히 한 사상과 신과학의 역사적 발전 과정에 나타난 유사성 뿐만 아니라 두 사상 자체의 유사성을 주장하고 있다. 2장부터 4장까지의 내용이 그것이다. 나는 여기서 역사적인 유사성이 사상의 유사성을 증명할 수 없고, 사상의 유사성이 역사적인 유사성을 증명할 수 없다는 사실을 지적하고 싶다. 이 두 가지를 혼동하는 것은 기초 논리학에 나오는 '사람에 대한 오류'를 범하는 것이다.

넷째, 바로 앞에서 말했듯이 저자는 물리학과 동양 사상(불교)의 발달 과정 뿐만 아니라 이 양자의 발달 과정과 동양 사상이 한국 사상으로 수용되는 과정이 비슷하다고 주장한다. 그래서 그는 "중국적인 것에서 한국적인 것으로 불교와 유교가 변천되는 과정은 어떤 면에서 근대적 뉴턴의 세계관에서 현대적 양자물리학의 세계관으로 바뀌어지는 것과도 같다"고 말한다.[18] 그러나 이런 설명에서 증명되는 것은 무엇인가? 그것은 결국 신과학이 다른 동양 사상 뿐만 아니라 한국 사상과도 일관성이 있다는 것이며, 그것이 한국 사상은 양자물리학적 세계관을 가지고 있지만 중국 사상은 뉴턴의 기계론적 세계관을 가지고 있다는 사실이 증명된 것은 아니며, 만약 이것이 사실이라면 저자의 '카프라와 윌버를 넘어서'라는 주장은 아직 증명되지 않았다고 말할 수밖에 없다.

사실 한국 사상과 동양 사상의 유사성과 차이점을 동시에 강조하기는 그리 어려운 일이 아니다. 그러나 양자의 차이가 뉴턴과 보어의 차이라고 주장하기는 굉장히 어려운 일이다. 저자도 인정하듯이, 예를 들어서 성리학의 이기 논쟁(理氣論爭)도 불교철학 뿐만 아니라 모든 철학이 공통점으로 갖고 있는 부분과 전체, 하나와 여럿의 문제와 동일 선상에 있는 것이기 때문이다.[19]

다시 말해서, 저자는 "한국적인 것도 과학적"이라는 명제는 — 그의 모든 주장이 정당성을 가지고 있다면 — 증명했지만, "동양적인 것을 제외한 한국적인 것만이 과학적"이라는 명제는 증명하지 못했다. 그리고 그가 이것을 증명하려면 신과학과 동양 사상의 만남을 주장한 모든 신과학 운동가들의 주장이 틀렸다는 것을 증명해야 하는 부담을 갖는다.

다섯째, 나는 동서양 사상을 비교하는 모든 학자들에게 느끼는 한 가지 슬픔이 있으며, 이 슬픔은 비교종교철학을 전공하는 모든 사람에게도 예외는 아닐 것이다. 그것은 바로 우리가 최근에 대두된 어떤 서양의 이론을 제시하면, 동양철학자들은 심각하게 생각해보지도 않은 채 간단히 "그것은 동양에서 이미 수천 년 전에 있었던 일"이라고 돌리는 습성이다.

예를 들어서, 요즘의 기업가들은 "합리성과 효율성만 추구했던 서양의

---

18) 같은 책, p. 40.
19) '하나와 여럿의 문제' 등과 같이 상습적으로 제기되는 철학적 문제에 대하여는 다음을 참조할 것. Frederick C. Copleston, *Philosophies & Cultures*, Oxford University Press, 1980, p. 121f.

기업들도 이제는 인간적인 요소(human factors)를 무시하지 말아야 된다는 동양이 지혜를 다시 깨닫게 되었다"고 말한다. 그러나 우리나라 대부분의 기업은 아직도 완전한 합리성에 의하여 운영된 일이 없다. 즉, 합리성을 최대 목표로 삼고 운영해 왔던 서양 기업들의 중간 과정은 경험한 일이 없다. 그러면서도 서양의 기업들은 이제 동양의 지혜를 배워야 한다고 큰소리를 친다. 그러나 역사는 빨리 갈 수도 있고 늦게 갈 수도 있지만 건너뛰기를 하지는 않는다는 것이 나의 견해다.[20]

수천 년 전의 동양 사상에도 분명히 과학적인 '정신'은 존재했을 것이다. 그러나 그 정신이 1666년의 뉴턴의 입자설, 1766년의 호이겐스의 파동설, 1905년의 아인슈타인의 입자설, 1924년의 드 보로이의 입자파동설, 1929년의 보어의 불확정성으로 구체화되지는 못했다. 다시 말해서 모든 정신은 정신으로 남지 말고 현실화되고 실험되고 구체화되어야 한다.

새로운 사상이 나오면 그것을 기존의 사상과 어떻게 일관성 있게 설명할 수 있느냐는 피나는 노력을 생략한 채, 그냥 "동양도 그 정신을 가지고 있다"고 주장하는 것은 뻔뻔스러운 일이 아닐까. 신과학이 기계론을 버리고 유기론을 채택했듯이, 앞으로 최신 과학이 다시 유기론을 버리고 또 다른 이론을 주장할 때, 우리는 다시 그것은 동양에서 이미 옛날부터 있어 왔다는 사실만을 앵무새처럼 반복하는 안락의자의 철학자가 될 것인가.

5. 맺음말

바버(Ian G. Barbour)는 『과학이 종교를 만날 때』에서 종교와 과학의 관계를 갈등 이론·독립 이론·대화 이론·통합 이론의 네 가지 틀로 정리하고, 이 네 가지 틀을 다시 천문학과 창조론·양자물리학과 신학·진화와 연속 창조·유전학과 인간학·하느님과 자연의 분야로 나누어 토론하면서, 신과학 운동의 기수인 카프라(Fritjof Capra)가 주장한 서양 물리학과 동양 사상의 유사성을 세 가지로 정리한다.

첫째, 서양의 물리학과 동양의 종교는 모두 인간의 사고와 언어의 한

---

20) 황필호, 『모든 생활은 철학이다』, 창해, 1997, p. 306.

계를 인정한다. 그래서 "파동과 입자의 이중성과 같은 물리학에서의 모순들은 도교의 음양이라는 양극을 떠올리게 한다. 보어(Nieles Bohr)는 자신의 문장(紋章) 한가운데에 음양 기호를 넣었다. 선불교는 이성적인 해답이 없는 모순되는 진술, 즉 화두에 대해 명상하도록 한다."

둘째, 서양의 물리학과 동양의 신비주의는 실재의 전체성에 대한 유사한 형이상학을 전개한다. "양자물리학은 모든 사건의 통일성과 상호 연관성을 지적한다. 입자들이란 서로 얽혀 있는 장 내에서의 부분적인 교란이다. 상대성 이론에서 시간과 공간은 통합된 전체를 이루며 물질과 에너지는 공간의 곡률(曲律)과 밀접하게 연관되어 있다. 동양의 사고는 모든 것의 통일성을 받아들이며 깊이 명상하는 가운데 깨닫게 되는 자연과의 일체감에 대해 언급한다. 모든 개체가 융합되는 궁극적인 하나의 실재, 곧 인도의 브라만이나 중국의 도가 존재한다고 보는 것이다. 이렇게 신비주의적 전통이 객관과 주관의 합일을 상상하듯이, 새로운 물리학은 관찰자와 관찰 대상을 분리할 수 없다고 본다."

셋째, 서양의 물리학과 동양의 사고는 모두 세계를 역동적이며 변화무쌍한 시스템으로 취급한다. "입자는 끊임없이 소멸되는 진동들의 양상이다. 물질은 에너지처럼 보이기도 하고, 에너지는 물질처럼 보이기도 한다. 힌두교와 불교에서는 모든 존재란 끝없이 변하는 덧없는 것이며 삶은 일시적인 것이라고 믿는다. 시바 여신의 춤은 형상과 에너지가 빚어내는 우주적 율동에 대한 이미지다. 현대 물리학과 아시아 종교들은 무시간의 영역이 존재한다고 본다. 카프라는 상대성 이론에서의 시공간은 신비한 경험의 영원한 현재와 같이 초시간적이라고 주장한다."[21]

그러면서도 바버는 카프라가 서양의 현대 물리학과 동양 사상의 유사성을 지나치게 강조함으로써 결국 그들의 차이점을 간과하고 있다고 비판한다. "이를테면 아시아의 전통은 미분화된 통일성에 대해 언급하고 있으나, 현대 물리학에서 언급되는 전체성과 통일성은 고도로 분화되고 조직화된 것으로 엄격한 제한 조건, 대칭 원리와 보존 법칙 등을 따르도록 되어 있다. 공간, 시간, 물질, 에너지는 상대성 이론 안에서 통합되지만 거기에는 정확한 변화 규칙이 뒤따른다. 그러나 동양 신비주의에서

---

21) Ian G. Barbour, 이철우 역, 『과학이 종교를 만날 때』, 김영사, 2002, pp. 149-150.

말하는 통일은 구조가 없으며, 그 속에서 모든 차별이 소멸되기 때문에 그 통일성은 물리학에서 다루는 통일성과는 다르다. 물리학에서의 통일성은 조직화된 상호 작용과 고도의 협응(協應) 과정을 보여주는 높은 차원의 전체성을 가리킨다."[22] 바버는 시간과 무시간의 관계에 대해서도 이렇게 말한다.

물리학은 시간적인 변화의 영역을 다룬다. 그래서 나는 원자 세계에서 영속적인 것은 없으며 끊임없이 변화하는 사건들이 있을 뿐이라는 카프라의 견해에 동의한다. 그러나 시공간이 정적이며 무시간의 구조라는 견해에는 동의할 수 없다. 상대성 이론 안에서 공간과 시간의 통일이란 시간의 공간화라기보다는 공간의 시간화를 가리킨다. 한편, 동양 신비주의 대부분, 특히 힌두교의 아드바이타 전통은 속세는 일시적인 환영이며 궁극적인 실재는 무시간적이라고 본다. 곧 마야(환영)의 표출 속에도 변화하지 않는 중심이 있는데, 그것만을 참된 실재로 본다. 비록 이 세상이 제한된 실재에 속한다고 볼 수 있는 규칙적인 모습을 드러낼망정 참된 실재는 아니라고 보는 것이다. (중략)

카프라는 물리학과 신비주의의 목적상의 차이, 이를테면 두 분야의 언어들이 수행하는 독특한 기능상의 차이는 거의 다루지 않는다. 명상의 주된 목적은 새로운 개념 체계를 만들어내는 데 있는 것이 아니라 인격적 존재의 변화, 다시 말해 의식과 존재의 새로운 상태인 깨달음의 경험에 있다. 신비주의는 삶의 한 방식이며, 신비주의가 표방하는 형이상학적 신념들은 단지 부차적인 것에 지나지 않는다.[23]

이렇게 보면, 우리는 김상일도 서양의 현대 물리학과 동양 사상의 유사점만을 너무 강조한 듯이 보인다. 그래서 나는 앞에서 그의 문제점 몇 가지를 지적했다. 그러나 이런 문제점에도 불구하고 김상일의 『현대 물리학과 한국 사상』은 최근에 발표된 가장 국적 있는 학문 성과 중에 하나며, 국가의 장래를 생각하는 모든 독자의 일독을 필요로 하는 책이다. 끝으로 나는 종교와 과학의 관계에 대한 저자와 교황 요한 바오로 2세의 문장을 인용하면서 이 글을 마치겠다.

---

22) 같은 책, p. 150.
23) 같은 책, p. 151.

월버(Ken Wilber)는 과학과 종교가 대립되는 것이 아니라 참 종교와 거짓 종교, 참 과학과 거짓 과학이 대립된다고 했다. 이 말은 참 종교와 참 과학은 상보될 수 있다고 보는 것이며, 과학과 종교의 싸움이 아니라 결국은 교조적인 종교와 참 과학 사이의 싸움이라고 본 것이다. 그래서 낮은 단계와 높은 단계라는 교조주의적 태도를 버리고 인간의 지성과 검증될 수 있는 방법으로 접근할 때는 그들이 서로 대화할 수 있음을 시사한다. 그리고 과학은 교권주의적 방법으로는 접근할 수 없다. 마찬가지로 종교도 역시 열려진 방법으로 접근할 때만 과학과 대화할 수 있다."[24]

과학은 종교로부터 그릇된 생각과 미신을 추방하여 종교를 정화시킬 수 있으며, 종교는 과학으로부터 맹목적 심취와 그릇된 절대화의 위험을 제거하여 과학을 정화시킬 수 있다. 과학과 종교는 서로 상대방으로부터 장점을 취함으로써 한층 넓은 세계, 곧 과학과 종교가 함께 번영할 수 있는 세계로 나아갈 수 있다.[25]

24) 김상일, 『현대 물리학과 한국철학』, 앞의 책, p.38.
25) Barbour, 『과학이 종교를 만날 때』, 앞의 책, p. 42에서 재인용.

제4장
현대 종교인의 과학·기술 윤리

1. 머리말

실존주의 철학자 하이데거는 인간을 '세계 내의 존재'로 규정하지만, 더욱 정확히 말하면 현대인은 '과학·기술 세계 내의 존재'라고 말할 수 있다. 현대인에게 과학과 기술은 이제 선택의 대상이 아니라 필연이 되었고, 그래서 우리는 싫든지 좋든지 간에 그 속에서 생활할 수밖에 없기 때문이다. 예를 들어서, 우리는 "자연으로 돌아가라!"는 루소의 말을 듣고 감명을 받는다. 매일 다람쥐 쳇바퀴 돌 듯이 빨리 움직여야 하고, 매연과 썩은 음식을 먹고 살아야 하는 우리들의 삶이 너무나 처량하게 느껴지기 때문이다. 그러나 솔직히 말하자. 우리들 중에 과연 몇 사람이 전기도 없고 냉장고도 없고 텔레비전도 없는 '자연의 상태'에서 편하게 살 수 있겠는가.

그럼에도 오늘날의 종교인들과 과학자들 중에는 종교의 길과 과학의 길은 정반대가 될 수밖에 없으며, 그래서 종교는 반과학적이고 과학은 반종교적이라고 믿는 사람들이 꽤 많다는 것은 참으로 안타까운 일이 아닐 수 없다. 물론 그들이 이렇게 주장하는 근거가 전혀 없는 것은 아니다. 원래 인간의 행복과 복지 향상을 위해 출발한 과학과 기술이 환경 오염,

교통 지옥, 대규모 살상 무기 제작 등의 수많은 부정적인 결과를 창출해 왔기 때문이다. 그래서 「새 천년 종교인 윤리 헌장」은 첫 문장에서 이렇게 선언한다.

　　새 천 년을 살아갈 우리 종교인들은 지난 세기 낙관하며 추구했던 인류 문명의 발전과 번영이 도리어 인류의 파멸을 가져올 수 있다는 궁극적 현실에 직면하게 되었다. 바로 과학·기술의 발전과 무분별한 산업화가 자연 환경을 파괴함으로써 인류는 지금 생존의 위기를 자초하고 있기 때문이다.[1]

이런 현대판 공룡에 대한 현대인들의 반감은 자연스레 — 이제 절대로 그렇게는 살 수 없음에도 불구하고 — 과학과 기술 자체를 부인하는 상태로 쉽게 발전할 수 있지만, 그러나 이런 태도는 절대로 문제 해결이 될 수 없다.

나는 이 글에서 종교와 과학의 바람직한 관계를 주로 반과학적 및 초과학적인 것으로 인정되는 기적의 문제를 중심으로 토론하고, 이런 바람직한 관계를 특별히 강조하는 통일교의 경우를 잠시 토론하고, 과학·기술에 대한 새로운 시각의 필요성을 역설하고, 끝으로 과학·기술에 대한 종교인의 윤리에 대한 몇 가지를 제안하겠다.

2. 종교와 과학의 관계

모든 종교는 나름대로의 기적적인 이야기를 가지고 있다. 일반적으로 기적을 별로 중요시하지 않는 석가와 기적을 행할 수 없다고 공언한 모하메드에 대해서도 약간의 기적적인 이야기가 있다. 그러나 미신적인 종교도 아닌 제도 종교 중에서 기적의 이야기를 가장 많이 가지고 있는 종교로는 단연 기독교를 들 수 있다.

기독교의 구약성서는 기적의 연속이라고 말할 수 있으며, 이러한 경향은 신약성서에서 예수의 행동에 그대로 나타나 있다. 그리하여 오늘날

---

1) 「새 천 년 종교인 윤리 헌장」.

과학적, 합리적, 논리적 입장에서 성서를 대하는 사람은 그것을 비과학적 봉건주의의 표상으로까지 보게 된다. 도대체 옛날도 아닌 현대에 — 인간이 달나라를 정복하고 있는 현대에 — 물로 포도주를 만들고, 죽은 사람을 살리고, 남성의 역할이 없는 임신을 한다는 주장이 어떻게 가능한 일인가? 이야말로 전근대적 미신의 이야기가 아닌가?2) 나는 우선 이런 문제들을 주로 기적에 국한시켜 토론하겠다.

첫째, 일부의 보수주의자들은 모순을 그대로 받아들이는 것이 바로 기적이라고 주장한다. "1 + 1 = 3"을 믿는 사람은 비합리적인 사람이 아니라 기독교의 정수를 포착한 사람이다. 진정한 종교인과 엉터리 종교인의 판별 기준은 바로 이러한 비과학적 사건을 실제로 나타난 일(factual event)로 받아들이느냐에 달려 있다.

둘째, 일부의 비신화론자들은 이와 정반대의 입장을 내세운다. 과거의 종교는 과학을 초월한 듯한 기적의 이야기를 통하여 가장 효과적으로 전달될 수 있었다. 그러나 과학이 최고로 발달된 현대에서 이러한 기적의 이야기는 오히려 종교의 진수를 전달하지 못하게 하는 장애물이 될 뿐이다. 이제 종교가 살아남을 수 있는 유일한 길은 그 속에 포함된 비과학적, 전근대적, 신화적 요소를 전부 제거시키는 것이다. 이렇게 모든 신화적 요소를 비신화화시켰을 때, 종교는 현대인에게 진정한 메시지를 전달할 수 있다.

그러면 종교로부터 신화적 요소를 전부 배제해버린다면, 결국 종교는 과학과 동일하게 되거나 혹은 완전히 지상에서 사라지는 것은 아닐까? 비신화론의 거두인 불트만(R. Bultmann)은 절대로 그렇지 않다고 말한다. 신화화와 비신화화는 결국 우리들의 인간관의 차이며, 이런 뜻에서 비신화화는 신화적 명제의 제거가 아니라 신화적 명제에 대한 '새로운 해석'일 뿐이라고 말한다.

예수의 윤리적 가르침을 유지하고 그의 종말론적 가르침을 포기할 것인가? 하느님의 왕국에 대한 그의 가르침을 이른바 사회적 복음으로 환원시킬 것인

---

2) R. Bultmann, *Jesus Christ and Mythology*, Charles Scribner's Sons, New York, 1958, p. 18.

가? 그렇지 않으면 제3의 가능성이 있는가? 이제 우리는 종말론적 가르침과 신화적 탈출 자체가 과연 신화의 표면 속에 숨겨진 더욱 깊은 의미를 보관하고 있느냐를 질문해야 한다. 만약 그렇다면, 우리는 그들의 깊은 의미를 보관하기 위하여 신화적 개념들을 포기해야 한다.

신화적 개념의 배후에 있는 깊은 의미를 찾으려는 신학에 대한 새로운 해석을 필자는 — 만족스러운 표현은 아니지만 — '비신화화(非神話化)'라고 부르겠다. 그 목적은 신화적 명제의 제거가 아니라 신화적 명제를 [새롭게] 설명하는 것이다. 그것은 해석학의 한 방법이다.

과거 기독교는 천당은 하늘 위에(above) 있고, 지옥은 땅 밑에(below) 있다고 표현했다. 그러나 비신화론에 의하면, 이런 신화적 표현은 이제 현대인에게 용납될 수 없으며, 그것은 다만 하느님의 초월성을 말해주려는 표현일 뿐이다. 그러므로 우리가 하느님의 초월성이라는 개념을 그대로 유지하려면, 그 개념은 이제 새로운 과학적 명제로 표현될 수 있어야 한다. 하여간 첫 번째 보수주의자들의 입장을 과학의 재신화화(re-mytholization of science)라고 말한다면, 불트만의 입장은 신화의 비신화화(de-mytholization of myth)라고 말할 수 있다.

셋째, 기적이 종교의 세계고 규칙이 과학의 세계라면, 종교와 과학은 전혀 다른 영역이며, 종교 때문에 과학적 규칙을 반대할 필요도 없고 또한 기적 때문에 과학을 배척할 필요도 없다는 입장이 있다.

역사적으로 볼 때, 옛날에는 모든 것이 종교의 영역이었다. 비를 내리는 것은 천신의 은총이며 천둥은 하느님의 진노였다. 그러나 이러한 종교의 영역은 계속해서 과학의 영역으로 이양되어 왔다. 그리고 종교와 과학이 경쟁했을 때 종교는 언제나 패배했으며 과학은 언제나 승리했다. 갈릴레오의 이야기가 이를 잘 증명하고 있다.

그러나 힉(John Hick)은 우리가 과학만능주의자들의 이러한 결론을 필연적으로 받아들일 필요는 없다고 말한다. 만약 우리들의 신앙이 전근대적 과학 이론을 전부 받아들여야 한다면 우리들의 신앙은 과학의 이름으로 배척되어야 할 것이다. 그러나 우리가 탐구하는 과학적 성취까지도 하느님이 인간에게 준 능력으로 만들어가는 것이라고 생각한다면, 구태여 과학과 종교의 관계를 모순의 관계로 받아들일 필요는 없는 것이다.3)

과학이 계속 확충해나가는 자연의 자율성과 종교적 신앙 사이에는 아무런 모순도 존재하지 않는다. 과학은 하느님이 창조했으며, 과학은 지금도 하느님이 관장하고 있는 우주를 탐구한다. 그러나 어디까지나 하느님이 부여한 자율성과 통일성을 가지고 탐구한다. 우리가 하느님과 세상에 대한 목적을 이렇게 이해하면, 신앙에 대한 심각한 위협으로 생각되었던 여러 가지 과학의 발견들이 신앙의 방해물이 되지 않을 수도 있음을 알 수 있다.

종교적 측면에서 보면, 자연 질서를 창조한 것은 하느님이며, 인간이란 하느님이 창조한 이 환경 속에서 강제로 끌려가는 수인(囚人)이 아니라 자유롭게 책임감을 가지고 하느님과 친교를 맺을 수 있는 존재다. 그러므로 과학적 지식은 종교적 주장의 영역 밖에 있다. 과학은 종교를 긍정할 수도 없고 부정할 수도 없다.[4]

넷째, 지금까지의 세 가지 견해는 모두 종교와 과학의 관계를 모순적이거나 무관한 관계로 보았다. 그러나 요즘 탄생한 대부분의 신종교들은 종교와 과학을 아예 상부상조의 관계 혹은 동일한 실체의 두 모습으로 보는 견해를 제시한다. 그리하여 원불교는 "물질을 개벽하여 정신을 개벽하자"라고 가르치며, 통일교는 우리가 지금까지 종교와 과학을 상반되거나 모순의 관계로 오해한 이유를 '과학의 종교화'와 '종교의 과학화'가 성취되지 않았기 때문이라고 말한다. 나는 이제 통일교의 경우를 좀더 자세히 고찰하겠다.

3. 과학의 종교화, 종교의 과학화

통일교는 종교와 과학의 관계가 갈등의 관계가 아니라 상호 협조의 관계라고 주장한다. 종교가 내적인 진리라면 과학은 외적인 진리다. "종교의 힘과 과학의 힘을 분리해서 생각하는 것은 잘못"된 생각이다.[5] 그러므로 종교가 과학적으로 해명되어야 한다는 것은 오늘날 시대적 사명이

---

3) 황필호, 『서양 종교철학 산책』, 집문당, 1996, pp. 214-215.
4) John Hick, 황필호 편역, 『종교철학 개론』, 종로서적, 1985, pp. 8-87.
5) 세계기독교 통일신령협회, 『원리 강의안』, 성화사, 1982. p. 246.

며, "과학을 찾아나온 종교와 종교를 찾아나온 과학을 통일된 하나의 과제로서 해결해 줄 수 있는 새로운 진리"가 통일교의 원리다.6)

오늘날 우리는 모든 사물에 대한 과학적 인식을 필요로 한다. 그런데 구태의연한 종교의 교리에는 과학적인 해명이 거의 전적으로 결여되어 있다. 종교의 궁극적인 목적은 먼저 마음으로 믿고 그것을 실천함으로써 달성된다. 그러나 그 믿음까지도 앎이 없이는 절대로 생길 수 없다.

우리가 성경을 연구하는 것도 결국은 진리를 알아서 믿음을 세우기 위함이다. 안다는 것은 곧 인식하는 것을 의미하는데, 우리는 논리적이며 실증적이며 과학적인 것이 아니면 인식할 수 없다. 이와 같이 내적인 진리에도 논증적인 해명이 필요하게 되어, 종교는 오랜 역사의 기간을 통하여 그 자체가 과학적으로 해명될 수 있는 시대를 추구해 왔다.

종교와 과학은 우리의 내적인 면과 외적인 면의 무지(無知)를 타개하기 위한 사명을 각각 분담하고 출발하였기 때문에 그 과정에서는 그들이 엇갈려 서로 타협할 수 없는 양상을 보여 왔다. 하지만 우리가 그 양면의 무지를 완전히 극복하여 본심이 요구하는 선의 목적을 완전히 이루자면, 어느 때든지 과학을 찾아나온 종교와 종교를 찾아나온 과학을 통일된 하나의 과제로 해결해 주는 새 진리가 나와야 한다.7)

통일교가 종교와 과학의 통일을 지향한다는 사실은 『원리강론(原理講論)』에 잘 나타나 있다. "인간은 유사 이래 오늘에 이르기까지, 쉬지 않고 무지에서 지(知)로 극복하기 위하여 진리를 찾아 나왔다. 내적인 무지에서 내적인 지로 극복하기 위하여 진리를 찾아 나온 것이 종교요, 외적인 무지에서 외적인 지로 극복하기 위하여 외적인 진리를 찾아 나온 것이 과학이다. 이와 같이 알고 보면, 종교와 과학은 인생의 양면의 무지에서 양면의 지로 극복하기 위하여 양면의 진리를 찾아나온 방편임을 알 수 있다. 그러므로 인간이 이 무지로부터 완전히 해방되어서 본심의 욕망이 지향하는 선의 방향으로 나아가 영원한 행복을 누리기 위하여는, 종교와 과학이 통일된 하나의 과제로서 해결되어 내외 양면의 진리가 상통하게 되지 않으면 안 된다."8)

---

6) 같은 책, p. 206.
7) 같은 책, p. 206.

과학이 제공할 수 없는 초월적인 영역을 제시할 수 있는 것이 바로 종교라고 생각하는 사람에게는 통일교의 교리는 지나치게 과학적이라는 인상을 받게 된다.『적(敵)』이라는 소설의 주인공이 통일교의 타락론을 들은 다음에 "성경을 개고기 뜯어먹듯 했으며, 너무 지나친 데가 있다"고 느낀 이유도 여기에 있다.[9] 아마도 그는 통일교의 완벽한 논리적 시나리오를 듣고 한편 감탄하면서도 바로 지나치게 과학화된 교리에 대하여 일종의 반발심을 가졌을 것이다.

오늘날은 과학의 시대다. 과학을 무시한 현대인은 생존할 수 없다. 그러므로 현대인의 종교는 과학적인 종교 — 혹은 적어도 과학을 부정하지 않는 종교 — 여야 한다. 오늘날 대부분의 신흥 종교가 거의 완벽한 교리를 가지고 있으며, 현대인의 필수품인 과학을 포용하고 있는 이유가 여기에 있다. 그러면 우리는 과학·기술을 어떻게 보아야 하는가?

4. 과학·기술에 대한 새로운 시각의 필요성

이제 우리는 종교와 과학은 만날 수밖에 없다는 현실성과 당위성을 '자명한 진리'로 받아들임으로서 이 문제에 대한 완전히 새로운 시각을 갖도록 해야 한다. 새로운 시대는 새로운 문제를 제기하고, 새로운 문제는 새로운 해결책을 필요로 한다.

첫째, 우리는 지금까지 과학과 기술 자체는 가치 중립적이며, 오직 그것을 우리가 어떻게 사용·이용·관리하느냐에 따라서 그것은 선이 될 수도 있고 악이 될 수도 있다고 생각해 왔다. 그러나 엄밀히 말해서 완전히 가치 중립적인 과학이나 기술은 존재하지 않는다. 마치 이 세상에 존재하는 모든 사실은 야만적 사실(brute facts)이 아닌 해석된 사실(interpreted facts)일 뿐이듯이.

예를 들자. 1945년 7월 16일, 미국의 뉴멕시코 주에 있는 은밀한 사막의 한복판에서는 20세기 역사상 가장 중요한 사건이 터졌다. 드디어 인

---

8) 세계기독교 통일신령협회,『원리강론』, 성화사, 1982, pp. 3-4.
9) 황필호,『통일교의 종교철학』, 생각하는 백성, 2000, pp. 54-57.

간이 원자탄을 만든 것이다. 어느 사람은 이 역사적 프로젝트의 총책임 자인 오펜하이머(Robert Oppenheimer, 1904~1967) 박사의 그 날 표정을 이렇게 전한다. "마지막 시간이 가까워지자 그는 점점 긴장했다. 그는 거 의 숨을 죽이고 있었다. 그는 자리에서 꼼짝도 하지 않았다. 아나운서의 '발사!'라는 말이 떨어지자마자 엄청난 빛과 귀를 뚫을 듯한 폭발음이 들 렸다. 그제야 그의 얼굴은 안도의 표정을 지었다."

그러나 이런 관찰은 어디까지나 밖에서 본 그의 인상이다. 실제로 오 펜하이머는 그 순간에 「바가바드 기타」의 일절을 생각하고 있었다고 한 다. "나는 모든 세계의 파괴자인 죽음이 되었다. 이 시간에 운명은 성숙 한다."10) 이런 사실은 모든 과학과 기술이 가치적ㆍ평가적일 수밖에 없 다는 명백한 증거가 된다.

과학ㆍ기술과 관련된 여러 분야를 총체적으로 연구하는 과학학도 최 근에는 19세기에 팽배했던 실증주의보다는 "과학이 사회적으로 구성된 다"는 사회구성주의를 지지하는 경향으로 진행되고 있으며, 특히 페미니 즘 과학자들은 과학 자체는 어디까지나 가치 중립적이라는 전통적인 인 식론을 맹렬히 공격하고 있다. 즉, "전통적 실증주의에 근거한 엄밀한 과 학 방법이 아니라 인식 주체의 관점과 입장까지를 포괄하게 되면, 과학 과 자연을 더욱더 잘 볼 수 있다"는 것이다.11)

둘째, 우리는 지금까지 자연과 개발을 물과 기름의 관계로 생각해 왔 다. 자연은 반(反)개발에 의해서만 유지될 수 있고, 개발은 반(反)자연일 수밖에 없다고 생각해 왔다. 물론 우리들의 이런 일상적 상념은 역사적 으로 충분한 근거를 가지고 있다. 그러나 이제 우리는 자연과 개발이라 는 두 마리 토끼를 잡을 수밖에 없는 상황에 도달했다는 사실을 잊지 말 아야 한다. 이제 과학과 기술은 이미 우리들의 삶의 일부가 되었다. 그러 므로 우리는 그들 중에 하나를 포기함으로써 문제를 해결하려는 과거의 시도를 완전히 버려야 한다. 우리가 오늘날 '인간의 얼굴을 가진 기술'과 '자연의 자연스러운 모습을 가능한 한 유지하려는 기술 개발'을 위해 노 력해야 되는 이유가 여기에 있다.

10) A. 베임 외, 황필호 편역, 『비교철학 입문』, 철학과현실사, 1989, pp. 12-13.
11) 정혜경, 「페미니즘과 과학」, 『중앙일보』, 2001년 11월 22일자.

셋째, 왜 우리는 지금까지 종교와 과학의 관계를 물과 기름의 관계로 생각해 왔는가? 그 이유는 간단하다. 종교인들은 최신 과학의 이론을 모르며, 하다 못해 뉴턴 물리학과 아인슈타인 물리학의 근본적 차이조차 알지 못했다. 그리고 과학자들은 모든 질문을 양화(量化)시킴으로써 종교인들의 심적 논리를 전혀 이해하지 못했다. 그들은 각기 다른 '두 개의 문화'를 형성하고 있었던 것이다. 이제야말로 우리는 "아무도 알지 못하는 것을 말할 수 없다"는 상식을 되찾아야 한다.

특히 종교인은 낙태나 복제 인간 등의 문제에 대하여 무조건 반대의 목소리만 내지 말고 그 이유를 정확히 제시해야 할 것이며, 만약 낙태가 어떤 경우에 정당화될 수 있다면 가장 위험성이 적은 방향으로 진행되어야 한다는 사실을 ― 종교적으로가 아니라 ― 과학적으로 설명할 수 있을 정도로 과학을 배워야 한다. 알아야 면장 노릇도 하는 시대가 된 것이다.

5. 맺음말

이제 나는 지금까지 고찰한 몇 가지 원칙을 근거로 해서 종교인이 가져야 할 과학 · 기술 윤리를 제의하겠다.

첫째, 모든 종교인과 과학자는 우선 종교와 과학이 서로 상반될 수밖에 없다는 강박관념에서 벗어나야 한다. 예를 들어서 많은 종교인들은 과학을 공부하면 자신의 신앙을 잃게 된다고 생각하며, 많은 과학자들은 주관적인 종교의 열정은 객관적인 과학 탐구를 방해한다고 생각한다. 그러나 이런 생각은 옳지 않다. 이제 종교인은 과학을 두려워하는 대신에 객관적인 증거와 합리성을 생명으로 하는 과학을 적극적으로 끌어안아야 하며, 과학자는 자신의 작업이 언제나 종교의 영역에 큰 영향을 주고 있다는 사실을 깨달아야 한다. "과학과 종교는 진리의 추구를 본질로 하는 인간의 활동이라는 점에서 진정한 형제자매이기 때문이다."[12]

둘째, 모든 종교인과 과학자는 이제 자신의 영역인 종교와 과학이 상대방으로부터 방해를 받지 않는 중간쯤에서 서로 공존하려고 하지 말고,

---

12) 김희준, 「과학의 종교 읽기」, 최재천 편, 『과학 · 종교 · 윤리의 대화』, 궁리, 2001, p. 172.

진정한 대화는 각자의 칼날을 무디게 함으로써 성취되는 것이 아니라 오히려 더욱 날카롭게 만들어서 그들이 정면 승부를 하도록 해야 한다는 적극적 입장을 취해야 한다. 즉, 차지도 않고 덥지도 않은 미지근한 상태로 몰고 가려고 하지 말고, 오히려 각자의 본래적 임무를 더욱 확실하게 하는 자리를 마련해야 한다. 그 이유는 무엇인가?

전통적으로 과학은 '어떻게'를 설명하는 영역이고 종교는 '왜'를 설명하는 영역으로 인정되어 왔으며, 이 두 영역 사이에는 분명히 커다란 차이점이 있다. 우리가 어느 사물의 '어떻게'를 전부 설명한다고 해도 '왜'의 질문은 그대로 남아 있으며, 또한 '왜'의 질문도 자질구레한 수많은 '어떻게'의 질문들을 통해서만 제기될 수 있기 때문이다. 그러나 조금 더 생각해 보면, 이 두 질문은 절대로 상대방을 배제한 질문이 아니라는 사실을 쉽게 알 수 있다.

> '왜'와 '어떻게'는 결코 단절된 물음이 아닙니다. 그것은 택일적인 물음이 아니라 우선 순위를 결정하는 데서 드러나는 차이에 의해서 구분될 뿐입니다. 그러므로 그 둘은 각각 상대방의 물음을 자기 안에 본유적(本有的)인 것으로 내장하고 있습니다. 적어도 묻는 동기에서, 아니면 해답의 실제 적용에서, '왜'는 '어떻게'를 구체화할 수밖에 없고 '어떻게'는 '왜'를 선포할 수밖에 없습니다. (중략)
>
> 생명과 인간과 세계와 우주에 대한 설명은 그러한 실재들이 '어떻게' 있는가를 넘어 '어떻게 있어야 한다'는 것을 주장하는 데 이르면서 마침내 자기 안에 '왜'를 함축하고 있음을 적극적으로 시사합니다. '하나의 실재는 이러저러하게 있지 않으면 있을 수 없다'는 발언은 실재를 설명하는 것만이 아닙니다. 그것은 '설명의 논리' 이후이거나 이전입니다. 그것은 형이상학적 전제를 함축하는 것이고, 그런 한에서 그것은 구체적으로 삶을 규범적으로 제어하는 세계관입니다. 그리고 그것을 그렇게 서술했을 때 마침내 과학은 종교와 다르지 않습니다. 적어도 구조적으로 그러합니다.[13]

셋째, 종교인은 과학을 알아야 하고, 과학자는 종교를 알아야 한다. 원래 사람은 아는 만큼 보고, 본 만큼 느끼고, 느낀 만큼 행동하게 마련이

---

13) 정진홍, 「종교의 과학 읽기」, 같은 책, pp. 157-158.

다. 그리고 육체와 정신, 물리적 세계와 심리적 세계, 과학과 종교의 확연한 이원론적 구분은 이제 설자리가 없게 되었다. 스페셜리스트와 제너럴리스트의 구별이 사라졌듯이.

넷째, 우리는 지금까지 발전해온 과학·기술이 다분히 여성 차별적이라는 사실을 잊지 말아야 한다. 예를 들어서, 복제 양 돌리를 탄생시킨 영국 로슬린 연구소의 해리 그리핀 부소장은 인간 복제도 철저한 남성중심주의적 발상에서 벗어나지 못하고 있다고 말한다. 남성은 간단히 체세포만 제공하면 되지만 산모와 아기는 치명적 위험에 노출되기 때문이다.

다섯째, 모든 종교인과 과학자는 이제 단순한 '학문'에서 문제를 찾지 말고 '삶' 속에서 찾아야 한다. 종교인은 유전자 공학·가상 공간·안락사·인간 복제 등 과학이 제기한 질문들을 어떻게든지 해결하려고 노력해야 하며, 과학자는 인간이 달나라를 여행하는 요즘에도 여전히 죽지 않고 살아 있는 종교적 믿음의 정체를 — 언뜻 보기에는 그저 미신적이고 반과학적으로 보이겠지만 — 파악하려고 노력해야 한다. 어느 종교인 과학자는 이렇게 말한다.

아무튼 인류의 조상이 아프리카의 숲에서 초원으로 나와 직립 보행하는 호모 에렉투스(homo erectus)로 진화한 것은 다가올 과학과 종교의 관계를 예고하는 흥미로운 상징적 의미를 갖는다. 직립의 자세는 한편으로는 눈을 들어 밤하늘을 바라보며 우주의 기원을 탐구하는 과학자의 자세고, 다른 한편으로는 눈을 들어 산을 보며 우주를 만든 조물주에게서 도움을 구하는 신앙인의 자세다. 직립 인간에 의하여 전자는 자연을 탐구하는 과학으로 발전하고, 후자는 자연 법칙 자체의 원인 제공자인 조물주를 찾는 종교로 발전한다.

이처럼 과학과 종교의 관계는 남다르다. 그럴 수밖에 없는 것이, 수많은 인간 활동 중에서 과학과 종교만이 우주와 생명의 기원과 역사에 대해서 근원적이고 총체적인 관심을 가지고 있기 때문이다. 그러기에 둘 사이에는 남달리 의견 차이와 대립의 소지도 많고, 반대로 공조와 시너지의 여지도 풍부하다.[14]

여섯째, 모든 종교인과 과학자는 도덕적으로 깨끗한 삶을 영위하여, 다

---

14) 김희준, 앞의 글, p. 164.

른 사람들의 모범이 되어야 한다. 종교와 과학이 가장 쉽게 만날 수 있는 곳이 바로 윤리의 마당이기 때문이다. 최재천은 이렇게 말한다.

세계 어느 문화권이든 공통적으로 윤리는 종교와 밀접하게 연결되어 있다. 하지만 이제는 윤리와 종교도 과학의 범주에 들어왔다. 기독교 시인 오든(W. H. Auden)이 말했듯이 "과학이 없이는 평등이라는 개념도 없었을 것"이기 때문이다. 우리가 선택하는 윤리가 인간적이고 합리적이려면 과학과 종교가 함께 일해야 하며, 그렇기 때문에 인류의 미래는 과학과 종교에 고루 달려 있다고 물리학자 다이슨은 강조한다.
그러나 과학자가 새로운 연구를 시작할 때마다 일일이 윤리 검열을 받지 않으려면 과학자로 자립하기 전에 스스로 윤리적 소양을 쌓아야 한다. 자연과학을 전공하는 학생들에게도 확고한 세계관과 역사관을 세울 수 있도록 인문 사회 교육의 기회를 마련해 주어야 한다.[15]

종교와 과학, 윤리와 과학은 서로 만나야 한다.

---

15) 최재천, 「책머리에」, 같은 책, p. 8.

제5장
하이데거의 생명관
— 최상욱, 「하이데거에 있어 생명의 의미」를 읽고

l. 머리말

실존주의에 의하면, 본질(essence)은 존재하지 않으며 존재하는 것은
실존(existence) 뿐이다. 물론 여기서 말하는 실존은 의식이 없는 물체의
실존이 아니라 현실 속에 두 발을 딛고 아귀다툼을 하면서 살아가는 인
간의 구체적인 실존을 말한다. 이런 뜻에서 우리는 역설적으로 "인간의
본질은 실존하는 것"이라고 말할 수 있으며, 더욱 정확히 말하면 강이나
시냇물은 실존하지 않으며 오직 무한한 — 그래서 광장히 위태로운 — 가
능성으로서의 인간만이 실존한다고 말할 수 있다.

그러면 인간 실존의 특성은 무엇인가? 하이데거(1889~1976)는 그것
을 한마디로 '염려'라고 말하는데, 맥쿼리(John MacQuarrie)는 염려를 세
가지로 분석한다.

첫째, 염려는 가능성(possibility)으로 구성되어 있다. 인간 존재는 자신 앞
에 투영(投影)되어 있다. 거기서 만나는 인간을 위해 객체는 '즉자적 존재'에서
'대자적 존재'로 변용되며, 인간은 이렇게 변용된 실체로부터 그가 관심을 가
지고 있는 도구적 세계를 구축한다.
둘째, 염려는 사실성(facticity)으로 구성되어 있다. 인간은 단순한 가능성이

아니라 사실적인 가능성이다. 다시 말해서, 인간에게 항상 열려 있는 가능성은 그가 선택하지 않은 — 이를테면 그의 역사적 상황, 민족, 자연적 성향 등과 같은 — 수많은 상황에 의해 조건지어져 있으며 제한되어 있다. 하이데거는 이런 형태를 '던져짐(被投性, thrownness, Geworfenheit)'이라고 부른다. 인간은 그의 상황 안에서 실존하도록 이 세상에 던져졌으나 언제 어디로 가야 하느냐는 것은 전혀 알 수 없다. 그러므로 우리는 자신의 수많은 가능성을 이 세상에 투영할 수밖에 없는 유한한 존재로서의 인간 상황을 이론적인 추리 과정이 아닌 그의 감정 상태나 기분에서 발견할 수 있으며, 이런 감정 상태 중에서 가장 기본적인 것이 바로 불안의 개념이다.

셋째, 염려는 '떨어짐(타락, fallenness)'으로 구성되어 있다. 대부분의 사람들은 이 염려의 폭로보다는 차라리 도구적 세계 속으로 자신을 상실시키든지 혹은 아무도 책임지지 않는 익명의 비인간적 대중 속으로 자신을 매몰시킨다. 여기서 인간은 자신의 진정한 가능성(authentic possibility)으로부터 벗어나서 무책임이나 환상적 안정이라는 엉터리 가능성(inauthentic possibility)으로 타락하게 된다. 이 엉터리 속에서 실존은 산산이 부서지고 파편화된다.[1]

여기서 우리는 하이데거의 철학이 굉장히 주관적이며 사적이며 비밀스럽다는 것을 쉽게 알 수 있다. 그리고 그의 이런 경향은 이미 실존철학의 제1세대에 속하는 파스칼, 베르자예프, 도스토예프스키, 키에르케고르 등이 객관성보다는 주관성, 합리성보다는 비합리성, 이성보다는 직관을 강조했다는 전통을 그대로 따라가고 있는 듯이 보인다.

그러나 최상욱은 생명을 '현존재의 존재'로 환원시킨 하이데거의 철학은 오히려 주관성 혹은 주체성의 철학으로부터의 결별이라고 주장한다. 그는 이 주장을 뒷받침하기 위하여 하이데거의 생명 사상을 역사적으로 설명하는데, 나는 이제 그의 난해한 논문을 대략이나마 독해하려고 노력하겠다.[2]

---

1) John MacQuarrie, *Twentieth-Century Religious Thought*, SCM Press, 1963, pp. 353-354.
2) 최상욱, 「하이데거에 있어 생명의 의미」, 강남대학교 발표(1999. 10. 11). Cf. 그의 글이 난해한 이유로는 두 가지를 들 수 있다. 첫째, 원래 하이데거는 고도의 지적 훈련을 받은 사람만이 이해할 수 있는 내용을 전달하려고 하며, 또한 그런 내용을 보통 독일인도 잘 이해할 수 없는 독일어의 표현 방식으로 제시한다. "하이데거가 사용하는 언어에 대하여는 수많은 글들이 발표되었다. 그는 모든 위대한 사상들과 마찬가지로 자신의 스타일을 창조했

2. 생명과 진리

생명은 하이데거의 『존재와 시간』 이후의 철학에서 중요한 위치를 차지하고 있지 않다. 그러나 우리는 그가 이미 첫 번째 프라이부르크 시절(1923년 이전)부터 이 문제에 관심을 가지고 있었다는 사실을 쉽게 찾을 수 있다.

그럼에도 왜 하이데거는 전통적으로 내려온 '생명'이라는 표현을 마르부르크 시절(1923~1928)부터 거의 사용하지 않았는가? 그는 그 용어에서 생명의 본래적 의미를 발견할 수 없다고 믿었기 때문이다. 즉, 생명은 '운동성'과 '고착성'을 동시에 포함하고 있으며, 우리는 왜 그리고 어떻게 생명이 이렇게 각기 다른 요소를 포함하고 있느냐는 '배후 근거'를 질문해야 하는데, 이 질문은 자연히 존재론적 질문이 될 수밖에 없다고 하이데거는 생각한 것이다. 그가 『존재와 시간』에서 현존재로부터의 접근을 시도하지 않은 딜타이의 생명관을 비판한 이유도 여기에 있다. 그러니까 인간 실존의 문제는 필연적으로 존재론 일반과 연관되어 추구되어야 한다는 것이다. 그래서 그는 "생명은 하나의 고유한 존재 양식인데, 그것은 오직 현존재에서만 접근이 가능하다"고 말한다.[3]

여기서 하이데거는 제1기의 실존주의자들이 범한 주관주의(subjectivism)와 반합리주의(irrationalism)의 성격을 전혀 벗어나지 못한 듯이 보인다.

다. 그래서 하이데거와 이를테면 비트겐슈타인 · 러셀 · 화이트헤드의 구별은 한두 문장으로 충분하다. 스타일 자체가 생각이다. 그의 글은 독일어에서 나온 것이며, 언어의 천재에서 나온 것이다. 이미 쉘링과 헤겔은 철학을 위한 독일어의 자연적 적합성(natural fitness)을 주장했으며, 이런 주장은 그 후에 계속되었으나 결국 하이데거에게서 생생한 실례를 보게 되었다. 언어를 생각과 동행하게 함으로써, 하이데거는 가장 오래 되었으면서도 가장 중요하고 또한 오랫동안 망각되었던 생각을 다시 생각하고 새롭게 생각할 수 있었다." Albert Hofstadter, "Introduction", Martin Heidegger, *Poetry, Language, Thought*, Harper & Row, 1971, p. xvi.

둘째, 최상욱도 하이데거 전공자들만 이해할 수 있는 내용을 하이데거의 표현 방식으로 전달하려고 한다. 그래서 그는 '모이라' '퓌지스' '페라스' 등의 단어를 '운명' '자연' '공간'으로 번역조차 하지 않고 그대로 사용하며, '공속성(共屬性)' '전유(全有)' 등에는 한문조차 사용하지 않는다.

3) 같은 글, p. 2에서 재인용.

그러나 우리는 그의 사상을 좀더 세밀히 고찰해야 한다. 무조건 그를 선불교로 대표되는 동양적 신비주의나 서양의 추상적 절대 철학과 일치시키지 말고.

서양철학사에서 존재론인 형이상학은 어떻게 진행되어 왔는가? 이 질문에 대하여 하이데거는 "형이상학의 역사는 존재 망각의 역사"라고 답변하고,[4] 그래서 우리는 플라톤으로 대표되는 형이상학을 버리고 소크라테스 이전의 철학으로 돌아가야 한다는 것이다. 즉, 그는 「플라톤의 진리론」에서 플라톤이 말한 것의 배후를 추적하면서, 그가 '말한 것'보다는 '말하지 않은 것'에 더욱 주목해야 된다고 말한다. 최상욱은 그 내용을 이렇게 요약한다.

> 첫째, 하이데거에 의하면 플라톤의 동굴의 비유에서 말로 표현된 주제는 교육이다. 그 교육은 그림자, 사슬로부터의 해방, 자유로운 영역으로의 탈출과 태양의 발견, 그리고 그의 되돌아옴과 거기에서 비롯된 해방된 자와 갇힌 자의 생명과 죽음을 무릅쓴 투쟁의 과정이다. (중략)
> 그런데 플라톤의 경우에, 인간 존재를 가능하게 하는 교육은 선(善)의 이데아를 통해서만 가능하다. 반면에 하이데거가 비판하는 것은, 교육의 본질은 생명 현상의 드러남과 은폐됨이라는 역사적 진리 사건을 통해 규명되는 것이며, 따라서 중요한 것은 선의 이데아가 아니라 각각의 역사적 상황에 나타나는 탈은폐의 사건이라는 것이다.
> 둘째, 플라톤은 동굴의 비유에서 그림자의 영역을 무비판적으로 당연히 존재하는 실체성으로 파악한다. 그러나 하이데거는 그것도 고정된 실체성이 아니라 생명 현상을 통한 무수한 흩어짐이 내포된 사건으로 본다. 즉, 야만인으로부터 교육된 인간으로의 단순한 이행이라는 플라톤의 교육관과는 달리, 하이데거는 교육의 배후에 놓인 진리 사건 규명을 통해 야만의 상태(동굴에 사슬로 묶인 상태)도 이미 끊임없는 익숙화의 과정과 그를 위해 고정된 한계 상황, 말하자면 고정된 실체에의 시선 고정과 확고화의 부단한 과정 안에 있는 흩어짐의 상태라는 것이다.
> 이로써 메타포의 처음 장면은 그 의미를 상실하게 되고, '처음'이라는 표현 자체도 의미를 상실하게 된다. (중략) 또한 동굴의 비유의 강조점은 선의 이데아나 마지막 단계를 통한 종말이 아니라 끊임없이 이루어지는 탈은폐의 사건

---

4) 같은 글, p. 4(나는 최상욱의 글을 약간 수정하여 인용한다).

자체에 놓여 있어야 한다는 점에서, 메타포의 마지막 장면도 그 의미를 상실하게 된다.5)

하이데거가 플라톤에 대한 이런 비판에서 주장하려는 핵심은 무엇인가? 그것은 한마디로 플라톤 이래 서양철학사에 면면이 내려온 진리관, 즉 진리는 '즉자적으로 존재하는 실체성'을 가지고 있다는 견해를 반박하려는 것이다. 원래 진리의 본질은 자유 혹은 해방에 있으며, 그래서 진리는 항상 비진리일 수 있으며, 그리고 이런 입장에서 보면 지금까지 내려온 진리와 비진리의 고정된 구별은 존재할 수 없기 때문이다.

여기서 우리는 이런 질문을 할 수 있다. 그러면 모든 진리와 언어의 실체성을 부정한 하이데거는 결국 극단적 상대주의자로 빠질 수밖에 없는가? 언뜻 보기에 우리는 이 질문에 대하여 일단 긍정적으로 답변해야 될 것 같은데, 특히 그의 '내맡김(放下, letting-go, Gelassenheit)'의 개념을 고찰하면 더욱 그렇게 보인다. 최상욱은 이 개념을 생명과 기술의 관계에 대한 하이데거의 사상을 고찰하면서 토론한다.

3. 생명과 기술

우선 하이데거는 과거의 기술과 현대의 기술을 구별한다. 과거의 기술은 인간에 대한 신뢰성과 인간과의 존재연관성을 그대로 유지하고 있었지만, 오늘날의 기술은 그런 공속성(共屬性)을 상실한 기술이라는 것이다. 그럼에도 현대인은 기술을 떠나서 살 수 없다.

현대인들은 현대의 과학 기술을 자신들이 필요하면 사용하고 그렇지 않으면 버릴 수 있는 도구로 생각하고 있으나 사실은 현대인들의 삶은 과학·기술에 전적으로 의존하고 있다. 현대인들은 과학·기술이 없으면 인간의 삶이 전적으로 불가능하다고 생각하는 것이다. 현대에서 기술은 서양의 중세에서 신이 갖고 있었던 의미를 갖는다. 서양의 중세에서 사람들은 신에 의존하여 지

---

5) 같은 글, pp. 4-5.

상의 모든 고통으로부터 벗어나고자 했던 반면에, 현대인들은 과학·기술에 의존하여 지상에서 겪는 모든 고통에서 벗어나고자 한다.

많은 현대인들이 여전히 기독교나 불교와 같은 전통적인 종교를 신봉하고 있지만 현대인들이 사실상 신봉하는 것은 과학·기술의 힘이다. 현대인들은 자신들이 겪는 모든 고통을 신에게 호소하는 것을 통해서 해결하려는 것이 아니라 과학·기술에 의해서 해결하고자 한다. 홍수와 같은 자연 재해에 대해서는 공학과 공학 기술에, 질병과 노화와 같은 육체적인 고통에 대해서는 의학과 의료 기술에, 그리고 사회 정치적인 문제들에 대해서는 정치 공학과 정치 기술에 의존해야 한다고 생각한다.6)

그러면 우리는 생명과 죽임이라는 이중성을 가진 현대의 기술을 어떻게 생각해야 하는가? 하이데거는 우선 기술을 '세계 자체에 대한 선험적 선이해의 한 방식', 다시 말해서 특정 형이상학의 구현으로 보라고 말하면서, 그는 이런 근대 형이상학의 대표자로서 데카르트와 니체를 든다. 인간은 그들을 통해 확실한 주체가 되고 다른 존재들은 모두 객체가 된다. "그런데 이런 주체로서의 인간은 자신의 권력 의지를 추구하기 때문에 다른 존재자들을 명령하고 지배하기를 추구하며, 이 과정에서 근대 기술의 본질은 모든 존재자에 대한 '몰아세움(Gestell)'으로 나타나고, 이때 각각의 존재자는 ― 놀랍게도 인간까지 ― 하나의 부품으로 전락하게 된다."7)

이제 과학·기술적인 세계는 우리가 과학을 통해서 해명하고 기술적으로 조직해야 할 낯선 대상으로서의 세계와 그러한 세계를 기술적으로 조직하려는 주체의 대립 관계로 나타난다. 그런데 자연을 기술적으로 지배한다는 것은 자연 내에 포함되어 있는 에너지를 효과적으로 발굴하여 그것을 인간에게 유용하게 전용한다는 것을 의미한다. 그러나 이렇게 자연을 기술적으로 지배하기 위해서는 인간들 자신이 기술적으로 조직되고 지배되지 않으면 안 된다.

인간 개개인은 자연으로부터 에너지를 효과적으로 뽑아낼 수 있는 기능 인자로서 조직되고, 또한 자신의 지적·육체적 에너지를 효과적으로 발휘하도

---

6) 박찬국, 「현대 기술 문명에 대한 하이데거와 프롬의 사상」, 『철학 연구』, 제47집, 1999년 가을호, p. 301.
7) 최상욱, 앞의 글, p. 7.

록 독려되지 않으면 안 되는 것이다. 소위 주체로서의 인간이 자신들이 직면하고 있는 낯선 세계를 자신의 통제 하에 두기 위해서는 자신들을 또한 기술적으로 조직하고 관리하지 않으면 안 되는 것이다.

그러나 개개인의 이러한 과정에서 인간은 자연으로부터는 해방될지 모르나 자신은 기술적으로 조직한 세계 안에 철저하게 구속되어 있다. 인간 개개인은 이러한 기술적 세계에서 인간 이외의 존재자와 마찬가지로 기술적 조직의 기능 인자로, 그리고 기술적 처리의 대상으로 고찰되고 활용된다. 그리하여 외관상 인간의 지배 영역은 갈수록 넓혀져도 인간 개개인의 자유는 결코 증대되지 않는다. 오히려 인간은 기술 시대에서 가장 중요한 재료로 간주된다.

이런 맥락에서 1930년대와 1940년대에 하이데거는 이미 가까운 시일 안에 인간 복제가 이루어질 것을 예견하고 있다. "인간은 가장 중요한 재료이기 때문에 오늘날의 화학적인 탐구를 근거로 볼 때, 어느 날 인간 물질의 생산을 위한 공장이 세워질 수 있다는 사실을 예견할 수 있다." 하이데거는 이렇게 인간 개개인마저 하나의 기술적인 처리 대상으로 격하시키면서 자신의 팽창 도구로 삼는 인공적 세계를 '몰아세움'의 세계라고 부른다.8)

우리는 이런 기술에 대하여 어떤 태도를 취해야 하는가? 하이데거는 현대 기술도 하나의 시대 정신의 반영일 뿐이며, 그래서 우리는 그것을 기술 자체에 내맡기거나 그대로 내버려두어야 한다고 말한다. 극히 소극적인 답변같이 들린다. "하이데거의 대답은 그냥 기다리라는 것이다. 그는 마치 농부가 씨앗이 나고 익어가는 것을 기다리듯이, 우리도 기다려야 한다는 것이다. 그 뿐만 아니라, 그 기다림은 인간의 행동하려는 의지도 부정하고, 심지어 무(無)를 의지하는 것도 부정하여, 따라서 의지하는 것 자체에 대한 부정의 태도로 기다려야 한다는 것이다. 그렇다면 무엇을 기다리라는 것인가? 이에 대하여 하이데거는 기다림 안에서 무엇을 기다리는 것조차 열어두어야 한다고 말한다."9)

하이데거는 자신의 이런 사상을 내맡김 혹은 내버려둠이라는 개념으로 설명한다. "우리는 기술적 대상들을 우리의 일상적 세계로 끌어들이면서도 동시에 그것을 밖에 두는 태도, 즉 그것들을 절대적인 것이 아니라 스스로 더 고귀한 것을 지시하는 사물 자체로 머물게 해야 한다. 나는 이

---

8) 박찬국, 앞의 글, p. 303.
9) 최상욱, 앞의 글, p. 9.

렇게 기술적 세계에 대한 동시적 긍정과 부정을 옛 어휘를 빌려서 '사물이 도록 내맡김(Gelassenheit zu den Dingen)'이라고 부르고 싶다."10) 여기서 내맡김이라는 개념은 사랑을 하이데거 식으로 말한 것에 불과하다. 즉, 진정한 사랑은 상대방을 내가 원하는 대로 만들려고 하는 것이 아니라 상대방을 있는 그대로 받아들이는 것이듯이, 하이데거는 존재자를 그 자체로 존재하게 한다(Sein-lassen)는 용어로 표현한다.11)

원래 '내맡김(Gelassenheit)'이란 '…… 하게 한다(lassen)'는 동사의 과거분사형인 '게라센(gelassen)'을 명사화한 것이다. 그것은 '의연하고 평안한 마음'이나 그런 마음의 평정이라는 오늘날의 사전적 의미와는 아무런 상관이 없다. 그것은 '스스로를 내맡기기 위해서 결별하거나 떠나간다는 철학적 성찰의 구조적 의미만을 지니고 있다.' 그래서 신상희는 그것을 '내맡김' 대신에 '초연한 내맡김'으로 번역한다.12)

사유의 시원적 본질로서의 초연한 내맡김은 우리의 의지를 통해서 드러나는 것이 아니라, 참다운 물음의 과정 속에서 사유해야 할 사태 자체의 말 걸어옴(Zuspruch)에 귀기울이는 가운데 우리에게 알려지는 것이고, 따라서 그것은 자기 자신에게서 자기 자신으로부터 스스로를 내보이는 것, 즉 참다운 현상이다. 진정한 물음은 묻는 자 자신으로부터 발원하는 것이 아니라, 오히려 캐물어져야 할 사태 자체(die zu erfragende Sache selbst)의 말 걸어옴으로부터 발원한다.

다시 말해 물어져야 할 그것은 묻는 자에게 캐물어져야 할 사태 자체로서 역행적으로 다가오는(wider-fahren) 것이며, 이렇게 역행적으로 다가오는 그것은 비로소 참다운 물음 속에 수용됨으로써 밝혀지기에 이른다. 바로 이러한 사유의 경험이 곧 사유해야 할 사태 자체로부터 역행적으로 경험되는 사유해야 할 사태 자체에 대한 현상학적이며 해석학적인 경험이다.13)

이런 내맡김은 어떤 속성을 가지고 있는가? 최상욱은 하이데거의 몇 가지 명제를 인용하면서 이렇게 설명한다. 첫째, 그것은 우연이 아니다.

---

10) 같은 글, pp. 7-8에서 재인용.
11) 박찬국, 앞의 글, p. 316.
12) 신상희, 「하이데거의 초연한 내맡김」, 『철학』, 제62집, 2000년 봄호, p. 263.
13) 같은 글, p. 260.

그것은 가슴으로부터의 부단한 사유의 결과로 나온 것이다. 둘째, 이런 뜻에서 내맡김은 '무에 대한 의욕(Nichts-Wollen)'이 아니라 '의욕하지 않음(Nicht-Wollen)'이다. 셋째, 내맡김은 능동성과 수동성 밖에 있다. 넷째, 내맡김은 '신(神)의 의지'가 아니다. 다섯째, 우리는 이 내맡김 안에서 '아무것도 하지 말고 기다려야 한다.' 여섯째, 내맡김은 생명 의지의 부정이 아니라 결단(Entschlossenheit)이다.[14]

여기서 우리는 하이데거가 '기다림'이라는 개념을 굉장히 중요시한다는 사실을 쉽게 알 수 있다. 도대체 무엇을 어떻게 기다리란 말인가. 신상희는 이렇게 말한다.

> 우리가 미래적 사유의 시원적인 본질 속으로 들어가 그것과 관계를 맺고자 할 때, 이러한 결별함과 관계맺음의 한가운데에는 우리로 하여금 결별하게 하고 관계를 맺게 하는 그런 모종의 '…… 하게 함(Lessen)' 혹은 '허용함(Zulassen)'이 고요히 깃들어 있으며, 바로 이러한 '…… 하게 함'이 우리의 물음의 행위를 초연한 내맡김 속으로, 즉 사유의 시원적인 본질 영역 속으로 말없이(lautlos) 인도해 간다.
>
> 이런 맥락에서, 우리가 우리 자신의 입장에서 초연한 내맡김을 깨닫는 것이 아니라 오히려 초연한 내맡김의 본질이 먼저 이러한 본질을 사유하고자 물음을 제기하는 자에게 스스로를 내보이며 허용할 수 있도록 우리 자신이 '초연한 내맡김을 위해 깨어 있어야(Wachbleiben fur die Gelassenheit)' 하거나 혹은 '기다려야(Warten)' 한다고 하이데거는 강조한다.[15]

여기에 바로 하이데거의 말기 사상이 선불교로 대표되는 동양의 신비

---

14) 최상욱, 앞의 글, p. 8에서 재인용.
15) 신상희, 앞의 글, p. 261. Cf. "사물에 이르는 초연한 내맡김(Gelassenheit zu den Dingen)의 태도란 자연 세계와 기술 세계를 지배하고 관리하려는 무사유의 진보적인 발걸음으로부터 풀려나와서 사물의 단순 소박한 개방적 사태 관계 속으로 가까이 다가가면서 뒤로 물러서는 태도를 가리킨다. 그러므로 사물에 이르는 초연한 내맡김은 언제나 이미 사역에 이르는 초연한 내맡김(Gelassenheit zur Gegnet)의 태도 속에서만 고유하게 자라날 수 있다. 달리 말해서, 사역에 이르는 초연한 내맡김의 태도는 사물에 이르는 초연한 내맡김의 태도를 통해 구체적으로 우리의 현사실적인 삶의 장소 속에서 구현된다." 신상희, 「기술 시대의 자연에 대한 하이데거의 숙고 : 내지의 위험과 대지의 구원」, 한국현상학회 편, 『몸의 현상학』, 철학과현실사, 2000, p. 234.

주의와 비슷하다는 주장이 제기될 수 있는 계기가 있다. "기다림 안에서 무엇을 기다리는 것조차 열어두어야 한다"는 그의 주장은 모든 것을 제 자리에 그대로 놓아두어야 한다는 노자나 선불교의 사상과 극히 비슷하게 보이기 때문이다. 그래서 이진우는 하이데거를 '서양의 노자'라고까지 표현한다.

나는 하이데거가 서양중심주의를 강변하고 있는 것같이 보이는 「스피겔지와의 대담」에서 오히려 동양적 사유를 암시하고 있다고 주장하고자 한다.

하이데거는 다음의 세 마디 말을 통해 이런 암시를 내비치고 있다. 첫째로 세계에 직접적으로 영향을 주는 철학은 끝났으며, 오직 '다른 사유'만이 기술 시대의 새로운 가능성을 선출할 수 있다. 둘째로 이 '다른 사유'가 어떻게 영향을 미칠지는 모르지만, 그 길은 오히려 우리를 '침묵'으로 인도할 수 있다. 셋째로 형이상학에서 아직 물어지지 않은 것을 묻는 이 다른 사유는 '활동하지 않는 것이 아니라 내면에서 그 자체가 행위다.'

하이데거의 이 마지막 말은 두말할 나위도 없이 노자의 무위 개념을 연상시킨다. 기술 시대에 요청되는 것이 논리적 개념 체계에 토대를 두고 있는 철학이 아니라 '다른 사유'며 또 이 사유는 침묵과 무위를 특징으로 한다면, 우리는 그것이 동양적 사유의 고유한 특성이라는 점을 어렵지 않게 간파할 수 있다. (중략)

오늘날 우리에게 가장 필요한 것은 고유한 전통의 근원을 복원하면서도 동시에 공통의 토대를 마련할 수 있는 대화의 길이다. 주지하다시피 하이데거는 한편으로 가장 서양적인 철학자로 인식되고 있으며, 그 역시 스스로 가장 서양적인 철학자로 이해하고 있지만, 동시에 그는 동양적인 사유를 가장 철저하게 소화한 20세기의 사상가다. 이 글은 하이데거가 '서양의 노자'로 불려도 손색이 없을 정도로 동양적 사유와 치열하게 대결하고 있다는 전제로부터 출발하여 21세기에 필요한 '철학적 대결의 해석학'을 모색하고자 한다.16)

여기서 하이데거는 결국 근대 형이상학을 배척하면서 동양의 신비주

---

16) 이진우, 「하이데거의 동양적 사유」, 『철학』, 제61집, 1999년 겨울호, pp. 294-295 ; p. 298. Cf. "만약 하이데거가 서양의 노자로 불릴 수 있다면, 그것은 그가 가장 서양적이기 때문일 것이다. 우리는 이제 가장 동양적이기 때문에 가장 서양적인 기술을 철저하게 사유할 수 있는 동양의 하이데거를 꿈꾸어본다." 같은 글, p. 316.

의에 빠진 듯이 보인다. 그러나 최상욱은 하이데거의 내맡김이나 기다림의 개념은 단순한 생명 의지의 부정이 아니라 엄연한 인간의 의지적 결단이라고 강조하면서, 하이데거와 동양적 신비주의와의 동일화는 올바른 해석이 아니라고 말한다. 그는 이 목적을 위해 하이데거의 사방(四方), 사자(四者) 혹은 사물(四物, das Geviert) 사상을 고찰한다.

4. 생명과 유희

하이데거는 사방을 이렇게 말한다. 첫째로 땅(earth)은 건축하고 지탱하는 것, 영양을 주고 열매를 맺게 하는 것, 보호해주는 물과 돌, 성장하는 모든 것과 모든 동물이다. 둘째로 하늘(sky)은 태양의 운행, 달의 운행, 별들의 광채, 세월의 시간들, 낮의 빛과 여명, 밤의 어두움과 밝음, 날씨의 고마움과 황량함, 구름의 떠돌아다님, 에테르의 푸른 심연이다. 셋째로 신성들(divinities)은 신을 윙크하는 사자(使者)다. 이들의 은폐된 섭리로부터 신은 나타나며, 그 본질은 신을 현존재들과의 모든 비교로부터 벗어나게 한다. 넷째로 인간은 가사자들(假死者, mortals)이다. 인간을 그렇게 부르는 것은, 그들이 죽을 수 있기 때문이다. 죽는다는 것은 죽음을 죽음으로 감행한다는 것이다. 오직 인간만이 죽을 수 있다.[17) 최상욱은 사방에 대한 하이데거의 몇 가지 특성을 이렇게 설명한다.

첫째, 하이데거는 사방을 어떤 철학적 개념 규정이 아닌 상징적·시적으로 표현한다.

둘째, 사방은 모두 '동사적 운동성'이라는 특성을 가지고 있다. 땅은 지탱하고 열매를 맺고 성장하고 보호하는 것이며, 이러한 동사적 운동성 안에서 꽃과 돌과 동물과 식물은 모두 땅이라는 존재 방식 안으로 모아진다. 하늘도 태양과 달의 운행, 별의 반짝임, 밤과 낮의 순환, 세월의 흐름, 날씨가 주는 고마움 등의 동사적 운동성으로 표현된다. 신적인 것들에서도 중요한 것은 신 자체가 아니라 신적인 것이 갖는 운동성, 즉 어떤 소식을 전한다거나 신성을 감추거나 드러내는 행위들이다. 가사자에서

---

17) 최상욱, 앞의 글, p. 11.

강조되는 것도 인간이라는 실체성이 아니라 하이데거가 이미 『존재와 시간』에서 '불가능성의 가능성'이라고 부른 죽음과의 관계다.

셋째, 사방은 각각 따로 떨어져 있는 것이 아니라 항상 서로 어우러지고 있는데, 하이데거는 이런 어우러짐을 '놀이(遊戲, Spiel)'라고 부른다. 이 놀이를 통해 신적인 것과 인간적인 것, 생명체와 비생명체는 서로 만난다.[18]

그러면 놀이는 어떤 특성을 가지고 있는가? 놀이에는 '왜'나 '어떻게'가 없다. 단지 놀이가 있을 뿐이다. 마치 비트겐슈타인이 '언어 놀이'가 현재 진행되고 있다(The language-game is being played)고 말하듯이. 또한 놀이의 내용도 전혀 중요하지 않다. 놀이 자체가 놀이의 내용이다. 다시 말해서, 놀이는 그것이 만들어내야 할 내용(필연성)을 부정한다는 뜻에서 자유롭다. 그러나 이런 자유로움은 놀이의 근거와 내용으로부터의 자유일 뿐이며, 놀이 자체로부터의 자유는 아니다.

"놀이를 하는 자는 놀이를 하는 한 놀이 안에 엮어 있는 것이며, 놀이가 진지하게 진행되기 위해 놀이를 하는 자는 자신의 본질로 놀이에 임해야 한다. 이렇게 자신의 본질을 진지하게 드러낼 때 놀이를 하는 자는 이미 타자를 반영하고, 타자에 의해 반영된다. 따라서 이 놀이 안에서는 주관과 객관의 차이가 사라진다."[19] 박찬국은 내맡김, 사방, 유희의 관계를 이렇게 설명한다.

하이데거는 현대의 기술 문명을 어떻게 극복할 수 있다고 보는가? 기술적으로 형성된 현대의 복잡한 인공 세계에 대한 대안으로 하이데거는 단순 소박한 자연적인 세계로서의 피지스(physis)를 대립시킨다. 현대의 기술 문명이 정보 언어를 매개로 모든 지역적인 차이를 넘어서 기술적으로 조직된 하나의 세계 문명을 지향하는 반면에, 하이데거는 각 지역의 고유한 모국어를 통해서 드러나는 각각의 고유한 세계를 내세운다.

하이데거의 고유한 용어로 말하자면 획일화된 기술적인 세계로서의 몰아세움의 세계(Ge-stell)에 대해서 각 지역의 대지와 하늘에 뿌리박은 토착적인 사방(Ge-viert)의 세계를 내세운다. 이러한 사방으로서의 세계에서 하늘과 대지

---

18) 같은 글, p. 10.
19) 같은 글, p. 14.

그리고 신과 인간은 서로 유희하는 공간으로서 이해되고, 각각의 사물은 그러한 세계를 각자에게 고유한 방식으로 집수(集收)하는 것으로서 드러난다. 세계가 피지스로 드러날 경우에만 각각의 존재자는 인간의 기술적인 처리 대상으로서가 아니라 세계를 집수하는 것을 통해서 그 세계 안에서 자신의 고유한 무게와 존재를 갖는 사물로서 드러나는 것이다.

몰아세움의 세계가 정보 언어를 통하여 드러나고 형성되는 것이라면, 사방으로서의 세계는 토착적인 각각의 모국어(Muttersprache)를 통하여 드러나고 건립된다. 정보 언어라는 형식화된 언어 안에서 단어들은 다른 기호에 의해서 얼마든지 교환될 수 있는 기능의 담지자들일 뿐이다. 그러나 각 지역의 대지에 뿌리박은 시원적(始原的) 언어들은 다른 언어들에 의해서 대체될 수 없을 뿐 아니라, 그것들은 인간들이 거주할 공간을 창조적으로 개현한다.[20]

여기서 우리는 하이데거의 철학을 주관과 객관 모두의 부정으로 받아들이기 쉽다. 그러나 최상욱은 "오히려 각각의 주관들이 주관으로 명확히 드러날 때만 주관과 객관의 구별이 사라지는 놀이가 가능하다는 사실을 잊지 말아야 한다"고 말한다. 그는 이렇게 결론을 내린다.

이러한 놀이가 드러내는 것은 새로운 내용의 창출이 아니라 바로 그 놀이 안에서의 놀이의 다양한 새로움이다. 그래서 놀이는 끝없이 되풀이되는 순환 과정이며, 그것은 다른 원(圓)으로의 이탈이 아니다. 따라서 각자는 자신의 본질을 주장함으로써 진지한 놀이가 이루어지며, 이런 한에서 각자는 타자에 대한 단순한 모사(模寫)가 아니다.

뿐만 아니라, 놀이 안에서 각각의 놀이를 하는 자들은 그 놀이에 대한 진지함 혹은 신뢰를 가져야 하며, 이렇게 각자의 주체성을 그 본질에서 유지하면서도 전체 안에서 그 주관의 절대성을 부정하면서 놀이에 엮이는 현상을 하이데거는 '세계 사건'이라고 하며, 우리는 이것을 생명의 본질로 보는 것이다.

즉, 생명의 본질은 주체의 절대성을 강조하는 실체론적 철학에서도, 그리고 모든 실체성을 부정하고 관계성만 주장하는 신비주의에서도 찾을 수 없다. 실체론적 주체성의 철학에서 생명은 인간의 주체나 객체에 대한 지배 현상으로 나타나고, 관계성만 주장하는 신비주의에서는 인간의 책임이 사라지면서 궁극적으로는 인간 자체가 사라지기 때문이다. 바로 이렇게 주체성을 인정하면

---

20) 박찬국, 앞의 글, pp. 316-317.

서도 관계성을 동시에 회복하려는 진정한 생명의 본질적 시도를 하이데거는 내버려둠과 놀이로 설명한다.[21]

5. 주관주의와 반합리주의

일반적으로 실존철학에 대한 비판은 그것이 극히 주관적이라는 것이다. 모든 실존주의는 실존하는 개인의 구체적인 상황으로부터 출발하며, 예를 들어서 우리는 키에르케고르의 사상을 그의 약혼과 파혼 사건을 떠나서는 완전히 이해하기가 굉장히 어렵다.

그러나 맥쿼리는 실존주의에 대한 이런 비판은 내가 이미 지적한 파스칼·키에르케고르·도스토예프스키 등의 제1세대 실존주의자들에게는 옳은 말이지만, 우리가 일반적으로 제2기의 진짜 실존주의자들이라고 말할 수 있는 하이데거·사르트르·야스퍼스 등에는 적용되지 않는다고 말한다. 그래서 그는 전기에 속하는 철학자들을 '사상가'보다는 차라리 '예언자'라고 불러야 하며, 더욱 정확히 말하면 실존주의의 '선구자'라고 불러야 한다는 것이다. 왜?

마르셀, 하이데거, 야스퍼스 등은 극단적인 '간주간적 경험에 대한 개인주의적 견해'를 넘어서려고 노력하고 있다. 물론 어느 정도의 주관주의적 요소는 분명히 그대로 남아 있다. 그러나 그것은 모든 철학함이 유한한 인간 존재에 대한 견해로부터 출발할 수밖에 없다는 소박한 진실을 인정하는 것이며, 그래서 그들은 이 주체성을 모든 존재를 한 번에 고찰할 수 있는 어떤 신성으로 쉽게 대치하지 않는다.

실존철학에 대한 또 다른 비판은 그것이 극히 반합리적이라는 것이다. 모든 실존철학은 불안, 수치, 구토, 권태 등과 같은 인간의 감정 상태(affective state)에 대한 분석에서 시작하기 때문이다. 그러나 여기서 말하는 감정적 측면도 단순한 감정이 아니다. 그들은 우리가 참여하고 있는—절대로 객관화될 수 없는—상황에 대한 구체적인 인식을 동반한다. 맥쿼리는 이렇게 말한다.

---

21) 최상욱, 앞의 글, p. 15.

우리는 하이데거, 야스퍼스, 사르트르 등의 철학자를 반합리주의자라고 비판할 수 없다. 비록 그들은 실존의 비합리적 요소들을 취급하면서도, 그들의 탐구는 단순한 역설이나 시로 빠지지 않고 실존의 구성에 대한 철학적 분석의 형태로 제시되기 때문이다. 그래서 야스퍼스는 적극적으로 이성을 옹호한다. 그리고 비록 사르트르는 그의 사상을 표현하기 위해 문학적 형식을 사용하고 하이데거는 특히 시(詩)에 관심을 표명하면서도, 그들은 동시에 엄격한 철학적 분석의 가능성을 확실히 보여주고 있다.[22]

이제 실존주의에 대한 이 두 가지 비판을 하이데거에 한정시켜 토론해 보자. 한편, 우리는 하이데거를 극단적 주체성의 철학을 전개한 사람이라고 비판한다. 그러나 그에게서 근대 철학자들이 주장한 절대적인 주체는 분명히 존재하지 않으며, 주체는 이미 세계와 밀접히 연관되어 있으며, 그럼에도 이 존재연관성은 인간이라는 주체에 의해 새롭게 변화될 수 있는 것이다. 이렇게 '인간이 존재연관성 안에서 주체로 갖는 책임'을 하이데거는 내버려둠으로 표현하는데, 이때의 내버려둠은 동양의 무위(無爲)를 뜻하는 것이 아니라 오히려 능동적인 결단으로서의 아낌(sparing, Schonen)을 뜻한다.[23]

다른 한편으로, 우리는 만약 하이데거가 주체성을 완전히 떠났다면 그는 동양의 신비주의로 빠질 수밖에 없다고 비판한다. 다시 말해서, 우리는 하이데거가 극단적 주체성의 철학이나 신비적 관계성의 철학 중에 하나를 선택할 수밖에 없다고 생각한다. 그러나 최상욱은 이 두 가지 입장이 모두 하이데거에 대한 정확한 해석이 아니라고 말하며, 이런 뜻에서 그는 하이데거를 현대(주체성)와 탈현대(관계성)의 중간에 위치한 철학자가 아니라 '현대와 탈현대가 갖는 모순들을 모두 종합하려고 노력한 철학자'로 보아야 한다고 주장한다.[24]

그럼에도 왜 사람들은 하이데거를 주관주의자나 신비주의자로 보는 가? 우리가 하이데거의 후기 사상을 극단적인 주관주의나 동양의 반합리적 신비주의와 쉽게 동일시하려는 시도는 아마도 시에 대한 하이데거의

---

22) MacQuarrie, 앞의 책, pp. 351-352.
23) 최상욱, 앞의 글, p. 16.
24) 같은 글, p. 14.

독특한 집착에서 온 것일 수도 있다. 한마디로 그는 모든 생각은 존재에 대한 생각이어야 하며, 그런 생각은 언어를 통해서만 이루어질 수 있으며, 여기서 말하는 언어는 바로 시의 언어라고 선언한다. 호프스타터(Albert Hobstadter)는 하이데거의 논문집을 번역한『시, 언어, 생각』의 서문에서 이렇게 말한다.

하이데거는 이미「예술 작품의 기원」(1935~1936)에서 시의 기능을 진리의 근거, 즉 진리를 수여하고 기초하고 시작하는 근거로 제시한다. 그는 시를 투영적 발설(projective utterance)로 간주한다 ― '세계와 지구의 말, 그들의 갈등의 영역과 신들의 가까움과 떨어짐의 영역에서 나온 말, 존재의 나타남에 대한 말'로 간주했다. 시에 대한 이런 생각은 그 후에도 그대로 남아 있으며, 그의 작품들이 발표되면서 더욱 발전되었다.

우리는 하이데거가 초기부터 후기까지 예술과 언어를 시와 동일시했다는 것을 발견한다. 그는「예술 작품의 기원」에서 모든 예술은 본질적으로 시라고 말한다. 시야말로 존재의 진리를 도래하도록 하는 것이기 때문이다.

또한 언어로서의 시는 예술의 분야에서 특별한 지위를 갖는다. 정확히 이해한 언어는 진리를 활짝 열어주는 본래적 방법이며, 이 방법을 통해 하늘과 땅과 가사자들과 신성들이 만나기로 지정된 장소로 나타나게 된다. 그러므로 계속 사용되고 남용되면서도 자체의 마술적 힘을 잃지 않은 진정한 언어는 시의 언어다. 언어와 시 사이에는 아무런 중요한 차이점이 없다.[25]

6. 맺음말

나는 이제 최상욱의 글을 읽고 느낀 점 세 가지를 간단히 기술하겠다.

첫째, 우리는 현대인들이 겪고 있는 생명과 생태에 대한 위협은 서양 철학, 특히 리안 화이트가 1967년에 발표한「생태 위기의 뿌리」이래 기독교의 책임이라고 생각하기 쉽다. 그러나 이런 위기를 초래한 '자연에 대한 인간화 작업'은 동서양에 공통된 현상이며, "따라서 생명에 대한 논의에서 서구 사상을 비판함으로써 위안을 얻으려는 태도는, 조금 더 책

---

25) Hofstadter, 앞의 글, pp. xii-xiii.

임이 있는 자에게 책임이 조금 덜 있는 자가 모든 책임을 전가시키는 것이며, 이것은 분명히 진지하고 정당한 태도가 아니다."[26] 또한 생명 파괴의 모든 책임을 기독교나 플라톤주의나 데카르트 사상으로 돌리는 태도는 이런 위험이 문명이 고도로 발달된 서구 뿐만 아니라 제3세계에서 더욱 심각하다는 현실과도 맞지 않는다. 생명의 문제는 생명을 가진 모든 사람의 문제다. 나는 최상욱의 이런 주장에 전적으로 동의하면서, 최근에는 기독교를 생태 감수적(eco-sensitive) 및 생태 친화적(eco-friendly)으로 해석하려는 시도가 비교적 활발하게 전개되고 있으며, 나도 「예수의 생태 친화성」이라는 글을 이미 발표했다는 사실을 밝힌다.[27]

둘째, 최상욱은 선불교로 대표되는 동양의 신비주의를 완벽한 '주체성의 결여'로 본다. 그래서 그는 서구인인 하이데거의 철학이 동양적 신비주의와 동일하지 않다는 점을 누누이 지적한다. 또한 그는 동양의 무위(無爲) 개념은 실체성이 완전히 배제된 상태에서 아무것도 하지 않는 허무주의가 될 수밖에 없다고 믿고 있다. 이것은 동양 사상에 대한 커다란 곡해며, 이 점에 대하여는 나의 「도교와 분석철학」을 참조하기 바란다.[28] 도교 사상이나 선불교 사상은 절대로 허무주의가 아니다. 그렇지 않다면 왜 — 최상욱이 주장하듯이 — 허무주의자가 아닌 하이데거와 선불교를 비교하는 글들이 이렇게 이미 많이 쏟아져 나왔겠는가. 이진우는 이렇게 말한다.

노자는 무엇인가를 규정하고 정의하는 언어를 신뢰하지 않는다. "아는 자는 말하지 않고, 말하는 자는 알지 못한다." 그렇다면 우리는 어떻게 이러한 비밀을 알 수 있는가? 하이데거는 언어 자체가 다의적이고 개방적이어야 하며 비밀스러워야 한다고 주장한다.

우리는 언어로 말할 수 있는 것과 말할 수 없는 것의 경계를 분명히 의식하고 있는 이러한 존재 사유를 신비주의로 매도해서는 안 된다. 우리는 도(道)가 규정될 수 없다는 것을 인정할 때, 즉 도의 비밀을 허용할 때, 우리는 비로소 도를 사유할 수 있다. "비밀은 우리가 그것의 베일을 벗기거나 분해함으로써 알

---

26) 같은 글, p. 15.
27) 황필호, 『서양 종교철학 산책』, 집문당, 1996, pp. 69-78.
28) 황필호, 『중국종교철학 산책』, 청년사, 2001, pp. 399-420.

수 있는 것이 아니라, 오직 우리가 그것을 비밀로 보호함으로써만 알 수 있다."

하이데거는 노자의 도를 직접 언급하면서 이렇게 말한다. "우리가 '길'이나 '도'의 낱말들이 그 속에 말해지지 않은 것으로 돌아갈 수 있도록 허용하고, 이렇게 허용할 수 있는 경우에 그 낱말들 속에는 …… 아마 모든 비밀들 중의 비밀이 숨겨져 있을 것이다." 여기서 '허용한다(Lassen)'는 독일어는 인위적 조작과 통제를 하지 않고 내버려둔다는 무위(無爲)를 의미한다. 도의 사유는 비록 무위의 사유로 규정할 수는 없지만, 우리에게 규정과 정의의 가능성을 열어놓는다는 점에서 최고의 행위인 것이다.[29]

셋째, 일반적으로 하이데거의 사상은 무신론적 실존주의로 알려져 있다. 그러나 그의 철학은 한마디로 존재론이며, 조그만 '존재들(beings)'과는 차원이 다른 대문자의 '존재(Being)'는 종종 신비한 힘을 가지고 있으며, 우리는 후자의 이러한 힘을 '종교적'이라고 표현할 수도 있다. 맥쿼리는 이렇게 말한다.

하이데거는 존재의 문제에 직접 접근한다. 그는 어떤 실체, 인간, 존재하는 실체를 통해 접근하지 않는다. 그는 우리에게 존재 자체에 복종하는 새로운 형태의 사고를 요청한다. 인간은 존재의 진리와의 관계를 통해서 존재의 보호자(guardian)가 되며, 존재가 자비롭게 자신을 열어주면 인간은 존재의 부름에 응답한다. 여기서 우리는 마이스터 에크하르트나 선불교인들과 비슷한 일종의 신비적 사고의 영역으로 넘어가는 듯하다.

하여간 하이데거 철학의 종교적 측면은 명백하다. 물론 그에게서 존재는 신이 아니다. 지금까지 기독교의 신은 하나의 실체로 인정되어 왔기 때문이다. 그럼에도 하이데거가 말하는 존재는 신의 모든 속성들, 특히 은혜라는 속성까지 가지고 있는 듯하다. 그래서 크로너(Richard Kroner)는 "하이데거적인 종교는 과거 2000년 동안 기독교인들이 고백해 온 공식 종교와 별반 다르지 않다"고 말한다.[30]

---

29) 이진우, 앞의 글, p. 310. Cf. 동양의 도와 서양의 로고스, 노자의 무위와 하이데거의 내버려둠이 과연 이렇게 선명하게 비교·대비될 수 있는지에 대하여는 더욱 세심한 토론을 필요로 한다.

30) MacQuarrie, 앞의 책, pp. 355.

제Ⅱ부

인문학 에세이

제6장

공자에 대한 네 가지 질문
— 정주환,『다시 보는 논어』; 최재목,『나의 유교 읽기』를 읽고

1. 머리말

공자는 성인의 한 사람으로 인정받고 있다. 이것은 동양 뿐만 아니라 서양에도 그대로 적용되며, 실제로 공자는 인류 역사에 커다란 영향을 주었다. 특히 공자의 사상을 가장 적절히 전달해주고 있다고 인정되는 『논어』가 쓰여진 한자 문명권에서의 그에 대한 존경은 거의 보편적이라고 할 수 있다.

수필가, 수필평론가, 고전해설가, 대학 교수로 활약하고 있는 지암(止 岩) 정주환(鄭周煥, 1941~)의 경우도 예외가 아니다. 그는 중학교 3학년 때 처음 접하게 된『논어』를 평생 탐독해 왔으며, 한때는 자신도『논어』와 같은 글을 남기겠다고 다짐하기도 했다. 서양 문명을 이해하기 위해『성경』을 읽어야 한다면, 동양 문명을 이해하기 위해서는『논어』를 읽어야 하며, 이런 뜻에서 우리는 전자를 '서양의 바이블'이라고 부르고 후자를 '동양의 바이블'이라고 부를 수 있기 때문이다. 정주환이 이미 1989년에『논어 에세이』를 발표하고, 그것을 보완하여 2000년에『다시 보는 논어』를 발표한 이유도 여기에 있다. 그는 「이 한 권의 책」에서『논어』를 이렇게 칭송한다.

우아한 언어의 감촉, 뛰어난 해학, 풍부한 비유, 새겨볼수록 오묘한 진리, 이런 것들을 되풀이 읽을 때마다 입안에 퍼지는 은은한 향(香)은 바로 녹차 그 맛이다. 그것이 어찌 나 뿐이겠는가. 지혜의 열매를 따먹기를 좋아하는 모든 사람들은 심산유곡에 봄이 내리듯 온고지신(溫故知新)의 그 슬기로운 꽃봉오리의 현란함에 취할 것이다. 그래서 노소재(盧蘇齋)는 『논어』를 2000번, 임백호(林白湖)는 1000번을 읽었다지 않은가.[1]

그럼에도 우리는 공자와 『논어』의 중심 사상을 전혀 모르고 있다. 그저 우리 모두가 알고 있다고 생각하고 있다. 마치 우리들의 생존에 절대적으로 필요한 공기의 존재를 평소에는 까맣게 망각하고 있듯이. 하여간 우리는 공자에 대하여 크게 네 가지를 질문할 수 있다.

첫째, 공자는 어떤 근거로 인류 역사 이래 존재해온 세계 3대 성인이나 5대 성인의 한 사람이 될 수 있는가. 그는 예수처럼 드라마틱한 삶을 영위하지도 않았으며, 석가처럼 변화무쌍한 삶을 영위하지도 않았으며, 모하메드처럼 알라의 예언자라고 공표하지도 않았다. 그는 중국 전국시대의 조그만 노나라에서 태어나 전국 주유를 했으나 자신의 뜻을 이루지 못하고 세상을 떠난 극히 평범한 사람이다. 그런 사람이 어찌 만고의 성인이 될 수 있단 말인가.

둘째, 공자는 법치(法治)보다 덕치(德治)를 역설했다. 그러나 덕치는 과연 복잡한 현대 사회에서도 실현될 수 있는 것인가. 아니, 그것은 공자 당시에는 실현되었거나 실현될 수 있는 것이었는가. 그것은 플라톤의 경우처럼 인간의 한낱 바람일 뿐이지 않을까. 이것은 덕의 보편화 가능성(universalizability of virtue)의 문제다.

셋째, 공자는 종교가인가, 그렇지 않으면 단지 훌륭한 보통 사람이거나 도덕 군자일 뿐인가. 이것은 유교의 종교 여부를 묻는 질문이다.

넷째, 공자는 난세를 평정하려고 노력한 개혁가였다. 이론보다는 행동을 중요시한 실천가였다. 대개 이런 포부를 가진 사람은 — 실제로는 옛날의 것이겠지만 — 일단 겉으로 보기에는 새로운 구호와 새로운 사상을 제창하게 마련이다. '정의 사회 구현'이나 '보통 사람의 시대' 등이 모두

---

1) 정주환, 『별처럼 꽃처럼』, 수필과비평사, 2001, p. 170.

여기에 속한다. 그러나 공자는 현실 개혁의 원리를 현재나 미래가 아니라 과거에서 찾았으며, 그 과거를 전통에 나타난 의례(儀禮)에서 찾았다. 이런 사상가는 역사상 존재한 일이 없다.2) 그렇다면 공자는 과연 어떤 종류의 전통주의자인가.

나는 이 글에서 이상의 네 질문에 대한 정주환의 사상을 확인하면서 확대시키고, 필요한 경우에는 보충하겠다. 그리고 가능한 한 공자의 뜻대로 살려고 노력해온 그의 삶을 그의 수필에서 살펴보겠다. 이런 작업은 우리나라 수필계에서 처음으로 시도되는 것이라고 생각한다. 어떤 사람의 수필을 비평하거나 그의 논설문이나 수필 평론을 비평할 수는 있다. 그러나 그의 논설문이나 수필 평론의 내용이 그의 수필에서 어떻게 용해되어 있느냐고 질문한다는 것은 그리 간단히 취급할 수 없는 일이다. 우선 그것은 정주환처럼 수필 뿐만 아니라 수필 평론과 고전 해설을 동시에 수행하는 사람에게만 가능한 일이며, 또한 그것이 가능하다고 해도 그리 쉬운 작업은 아니기 때문이다.

2. 첫째 질문 : 공자는 성자인가

언뜻 보기에 공자는 절대로 보통 사람 이상이 되지 못하는 듯하다. 그는 예수처럼 "나는 길이요 진리요 생명이라!"고 말하지 않았으며, 석가처럼 "내가 모든 중생을 고해(苦海)로부터 해탈시켜 주리라!"고 선언하지도 않았으며, 모하메드처럼 자신을 '마지막 선지자'라고 말하지 않았다. 그는 처음부터 끝까지 사람으로 남았으며, 신(神)이 되려고 노력하지 않았다. 정주환은 말한다.

『논어』가 모든 인류의 관심을 끄는 것은 하늘[神]의 관점에서 사람을 보려 하지 않고, 사람의 관점에서 하늘[神]을 보려고 하는 데 있으며, 자기를 과장하지 않은 친근한 인간으로서의 공자를 만나볼 수 있기 때문이다. (중략) 그리하여 안회가 인(仁)을 물었을 때 공자는 "사람을 사랑하라"고 하였고, 지(知)

---

2) 황필호, 『중국종교철학 산책』, 청년사, 2001, p. 179.

를 물을 때 "사람을 알라"고 하였다. 또 "민생(民生)의 의의(意義)에 힘쓰고 귀신을 경원(敬遠)하면 지자(知者)라고 말할 수 있다"고 하였다.

헌금을 많이 내야 천국에 가고, 불공을 드려야 극락에 갈 수 있다는 불교처럼 신을 섬기거나 신을 알려고 하지 않고, 먼저 사람을 사랑하고 사람을 알라고 했다. 다시 말하면, 사람을 모르는 사람이 어찌 신을 알 수 있겠느냐는 것이다. 중요한 것은, 실생활의 윤리적 의의를 알고 신을 경원할 수 있는 사람만이 비로소 지자가 될 수 있다는 것이다.[3]

공자는 신이 되려고 노력하지 않았을 뿐만 아니라 초인(超人)이 되려고 노력하지도 않았다. 사람들이 그를 쉽게 고리타분한 봉건주의자, 무조건적 전통주의자, 단순한 과거 숭배자라고 비판하는 이유도 여기에 있다. 실로 "공자는 초인적인 인간이 되고자 아니 했다. 인간 위에 군림하려 들지 않았다. 언제나 평범한 인간이고자 했고, 평범한 철인(哲人)이고자 했다. 항상 떳떳한 마음을 지니고자 했고, 평범한 이웃으로 살고자 했다."[4] 그가 자신을 새로운 진리의 발견자가 아니라 옛 것을 사랑하는 사람일 뿐이라고 말한 이유도 여기에 있다.[5] 이런 공자의 '평범 속에 나타난 비범(非凡)'을 배우려고 노력하면서 사는 정주환은 「하늘을 바라보며」에서 이렇게 말한다.

진리는 평범한 데 있고, 진실은 일상적인 삶에 있다. 모든 사물을 바짝 다그쳐서 바라보면 상대적이지만, 한 걸음 물러서서 관조하면 모두가 이웃이다. 흘러가는 구름 조각, 길가의 풀 한 포기까지도 모두 나와 깊은 관계가 있다. 그런데 세상 사람들은 별개의 것으로 생각하려 든다.

하늘은 말이 없다. 소리도 없다. 냄새도 없다. 그렇지만 사시(四時)는 움직이고 만물은 화육(化育)된다. 새는 공중을 날아도 흔적이 없고, 백로는 논 속을 유유히 거닐어도 물을 흐려놓지 않는다. 그래도 그들이 하고자 하는 목적을 이룬다. 인간의 삶도 그래야 하지 않을까.[6]

---

3) 정주환, 『별처럼 꽃처럼』, 앞의 책, pp. 171-172.
4) 같은 책, p. 171.
5) 『논어』, 述而, 7:1 (子曰 述而不作 信而好古).
6) 정주환, 『별처럼 꽃처럼』, 앞의 책, pp. 15-16.

또한 정주환은 「인생의 닻을 어디에」에서 이렇게 말한다. "우리가 학교에 다니는 것은 무엇 때문일까. 리듬을 배우기 위해서다. 공자는 청소하고 인사하는 법부터 가르쳤다. 그런 뒤 여력이 있을 때 공부하라고 했다. 먼저 인간이 되어야 한다. 독일의 나토루프는 '사람에 의해서만 사람이 된다'고 했다. (중략) 우리가 배우는 까닭은 인간다운 인간이 되기 위함이다. 하얀 바탕에만 그림을 그릴 수 있다. 공자는 '천명을 두려워하고, 어른을 두려워하고, 성인을 두려워하라'고 했다. 두려워한다[畏]는 말은 심복(心服)하고 존경한다는 뜻이다. 어른을 예사로 알아도 안 되지만 성인의 말을 업신여겨도 안 된다. 직장에서는 자기보다 나이가 적더라도 지위가 높으면 어른이요, 사회에서는 나이가 어리더라도 학문이 높으면 어른이다."[7]

실로 공자의 생애와 가르침은 극히 평범하다. 그는 예수와 같이 기적을 행하지 않았으며, 석가와 같이 고행을 하지도 않았다. 그런데 왜 그는 모든 인류의 스승으로 추앙을 받고 있는가. 공자의 위대함은 바로 이런 평범함에 있다. 그는 한 번도 자신이 완전한 지식을 가지고 있다고 주장하지 않았으며, 또한 그런 지식이 가능하다고 믿지도 않았다.

다만 그는 "아는 것을 안다고 하고, 모르는 것을 모른다고 하는 것이 바로 지식"이라고 말했다.[8] 실존주의자 야스퍼스가 공자의 위대함은 바로 '자신의 한계성에 대한 깨달음'에 있다고 갈파한 이유도 여기에 있다.[9] 나는 이렇게 생각한다.

모든 사상가는 신이나 초인이 되고 싶어한다. 그러나 공자는 이런 유혹을 끝까지 물리치고 오직 진리를 찾아 먼 길을 떠나는 사람으로 만족했다. 이것은 정말 위대한 일이다. 우리는 모두 나르시스트적인 요소를 가지고 있어서

---

7) 같은 책, pp. 34-35.
8) 『논어』, 爲政, 2:17 (子曰 由 誨女知之乎 知之爲知之 不知爲不知 是知也).
9) Karl Jaspers, 황필호 역, 『소크라테스, 공자, 석가, 예수, 모하메드』, 강남대, 2001, p. 106. Cf. 이런 사실은 72세로 죽은 공자에 대한 애공(哀公)의 조사(弔辭)에도 잘 나타나 있다. "하늘이 착하지 못해서 밝은 사람은 남겨두지 않고 나같이 못난 사람으로 하여금 임금의 자리에 있게 해서 외로운 걱정만 안겨주니 슬프도다. 공자께서는 자기의 법을 세상에 펴보지도 못하시고 이 세상을 하직하셨도다." 정주환, 『다시 보는 논어』, 금산출판사, 2000, p. 304에서 인용.

종종 스스로를 인간 이상으로 생각한다. 그런 이유로 우리는 언제나 초인적인 사상가들에게 감명을 받는다. 그러나 우리는 어디까지나 연약한 보통 인간일 뿐이다.

공자는 이 세상에 존재하는 90퍼센트의 보통 사람들에게 꼭 맞는 가르침을 준 것이다. 그래서 우리는 공자를 '상식에 근거한 철학자' 혹은 '인간 중심의 철학자'라고 부른다.[10)

3. 둘째 질문 : 덕치는 가능한가

공자는 뜬구름을 잡으려는 이상주의자가 아닌 현실주의자다. 그래서 그는 시조 300수를 외우는 것이 중요하지 않고 모든 사람은 직접 정치에 뛰어드는 군자가 되어야 한다고 역설한다. 그러면 그는 구체적으로 어떤 정치를 권고하는가?

첫째, 공자는 무도치(無道治)를 반대하는데, 이런 사실은 계강자(季康子)에 대한 그의 답변에 잘 나타나 있다.

계강자가 공자에게 정사(政事)에 대하여 질문한다. "만약 무도(無道)한 사람을 죽여서 도(道)가 있는 곳으로 나아가게 하면 어떻겠습니까?" 공자가 답변한다. "그대가 정사를 하면서 어찌 살인을 쓰겠는가. 그대가 선(善)하고자 하면 백성들이 선하게 될 것이다. 군자의 덕은 바람과 같고 소인의 덕은 풀과 같으니, 풀에 바람이 불면 풀은 반드시 눕게 마련이다."[11)

둘째, 공자는 무도치 뿐만 아니라 그것보다 한 단계 높은 법치(法治)까지 반대하는데, 이런 사상도 『논어』에 명시되어 있다. "인도(引導)하기를 법으로 하고 가지런히 하기를 형벌로 하면, 백성들이 형벌은 면할 수 있으나 수치심은 없을 것이다. 인도하기를 덕으로 하고 가지런히 하기를 예(禮)로 하면, 백성들이 수치심이 있고, 또한 선(善)에 이르게 될 것이

---

10) 황필호, 『중국종교철학 산책』, 앞의 책, p. 179.
11) 『논어』, 안연, 12 : 19 (季康子問政於孔子曰 如殺無道 以就有道 何如. 孔子對曰 子爲政 焉用殺. 子欲善 而民善矣, 君子之德風 小人之德草 草上之風 心偃).

다."12) 정주환은 이 구절을 인용한 다음에 이렇게 말한다.

한고조(漢高祖)는 공약 3장으로 통일 천하를 다스렸고, 영국에도 불문율의 시대가 있었다. 번거로운 법보다 양심이 중요하다. 법이 많다는 것은 그만큼 그 사회가 병들었다는 증거다.

악명 높은 스탈린은 많은 법을 가지고 있었지만, 결국 그 정권을 유지하지 못했다. 그는 그의 정권을 유지하기 위해 반대파라고 생각하면 무조건 처형했다. 일반인들은 말할 것도 없고 백부·백모·딸·딸의 시부, 며느리까지 체포하고 처형했다. 그러나 그는 자기의 딸에 의해 단죄된 처참한 최후를 맞았다. 이런 예를 보더라도 도덕 정치를 실현해야 한다. 그렇지 아니 하면 무서운 화를 몰고 온다.13)

우리는 여기서 "법이 많다는 것은 그만큼 그 사회가 병들었다는 증거"라는 사실, 즉 모든 것을 법으로 해결하겠다는 발상은 아직도 덕치(德治)가 아니라는 사실을 잊지 말아야 한다. "물론 법은 통치의 수단이다. 그러나 법은 근본적으로 유해한 것이므로 어느 정도의 효과를 가지고 올 뿐이다. 법보다 중요한 것은 모범이다. 법으로 다스리는 국민은 어떤 수단을 써서라도 처벌을 피하려고 하지만, 모범으로 다스리는 국민은 수치심과 향상의 개념을 갖는다."14) 그래서 정주환은 덕을 극구 칭송한다.

덕(德)이란 글자는 뜻이 깊다. 두인(仁) 변과 큰 덕(悳)을 합친 문자로서 행동이 올바르며 인격과 뜻이 드높고 큼을 나타낸 글자다. 인생의 사전에 꼭 새겨두어야 할 문자가 있다면 바로 이 덕이란 글자다. 덕 있는 사람에게는 사랑이 있고 온유가 있다.

"덕은 외롭지 않다. 반드시 이웃이 있다."15) 이 구절은 선의와 인도, 휴머니즘의 승리를 낙관하고 인자(仁者)의 공감을 신뢰하는 말이다. 사실 그렇다. 덕

---

12) 『논어』, 爲政, 2:3 (子曰 道之以政 齊之以刑 民免無恥; 道之以德 齊之以禮 有恥且格).
13) 정주환, 『다시 보는 논어』, 앞의 책, p. 21.
14) Jaspers, 앞의 책, p. 90. "Laws are a means of government. But only to a limited degree do they bring results. And intrinsically they are harmful. Example is better than law. For where the laws governs, the people are shameless in evading punishment. But where example governs, the people have a sense of shame and improvement."
15) 『논어』, 里仁, 4:25 (子曰 德不孤 必有隣).

은 인간의 향기요 찬란한 태양이다. 도덕이 땅에 떨어지고 사회가 혼란에 빠져도 덕 있는 사람에게는 언제나 마음의 이웃이 있다. 덕은 반드시 동지가 있고, 반드시 공명자와 찬성자를 대동한다. "대덕(大德)은 꼭 지위를 얻고, 꼭 녹을 얻고, 꼭 이름을 얻고, 꼭 수(壽)를 얻는다." "덕이 유포(流布)됨은 역마(驛馬)가 명령을 전하는 것보다 빠르다."[16]

우리는 인간이기 때문에 인간다워야 한다. 또 인간답게 살아야 한다. 어떻게 사는 게 인간답게 사는 길인가? 덕을 갖는 것이 인간답게 사는 길이다. 덕은 자신을 빛내고, 가정을 빛내고, 국가를 빛낸다.

그런데 딱하게도 덕을 지닌 자가 그리 많지 않은 것이 우리 사회다. 그래서 공자도 "참으로 딱하구나, 나는 지금까지 덕을 좋아하기를 여색(女色)을 좋아하듯이 하는 사람을 아직 보지 못했다!"고 탄식한 것이다.[17] 여기서 이의호(己矣乎)라는 탄식의 말은 절망적인 개탄의 말이다. 걷잡을 수 없이 넘쳐흐르는 음란한 사회 풍조를 가슴 아파한 것이다. 세상 사람들은 누구나 이성(異性)을 좋아한다. 이성이 있는 곳에는 즐거움이 있고 기쁨이 따른다. 이성을 좋아하는 것처럼 덕을 좋아한다면, 이 세상은 보다 더 아름다워졌을 것이다.[18]

그러나 정주환은 여기서 큰 실수를 범하고 있다. 그는 '개인의 덕'과 '사회의 덕'을 동일 선상에서 취급하고 있다. 즉, 그는 개인 윤리를 조금 확대시키면 사회 윤리가 된다고 믿고 있다. 그러나 그들은 각기 다른 기준을 바탕으로 삼고 있다. 예를 들어 우리나라에서 가장 훌륭한 농구 선수 5명으로 구성된 팀은 반드시 가장 훌륭한 팀이 되는가? 그럴 수도 있고 그렇지 않을 수도 있다. 모든 선수가 전부 전위나 후위라면, 또한 그들이 팀 플레이를 전혀 하지 않고 개인 플레이만 한다면, 그 팀은 절대로 가장 훌륭한 팀이 될 수 없다. 개인들이 덕 있는 사람이 되면 그런 사람들로 구성된 사회도 덕 있는 사회가 될 것이라는 희망은 너무나 나이브한 발상이다. 도덕철학자 롤즈(John Rawls)가 모든 사람이 선인(善人)이 되어도 여전히 법은 필요할 것이라고 주장한 이유도 여기에 있다.

개인 윤리와 사회 윤리의 질적인 차이를 보지 못한 대표적인 철학자로

---

16) 정주환, 『다시 보는 논어』, 앞의 책, pp. 55-56.
17) 『논어』, 衛靈公, 15 : 12 (子曰 己矣乎 吾未見好德如好色者也).
18) 정주환, 『다시 보는 논어』, 앞의 책, p. 59.

는 플라톤을 들 수 있다. 그는 인간 개인의 영혼이 지혜의 부분·기개의 부분·욕망의 부분으로 구성되어 있다는 영혼삼분설(靈魂三分說)을 주장하고, 이 세 부분이 조화를 이루는 것이 개인의 행복이라고 말한다. 이와 마찬가지로 그는 사회도 지혜의 부분에 해당하는 철학자들과 기개의 부분에 해당하는 군인들과 욕망의 부분에 해당하는 농공상인들이 잘 조화를 이루면 태평천하가 된다고 주장한다. 그러나 칼 포퍼는 이미 『열린 사회와 그 적들』에서 플라톤의 이런 사상을 통박하고 있다.

개인의 덕이 자신, 가정, 사회를 빛낸다는 정주환의 말은 분명히 옳다. 그러나 그것은 아직도 개인적 덕일 뿐이다. 그것이 사회적 덕이 되려면 수많은 질적 변화 과정을 거쳐야 한다. 이 과정을 무시한 주장을 논리학에서는 '집합(集合)의 오류'라고 부른다.

그러나 내가 보기에 정주환이 범한 더욱 큰 실수는 첫째로 덕치가 과연 공자와 맹자가 살았던 시대에 구현된 일이 있느냐는 역사적인 질문과 둘째로 그것이 과연 복잡한 현대 사회에서도 실현될 수 있느냐는 현실적인 질문을 생략하고, 당연히 그럴 것이라고 간주하고 있다는 사실이다. 우선 첫째 문제부터 생각해 보자.

정주환은 덕치가 실현된 한 실례로 전국시대 제(齊)나라에서 정승을 지낸 맹상군(孟嘗君)과 그의 식객 풍완(馮煖)의 처사를 든다. 설(薛)의 백성에게 꾸어준 돈을 받아오라는 명령을 받은 풍완은 채무자들에게 "여러분의 빚을 모두 탕감해준다는 맹상군 님의 말씀을 전하러 왔으니 모두 기뻐해 주십시오"라고 말했고, 그 결과로 설의 백성들은 맹상군을 아주 덕 있는 사람으로 칭송했으며, 결국 그는 죽음의 길에서 도움까지 받았다는 것이다. 이승환도 인정(仁政)의 시혜로 백성의 지지를 얻어 세력을 획득한 몇 가지 실례를 든다. 춘추시대 제(齊)의 의공(懿公)이 자신의 재물을 가난한 사람들에게 주어 백성의 추대를 받아서 군주에 오른 일, 제의 진씨(陳氏)가 백성에게 곡식을 대여할 때는 공실(公室)에서 정한 양기(量器)보다 큰 가량(家量)으로 대여하고 환수할 때는 공양(公量)으로 거두어들여서 많은 국인(國人)들이 그에게 귀의한 일 등이다. 그러나 이승환은 이런 경우야말로 특별한 예외에 속한다고 말한다.

공자는 천하를 주유하면서 제후들에게 자신의 정치 이상 채택을 권유했지만 그의 노력은 수포로 돌아갔고, 공자는 결국 말년에 고향으로 돌아가 『시경』과 『춘추』의 편찬에 몰두할 수밖에 없었다.

공자로부터 100여 년 후의 사상가인 맹자 역시 공자와 마찬가지로 열국을 주유하며 제후들에게 인정(仁政)에 바탕을 둔 왕도 정치를 권고했지만 그가 꿈꾸었던 왕도 정치의 이상은 끝내 실현되지 못했다. 비교적 강대국이었던 제(齊)와 양(梁)의 군주들은 맹자의 권고를 채택조차 하지 않았다.

등(滕)의 문공(文公)처럼 몸소 3년 상을 실행하면서 인정을 시행하여 그를 소문으로 듣고 다른 나라로부터 모여드는 사람들도 있기는 했지만, 이는 극히 드문 경우다. 오히려 그런 군주마저도 결국엔 현실 정치의 '힘의 논리' 앞에 굴복할 수밖에 없었다는 사실은, 맹자의 생각이 당시의 현실에서 얼마나 외면당했는지를 잘 보여준다.

맹자는 "사람 죽이기를 좋아하지 않는 제후가 천하를 통일할 수 있다"고 말했지만 이런 예언은 적중하지 못했고, 그 대신 '잔혹하고 포악한 나라(虐狼之國)'로 악명이 높았던 진(秦)이 법가적(法家的) 이념에 기반한 무력(武力)으로 기원전 221년에 천하를 통일했다.19)

또한 공자의 덕치 사상이 공간적으로 한자 문화권을 벗어난 모든 세상에서도 실현될 수 있느냐는 문제와 시간적으로 오늘날이나 앞으로도 실현될 수 있느냐는 문제는 더욱 중요한 질문이 아닐 수 없다. 요즘 유교자본주의를 주장하는 사람들은 이런 덕의 보편화 가능성의 문제에 대하여 어느 정도 긍정적인 반응을 보인다. 그러나 대부분의 사상가들은 공자의 덕치 이념이 아직도 봉건적 위계 질서, 즉 수직적 인간 관계에 근거하고 있기 때문에 평등 사회를 지향하는 오늘날에는 실현될 수 없다고 생각하는 듯하다.

오늘날 덕치주의의 부활은 가능하지도 않고 시혜자와 수혜자의 수직적 상하 관계를 전제하는 것이기에 가능하다 해도 바람직하지도 않지만, 대한민국에서 역대 군사 정권은 말할 것도 없고, 문민 정부와 국민의 정부도 국민에 의해 선출되었다는 정통성을 믿고 오히려 더 국민을 무시하는 정치를 했다.

19) 이승환, 「정치와 윤리의 일체화」, 중국철학회 편, 『역사 속의 중국철학』, 예문서원, 1999, p. 29.

국민에게 거짓말하는 것을 정치의 필요악으로 보는 정도가 아니라 그것을 정치의 기본기(基本技)로 간주한다는 인상을 주고, 무리한 정책을 밀어붙이기 식으로 시행하고, 인천공항의 개항 강행처럼 많은 국민이 염려하고 불안해하고 반대하는 시책은, 마치 국민과 자존심 경쟁이라도 하듯이, 누가 고삐를 쥐고 있는지를 보여주어야겠다는 듯이 강행한다.20)

공자의 덕치 사상이 치자 중심적이라는 점에 대하여는 의심의 여지가 없다. 그래서 공자는 계강자에게 "정사란 바로 잡는 것이다. 그대가 솔선수범하여 바르게 한다면, 누가 감히 바르지 않겠는가?"라고 말하고,21) "자신이 바르면 명령하지 않아도 행해지고, 자신이 바르지 못하면 비록 명령해도 따르지 않는다"고 말한다.22) 그러나 우리는 여기서 공자의 덕치 사상이 치자 중심적이라는 한 가지 이유로 그것을 무조건 배척하지는 말아야 한다. 평등 사회를 추구하는 현대의 정치 체제도 대통령이나 국무총리가 보통 사람들보다는 더욱 큰 영향력을 발휘하고 있으며, 또한 아무런 지도자도 없는 평등 사회란 앞으로도 존재할 수 없기 때문이다.

이렇게 보면, 우리는 공자의 덕치 사상을 전체적으로 옹호하거나 배척하는 입장에서 벗어나서 그것을 선별적으로 수용해야 할 것이다. 윤사순은 이런 입장을 '유학의 부분적인 무용성(無用性)을 지양하고 가용성(可用性)을 더욱 강화하는 변용의 방식'이라고 말한다.23)

삼강(三綱)은 상하 수직적이고 종속적인 질서의 성격이 짙어서 민주적 평등 이념에 맞지 않는다는 점에서 거의 무용하게 되었다. 그러나 오륜(五倫)이나 대부분의 예는 쌍무 호혜의 성격으로 시행될 수 있다. 이를테면 부자유친은 예부터 부모의 사랑(父慈)과 자녀의 효도(子孝)로 시행함을 원칙으로 하였다. 우리가 이런 쌍무 호혜의 성격을 살린다면, 오륜과 같은 대부분의 유교 윤리를 무용하다고 판단할 수 없을 것이다.

이제 부자유친의 친(親)은 더 이상 자녀의 형식적 효로만 시행하지 말고 어버이의 사랑(慈)과 자녀의 진정한 보은적 효심이 실제 행위로 실천되어야 하

---

20) 서지문, 「예(禮)에 대해 어찌 할 것인가」, 『철학과 현실』, 제49호, 2001년 여름호, p. 158.
21) 『논어』, 안연, 12 : 17 (季康子問政於孔子 孔子對曰 政者正也 子帥以正 孰敢不正).
22) 『논어』, 子路, 13 : 6 (子曰 其身正 不令而行 其身不正 雖令不行).
23) 윤사순, 「유교 윤리의 가용화(可用化)」, 출처 불명, pp. 1-2.

고, 군신유의의 의(義)는 과거의 무조건적인 충성처럼 시행되지 말고 애국·애민으로 실천되어야 하고, 부부유별의 별(別)은 더 이상 부인의 종부(從夫)나 정절로만 시행될 것이 아니라 부부 상호간의 공경으로 시행되도록 개선되고 변용되어야 한다.24)

아마도 완전한 덕치는 인간의 영원한 이상이지만 실현 가능성은 거의 희박하며, 그럼에도 불구하고 우리는 계속 이 이상을 강조할 수밖에 없다고 말해야 하지 않을까.

4. 셋째 질문 : 공자는 종교인인가

정주환은 종교 신앙의 필요성과 중요성을 강력히 주장한다.

사람이 태어날 때는 누구나 한결같이 꽃과 같이 아름다운 심성을 가지고 태어난다. 맹자의 성선설을 끌어들이지 않더라도, 착하지 않은 어린아이가 없듯, 본래 선하지 않은 사람이 없다. 누구나 거울처럼 맑고, 호수처럼 깨끗한 마음씨를 가졌었다. 그야말로 무심무욕(無心無慾)한 상태였다.
그런데 어른이 되어가면서 점점 때가 끼고 먼지가 쌓였다. 거울에 먼지가 끼듯 욕심이 끼고, 옷에 먼지가 묻듯 마음에도 때가 묻었다. 사람은 그 때를 벗기고자 종교에 귀의하고, 먼지를 털어내고자 수양을 한다. 신앙이란 바로 본래의 깨끗한 마음을 되찾기 위한 노력이다. 육체를 위하여 음식이 필요하듯, 정신을 위하여 신앙이 필요한 것이다. 구슬도 갈고 닦지 않으면 하나의 돌멩이에 지나지 않듯, 선천적으로 타고난 천성도 갈고 닦지 않으면 어둠에 빠지고 만다.25)

그러면 정주환은 유교를 종교로 생각하고 공자를 그 종교의 창시자로 보는가? 이 질문에 대한 그의 답변은 문자 그대로 헷갈린다.
첫째, 정주환은 공자를 윤리도덕가로 본다. "공자는 윤리를 논했을 뿐,

---

24) 정주환, 『별처럼 꽃처럼』, 앞의 책, p. 66.
25) 정주환, 『다시 보는 논어』, 앞의 책, p. 57.

종교를 주장하지 않았다. 그래서 그는 노자가 제창한 보원이덕(報怨以德)이나 '오른뺨을 치거든 왼뺨도 마저 내어주라'는 예수의 가르침에 찬성하지 않았다."[26] 그의 이런 주장은 괴력난신(怪力亂神)에 대하여 언급하지 않았다는 구절이나[27] 귀신과 죽음에 대한 언급을 회피했다는 구절과 일맥 상통한다.[28]

둘째, 동시에 정주환은 공자를 종교인으로 본다. "공자, 그 분은 인간의 몸으로 지상에 살았다. 그러나 그 목소리만은 신(神)의 목소리를 전한 분이다. 그래서 그를 일러 성자라 한다."[29] 공자는 실생활에서의 윤리 실행을 중요시했을 뿐만 아니라 천(天)에의 신앙도 여간 두텁지 않다는 것을 잊어서는 안 된다. 그는 침묵으로 신앙하고 실천으로 행동한 위인이요, 천명사상(天命思想)을 이어받은 종교가였다.[30] "공자는 신을 완전히 무시하지 않았다. 다만 그것에 빠진 무격적(巫覡的)이고 미신적인 생활을 경계했던 것이다."[31]

이렇게 보면, 이 문제에 대한 정주환의 견해는 확실하게 정리되지 않은 듯하다. 비록 그는 공자와 마찬가지로 평소에 '기도의 생활'을 영위하면서도.[32] 그러나 정주환은 최근에 기독교에 귀의하면서 자신만만한 신앙을 갖게 되었다. "예전에 나는 유교와 불교를 믿는 다신주의자(多神主義者)였다. 그래서 그것을 바탕으로 글을 썼다. 그러나 지금은 하느님과 함께 하는 삶을 갖고 보니, 과거의 내 생각들이 얼마나 모순된 삶이었는가를 뒤늦게나마 깨닫게 된다."[33] 그의 이런 새로운 신앙은 특히 그의 최근작에 자주 등장하는데, 나는 그것이 그의 여생에 큰 버팀목이 되기를 바란다. 그는 이렇게 말한다.

---

26) 『논어』, 述而, 7 : 20 (子不語怪力亂神).
27) 『논어』, 先進, 11 : 11.
28) 정주환, 『다시 보는 논어』, 앞의 책, p. 302.
29) 같은 책, p. 314.
30) 같은 책, p. 312.
31) 『논어』, 述而, 7 : 34 (子疾病 子路請禱 子曰有諸 子路對曰有之 誄曰禱爾于上下神祇 子曰 丘之禱久矣).
32) 정주환, 『별처럼 꽃처럼』, 앞의 책, 머리말.
33) 정주환, 「사회란 무엇인가」, 『수필과 비평』, 제41호, 1999년 5·6월호, p. 268.

우리들의 주변은 신과 신들의 끊임없는 교차점이요, 신의 축복이 넘치는 자비의 바다다. 우리에겐 따뜻한 엄마의 품속만 있는 것이 아니라, 다정한 신의 품속이 있다. 우리가 매일 평안한 생활을 영위하고 있는 것도 신의 덕분이다. 신에는 두 종류의 신이 있다. 악신(惡神)과 정신(正神)이다. 악신은 마귀요, 정신은 하느님이다.

지금도 위대한 하느님의 신은 도처에서 천지의 생명을 화육(化育)시키고 해와 달을 지배하신다. 신이 존재하지 않는 곳은 이 땅 어디에도 없다. 그러기에 사(社)다. 사는 사회라는 의미의 사요, 토지신이라는 의미의 사다. 사회란 인류의 집단 생활을 의미하면서 신이 만들어준 집단이라는 말을 의미한다. 그래서 국가나 조정을 사직(社稷)이라고 한다.34)

인간이 어찌 자기 자신보다 남을 사랑할 수 있겠는가. 이 세상에서 진정 남을 사랑할 수 있고, 사랑의 이름을 말할 수 있는 자격을 가진 존재는 오직 하느님 한 분 뿐이다. 인간은 그 누구도 투기하지 않거나 미워하는 마음을 갖지 아니할 사람은 아무도 없다. 오직 하느님 뿐이다.35)

다시 주제로 돌아가자. 공자는 종교인인가? 이 질문에 대하여 다수의 동서양 학자들은 그를 종교인으로 인정하지 않으며, 소수의 학자들만 그를 종교인으로 인정한다. 후자에 속한 학자로는 최재목을 들 수 있는데, 이제 나는 공자의 종교성을 천관·귀신관·예관으로 나누어 『논어』를 중심으로 진지하게 고찰한 그의 견해를 잠시 고찰하겠다.

첫째, 많은 학자들은 공자가 언급한 천(天)을 자연천(自然天)으로 해석한다. 그러나 최재목은 "공자에게서 천은 여전히 인간의 삶과 운명을 주관하는 주재성(主宰性)과 인격성(人格性)을 지닌 존재로 보아야 한다"고 말한다. "공자의 천은 자연적 천이 아니라 그를 알고, 그에게 사명을 부여하고, 그를 지지하는 실천적인 천이다. 바꾸어 말하면, 공자가 인(仁)을 행하는 위대한 힘은 그의 천에 대한 신앙에서 나온 것이며, 또한 그의 종교적 정신에서 얻어진 것이다. 결국 공자의 학문은 천명(天命)을 알고 그것을 실현하는 데 궁극적 목적이 있다고 하겠다."36) 그 이유는 무엇인

---

34) 정주환, 「사랑이란」, 『수필과 비평』, 제49호, 2000년 9-10월호, p. 217.
35) 최재목, 『나의 유교 읽기』, 소강, 1997, pp. 80-81.
36) 『논어』, 公冶長, 5:12 (子貢曰 夫子之文章 可得而聞也 夫子之言性與天道 不可得而聞

가?

우선 『논어』에는 공자가 성(性)과 천도(天道)에 대하여 말하는 것을 들은 일이 없다는 자공(子貢)의 언급이 있는데,[37] 사람들은 이 언급을 공자가 하늘에 대한 신앙이 부족했다는 증거로 해석한다. 그러나 자공의 이 말은 "천도란 자연이 운행하는 도리로, 이치가 깊고 미묘한 것이므로 [쉽게] 들을 수가 없다"는 하안(何晏)의 주석으로 해석해야 한다고 최재목은 말한다.[38] 실제로 공자는 『논어』의 다른 부분에서 천에 대한 외경심과 신앙심을 수없이 표출하고 있기 때문이다.

"크도다, 요(堯)의 임금됨이여. 위대하도다, 오직 하늘만이 그토록 클 수 있나니, 요는 큰 하늘을 따라 본받았도다."[39]
"죄를 하늘에서 얻으면 빌 곳이 없다."[40]
"내 누구를 속이겠느냐? 하늘을 속이겠느냐?"[41]
"하늘이 나에게 덕을 주었으니, 환퇴가 나에게 어찌 하겠는가?"[42]
"하늘이 만약 이 문(文, 예약 문물)을 소멸코자 한다면 나 역시 이 문을 어쩌지 못할 것이지만, 하늘이 만약 이 문을 소멸하지 않으려 한다면 광(匡) 사람들이 나를 어찌 하겠는가?"[43]

또한 『논어』에는 공자가 "하늘이 무슨 말을 하더냐? 사계절이 운행되고 온갖 사물들이 성장하는데, 하늘이 무슨 말을 하더냐?"는 구절이 있는데, 학자들은 이 구절도 공자가 자연천을 주장한 것으로 해석한다.[44] 그러나 우리는 이 말의 전후 문맥을 보고 해석해야 한다. 원래 이 구절은

也).
37) "天道者 元亨日新之道 深微 故不可得聞也"
38) 『논어』, 태백, 8 : 19 (大哉 堯之爲君也 巍巍乎 唯天爲大 唯堯則之).
39) 『논어』, 八佾, 3 : 13 (獲得於天 無所禱也).
40) 『논어』, 자한, 9 : 11 (吾誰欺 欺天乎).
41) 『논어』, 술이, 7 : 22 (子曰 天生德於予 桓魋其如予何).
42) 『논어』, 자한, 9 : 5 (天地將喪斯文也 後死者得與於斯文也 天之未喪斯文也 匡人 其如予何).
43) 『논어』, 양화, 17 : 19 (子曰 予欲無言 子貢曰 予如不信 則小子何述焉 子曰 天何言哉 四時所焉 百物生焉 天何言哉).
44) 최재목, 『나의 유교 읽기』, 앞의 책, p. 79.

공자가 "나는 말을 아니 하고자 한다"고 하자, "선생님이 말씀을 아니 하면 저희들은 무엇으로 도(道)를 전하겠습니까?"라는 자공의 질문에 대한 답변으로 나온 것이다. 즉, 이 구절은 "공자의 말과 침묵이 하늘을 본받았기에 자신의 언행이 지고(至高)에 도달하였음을 암시하는 것"이다.[45] 최재목은 이렇게 말한다.

> 공자는 하늘을 원망하지 않았으며, 자기를 알아주는 것이 바로 하늘이라고 생각하였다.[46] 그리고 그는 "내가 만약 그른 일을 했다면 하늘이 나를 버리리라, 하늘이 나를 버리리라"는 표현이나[47] "아, 하늘이 나를 버렸도다. 하늘이 나를 버렸도다"는 표현과 같이 하늘은 인간을 버리기도 하는 것으로 인식하였다. 그래서 "하늘에 죄를 얻으면 빌 곳이 없으며," "죽고 사는 것에는 명(命)이란 게 있고, 부귀는 하늘에 달렸다"는 말로,[48] 죽음과 삶과 부귀가 모두 하늘에 의거한 것임을 인정하였다.
>
> 여기서 명은 주자(朱子)의 말대로 령(令)과 같은 것이며 '사물이 생겨나는 시초에 받은 것'으로 이른바 천명(天命)을 말한다. 천명은 하늘의 의지인 것이다. 그래서 공자에게는 사계절의 운행이나 온갖 사물이 성장함도 결국 보이지 않는 천의 의지로 인해 이루어지므로 그것을 아는 것이 중요하였다. 천명은 우연적·필연적 운명이 아니고, 그것은 역시 천의 명령이며 의지다. (중략)
>
> 이러한 공자의 천 사상은 『시경』과 『서경』의 천 사상을 계승한 것이다. 다만 공자에 이르러 전래의 천이 도덕적 원리로서 크게 내면화된 점도 없지 않으나, 공자의 천 사상에는 여전히 전래의 초월적 주재성을 그대로 인정하는 경향이 짙게 남아 있다. 역사의 바뀜이나 개인의 운명이 천명에 의한 것이라는 중국 고대적 관념을 그대로 답습하고 있는 것이다. 그런데 송대의 주자는 고대의 주재적 천(天)을 이(理)라고 하여 합리적인 해석을 가함으로써 이법(理法)적인 것으로 만들고 있다. 이런 의미에서 주자에 의해 해석된 천과 중국 고대의 천은 크게 달랐다고 할 수 있다.
>
> 명이나 천명에 대한 이해에서도 공자의 견해에는 종교적 감정이 짙어보인다. 공자는 "이(利)와 명(命)과 인(仁)을 잘 말하지 않았다"고 하지만,[49] 그는

---

45) 『논어』, 헌문, 14 : 37 (不怨天 不尤人 下學而上達 如我者 其天乎).
46) 『논어』, 옹야, 6 : 26 (予所否者 天厭之 天厭之).
47) 『논어』, 안연, 12 : 5 (子夏曰 死生有命 富貴在天).
48) 『논어』, 자한, 9 : 1 (子 罕言利與命與仁).
49) 『논어』, 요왈, 20 : 3 (子曰 不知命 無以爲君子也).

"명을 알지 못하면 군자가 될 수 없다"고 하였다.[50] 그래서 그는 백우(伯牛)가 병이 나자 문병을 가서 창문을 통해 손을 잡고 "이런 병이 없더니 명이구나"라고 말했으며,[51] 이미 인용했듯이 "죽고 사는 것에는 명이 있다"고 하는 등 종교적 감정이 짙은 명 혹은 천명관을 말하고 있다. 이러한 명 혹은 천명관은 인간 만물에 보다 더 강한 구속력을 갖는다고 볼 수 있다.

천의 명령으로서 인간에게 부여된 명은 후천적인 노력으로서는 어떻게 할 수 없는 고정성을 갖게 된다. 이때 명은 운명적인 명의 성격을 띠게 된다. 그와는 달리 이 명을 주체적으로 천이 명령하고 나의 임무로서 받아들이게 되면 그 명은 사명으로서의 명이 된다. 다시 말해서, 명은 사실적으로 이해하면 운명(運命)으로서의 병이 되고 당위적으로 수용하면 사명(使命)으로서의 명이 된다.[52]

둘째, 일반적으로 공자의 종교성을 부인하는 학자들은 공자의 천관보다는 그의 귀신관을 그 증거로 내세우는데, 그들의 논의는 전적으로 『논어』의 두 구절에 의존하고 있다. 첫째 구절은 이렇게 말한다. "번지가 지(知)에 대해 물으니 공자가 말했다. '백성을 의(義)로 나아가게 하는 데 힘쓰고, 귀신을 공경하되 이를 멀리하면 지라고 할 수 있을 것이다.' 또 인(仁)에 대하여 물으니 공자가 말했다. '어진 사람은 힘든 것을 먼저 하고, 이록(利祿)을 얻는 것은 나중의 것으로 한다.'"[53]

학자들은 이 구절이 귀신에 대한 공자의 무관심을 나타낸다고 해석한다. 그러나 여기서 공자는 번지가 백성 다스림의 기본에 충실하여 백성을 알려고 하지는 않고, 오히려 귀신에게 빌어 행복을 주려고 하는 행위를 비판한 것이다. 즉, 공자는 이 구절에서 백성에게 가장 절실한 문제부터 우선적으로 해결해야 한다는 점을 부각시키고 있을 뿐, 귀신 신앙 자체를 부정하는 것은 아니라고 최재목은 말한다.

"공자가 괴이한 것과 힘센 것, 어지러움과 귀신을 이야기하지 않았다"고 하

---

50) 『논어』, 옹야, 6 : 8.
51) 최재목, 『나의 유교 읽기』, 앞의 책, pp. 79–81.
52) 『논어』, 옹야, 6 : 20 (樊遲問知 子曰 務民之義 敬鬼神而遠之 可謂知矣 問仁 曰 仁者先難 而後獲 可謂仁矣).
53) 최재목, 『나의 유교 읽기』, 앞의 책, pp. 83.

는 표현도54) 결국 그가 그러한 것들에 대해 가볍게 말하지 않았다는 것을 알수 있다. 귀신이라든가 죽음과 같은 종교적 문제에 대해 냉담하였거나 그것에 대해 부정하였음을 언표하는 것은 아니라고 하겠다. 공자는 "자기가 섬겨야 할 귀신도 아니면서 제사 지내는 것은 아첨하는 것"이라고 보나,55) 우(禹) 임금이 식사는 검소하게 하면서 제사는 풍성히 올린 데 대해 달리 비평할 말이 없다고 하였다.56)

또 향인(鄕人)이 푸닥거리를 하면 그는 조복(朝服)을 입은 채 동쪽 섬돌에서 있었다고 한다.57) 이것은 그가 조복, 즉 제사의 예복을 입고 종묘의 주인용 계단에 서 있었다는 말로서, 푸닥거리 소리나 행사에 조상신이 놀랄 것을 걱정하여 이를 안정시키기 위한 것이었다. 이와 같이 공자에게는 귀신에 대한 신앙이 여전히 남아 있고, 귀신에 대한 제사도 중시되고 있었다.58)

공자의 종교성을 부인하는 학자들이 내세우는 『논어』의 또 다른 구절은 다음과 같다. "계로(季路)가 귀신을 섬기는 일에 대해 묻자 공자가 말하길 '산 사람을 섬기는 일도 모르는데, 어찌 죽은 귀신을 섬긴단 말이냐?'라고 했다. 또 묻기를 '삼가 죽음에 대하여 묻고자 합니다.' 공자는 '삶도 알지 못하는데, 어찌 죽음을 알겠느냐?'고 했다."59)

우리는 이 구절도 전후 문맥을 살펴서 해석해야 한다. 여기서 공자에게 질문을 했던 계로, 즉 자로(子路)는 '예(禮)를 모르는 용자(勇者)였으며, 천·귀신·죽음과 같은 종교적 문제에 대해 심정적으로 관심이 결여된 인물'이었다. 그래서 자로가 "선생님께 군대를 통솔하도록 맡긴다면 누구와 더불어 일하겠습니까?"라고 물었을 때, 공자는 "맨손으로 호랑이와 싸우고, 배 없이 강을 건너 죽더라도 후회하지 않는 사람과는 더불어 일하지 않을 것이다. 임무를 맡음에 두려워하고, 신중히 하며, 일을 잘 도모해 완성할 수 있는 사람이라야 할 것이다"라고 답변했다.60) 즉, 공자는 "용감한 것을 좋아하되 배움을 좋아하지 않으면, 그 폐단은 난을 일으

---

54) 『논어』, 술이, 7 : 20 (子 不語怪力亂神).
55) 『논어』, 위정, 2 : 23 (子曰 非其鬼而祭之 諂也).
56) 『논어』, 태백, 8 : 21 (子曰 禹 吾無間然矣 菲飮食而致孝乎 鬼神).
57) 『논어』, 향당, 10 : 10 (鄕人儺 朝服而立於阼階).
58) 최재목, 『나의 유교 읽기』, 앞의 책, pp. 84.
59) 『논어』, 선진, 11 : 10 (季路問事鬼神 子曰 未能事人 焉事鬼 敢問死 曰 未知生 焉知死).
60) 『논어』, 술이, 7 : 10 (子曰 暴虎馮河 死而無悔者 吾不與也 必也臨事而懼 好謀而成者也).

켜 화를 자초하는 것"이라고 자로에게 충고한 것이다.61)

그러나 최재목은 여기서 한 걸음 더 나아가서 공자가 병이 들었을 때 자로가 신병 치료를 위해 기도할 것을 권면한 일화를 소개하면서, 공자는—귀신에 대한 신앙 자체를 부인하지 않으면서도—이런 저차원적 기복 신앙에서 벗어나 고차원적 천신 신앙을 가지려고 노력했다고 주장한다. 그의 주장이 어느 정도 정당화될 수 있는지는 잘 모르겠지만.

> 공자는, 올바른 이상 생활을 날마다 구해도 그 이상(理想)과는 거리가 먼, 비소한 자기를 되돌아보고 천신에 기도한다는 고차원적 신앙 형태를 가지고 있었다. 그러나 자로는 공자의 위대함을 인자(仁者)적 측면에서 이해하지 못하고, 지자(知者)나 보통의 위정자적 측면으로밖에 이해할 수 없었다. 여기서 공자는 자신이 절대로 '하늘을 속이지 않는다'는 것을 강하게 가르치고 있다. 이렇게 볼 때, 공자는 개인 기복의 통속적이고 저차원적 신앙을 천을 믿고 천신에 기도하는 고차원적 신앙 형태로 승화시키고 있음은 부정할 수 없다. 다만 그것도 귀신 신앙 자체를 부정하는 것이 아님은 분명하다고 하겠다.62)

셋째, 공자의 종교성은 예(禮)에 대한 공자의 극진한 태도에서 쉽게 찾을 수 있다. 원래 "예는 세속적이고 윤리적인 예만을 가리키는 것이 아니고 종교적인 의례를 포함한다. 더욱이 예는 종교적인 의례를 근원으로 하고 있다. 따라서 공자가 예를 말하고 있는 한, 이미 거기에는 당연히 종교적 요소가 포함되어 있다고 하겠다."63)

> 중국 문화의 근간이라고 할 수 있는 예는 본래 신에게 제사 지내는 신성 의식에서 생겨났다. 예(禮)라는 글자는 상형 문자로서 본래 풍(豊)자로 쓰였다. 밑의 두(료)는 상(床)을, 위의 곡(曲)은 제물을 나타낸다. 이렇게 신에게 제물을 바쳐 기원을 드리는 것이 예의 본래 뜻이었다. "나라의 큰일에는 먼저 제사가 있고 더불어 군사 행동이 있어야 한다[國之大事, 在祀與戎]"고 하듯이, 제정(祭政)이 일치하던 상고 시대에 신에게 드리던 신성 의식으로서의 예는 그 후 인지가 발달하고 제정이 분리되면서 제사(祭事)를 다루는 신성 의례와

---

61) 『논어』, 양화, 17 : 8 (好勇不好學 其蔽也亂).
62) 최재목, 『나의 유교 읽기』, 앞의 책, pp. 87.
63) 같은 책, p. 88.

정사(政事)를 다루는 세속 의례로 분리되었고, 세속 의례는 다시 국가적인 조직과 질서를 다루는 공공적 관례(官禮)와 개인의 행위 규범을 다루는 윤리(倫理)로 분화되었다.[64]

하여간 최재목은 공자를 확실한 종교인으로 본다. 그렇다면 공자는 철학자가 아닌 종교인이란 뜻인가. 절대 그렇지 않다. 서양에서는 철학과 종교가 과연 양립할 수 있느냐는 오랜 논쟁의 역사가 있다. 그러나 공자에게서 그런 논쟁은 전혀 불필요한 것이다. 공자는 완전한 철학자며 동시에 완전한 종교인이다. 이런 뜻에서 그의 종교는 '특이한 종교'며 그의 철학은 '특이한 철학'이라고 말할 수 있다. 이런 특이한 철학과 특이한 종교의 융합이 바로 유교의 특성인 것이다.

우리는 유교에서 — 적어도 공자에게서 — 인간의 일상적 삶 속에서 종교와 철학이 하나의 융합 형태로 영위되었다는 사실, 다시 말하면 유교에서는 인간의 일상적 삶과 행위를 떠나서 철학도 종교도 성립할 수 없다고 인식한 점을 무엇보다 귀중한 발상으로 받아들여야 할 것이다. 그것은 궁극적으로 철학도 종교도 인간의 일상적 삶의 지평, 즉 나와 너 그리고 형제와 부모를 포함한 가족, 넓게는 모든 타인과 이웃의 삶의 방식을 방치하지 않는 형태로 그것들과 진실된 관련을 맺을 때, 비로소 그 참된 의미를 가질 수 있다는 것을 주장하는 것이기 때문이다.[65]

5. 넷째 질문 : 공자는 전통주의자인가

지금까지 나타난 정주환 수필의 두 줄기는 자연 예찬을 근거로 한 서정성과 고전 예찬을 근거로 한 달관의 세계였으며, 이미 말했듯이 앞으로는 종교 신앙에 근거한 세계가 세 번째 줄기로 등장할 것 같다. 요즘

---

64) 같은 책, p. 88. 그러나 최재목은 공자에게서 귀신 신앙을 포함한 모든 예는 모든 사람에게 공통된 것이 아니라 '정치 질서와 밀접한 연관을 가지면서 신분에 따른 서열이 엄격하게 지켜지는 형태로 모색되었다는 특징'을 가지고 있다고 말한다. 같은 책, p. 95. 여기에 바로 예의 보편화 가능성의 문제가 제기된다.
65) 같은 책, p. 104.

그의 자연 예찬은 더욱 깊은 심도로 진행되고 있다.

　　자연이란 살아 있는 생명체다. 그래서 자연이 죽으면 인간도 죽는다. 자연
에서 물을 구하고, 공기를 구하고, 식량을 구한다. 나무가 땅에 뿌리를 내리고
하늘을 향해 숨을 쉬고 살아가듯 인간도 그렇게 살아간다. 그래서 옛 선비들
은 자연을 무서워했고, 경외시했다. 신화를 만들고 전설을 만들어냈다. 그리고
나무를 신앙하고, 신을 신앙하고, 물과 하늘을 신앙했다.
　　하늘이 무엇인가? 자연이다. 땅이 무엇인가? 자연이다. 인간이 무엇인가?
자연이다. 그러기에 자연은 숭엄하고 위대한 것이 아니겠는가.66)

　자연 예찬에 비해 고전 예찬은 최근에 들어오면서 상대적으로 약화된
듯하지만 아마도 그것이 완전히 사라지지는 않을 것이다. 물론 그가 앞
으로 모든 성현들의 고전을 오직 기독교를 위한 예비 단계로 취급하는
위험에 빠질 수는 있겠지만. 그래서 정주환은 최근의 수필집에서도 이렇
게 말한다.

　　공자는 중화(中和)를 얘기했고, 노자는 무위(無爲)를 설파했고, 예수는 무탐
(無貪)을 말했고, 석가는 무욕(無慾)을 외쳤다. 중화, 무위, 무탐, 무욕이다. 여
기저기가 아니며, 있음이나 없음이 아니다. 허(虛)면서 영(盈)이요, 영이면서
허다. 여기면서 저기요, 저기면서 여기다. 유(有)면서 무(無)요, 무면서 유다.
달라지면서 그냥 있고, 그냥 있으면서 달라진다. 없음 속에 있음이 있고, 있음
속에 없음이 있다. 유(有)도 무(無)도 아니다. 사람도 누구나 중단하지 않으면
성(聖)의 경지에 도달한다.67)

　고전에 대한 탐닉은 정주환에게, 그리고 모든 사람에게, 한없는 산 교
훈을 준다. 『논어』는 인간의 사회성을 다시 깨닫게 하며, 『도덕경』은 언
어의 중요성과 한계성을 다시 깨닫게 하며, 『성경』은 원수까지 사랑하라
는 교훈을 주며, 불경은 욕망을 근원적으로 없앨 수 있는 방법을 제시해
준다. 특히 고전은 정주환에게 여러 가지 교훈을 준다.

---

66) 정주환, 『별처럼 꽃처럼』, 앞의 책, p. 37.
67) 같은 책, p. 13.

첫째, 고전 예찬은 고전 자체에 대한 평가에서 끝나지 않고 우리를 '반성하는 사람'으로 만든다. 소크라테스가 "반성하지 않는 삶은 살 가치조차 없다"고 갈파하고, 공자가 매일 세 번의 반성을 촉구한 이유도 여기에 있다. 정주환은 말한다. "나는 지금까지 남을 속여본 적도 없고 모함해본 적도 없다. 상사에게 아첨하여 득(得)을 본 적도 없고, 후배를 곤경에 몰아넣은 적도 없다. 순수하게 살고 깨끗하게 걸어왔다고 자부해 왔다. 부끄럽지 않다고 믿었다. 그러나 최근에 와서 그러한 생각이 얼마나 위험한 판단이고, 내 위주의 판단이었는가를 자성(自省)하게 된다. 삶의 전부가 허물이었고 과오였음을 뉘우치게 된다."[68]

둘째, 고전 예찬은 우리를 '포용하는 사람'으로 만든다. "세상을 아름답게 사는 사람은 세상을 즐긴다. 좋고 나쁜 사람 없이 두루 포용한다. 못난 사람도 포용하고, 잘난 사람도 포용한다. 넓은 바다는 물의 청탁(淸濁)을 가리지 않는다. 뛰어난 예술품은 그 기교가 드러나지 않는다. 원만한 인품은 모든 사람을 포용하며 누구에게나 거부감을 주지 않는다."[69]

셋째, 고전 예찬은 우리를 '겸손한 사람'으로 만든다. 정주환은 말한다. "나는 내 글이 많은 사람에게 읽히기를 바라지는 않는다. 단 한 사람이라도 내 글을 이해하는 독자가 있다면 그것으로 만족하겠다. 또한 애써 세상에 남기려고 하지도 않는다. 그런 것들이 나와는 아무런 상관이 없기 때문이다. 솔직히 말해서 나는 대작(大作)을 내놓을 소질도 없는 사람이거니와 그러고 싶지도 않다. 나는 그저 무명인으로 족(足)하고, 무명인 이대로가 훨씬 편한 것이다."[70]

그러나 고전 예찬은 한 가지 위험을 동반한다. 자칫하면 고전에 나오는 성자들을 무조건 흠모하는 나머지 아예 현실을 외면하고 서정성에만 몰두하는 개인주의자가 될 수 있기 때문이다. 이런 위험은 특히 술이부작(述而不作)을 외친 공자의 경우에 더욱 쉽게 나타날 수 있다. 이런 위험성을 정주환과 연결시키면서 예리하게 분석한 작가로는 장세진을 들 수 있다. 그는 정주환이 서정성의 대가(大家)라는 사실을 솔직히 인정한

---

68) 같은 책, p. 25.
69) 같은 책, p. 25.
70) 같은 책, pp. 57-58.

다. 그러나 그는 서정성 하나만으로는 훌륭한 수필이 될 수 없다고 믿는다. 문학이란 본질적으로 삶과 함께 할 때 빛을 발하며, 이런 뜻에서 문학의 궁극적 목표는 '인간 구원'에 있기 때문이다. 물론 정주환의 수필이 모두 서정성 쪽으로만 치우친 함량 미달의 작품이라는 것은 아니다. 오히려 장세진은 정주환의 작품을 구체적으로 토론하면서 그의 자연 예찬은 종종 '육화(肉化)된 삶'을 보여준다고 말한다.

정주환은 단순한 자연 예찬에 머물지 않는다. 그것은 대개 날카로운 관찰을 통한 깊은 명상의 세계를 보여준다. 사물(자연)을 포착하여 관조의 세계로 끌어들이고, 그것은 곧 현실의 삶에 투시된다. 이를테면 자연은 완상(玩賞)을 즐기는 고고한 선비 취미의 대상에서 벗어나 육화된 삶의 한 모습과 닿아 있는 셈이다.[71]

진한 서정성을 바탕으로 한 그런 세계는 일견 현실 안주적 패배주의라는 인상을 풍기지만 온갖 사악한 인간사를 염두에 둔다면 청량한 한 줄기 빛으로 다가오는 가슴 뭉클한 교화(敎化)일 수도 있다. 그리고 그것들은 대개 인간의 감각 기관인 오관을 초월한 삶의 가치관 등을 깨우친다는 점에서 문학적 힘을 발휘한다. 자연을 소재로 하되 단순한 예찬론의 서정성에 머물러 있는 것이 아니라 그런 인생관을 통해 진실이 은폐되고 정의가 외로운 사회 현실을 환기(喚起)시키기 때문이다.[72]

그러면서도 장세진은 정주환의 대부분 수필이 아직도 '여고생 취향의 낭만적 세계'에 머물러 있으며, 구체적 일상 현실의 온갖 인간적 모습들에 대한 접근이 미미하며, 조국에 대한 자긍심도 '아전인수적이라는 혐의'로부터 자유롭지 못하며, "자연을 소재로 한 서정성 가득 찬 그의 수필들은 기억에 남는 구체적 사건과 이야기가 없다는 점에서 학생들의 백지 사고(白紙思考)에 영향력을 미칠지언정 감동 어린 작품으로 남지 않는다"고 비판한다.[73]

좋은 수필의 바탕을 정서에 두고 있는 것은 매우 온당한 일이지만, 그러나

---

71) 장세진, 『수필 문학을 위하여』, 훈민, 1998, p. 120.
72) 같은 책, p. 122.
73) 같은 책, p. 131.

그것은 정주환 수필의 약점이기도 하다. 자꾸만 옛 것들을 잃어가는 세상에 대한 안타까움과 그것의 주범(主犯)이라 할 기계 문명을 제법 비판하는 데도 서정성 이상의 어떤 분위기가 전달되지 않기에 하는 말이다. 무엇보다도 '이야기'가 없기 때문이다.

정주환 수필은 대부분 자연과 고향을 대상으로 하지만 일정한 형식의 플롯을 담당하는 '진행자'가 없다. 기억에 남을 만한 스토리가 없이 서정적인 자연의 모습과 거기에서 느끼는 생각들이 펼쳐질 뿐이다. 수필을 지탱해내는 한몫인 구체적 사건이 없기 때문에 대단한 정서 작용을 일으킨 듯하면서도 그 기억은 오래 남지 않는다.[74]

나는 장세진의 주장에 대체로 동의하지만, 우리는 여기서 몇 가지를 명확히 할 필요가 있다.

첫째, 물론 서정성과 사회성을 동시에 구비한 수필이 가장 훌륭한 글이 될 것이다. 그러나 모든 사람이 그런 경지까지 갈 수 있는 것은 아니다. 모든 사람은 자신의 깜냥대로 살게 마련이다. 그래서 어느 경우에는 서정성만 추구하는 사람과 현실 속의 사회성만 추구하는 사람을 그대로 놓아둘 필요가 있다. 어설픈 종합은 얼치기가 되고, 가다가 중지 곧 하면 아니 감만 못하게 된다.

둘째, 서정성과 사회성은 어느 쪽이 더욱 중요하다고 단정할 수 없는 개념이다. 그것은 그저 각기 다른 요소일 뿐이며, 더욱 정확히 말하면 각자는 상대방을 전제로 해서만 의미를 가질 수 있다. 비록 현재 우리나라 수필계는 아직도 '서정의 늪'에 빠져서 헤어나지 못하고 있지만.[75]

이야기가 갑자기 서정성과 사회성의 관계로 빠졌다. 내가 여기서 말하려는 초점은, 지금까지 토론한 서정성의 위험이 바로 공자가 주장한 전통에도 그대로 존재할 수 있다는 것이다. 무조건적인 전통 찬양이나 과거 지향적 태도를 가진 사람은 반사회적, 개인주의적, 자기 광신적 인물이 되기 쉽다. (이것은 참으로 역설이 아닐 수 없다. 인간의 사회성을 가장 강조한 사람이 바로 『논어』에 나오는 공자이기 때문이다.)

물론 전통, 과거, 고전이 우리를 항상 반사회적으로 만드는 것은 아니

---

74) 같은 책, p. 125.
75) Cf. 황필호, 『우리 수필 평론』, 집문당, 1997, pp. 19-28.

다. 그것들은 개인 체험의 차원을 넘어 도시에 사는 현대인 전체의 공감대를 형성하게 하는 하나의 힘일 수 있으며, 그 힘은 선인(先人)과 만나는 과거 지향적 수필에서 더욱 강하게 드러날 수 있다.

"정주환 수필은 한시(漢詩) 삽입을 하나의 특징으로 할 만큼 과거 지향적이다. 물론 잠 못 이루며 몸을 뒤척이는 그런 것이 아니다. 미래를 열고자 정신을 맑게 하고 경건하게 만나는 선인(先人)들이다. 선인들의 행적을 더듬어 필경 오늘을 가치있고 보람되게 사는 하나의 길을 터준다는 점에서 수필의 문학적 힘을 떠올릴 만하다."76) 그러나 과거 지향적인 사람이 쉽게 반사회적 혹은 무관심적 인간이 될 수 있다는 사실은 아무도 의심할 수 없으며, 특별히 공자 예찬의 경우는 더욱 그런 듯하다. 결국 이 문제는 우리가 공자를 고리타분한 전통주의자로 볼 것인가 혹은 창조적 전통주의자로 볼 것이냐는 질문의 답변에 달려 있다.

여기서 나는 독자에게 『논어』에 나타난 공자와 유구한 유교 역사에 나타난 공자를 구별해서 보기를 권고한다. 우리들이 받아들인 공자는 전자가 아니라 주자(朱子)에 의해 관념화된 공자의 사상이며, 그래서 오늘날 우리가 접하는 유교의 대부분은 과거 지향적 반사회성 혹은 무사회성을 강조하고 있다. 이미 말했지만 최재목이 "주자에 의해 해석된 천(天)과 중국 고대의 천은 크게 달랐다"고 말하는 이유도 여기에 있다.

분명히 공자는 전통과 과거를 중요시했다. 그러나 그것은 전통 자체가 아니라 우리들의 입장에서 새롭게 해석한 전통이다. 옛 것(古) 자체가 새로운 것(新)이 아니라, 옛 것을 '따뜻하게 하는 행위'(溫)가 바로 새 것이라는 뜻이며, 여기서 따뜻하게 한다는 것은 곧 그것을 '기름칠을 하고' '생명력을 불어넣는다(reanimation)'는 뜻이다. 펑가레트(H. Fingarette)가 공자를 성인이나 속인으로 단정하지 않고 '성인으로서의 속인(secular as sacred)'으로 표현하고,77) 야스퍼스가 공자의 가르침을 '단순한 과거의 모방(an imitation of the past)'이 아니라 '영원한 진리의 반복(a repetition of the eternally true)'이라고 규정한 이유도 여기에 있다.78)

---

76) 장세진, 앞의 책, p. 124.
77) Herbert Fingarette, *Confucius : The Secular as Sacred*, Harper Torchbooks, 1972.
78) Jaspers, 앞의 책, p. 81.

6. 맺음말

나는 지금까지 공자에 대한 네 가지 질문을 토론했다. 우리는 여기서 이 네 가지 질문이 서로 긴밀히 연관되어 있다는 사실을 쉽게 알 수 있다. 우선 공자가 과연 모든 인류의 영원한 스승인가라는 질문은 당연히 그의 중심 사상인 덕치의 실현 가능성 여부에 달려 있다. 만약 그의 덕치가 전혀 현실성이 없는 단순한 개인적 소원에 불과한 것이라면 우리는 그를 성인으로 간주할 수 없을 것이다.

일찍이 플라톤도 『공화국』에서 덕치의 가능성을 굉장히 강조했다. 그러나 이런 사상을 직접 실현할 수 없는 현실 정치에서 쓰디쓴 맛을 본 플라톤은 말년에 『법률』이라는 대화편을 쓰지 않을 수 없었다. 여기서 그는 덕치가 가장 이상적이지만, 만약 그것이 불가능한 경우에는 차선책인 법치를 할 수밖에 없다고 한 발자국 양보했던 것이다. 이런 배경에서 볼 때 공자의 덕치 가능성 여부는 큰 의미를 갖는다.

우리가 공자를 성자로 볼 수 있는 또 다른 길은 아예 그를 유교라는 종교의 창시자로 보는 길이며, 그래서 유교의 종교성 문제는 굉장히 중요한 의미를 갖는다. 현재 대부분의 유교인들과 기독교들은 유교를 전혀 종교로 인정하지 않는다. 그러나 나는 유교가 엄연한 종교라고 믿는다. 절대적인 신의 존재를 전제로 해야 종교가 될 수 있다는 주장은 기독교 혹은 서양 종교의 독단에 불과하다.79)

끝으로 전통주의자로서의 공자를 우리가 어떻게 해석해야 되느냐는 질문은 지금까지 토론한 세 가지 질문과 긴밀하게 연관되어 있을 뿐만

---

79) 이 문제에 대하여는 다음을 참조할 것. 황필호, 「유교는 종교인가」, 『종교철학 에세이』, 철학과현실사, 2002, pp. 328-352.
80) 나는 이 글에서 『다시 보는 논어』와 『별처럼 꽃처럼』을 중심으로 해서 고전 해설가로서의 정주환의 업적을 특히 공자와 연관시켜 토론했다. 그러나 그는 고전 해설의 분야 뿐만 아니라 수필과 수필 평론의 분야에서도 괄목할 만한 업적을 남기고 있다. 전자의 실례로는 이 글에 인용한 『별처럼 꽃처럼』이외에도 『내 혼에 불을 놓아』, 『영원한 내 가슴속의 별자리』 등이 있으며, 후자의 실례로는 『한국 근대 수필 문학사』, 『수필 문학 : 무엇에 대하여 고민하는가』, 『너무 쉬운 수필 작법』 등이 있다. 또한 그는 신앙의 입장에서 쓴 『성경 에세이』를 2001년에 출판했다. 2001년에 회갑을 맞이한 그가 한때 사용했던 하림(夏林)이라는 별호처럼 더욱 왕성하게 활동하기를 바란다.

아니라 공자의 '창조적 전통주의'와 우리가 주위에서 흔히 볼 수 있는 '반복적 전통주의'를 구별할 수 있는 단서를 제공할 수 있다는 점에서 굉장한 의미를 갖는다.[80)]

제7장
누가 대중 스타인가

1. 머리말

한때 이름을 날리던 타고난 씨름꾼 이만기. 모래판의 제왕, 씨름 달인, 씨름 천재, 만기(萬技)의 만기(萬基), 불의 사나이, 정열의 화신, 돌풍을 몰고 온 사나이, 씨름판의 오뚝이 등의 수많은 별명을 가진 그를 어느 신문은 이렇게 평한다.

그는 집채 만한 거구의 상대를 넘어뜨리고는 두 주먹을 불끈 거머쥐고 타 잔과도 같이 승리의 환성을 지르기도 한고, 모래를 한 줌 움켜쥐고 뿌리기도 하고, 승리의 감격을 이기지 못해 울음을 터뜨리기도 한다. 씨름 재주에 못지 않게 연기가 뛰어나다.
그가 모래판 위에서 보여주는 혼신의 제스처에 스탠드의 관중은 열렬히 환호하고 모래판은 뜨겁게 달아오른다. 점잖은 기성 세대는 그의 요란한 제스처를 오버 액션이라고 역겹게 여기지만, 그래도 모래판 주위에 모여드는 씨름 팬들은 불의 사나이 이만기의 기막힌 씨름 묘기와 그의 뜨거운 액션을 무엇보다도 좋아한다.[1]

---

1) 『일간스포츠』, 1986년 8월 25일.

내가 대중 스타에 대한 이론을 전개하는 이 글에서 이만기의 사연으로 시작하는 데는 몇 가지 이유가 있다. 그것은 그가 반드시 요즘 가장 인기가 있다거나, 돈을 가장 많이 번다거나, 당시 미혼 여성의 선망의 대상인 미남 총각이었다는 점에 있는 것이 아니다. 그의 케이스가 요즘의 대중 스타 이론의 몇 가지 사실을 가장 확실하면서도 실증적으로 설명하고 있기 때문이다.

첫째, 우리나라에서 과거의 대중 스타는 주로 영화 배우에 국한되어 있었다. 오늘날의 기성 세대가 흔히 무대나 텔레비전의 연기인들을 '스타'라고 부르기보다는 일반적으로 연극 배우, 연기인, 연극인, 탤런트, 안방 극장의 주인공이라고 부르는 이유도 여기에 있다. 또한 과거에는 영화에 종사하는 사람 중에서도 정작 스타를 만들어내는 제작자나 감독의 이름을 알지 못하는 경우가 대부분이었다. 그러나 이제 대중 스타는 영화 뿐만 아니라 텔레비전과 라디오에서도 나올 수 있으며, 종목별로도 연기인 이외에 감독, 무용가, 성악가, DJ, 연주가, 작곡가, 화가, 대학 교수, 운동 선수, 방송 MC, 코미디언 등 다양하게 되었다.

또한 어떤 경우는 인기인의 사생활을 신랄하게 파헤치는 신문 기자, 대중 스타를 제조해내는 매스 커뮤니케이션의 역할을 토론하는 언론인, 대중 매체의 활동을 적극적으로 제한하려는 공연윤리위원장까지도 대중 스타가 될 수 있을 것이며, 특히 요즘에는 시인이나 소설가가 대중 스타의 중요한 위치로 부상하고 있다.

이제 대중 스타의 영역은 거의 모든 분야를 포함한다. 물 위를 걸어갈 수 있는 사람도 대중 스타가 될 수 있으며, 설악산에서 10년 묵은 산삼을 발견한 사람도 그 대열에 넣을 수 있게 되었다. 우리는 이러한 사실을 "현대는 스타가 없는 시대"라고 표현하는데, 이 말은 실제로 모든 사람이 ― 예외 없이 ― 스타가 될 수 있는 시대라는 뜻이 된다.

어떤 사람은 이러한 사실을 과거의 영웅 시대가 체제에 비판적인 반영웅 시대를 거쳐서 대중 매체가 만들어내는 '비영웅의 영웅 시대'에 도달했다고 말한다. 하여간 씨름과 같은 스포츠가 대중 스타를 배출할 수 있는 이유도 모든 사람이 스타가 될 수 있는 스타 영역의 확대가 선행되었기에 가능한 것이다.

둘째, 오늘의 대중 스타는 대중 매체가 만들어낸다. 우리나라에서 씨름의 역사는 굉장히 오래된다. 내가 어렸을 때도 송아지를 끌고 오는 씨름대회가 없었던 것은 아니다. 그러나 씨름의 프로화가 시작되어서 제1회 천하 장사 씨름대회가 열린 것은 1983년 4월이니까 이제 겨우 20년의 역사도 되지 않는다. 이만기가 예상과는 달리 이준희와 이봉걸을 깨고 우승하여 타이틀을 처음 갖게 된 것도 바로 이때였다.

아무리 대중 스타가 빨리 뜨거웠다가 빨리 식는 방과 같다고 해도 이것은 너무나 짧은 기간이다. 매스 미디어의 도움이 없었다면, 우리는 과연 오늘날의 씨름 붐을 상상할 수 있을까. 특히 텔레비전의 슬로비디오가 없었다면, 씨름의 프로화가 몇 번 성취되었다고 해도 오늘날의 인기는 얻지 못했을 것이다. 그 이유는 어디에 있는가?

일반적으로 우리는 전달 매체를 쓰는 문화와 전자 문화로 분류하고, 전자 문화를 라디오와 같은 듣는 매체와 텔레비전과 같은 보는 매체로 구별한다. 그러나 실제로 텔레비전은 보고·듣고·맛보고·냄새 맡고·만지는 5관 전체의 활용을 요구하며, 이런 뜻에서 스크린을 쳐다보는 시각적인 효과는 여러 가지 감각 기관의 상호 작용 중에서 오직 한 요소에 불과하다고 말할 수 있다. 텔레비전이 시청자들의 인간 전체의 참여를 요구할 수 있는 이유도 여기에 있다.

텔레비전은 전 존재의 내면으로부터의 참여와 관련을 요구한다. 그것은 단순한 배경으로 역할하지 않는다. 그것은 우리를 사로잡는다. 우리들이 텔레비전 앞에서 우리들의 아이덴티를 위협 당하고 있다고 느끼는 이유도 여기에 있다.[2]

셋째, 너무나 당연한 얘기가 되겠지만 대중 스타는 인기와 돈에 직접 관련되어 있다. 그래서 어느 사람의 보이지 않는 인기를 측정할 수 있는 가장 쉬운 방법은 우리가 다 볼 수 있는 그의 수입으로 결정되기가 일쑤다. 물론 우리는 화려한 무대 위의 인기와 무대 밖에서의 고독을 즐겨 대비하기도 한다. 그러나 그것은 어디까지 한 사람 개인의 문제다. 대중 스

---

2) Marshall McLuhan, *The Medium is the Message ; An Inventory of Effects*, Bantam Books, 1967, p. 125.

타는 인기라는 파도를 타고 나타났다가 인기가 없으면 그대로 사라지는 물거품과 같은 사람이며, 한마디로 말해서 '인기로 밥 먹고사는 사람'이다. 이만기의 1986년 수입은 연봉 5000만 원에다가 상금을 합치면 1억 원을 웃돌 것이라고 한다. 거기에다가 광고 모델료까지 합치면 이야말로 천문학적인 숫자가 아닐 수 없다. 일반 직장 월급쟁이로서는 차마 상상도 할 수 없는 액수다.

모든 사람은 스타가 될 수 있다. 그러나 매스 미디어를 최대한 이용한 사람만이 스타가 될 수 있으며, 스타가 되면 인기와 돈을 한 손에 쥘 수 있다. 이러한 사실을 맥루한(Marshall McLuhan)은 "스타는 너무나 위대하고 지구는 너무나 왜소하다"고 표현한다.[3] 스타는 인기 있는 사람이며 돈 버는 사람이다. 김열규는 이렇게 말한다.

> 오늘날 사람들은 평범하게 마련되어 있다. 그저 그렇고 그런 사람, 이름이 있어도 호적에 있는 정도의 사람들이 오늘의 일반 시민이다. 흔하게 쓰는 말로 실명(失名)한 사람들, 무명(無名)의 대중이 되도록 오늘의 상황은 우리를 옥죄고 있다. 그런데 "내가 있으나마나한 존재"란 생각을 갖는 것은 괴로운 일이다. 이 너저분한, 답답한 숙명을 스스로 이기기에는 자신들이 너무나 약하다는 것을 그들은 알고 있다.
>
> 그래서 그들은 대중 스타에 의지한다. 아주 별난 사람, 아주 두드러진 사람, 잡초더미 속의 장미 같은 사람에게 기대는 것이다. 그러기에 대중 스타는 오늘날 대중의 운명에 대해 저지르는 도전의 힘, 바로 그것이다. 무명성을 내던지고 실존재성(實存在性)을 극복하기 위한 길라잡이의 거대한 별로 그들은 빛나고 있다.[4]

그러나 '인기 있는 사람'과 '유명한 사람'은 동일하지 않다. 인기 있는 사람은 모두 유명한 사람이지만 유명한 사람이 모두 인기가 있는 것은 아니다. 아인슈타인의 상대성 원리를 부정할 수 있는 물리학의 공식을 발견한 사람은 아마도 노벨상을 받을 정도로 유명한 사람일 것이다. 그러나 그는 여전히 인기 없는 사람으로 남을 수 있다. 인기 있는 사람은

---

3) 같은 책, p. 79.
4) 김열규, 『대중스타론』, 세계사, 1992, p. 4.

모두 돈을 벌지만, 돈을 잘 버는 사람이 반드시 인기 있는 사람은 아닐 수 있듯이.

'인기 있는 사람'과 '사랑 받는 사람'도 동일하지 않다. 물론 인기 있는 사람은 대중으로부터 뜨거운 사랑을 받는 경우가 많다. 그러나 인기인 중에는 대중으로부터 사랑과 미움을 동시에 받는 사람도 있으며, 대중의 증오심을 유발함으로써 인기를 유지하는 사람도 있다. 개성 있는 스포츠 중계로 언제나 시비의 대상이었던 미국의 아나운서 호와드 코셀이 전자에 속한다면, 고의로 반칙을 범함으로써 상대방에게 상처를 입히는 프로 레슬러는 후자에 속한다.

그러면, 인기 있는 사람과 유명한 사람은 반드시 동일인이 아닐 수도 있고, 또한 인기 있는 사람과 사랑 받는 사람이 반드시 동일인이 아닐 수 있는 근본적인 이유는 무엇인가. 그 이유는 한마디로 프로와 아마추어의 차이라고 말할 수 있다. 프로는 돈에 의해서만 움직이지만, 아마추어는 그렇지 않을 수도 있다. 그러므로 지난 올림픽 육상 경기의 4관왕인 칼 루이스가 돈에 의해서만 트랙을 뛴다면, 비록 그는 형식적으로는 아마추어이지만 실질적으로는 프로라고 말해야 한다. 인기를 한 몸에 받고 있는 대중 스타가 유명한 사람, 사랑 받는 사람이 아닐 수 있는 이유가 여기에 있다.

인기인이란 누구인가? 그리고 그 중에서도 절정의 인기를 가지고 있는 스타는 과연 누구인가? 우리는 그들을 '현대판 영웅'이라고 말할 수 있다. 매스 미디어가 LA 올림픽의 메달리스트들을 "영웅, 고국에 돌아오다!"라고 홍분해서 표현했던 이유도 여기에 있다. 여기서 우리는 그들이 고전적 영웅이 아니라 현대판 영웅이라는 것임을 염두에 두고, 옛날의 영웅과 오늘의 영웅을 비교해볼 필요가 있다. 그러면 우리는 현대판 영웅인 대중 스타의 본질에 한 걸음 더 가까이 나아갈 수 있을 것이다.

2. 옛날의 영웅과 오늘의 영웅

영웅에 대한 체계적인 연구는 수많은 난점을 가지고 있다. 첫째로 '영웅'이란 어휘가 너무나 광범위하고 폭넓은 의미를 가지고 있어서 쉽게 정립하기가 어렵고, 둘째로 영웅을 유형화하는 방법에도 여러 가지가 있으며, 셋째로 영웅에 대한 평가는 특수한 사회나 국가의 편견을 완전히 탈피할 수 없으며, 넷째로 지금까지 영웅에 대한 연구가 사회학문적인 차원에서 체계적으로 전개되지 않아서 쉽게 접근할 수 없게 되어 있다.[5] 그러나 이상회는 영웅 연구의 최근 결과를 다음과 같은 몇 가지로 분류한다.

첫째, 고전적 영웅관을 대표하는 사람으로는 칼라일(Thomas Carlyle, 1795~1881)을 들 수 있다. 그는 영웅을 스칸디나비아의 범신적인 존재인 오딘(Odin)과 같은 신성으로서의 영웅, 알라의 대변인 모하메드와 같은 예언자로서의 영웅, 단테나 셰익스피어와 같은 시인으로서의 영웅, 마르틴 루터와 같은 성직자로서의 영웅, 전통적 사고를 파괴하고 새로운 사고를 제시한 루소와 같은 문인으로서의 영웅, 나폴레옹과 같은 왕으로서의 영웅으로 분류한다. 그리고 그는 영웅의 속성으로 절대성, 신화성, 영원성, 계시성, 천재성, 독창성, 성실성, 지배성의 8가지를 든다. 물론 역사에 나타난 모든 영웅들이 이상의 8가지 속성을 동일하게 소유했던 것은 아니다. 오히려 이러한 속성은 시대에 따라서 약간의 차이가 있다. 그리하여 우리는 원시 시대의 영웅은 특히 신화성과 영원성을 가지고 있었으며, 중세의 영웅은 계시성을 가지고 있었으며, 거기에 비하여 근세의 영웅은 독창성과 지배성을 가지고 있다고 말한다.

그러나 모든 과거의 영웅은 일종의 '절대성'을 가지고 있다. 영웅은 대중이나 국민이 만들 수 없다. 오직 영웅만이 범인의 삶에 큰 영향을 줄 수 있다. 그리하여 칼라일은 인류 역사를 영웅 의지의 표현 형태로 보고, 일체의 역사적 현상을 영웅의 행적에 귀속시킨다. 하여간 그는 영웅이 수용자를 절대적으로 지배하는 일방 통행을 강조했다는 점에서 고전적인 영웅관을 대표하고 있다.

둘째, 칼라일과 정반대의 영웅관을 제시한 사람으로서는 헤겔(G. W. F. Hegel, 1770~1831)을 들 수 있다. 그는 스펜서(H. Spencer, 1820~1903)의 환경론과 마찬가지로 영웅이 역사를 창조하는 것이 아니라 역사가 영웅

---

5) 이상회, 『매스 커뮤니케이션과 사회화』, 평민서당, 1985, pp. 65-66.

을 창조한다는 사회결정론을 제창한다. 첫째로 영웅의 행위는 그가 말하는 절대 정신의 표현에 불과하며, 둘째로 영웅의 업적은 과거와 현재와 미래라는 좌표 속에서 판단되어야 하며, 셋째로 특정한 영웅이 없다고 해서 역사의 발전이 달라지는 것은 아니며, 넷째로 영웅은 결국 사회적 및 역사적 힘의 표상에 불과한 사람이라고 그는 말한다.6) 물론 헤겔은 알렉산더 대왕, 시저, 나폴레옹과 같은 영웅들을 엥겔스가 주장하듯이 다른 사람으로 쉽게 대체할 수 있다고까지 말하지는 않는다. 그러나 그는 이런 영웅들도 때가 성숙해야 존재할 수 있다는 뜻에서 '상황에 의한 가정'으로 보아야 한다고 말한다.7)

셋째, 현대로 들어와서 미국에서는 국민에게 구체적인 이익과 행복을 줄 수 있는 모든 지도자들을 중심으로 한 실용적 영웅관이 대두하게 되었다. 영웅은 이제 칼라일의 영웅적인 영웅일 필요도 없으며, 헤겔의 사회적인 영웅일 필요도 없다. 실제로 전자가 역사에 대한 영웅의 역할만을 중요시했다면 후자는 영웅에 대한 역사의 역할만을 중요시하는 실수를 범했다고 말할 수 있기 때문이다. 그리하여 오늘날의 영웅은 역사 속에서 뚜렷한 업적을 남긴 사람 뿐만 아니라 국민 복지에 기여한 대통령, 과학자, 시인도 될 수 있는 것이다.

이러한 실용적 영웅관은 다시 심리학적 영웅관으로 발전했다. 실용적 영웅관은 영웅의 일방 통행적 위력을 강조하지도 않고, 또한 영웅을 어떤 형이상학적 원칙에 의하여 놀아나는 꼭두각시로 보지 않고, 국민의 행복에 기여한 정도로 결정할 수 있다는 사상 — 다시 말해서 국민의 심리가 영웅을 결정한다는 사상 — 을 가지고 있기 때문이다. 그리하여 심리학적 영웅관은 영웅을 어떤 형태로든지 하나의 역사적 위인으로 보았던 지금까지의 관념으로부터 벗어나서 '대중이 따르는 사람'의 개념으로 발전시켰다. 여기서 영웅은 절대성을 가진 사람이 아니라 오락 흥행사와 같은 대중적 영웅이 될 수도 있다.

왜 현대인은 전통적 영웅관을 버리고 세속적이며 실용적이며 심리적이며 대중적인 영웅관을 갖게 되었는가? 그리고 고전적 속성을 전부 박

---

6) 같은 책, pp. 70-73.
7) Cf. William H. Dray, *Philosophy of History*, Prentice-Hall, 1964, pp. 74-75.

탈당한 오늘날의 영웅은 구체적으로 어떤 형태로 나타나는가?

첫 번째 질문에 대하여 슬레징거는 현대인이 고전적 영웅을 거부하는 이유를 다음의 4가지로 설명한다. 첫째로 과거의 영웅은 일반인을 보잘 것없는 존재로 인식하게 만들며, 둘째로 과거의 영웅은 극단적인 생활 태도를 일반인에게 부과함으로써 일반인의 자율적 사고와 행위를 용납하지 않으며, 셋째로 현대와 같은 조직 사회에서는 한 사람의 영웅적 행위보다는 구성원의 집약적 노력이 중요하며, 넷째로 현대 민주주의 이론은 전통적 영웅관과 병행할 수 없다. 하여간 이제 고전적 영웅은 발붙일 곳이 없게 되었다. 현대를 마술적 힘을 가진 영웅이 사라진 '비영웅의 시대'라고 명명하는 이유도 여기에 있다.8)

두 번째 질문에 대하여 이상회는 오늘날의 영웅을 다음과 같은 3가지로 분류한다. 우선 현대의 영웅으로는 충고와 동의의 원칙에 의하여 국민이 자율적으로 선택한 지도자를 들 수 있다. 그러나 그들은 고전적 영웅이 가지고 있던 절대성과 영원성을 결여하고 있다. 영국 국민이 제2차 세계대전의 영웅인 처칠을 그들의 지도자로 선택하지 않은 이유도 여기에 있다. 또한 기존의 가치 체계를 과감히 배척하고 외로운 고독자의 길을 가는 반영웅의 영웅이 있다. 그들은 끝없이 노력하고 실패하는 프로메테우스와 같은 반역아로서의 영웅인데, 그 중에는 히피·비트족·앵그리 영맨·꽃 세대 등을 들 수 있다.

끝으로 현대의 영웅으로는 개인의 욕구 불만을 해소하는 도피 장치의 기능을 담당하는 대중 매체에 의하여 탄생한 연예인들을 들 수 있다. 그들은 어떤 원칙에 의하여 국민의 자유 의사가 선정한 영웅도 아니며 모든 체제를 비판하는 반영웅의 영웅도 아니다. 그들은 오직 대중의 지지와 매스 미디어의 조작이라는 두 개의 쌍두마차에 의하여 대중에게 '심리적인 피난처'를 제공하는 비영웅의 영웅일 뿐이다. 오늘날 우리가 대중 스타라고 말하면 으레 이런 영웅을 지칭한다.9)

그러면 고전적인 영웅과 오늘날의 영웅의 차이는 무엇인가? 옛날의 영웅과 오늘의 대중 스타의 차이는 무엇인가? 우리는 이 차이를 한마디로

---

8) 이상회, 앞의 책, p. 78.
9) 같은 책, pp. 79-80.

생산적인 영웅과 소비적인 영웅의 차이라고 말할 수 있다. 어떤 형태로든지 생산을 강조했던 옛날의 영웅은 이제 소비를 유혹하는 영웅으로 변했다. 그리하여 어떤 사람은 과거의 영웅을 '영웅'이라고 부르고 현대의 영웅을 '명사'라고 불러야 한다고 말하며, 다른 사람은 옛날의 영웅이 살던 시대를 '문화'라고 부르고 오늘의 영웅이 사는 시대를 '오락'이라고 불러야 한다고 말한다. 그리고 이 양자의 차이를 문화의 보존 가능성과 오락의 보존 불가능성으로 설명한다.

사람들은 문화를 보존하려고 하며 또한 보존할 수도 있다. 문화에 가치가 붙는 이유는 어떤 의미에서든지 이 보존에서 오는 것이다. 또한 문화는 보존되는 것이기 때문에 서로 교환될 수 있다. 말하자면 문화는 교환 가치를 가지고 있다. 이 경우에 문화의 교환 가치는 그것의 희소 가치와 무관하지 않다. 문화의 희소 가치는 다시 문화의 보존과 관련이 있다. 문화는 그것이 오래 되었다는 사실 자체가 하나의 가치로 평가된다.

이와 반대로 오락은 보존이 아니라 소비를 그의 본성으로 하고 있다. 대중 사회가 대중 매체를 통하여 대중 수요에 응하여 대량 생산하고 있는 대중 문화라는 것은 실제로 이와 같은 대중 소비를 겨냥한 오락 상품에 불과한 것이다. 대중 문화의 양산이 가능한 것도 그것이 '보존을 위한 문화'를 생산하는 것이 아니라 오직 '소비를 위한 오락'을 생산하기 때문이다.

오락의 본질이 소비적이라는 것은 오락을 평가 절상하는 것도 아니며 평가 절하하는 것도 아니다. 그것은 마치 비누나 양말이 소비재라고 해서 평가에 영향이 없는 경우와 같다. 소비재는 일용품이며 생활 필수품이다. 미국의 슈퍼마켓에서 대중 문학 잡지와 대중 음악 음반을 식료품과 같은 일용품과 함께 판매하고 있는 이유도 여기에 있다.

한편, 문화는 보존되는 것이기 때문에 '오래된 것'이 가치가 있고, 오락은 소비하는 것이기 때문에 '새로운 것'이 가치가 있다. 실제로 대중 문화에 고전이 없고 또한 있을 수 없는 이유도 여기에 있다. 소비재는 낡은 것이 아니라 새 것일수록 좋다. 사람들은 오래 묵은 빵이나 낡은 옷보다는 새로 구운 빵과 새로 만든 옷을 좋아한다.[10]

---

10) 최정호, 「대중 사회와 대중 문화」, 『월간조선』, 1980년 12월, p. 224 (필자는 원문을 약간 고쳐서 인용했음).

여기서 우리는 오늘의 영웅은 옛날의 영웅과 전혀 차원을 달리하고 있음을 알 수 있다. 그리고 우리들의 선망의 대상인 대중 스타는 '대중의 지지와 매스 미디어의 조작이라는 쌍두마차'에 의하여 탄생된 현대판 소비의 영웅임을 알 수 있다. 그러나 우리는 여기서 한 가지 중요한 사실을 잊지 말아야 한다. 그것은 우리가 아무런 이유도 없이 대중 스타를 '끼 있는 사람'으로 매도하지 말고, 대중 문화를 무조건 매도하지 말고, 대중 매체를 전면적으로 부정하지 말아야 한다는 사실이다.

3. 대중 스타들에게 돌을 던지지 말라

우리는 이미 대중 스타가 반드시 유명한 사람이나 대중으로부터 사랑받는 사람이 아님을 고찰했다. 그러므로 대중 스타는 우리들이 전통적으로 존경해온 훌륭한 사람, 사람다운 사람, 공자님과 같은 사람과는 전혀 관계가 없다. 오늘날의 대중 스타는 대중을 지고선(至高善)의 세계로 이끌려는 전통적인 영웅도 아니며, 대중이 확고한 원칙에 의하여 자발적으로 선택한 지도자도 아니며, 고독한 단독자의 길을 걷는 부조리의 영웅도 아니다. 그야말로 그는 "어느 날 아침에 일어나 보니 스타가 되었더라"고 고백할 수 있을 정도로 대중 매체를 교묘하게 이용하여 '떠오르는 샛별'이 된 사람이다.

그렇다고 우리는 대중 스타를 단순히 마이크 체질을 가진 사람, 탤런트 기질이 있는 사람, 딴따라 소질이 있는 사람이라고 말할 수도 없다. 일반적으로 우리는 이런 사람들을 '바람끼'나 '잡끼'라는 표현에 나타나는 '끼 있는 사람'이라고 말한다. 그리하여 어떤 사람은 '인끼'가 '인기'를 만든다고 말하기도 한다. 그러나 우리가 '끼'를 한마디로 허영이라고 말할 수 있다면, 허영심이 조금도 없는 인간이 이 세상에 어디 있겠는가.

우리는 절세의 미인으로 동양의 양귀비와 서양의 클레오파트라를 든다. 특히 우리는 결혼의 횟수로 명성을 떨치고 있는 엘리자베스 테일러 주연으로 영화화된 클레오파트라의 미색을 잘 기억하고 있다. 그리고 우리는 실제로 그녀의 사랑을 독차지하기 위하여 수많은 영웅들이 — 고전적인 영웅들이 — 시기와 질투와 전쟁의 화신으로 변했다는 사실을 역사 시간에 배웠다. 그러나 실존주의 철학자인 파스칼(Blaise Pascal, 1623~1662)은 『팡세』에서 그것을 허영의 상징이라고 설파한다.

> 인간의 허영을 알려고 하는 사람은 사랑의 원인과 결과를 고찰할 필요가 있다. 사랑의 원인은 우리가 잘 알 수 없는 것 — 우리가 인식하지 못할 정도로 시시한 것 — 이다. 그러나 그것이 국가 전체, 군주들, 군대, 전 세계를 동요시킨다. 클레오파트라의 코, 그것이 조금만 낮았다면 세계의 역사가 변했을 것이다.11)

그러면 누가 허영심을 가지고 있는가. 모든 인간은 허영심의 노예다. 모든 사람은 '끼'를 가지고 있다. 그리하여 비참한 말년을 보낸 스피노자(B. Spinoza, 1632~1677)는 "세상의 남용과 허영을 가장 큰 목소리로 비판하는 사람이 바로 가장 명예와 영광을 갈구하는 사람"이라고 비웃는다.12) 대중 매체에 나오는 동료를 질투심에서 탤런트라고 매도하던 대학 교수가 기회만 있으면 쉽게 텔레비전에 출연하는 이유도 여기에 있다. 특히 파스칼은 인간 허영의 보편성을 이렇게 말한다.

> 허영이란 모든 인간의 가슴속에 있다. 군인, 군인의 종, 요리사, 짐꾼들까지도 공연히 거만을 떨고 다니며 그들을 존경하는 사람을 가지고 싶어한다. 하다 못해 철학자들까지도 그들을 존경하는 사람을 가지려고 애쓴다. 허영을 비판하는 글을 쓰는 사람들은 글을 잘 썼다는 영광을 받으려고 한다. 이 글을 쓰는 필자도 아마 이런 욕망을 가지고 있을 것이다. 그리고 나의 글을 읽는 독자들도 동일한 욕망을 가지고 있을 것이다.13)

모든 사람은 허영심을 가지고 있다. 모든 사람에게는 '끼'가 있다. 모든 사람은 대중의 사랑을 받고 싶어한다. 모든 사람은 대중 스타가 되고 싶어한다. 하다 못해 산중에서 명상하는 수도승까지도 훌륭한 선사라는 말

---

11) Blaise Pascal, *Pensees*, 162절.
12) Cf. 황필호, 「한 번의 신부 화장이 평생의 행복을 보장하지 않는다 : 결혼과 허영」, 『철학적 여성학』, 종로서적, 1986, p. 132.
13) Pascal, 앞의 책, 150절.

을 듣고 싶어한다. 그러므로 우리는 대중 스타, 대중 문화, 대중 매체에 대한 무조건적인 비판의 태도에서 벗어나서 좀더 객관적인 태도를 가질 필요가 있다.

첫째, 우리는 유명한 대중 스타를 진심으로 선망하면서도 다른 한편으로는 무조건 무시하고 욕하는 경우가 있다. 그들을 문란한 사생활의 대명사로, 환각제를 피우는 반윤리적 및 반사회적 존재로 매도하는 경우가 있다. 물론 우리는 그런 연예인들을 우리 주위에서 쉽게 볼 수 있다. 그리고 엘리자베스 테일러의 경우와 같이 어떤 스타는 오히려 인기 하락을 방지하는 수단으로 다른 남성과 결혼을 계속하는 경우도 없지 않다. 그들은 어떤 수단을 써서라도 대중의 화제에 오르기만 하면 된다는 생각으로 어떤 일이라도 서슴지 않고 해내기도 한다. 그러나 우리는 여기서 모든 대중 스타는―적어도 원칙적으로는―대중이 만드는 것이라는 소박한 진리를 잊지 말아야 한다. 대중의 기반이 없는 대중 스타란 마치 '둥그런 사각형'과 같은 모순 개념에 불과하다. 그것은 마치 독재자가 존재하려면 그 독재자를 묵인하는 국민을 전제해야 되는 경우와 다름이 없다.

더 나아가서 우리는 대중 스타로부터 어떤 대리 만족을 가질 뿐만 아니라 대부분의 경우에는 그들을 통하여 일종의 카타르시스를 얻게 된다. 이러한 사실은 특히 코미디의 경우에 잘 나타나 있다. 이리 채이고 저리 채여서 곧 쓰러질 것 같으면서도 쓰러지지 않는 찰리 채플린의 허약한 체구, 여성 상위 시대에 짓눌려서 사는 소심한 남성의 표상인 만화 '블론디'의 남자 주인공, 똑똑하지 못한 병신 노릇으로 실소를 자아내는 이주일. 우리는 그들을 통하여 우리 자신의 허약함과 무력함과 소시민성을 발견하게 된다. 그리고 이러한 자각은 다시 우리로 하여금 그들을 동정할 수밖에 없는 일치감을 제공한다. 결국 우리는 그들에 '대하여' 웃지 않고 그들과 '같이' 웃게 된다.[14] 이런 대중 스타에게 우리는 어떻게 돌을 던질 수 있겠는가.

---

14) Theodore W. Hatlen, ed. *Drama : Principles and Plays*, Prentice Hall, 1967, p. 44. Cf. 코미디의 또 다른 중요한 기능은 사회에 대한 비판적 태도다. 복부인, 외제 선호 사상, 점쟁이 등에 대한 콩트가 여기에 속한다. 프랑스 철학자인 베르그송은 이렇게 말한다. "웃음은 우선 교정적(corrective)이다. 그것은 상대방을 희롱함으로써 관객에게 큰 인상을 남긴다. 그러므로 사회는 웃음으로 복수를 하는 것이다." 같은 책, p. 43에서 재인용함.

둘째, 우리는 대중 스타를 만들어내는 대중 문화를 무조건 저질 문화라고 욕하는 경우가 있다. 물론 대중 문화는 베토벤의 9번 교향곡을 디스코 리듬으로 바꾸고, 니체의 "신은 죽었다"는 명제를 단순한 하나의 슬로건으로 둔갑시키고, 아인슈타인의 "신은 주사위를 던지지 않는다"는 명제를 선전용 구호로 변경시키기도 한다. 이런 뜻에서 대중 문화야말로 강력한 논증을 약한 논증으로 바꾸고 약한 논증을 강력한 논증으로 둔갑시키는 그리스의 궤변론자들과 다름이 없는 듯이 보인다. 그리하여 워너(W. Warner)는 문화를 고급 문화·중급 문화·하급 문화로 구분했으며, 갠스(H. Gans)는 더욱 정교하게 고급 문화, 중상급 문화, 중하급 문화, 하급 문화, 민속 문화로 구분했다.

그러나 우리는 여기서 '대중'이란 '민중'이나 '무산 계급'과는 달리 가치 중립적인 계층이며, 학생이나 군인과는 달리 그 계층이 확실히 고정되어 있는 것도 아니라는 사실을 잊지 말아야 한다. 대중에는 엘리트도 포함될 수 있으며 대중 매체에 종사하는 사람도 포함될 수 있다. 대중이란 단순히 '다수를 차지하고 있는 계층'이며, 대중 문화의 대상인 대중의 외연(外延)은 주제에 따라서 각기 다르게 마련이다. 예를 들어서 어느 연속 방송극을 애청하는 대중과 최신 유행가를 좋아하는 대중은 전혀 상이할 수도 있다. 그러므로 대중 문화를 무조건 하급 문화로 매도하는 심리는 언젠가는 자신도 그 문화의 비판 대상이 될 수 있다는 사실을 간과한 것이다.

더 나아가서 유사 이래 인간은 '빵과 서커스'를 동시에 추구하는 존재다. 먹이와 오락을 동시에 추구하는 존재다. 그러므로 오락에 대한 추구는 '대중'만의 것이 아니라 모든 인간의 것이다. 그것은 — 니체의 표현을 빌면 — '인간적인 너무나도 인간적인' 욕구다. 대중적인 오락을 무조건 경멸하는 사람은 '교육받은 속물주의'의 노예에 불과한 사람이다.

스스로는 대중 '밖'이나 '위'에 있다고 자처하는 사람이라고 해서 언제나 고급 오락만을 즐기는 것은 아니다. 채플린의 「모던 타임즈」를 보면 자연스럽게 웃음이 나오지만 한국 코미디를 보면 웃음이 사라진다는 말은, 「엘렉트라」를 보면 눈물이 쏟아져도 「미워도 다시 한 번」을 보면 눈물이 나오지 않는다는 거짓말과 같다. 웃음과 눈물을 자아내는 데는 그것이 반드시 고급이거나 저급

이어야 할 필요는 없다.

오락에의 욕구가 이렇게 대중만의 것이 아니라 모든 인간에 내재하는 욕구라는 사실은, 바꿔 말하면, 오락에의 욕구가 이른바 '문화적' 욕구이기에 앞서서 인간의 '생리적' 욕구라는 것이다. 그것은 '문화'에 앞선 '생명'의 욕구며, 인간적인 삶 자체의 본원적인 욕구다. 인간적인 삶을 유지하기 위해서는 빵 뿐만 아니라 노동의 여가를 즐기는 서커스가 동시에 필요한 것이다.[15]

또한 대중 문화는 대중 문화에 대한 저질 시비에는 눈도 깜짝하지 않고 자신의 정해진 궤도를 달린다. 대중은 대중 문화를 오락의 차원에서 수용하기 때문에 고급과 저질의 차이는 아무런 문제가 되지 않는다. 오직 중요한 문제는, 그것이 과연 오락성을 가지고 있느냐는 것이다. 그것이 노리는 것은 외부로부터의 공격에 노출되지 않으면서 오직 오락적인 효과를 증대시키는 것이다. 그러므로 대중 문화에 대한 저질 시비는 원칙적인 인간의 본성적 측면 뿐만 아니라 현실적인 차원에서도 아무런 효과를 가지고 올 수 없다. 대중 문화는 고급 문화가 아니다. 그리고 그것은 저급 문화도 아니다.

셋째, 우리는 대중 문화의 매체인 매스 미디어의 '위력'과 '속성'을 잘 모르기 쉽다. 우리는 흔히 "이렇게 바쁜 세상에 언제 한가하게 라디오를 듣겠는가"라고 생각하기 쉽다. 그러나 모든 방송은 예외 없이 누군가에 의하여 철저히 청취되고 분석되고 있다는 사실을 잊지 말아야 한다. 방송이 끝나자마자 걸려오는 전화들, 담당 PD와 MC가 피신해야 할 정도의 관심, 이런 것들은 방송의 위력을 실증해 준다.

매스 미디어는 어느 정도의 힘을 가지고 있는가? 그것은 우리들의 가정, 이웃과의 관계, 교육 방식과 내용, 직장 생활을 전혀 새로운 각도로 변경시킨다. 그 속에서 우리는 사생활과 개인적인 비밀을 간직한 옛날의 사람이 아니라 모든 면을 홀딱 보이면서 살 수밖에 없는 어항 속의 고기와 같은 '익명의 인간'이 된다.

매스 미디어의 위력은 대단하다. 그것은 닉슨 대통령을 축출한 제4부의 정부가 될 수 있으며, 다른 한편으로는 이 세상을 조지 오웰의 『1984

---

15) 최정호, 앞의 글, p. 223 (필자는 원문을 약간 고쳐 인용했음).

년』으로 만들어놓을 수도 있다. 그러므로 현재를 사는 사람은 아무도 매스 미디어를 무시하고 살 수 없다. 맥루한이 그의 유명한 『미디어는 메시지이다』라는 책에서 그가 새로운 진리를 설파하는 것이 아니라 단지 현재 진행되고 있는 사실을 점검하고 있을 뿐이라고 주장한 이유도 여기에 있다. "이 책은 단순히 현재 일어나고 있는 현상을 바라보는 것이다. 그것은 현재 상호 직면하고 있는 상황들을 보는 충돌 망원경(a collidescope of interfaced situations)일 뿐이다."16)

그러나 미디어의 위력을 아는 사람 중에서도 그것의 본질적 속성을 모르는 사람이 굉장히 많다. 예를 들자. 어느 날 점쟁이를 비판하는 텔레비전 특집을 방영했다고 하자. 이 프로의 출연자들은 점의 비과학성과 비진실성을 잔인하게 폭로했다고 하자. 인간이 달나라에 왔다갔다하는 시기에 성행하는 생년월일에 의한 사주팔자는 엉터리일 수밖에 없다고 통박했다고 하자. 더 나아가서 그 프로에 출연했던 소위 처녀 역술인은 말이 막혀서 답변을 못하고 얼굴을 붉혔다고 하자. 결과는 무엇인가? 담당자는 방송이 채 끝나기도 전에 그 점쟁이의 전화번호를 묻는 수많은 시청자들의 전화를 받게 될 것이다. "그래도 텔레비전에 나올 정도면 훌륭한 점쟁이가 아니겠는가?" 이것이 일반인의 일반적인 상념이다. 결국 이 방송은 원래의 방송 취지와는 정반대의 결과를 초래하고 만다. 이런 사실은 심령 수술, 안수 기도, 최면술, 마술, 요술 등의 경우에도 그대로 적용된다.

무엇을 방송하느냐는 문제도 중요하긴 하다. 그러나 더욱 중요한 것은 방송을 한다는 사실 자체다. 그러므로 방송의 내용만 비판하는 사람은 아직도 방송의 속성을 이해하지 못한 사람이다. 그는 출연자들이 알맹이는 없으면서도 인상, 분위기, 무드, 방식, 과정만을 중요시한다고 비난한다. 옳은 말이다. 그러나 그들이야말로 방송의 속성 자체를 모르는 '반복적인 반응을 보이는 사람들'일 뿐이다.17)

---

16) McLuhan, 앞의 책, p. 10.
17) 그러면 이렇게 매스 미디어가 우리의 삶 전체를 변경시키고 강요하고 영향을 줄 수 있는 근본적인 이유는 무엇인가? 도대체 미디어는 왜 현대판 공룡이 될 수 있는가? 맥루한은 그 이유를 모든 미디어는 인간의 정신적 및 육체적 능력의 연장이기 때문이라고 말한다(All media are extensions of some human faculty, psychic or physical). 그리하여 우리는 자동

우리는 이제 매스 미디어의 위력과 속성을 잘 알아야 한다. 활자 문화와 전자 문화의 차이를 알고, 전자 문화 중에서도 라디오와 텔레비전의 차이를 알아야 한다. 매스 미디어를 무시하는 현대인은 결국 매스 미디어의 희생물이 될 뿐이다.

우리는 지금까지 대중 스타의 본질을 알기 위하여 대중 스타를 만들어 내는 대중 문화의 속성을 고찰했고, 대중 문화의 도구인 대중 매체의 위력과 속성을 간단히 고찰했다. 그리하여 우리는 대중 스타란 '대중 매체를 통한 대중 문화의 총아'라는 극히 상식적인 결론에 도달했다. 그러면 대중 스타란 과연 누구인가? 대중 스타는 대중이 만드는 것인가? 혹은 대중 매체가 만드는 것인가? 이러한 질문들은 대중 스타가 탄생하는 과정을 고찰함으로써 답변될 수 있을 것이다.

4. 대중 스타는 어떻게 탄생하는가

우리는 이미 대중 스타란 원칙적으로 대중에 의하여 만들어진다는 사실을 지적했다. 그런데 여기서 중요한 것은 '원칙적으로'라는 표현이 삽입되어 있다는 것이다. 원칙적으로 대중 스타는 대중의 순수한 선택에 의하여 탄생되어야 하지만 현실적으로는 반드시 그렇지 않을 수도 있다. 나는 이미 이러한 사실을 대중 스타는 '대중의 지지와 매스 미디어의 조작이라는 쌍두마차'에 의하여 탄생된다고 표현했다.

여기서 독자는 약 50퍼센트의 대중의 인기와 약 50퍼센트의 미디어 이용이 스타를 만든다고 생각할 것이다. 그러나 이러한 생각은 지나친 단순화의 오류를 범하는 것이다. 대중과 미디어의 관계, 그리고 스타와 미디어의 관계는 이보다 훨씬 복잡하다.

매스 미디어의 총아인 텔레비전의 경우를 예로 들자. 미국에서 1938년 가을에 처음 텔레비전의 영상이 방영되었을 때 당시의 문필가인 화이트 (E. B. White)는 『하퍼 매거진』에서 이렇게 기술했다.

차 바퀴는 다리의 연장이며, 전기 회로는 인간 신경 세포의 연장이라고 말할 수 있는 것이다. 같은 책, p. 26.

텔레비전은 현대 세계의 시험장이 될 것이다. 우리들의 시각의 한계를 벗어난 영역을 관찰함으로써 우리는 평화에 대한 견딜 수 없는 새로운 방해를 받거나 빛나는 하늘의 광명을 볼 것이다. 우리는 텔레비전에 의하여 생존하거나 멸망할 것이다. 나는 이것을 확신한다.18)

그 이후로 학자들은 이 새로운 통신 매체의 공과에 대하여 각기 다른 견해를 제시해 왔다. 콜롬비아대학교의 프렌들리(Fred W. Friendly)는 "텔레비전은 모든 사람이 이용할 수 있는 국립 공원이 되어야 한다. 그러나 실제로는 돈 버는 기계가 되고 있다"고 비판했으나, 텔레비전 연출가인 리치(Lee Rich)는 공공 교육을 위한 재원을 얻을 수 없는 시점에서는 상업 선전을 받을 수밖에 없다고 응수한다. 그러나 그들은 적어도 다음과 같은 몇 가지 사실에 동의한다.19)

첫째, 앞으로 텔레비전은 엄청난 기술적인 발전을 가지고 올 것이다. 시청자는 더욱 선명한 화면과 역동성 있는 장면을 보게 될 것이다. 그러나 프로그램의 질은 별로 향상하지 않을 것이다.

둘째, 오늘날 텔레비전은 청소년에게 폭력과 성을 조장하고, 독서 능력과 추리 능력을 저하시키고, 집중력을 분산시키고, 수동성과 상업주의를 고취시킨다는 비난을 받고 있다. 그러나 텔레비전은 동시에 어린이와 청소년의 교육을 돕는 측면도 갖게 될 것이다.

셋째, 헌법에 명시된 언론 자유의 권리 때문에 앞으로 검열은 그렇게 심하지 않게 될 것이다.

넷째, 교육 방송이 중요한 일면을 담당하기는 하겠지만, 텔레비전 전체로 보면 상업주의적인 경향은 계속 유지될 것이다. 프로그램은 미적·사회적·교육적 기준보다는 다분히 경제적 기준에 의하여 결정될 것이다.

다섯째, 텔레비전이 사회 전반에 미치는 영향을 조사하기는 점점 어렵게 될 것이다. 이런 일에 자금을 대는 기관은, 그 기관의 이익을 전제로 해서만 보조할 것이기 때문이다. 텔레비전의 횡포를 견제할 수 있는 압력 단체는 점차 힘을 잃게 될 것이다.

여섯째, 텔레비전은 정지보다는 운동, 복잡성보다는 단순성, 추상성보

18) Rushworth M. Kidder, "The Impact of Video Culture", 출처 불명.
19) 같은 글, p. 60.

다는 구체성, 개념화보다는 개성화, 미래나 과거보다는 현재를 택하게 될 것이다. 이러한 사실은 인간이 역사상 최초로 달 표면에 발자국을 남긴 외계 탐험의 방영 때 잘 나타났다.

물론 이상에서 지적한 것들은 미국의 경우이기 때문에 우리나라의 현실에는 맞지 않는 것도 있다. 예를 들어서 우리나라에서는 텔레비전의 검열이 약화되기는커녕 이제는 모든 프로를 생방송하지 않는 것을 원칙으로 할 정도의 '가위질 편집'의 테스트를 거쳐야 한다. 또한 사회에 미치는 텔레비전의 영향력을 조사하는 노력도 거의 주먹구구식으로 진행되고 있는 것이 우리의 실정이다. 그러나 텔레비전이 근본적으로 경제적인 이익과 관련되어 있으며 모든 것을 단순화시키는 일회용 오락으로 대중을 이끌고 있다는 사실은 우리나라에도 그대로 적용된다. 여기에 바로 대중에 대한 매스 미디어의 조작 기능이 생기게 된다.

원래 조작(操作)이란 '물리적인 강제력의 행사를 피하고 상징이나 선전 등과 같은 현대 특유의 통치술을 구사하여 대중의 자발성을 적절히 자극시킴으로써 지배자가 의도하는 방향으로 대중을 동원시키는 작업'을 말한다. 물론 선의의 대중 조작도 있을 수 있다. "그러나 독재적 지배자들에 의한 대중 조작은 집권을 위한 내밀한 비인격적 권력의 행사며, 피지배자들은 자기들에게 도대체 무엇이 가해지는지를 분명히 의식하지 못한 채 지배자들의 의사에 복종하게 된다. 그리하여 밀즈는 지배자가 대중 다수로 하여금 스스로 어떤 결정을 내린 것처럼 현혹하게 하는 심리적 착취의 체계가 곧 대중 조작이라고 말한다."[20]

문제는, 이러한 대중 조작이 정치적인 차원과는 아무런 관련이 없는 듯이 보이는 — 오락적인 차원에도 그대로 적용된다는 데 있다. 대중은 대중 매체를 움직이는 소수의 엘리트가 제공한 선정적이면서도 단순한 오락을 섭취하게 되며, 이런 단계가 어느 정도 지나면 대중은 그들 스스로 각기 다른 오락 프로를 마음대로 선택할 수 있다는 환상을 갖게 된다. 실제로 그가 어떤 채널을 틀어도 결국 비슷한 프로를 보게 된다는 사실을 망각하고.

이런 뜻에서 매스 미디어의 전달은 근본적으로 '밑으로부터' 나온 내용

---

20) 차배근, 「대중 문화의 대중 조작」, 『월간 조선』, (1980, 2) p. 226.

이 아니라 '위로부터' 내려온 내용을 중심으로 삼게 된다. 여기서 대중은 단순히 소비자가 되고 생산자의 위치를 상실한다. 대중은 대중 문화의 주체가 아니라 객체가 된다. 끝까지 그가 주체라는 착각을 가지고 있으면서도.[21] 이렇게 해서 대중 매체는 단순한 문화 '전달자'의 위치를 벗어나서 문화 '산업'이 되는데, 이러한 사실을 예리하게 지적한 사람으로는 '문화 산업'이라는 표현을 한 걸음 더 발전시켜서 '의식 산업'이라는 용어를 사용한 엔젠스베르거(Hans Magnus Enzensberger)를 들 수 있다.

지금까지 우리가 사용해온 '문화 산업'이라는 표현은 첫째로 이른바 문화라는 이름으로 펼쳐지는 모든 현상이 개인적인 현상이 아니라 사회적인 현상이며, 이 현상은 이제 상업적인 차원으로 변했음을 잘 알려준다. 그러나 이 어휘는 '문화'라는 가치 중립적 표현을 사용함으로써 매스 미디어가 대중에게 미치는 — 조작하는 — 엄청난 결과를 적절하게 표현하지 못하는 약점을 가지고 있다.

오늘날 대중 문화의 문제는 장사꾼의 사사로운 행위로 끝나지 않는다. 그것은 대중의 의식 전체를 통제하는 현대판 공룡이 되었다. 이런 뜻에서 매스 미디어는 이제 문화 산업의 단계를 지나서 의식 산업의 단계에 이르렀다. 그러면 의식 산업은 어떤 전제 조건을 가지고 있는가? 의식 산업은 어떤 슬로건을 제창함으로써 대중을 교묘하게 조작하는가? 엔젠스베르거는 이것을 다음과 같은 세 가지로 요약한다.[22]

첫째, 의식 산업이 가진 철학적 전제는 모든 대중이 무한히 발전하는 이성의 소유자라는 가장 넓은 의미에서의 계몽주의다. 매스 미디어는 모든 청취자들에게 '고귀한 인간이라는 의상'을 입히고, 모든 시청자들에게 '현명한 존재라는 가면'을 입힌다. 의식 산업은 어린이나 청소년을 상대할 때도 언제나 성인으로 취급하게 된다.

둘째, 의식 산업이 가진 정치적 전제는 모든 사람이 평등하다는 소박한 의미의 민주주의다. 그리하여 매스 미디어는 자유와 평등을 실현하지 않으면서도 언제나 그것들을 선언하고 나선다. 여기서 대중은 자신의 운

---

21) 최정호, 앞의 글, p. 220.
22) Hans Magnus Enzensberger, 문희영 역, 『대중 매체와 의식 조작』, 일월총서, 1986, p. 11.

명이나 사회의 운명을 자유롭게 결정할 수 있는 듯한 허상을 갖게 된다.

셋째, 의식 산업이 가진 경제적 전제는 자본의 사회 환원이라는 분배적 원칙이다. 대중 매체가 언제나 대중을 위하여 존재하며, 광고 수입은 대중을 위하여 사용하고, 남은 이윤은 순수한 문화 사업에 쓴다고 열심히 선전하는 이유도 여기에 있다.

여기서 독자들은 의식 산업의 경제적인 측면은 매스 미디어의 체제 — 국영, 공영, 사영이냐는 체제 — 에 따라서 다르게 나타나며, 또한 매스 미디어가 어느 정도 수입을 갖는 것은 사실이지만 증권 투자나 토지 가옥 사업 등에는 직접 관여하지는 않는다고 생각하기 쉽다. 물론 대중 매체를 이용하는 사람들은 조그만 시청료를 내고 텔레비전을 볼 수 있으며, 조그만 구독료로 매일 전달되는 일간 신문을 구독할 수 있으므로 이렇게 생각할 수도 있다.

그러나 이러한 판단은 문제를 너무 단순하게 보는 것이다. 매스 미디어가 사람들에게 공급하는 것은 물질적인 상품이 아니라 의견, 판단, 편견 따위의 의식 내용이기 때문이다. 여기서는 물질적인 내용이 뒤로 물러나고 오직 추상적인 '언어'만이 난무하고 있을 뿐이다.

문제는 의식 산업이 국영이냐 공영이냐 사영이냐가 아니라, 그것이 짊어지고 있는 '사회적 위탁의 내용'이다. 오늘날 이 사회적 위탁의 정도는 차이가 있지만 어디서나 한결같이 동일한 내용을 갖는다. 의식 산업은 의식을 착취하기 위하여 열심히 허위 의식을 유도해야 한다.

우리는 먼저 비물질적 착취라는 개념을 분명히 이해해야 한다. 최초의 축적의 단계에서는 어느 나라에서도 프롤레타리아에 대한 물질적 착취가 전면에 나타난다. 스탈린 시대의 러시아나 중공의 예를 보면 잘 알 수 있다.

그러나 이 단계를 지나면 착취는 경제적 영역 뿐만 아니라 의식의 영역에도 나타난다. 주인과 노예는 반드시 공장의 소유나 무기의 제작에 의하여 결정되는 것은 아니다. 타인의 의식을 마음대로 조종할 수 있는 방법에는 여러 가지가 있다. 실제로 모든 물질적인 착취는 비물질적인 가면의 착취 밑에서만 가능하게 된다.[23]

---

23) 같은 책, pp. 13-14 (필자는 원문을 약간 고쳐서 인용했음).

매스 미디어는 어떻게 대중을 조작하는가? 그것은 대중에게 '만성적인 정서적 굶주림의 상태와 심리적 불안 상태를 조성'함으로써 가능하게 된다.[24] 우리는 이러한 사실을 3S 망국병이라고 부르는 스포츠, 쇼, 섹스를 적극 권장하는 텔레비전의 조작에서 쉽게 찾아볼 수 있다.

어느 문필가는 이렇게 말한다. "아무리 큰 의미를 부여하려 한다 해도 아시안 게임은 올림픽에 비기면 동네 운동 대회나 다름이 없다. 거기에 온 나라가 매달릴 것까지는 없을 것이다. 그럼에도 우리는 너무 이 대회에 들떠 있다. 정부는 마치 국가의 운명이 이 한 판에 달려 있는 듯이 극성을 피우고 국민은 국민대로 덩달아 마치 살 판이라도 났다는 듯이 열광하고 있다. 중요한 것은 이런 북새통에 너나할것없이 아시아 대회의 주인이 누구인지를 모르게 되어버린 것 같다."[25]

한때 「빙글빙글」이라는 유행가를 히트시킨 가수도 여기에 속한다. 가수의 첫 번째 조건은 가창력이지만 그 가수의 가창력이 극히 한심하다는 사실을 모르는 사람은 별로 없을 것이다. 그럼에도 텔레비전은 "현대는 비디오 시대"라는 명제를 계속 대중에게 전달함으로써 마치 노래를 못하는 사람도 가수가 될 수 있다는 허위 의식을 갖게 된다. 그 명제의 진정한 의미는, 현대의 가수는 오디오 뿐만 아니라 비디오를 겸비해야 된다는 뜻임에도 불구하고.

이러한 사실은 영상 매체 뿐만 아니라 활자 매체에서도 쉽게 찾아볼 수 있다. 여성의 의식을 고취시킨다는 여성지는 오히려 여성을 말초 신경적인 자극으로 인도함으로써 '상품으로서의 교양'을 전달한다. 그리하여 교양은 어떻게 멋있게 선글라스를 쓰는 것으로 대체되고, 의식화 교육은 필자가 진행을 맡았던 「사랑방 중계」로 대체된다. 엔젠스베르거는 이러한 사실을 독일의 대표적 교양 주간지인 『슈피겔』을 분석함으로써 잘 표현한다.

첫째, 이 주간지는 모든 독자들이 이해할 수 있는 '쉬운 글'을 제공한

---

24) 차배근, 앞의 글, p. 227. 저자는 이 글에서 대중 조작을 억제시킬 수 있는 요인으로 중간 집단을 들고, 그 집단의 구체적인 내용으로는 개개인에 내재하는 심리적 요인, 대중 사회 속에 내재하는 사회적 요인, 조작 주체인 지배자 속에 내재하는 요인 세 가지를 들었다. 같은 글, p. 229.
25) 홍사중, 「민방위가 없는 날」, 『조선일보』, 1986년 9월 14일.

다. 그러기 위하여 어떤 경우에는 특정한 글을 임의로 번역하기도 하고 편집하기도 한다. 물론 이 주간지의 글들은 필자와 연결되어 있다. 그러나 실제로 그 글들은 필자 부재의 글이다.

이 잡지에 나오는 필자는 위장과 동시에 그가 서술한 것을 감춰버린다. 그 것은 집단의 산물이다. 어떤 경우에도 그 글은 그 자체로 유효한 것으로 간주된다. 원시 기독교로부터 록 음악, 시로부터 카르텔 법률, 마약 소동으로부터 미노아 예술에 이르기까지 모든 것이 천편일률적으로 취급된다. 도처에 뿌려진 은어들이 독자에게 전해야 할 내용을 조작한 그물로 덮어버린다. 세계는 이 그물 속의 수인(囚人)이 된다.26)

둘째, 이 주간지는 독자를 위하여 쉬운 글만을 발표함으로써 결국 독자까지도 균질화시킨다. 독자의 투고를 받아서 미세한 부분까지 교육시키는 복잡한 과정을 통하여 독자를 주간지가 지향하는 영역으로 끌어들여서 길을 들인다. 그리하여 이 주간지의 어투는 결코 단순한 것이 아니라 정말 기교적인 것임에도 불구하고 누구나 마음대로 구사할 수 있게된다. 그 어투는 그것을 구사하는 사람이나 그가 구사하는 내용과는 하등의 관계도 없다. 그것이 외양적으로 복잡하게 보이는 것은 오직 속임수일 뿐이다.

그런 까닭에 독자는 이 주간지 스타일의 글을 쉽게 익힐 수가 있다. 독특한 교활성을 지닌 미태, 경솔하게 인용된 전문, 여기저기에 짜 넣어진 유행어, 계절용 속어, 수사학이 곁들여진 어수선한 마무리, 그리고 조금 덧붙여진 문장의 익살, 이런 것들이 『슈피겔』 문체의 가장 눈길을 끄는 특수성이다. 그리하여 동일한 내용이 각기 다른 포장을 하고 — 각기 다른 내용이라고 철석같이 믿고 있는 — 독자에게 전달된다.27)

셋째, 결국 독자는 — 실제로는 완전히 무식함에도 불구하고 — 어떤 것이라도 이해하고 모든 문제에 대해서 판단을 내릴 수 있다고 자부함으

---

26) Enzensberger, 앞의 책, p. 74.
27) 같은 책, p. 75. 저자는 이 현상을 '은어와 숨겨진 편견에 의한 애매모호성'이라고 표현하고, 독자를 균질화시키는 또 다른 요소로서 '외설과 비방의 중간쯤 되는 유머'를 든다. 같은 책, pp. 76-77.

로써 자신이 잡지를 만들어내는 독자의 이미지와 꼭 일치한다고 고백한다. 끊임없이 속으면서도 누구에게도 속지 않고 있다는 신념을 갖는다. 그리하여 독자에게는 행동하는 역할이 아니라 방관하는 역할이 주어진다. 잡지가 보여주는 폭로 기사와 엿보기 기사가 독자를 남의 사생활 따위나 알려고 하는 인간으로 만들어버린다.

그는 아무런 책임도 느끼지 않으면서 무대 뒤의 '분장실'을 엿볼 수 있다. 독자에게 제공되는 것은 열쇠구멍 엿보기의 위치다. 해결은 잡지 측에서 맡아서 해 준다. 그것은 미리 스토리 속에 짜여져 있다.

물론 많은 스토리에는 행동하고픈 숨겨진 욕구가 없지는 않다. 그러나 이러한 욕구는 결코 독자를 향한 것이 아니라 공격받고 폭로되는 그때 그때의 사람을 향한 것이다. 이러한 방법은 구매자의 윤리적 부담을 덜어준다. 구매자는 이 방법이 져야 할 각자의 책임을 떠맡아 일주일에 한 번만 세계의 나쁜 짓, 즉 타인의 나쁜 짓에 관심을 갖게 된다.

그는 타인과는 아무런 관계도 없으며, 그 인물에 대하여 책임을 질 필요도 없다. 애초부터 그것에 영향을 주는 일 따위는 할 수도 없다. 그러므로 이 방법은 결코 구매자의 지적인 실태 — 무지의 실상 — 를 밝히려는 것이 아니라 도리어 온갖 수단에 의하여 그것을 숨기게 만든다. 그 결과 초래되는 것은 방향성의 확인이 아니라 방향성의 상실이 있을 뿐이다.[28]

대중 스타는 대중 문화의 스타다. 그리고 대중 문화는 대중 매체를 통하여 전달된다. 우리가 대중 문화를 '대중 매체 문화'라고 부르는 이유도 여기에 있다. 또한 대중 매체는 언제나 조작 기능을 갖고 있다. 그리하여 우리는 대중 스타 중에서도 '자발적인 영웅'과 더불어 '강요된 영웅'을 가질 수도 있다. 대부분의 경우에 우리는 그 사실을 인식하지 못하겠지만.

다른 한편으로 '강요된 영웅'을 갖게 된 책임은 매스 미디어에게만 있는 것이 아니다. 그것은 매스 미디어의 조작에 놀아날 수 있는 대중이 있기에 가능한 것이다. 내가 대중의 지지와 매스 미디어의 조작이라는 '쌍두마차'에 의하여 대중 스타가 탄생한다고 말한 이유도 여기에 있다.

그런데 여기서 말하는 대중의 지지와 매스 미디어의 조작은 병아리와

---

28) 같은 책, pp. 85-86.

달걀의 관계와 같이 선후를 정할 수 없는 것이다. 그것은 마치 민주주의 의식을 가진 국민만이 민주주의 정치를 가질 수 있고, 민주주의 정치가 있는 곳에서만 민주주의적 국민이 존재할 수 있는 경우와 다름이 없다. 그리하여 우리는 "모든 국민은 언제나 자신에게 맞는 저널리즘을 갖게 된다"는 명제와 "모든 국민은 그들이 가지고 있는 저널리즘에 꼭 맞게 마련이다"라는 동전의 양면과 같은 두 명제를 동시에 받아들여야 할 것이다.

하여간 대중 스타는 대중과 대중 매체 없이는 존재할 수 없는 삼각형의 정점이라고 말할 수 있다. 어느 특정한 스타가 어느 쪽으로 더 기울어져 있느냐는 문제는 쉽게 결정할 수 없겠지만, 그러나 모든 스타에게 공통적으로 적용되는 사실이 있다면, 그것은 대중 매체를 통해 전달되는 그의 인기가 대부분의 경우에 한낱 물거품에 불과하다는 것이다. 그리하여 이제 필자는 이런 물거품을 극복한 영원한 스타상을 한 번 생각해 보겠다.

5. 왜 우리나라에는 영원한 스타가 없는가

인기는 물거품과 같다. 일세를 풍미하던 스타도 황혼길에 들기 전에 대중으로부터 철저하게 외면을 당할 수 있다. 특히 매스 미디어의 철저한 조작에 의하여 탄생한 '강요된 영웅'의 생명은 절대로 오래갈 수가 없다. 대중이란 무조건 던져주는 것만을 받아먹는 바보 같으면서도 세태에 대한 예리한 통찰력을 갖고 있다.

인기는 두 발 자전거 타기와 같다. 일단 인기라는 자전거를 타면 계속 페달을 돌려야 한다. 잠시라도 쉬면 곧 넘어지게 된다. 그리하여 우리는 대중이 진심으로 환영했던 '자발적인 영웅'도 얼마 동안 쉬는 동안에 하나의 무명인으로 돌아가는 경우를 쉽게 볼 수 있다. 이렇게 보면 우리는 "인기는 잠깐이다"라는 명제를 받아들이지 않을 수 없는 듯하다. 그러나 우리는 동시에 제임스 딘, 카루소, 비틀즈, 엘비스 프레슬리 등과 같은 '영원한 애인'이나 '영원한 스타'를 쉽게 찾을 수 있다. 누가 영원한 스타인가.

첫째, 영원한 스타가 되려면 대중과의 지속적인 접근이 있어야 한다. 영화 한 편으로 영원한 연기인이 될 수 없으며, 노래 하나로 영원한 가수가 될 수 없다. 또한 김정구의 「눈물 젖은 두만강」처럼 노래 한 곡이 오랫동안 사람들의 사랑을 받는 경우에도, 그가 어떤 형태로든지 대중과 지속적으로 연관을 맺고 있었기에 가능한 것이었다. 그가 죽은 다음에 우리는 과연 이 노래를 몇 번 텔레비전에서 들을 수 있었는가. 아무리 인기 있는 스타라도 대중과 거리를 갖게 되면 그는 쉽게 망각의 심연으로 빠지게 된다. 한때 소나기 펀치로 세계 챔피언까지 되었던 김태식 선수가 여기에 속한다. 대중은 냉정하다.

둘째, 영원한 스타는 대중이 단순히 추종하는 단계를 지나서, 대중을 스타와 합치시키는 단계를 거쳐서, 대중이 스타의 가치관과 인생관을 내면화시키는 단계로 만들 수 있는 능력을 가져야 한다. 한때 유행으로 대중이 추종했던 스타의 말로는 비참할 수밖에 없다.

추종의 경우, 수용자는 특정 영웅의 수용이 타율적으로 강요되기 때문에 만약 추종을 거부하면 징벌이 따르게 된다. 수용자는 물리적 및 심리적 징벌을 피하고 보상을 극대화하기 위한 목적으로 특정 영웅의 사상과 행위에 준거하게 되는데, 추종을 강요하는 상황이 소멸되면 자연히 그 영웅에 대한 추종도 끝나게 된다. 추종자는 우선 물리적 및 심리적 징벌을 피하고, 또한 다수의 의견과 행위로부터 이탈되는 소외감을 경험하지 않으려고 그 영웅을 추종한다. 여기서는 자발성이 결여되고 준거에도 영원성이 없다. 독재 국가의 상징 조작을 통한 지도자의 우상화와 우민 정치에 따르는 다수의 횡포가 여기에 속한다.

그러나 합치에 의한 영웅은 자발성을 필요 조건으로 한다. 여기서 수용자는 합치의 대상이 되는 영웅과 만족스러운 자기 규정의 관계를 이룬다. 추종의 경우처럼 징벌과 보상에 의한 수용이 아니라 자발적인 수용이 된다. 수용 대상인 영웅을 진심으로 좋아하고, 그들의 매력과 호소력에 압도될 때는 자발적으로 그들의 영향을 받고 싶어한다. 마치 어린애가 아버지와 자기를 합치시키고, 아버지를 자신의 사고와 행위의 귀감으로 삼는 것과 같다.

그러나 합치에 의한 준거는 영웅의 가치관을 완전히 내면화하지 않은 상태이기 때문에 수신자가 자신의 독특한 가치관을 확립하면 곧 끝나게 된다. 합치에 의한 준거는 수용자가 아직 확고한 가치관을 갖지 못했거나 가질 능력이 없는 단계에서 아주 좋아하는 대상을 찾았을 때 성립된다. 이렇게 볼 때 대중의 영웅은 합치의 대상이 되는 경우가 많다.

내면화에 의한 수용은 그가 수용하는 대상의 가치관과 신념을 완전히 자신의 것으로 받아들이는 형태다. 따라서 수용자의 내면화는 적극적일 뿐만 아니라 항구성을 갖게 된다. 영웅의 사상과 행위는 수용자의 가치관의 절대적인 기준이 된다. 그러므로 수용자에게 영향을 미친다는 측면에서 보면, 이 내면화의 단계가 가장 완전하고 철저한 형태를 이룬다.[29] 미국에서 엘비스 프레슬리의 팬클럽이 시간이 갈수록 더욱 번창하는 이유도 여기에 있다.

셋째, 영원한 스타가 되려면 일단 얻은 인기에 만족하는 매너리즘에 빠지지 말고 '끊임없는 발전적 변신'을 해야 한다. 다시 말해서 스타가 되기까지의 피나는 노력 뿐만 아니라 스타가 된 다음에도 남 모르게 노력하는 사람만이 영원한 스타가 될 수 있다. 아무리 인기 있는 스타도 앞으로 어떤 형태로든지 더욱 발전적 변신을 하지 않으면 영원한 스타가 아니라 일시적인 스타로 끝날 것이다.

넷째, 스타의 발전적 변신은 스타 자신만의 노력이 아니라 매스 미디어의 자유로운 활동이 보장되고 자유의 원칙에 의하여 운용되는 '열린 사회'에서만 성취될 수 있다. 매스 미디어란 단순히 현실을 따라가는 시녀가 아니다. 그것은 언제나 현실과 관련을 맺으면서도 절대로 현실에 맹종하는 창녀로 전락하지 말아야 한다. 보도와 사설의 차이가 없는 사회, 그리하여 사설이 보도라는 이름으로 방영되는 사회, 그리고 오직 한 가지 의견의 사설만을 앵무새처럼 외치는 사회, 이런 사회에서 어떻게 생산적인 발전을 기대할 수 있겠는가.

자유의 원칙에 의하여 운용되는 사회는 '선택하는 자로서의 인간'을 전제로 하는 사회다. 물론 우리는 이런 경우에도 여러 형태의 권위에 대한 복종을 인정하지 않을 수는 없을 것이다. "그러나 그런 경우에도 인간은

---

29) 이상회, 앞의 책, pp. 80-81.

몇 가지의 대안 중에서 한 가지를 선택할 수 있고, 극단적인 경우에는 동의를 유보시킬 수 있는 선택권을 가질 수 있어야 한다."[30)

영화가 개봉되기도 전에 가위질을 당하고, 제작되기도 전에 압력 단체의 눈치를 살피고, 코미디의 대상으로는 도둑놈 이외에는 자유롭게 묘사할 수 없는 사회는 영원한 스타를 가질 자격이 없다. 실존주의 철학자인 사르트르가 "인간이란 자유라는 원죄를 가지고 태어난 존재"라고 말하고, 문필가인 볼테르가 "나는 너의 의견에 동의하지 않지만, 네가 너의 의견을 표현할 수 있는 자유가 있다는 것을 죽음을 무릅쓰고 사수하겠다"고 말한 이유도 여기에 있다.

다섯째, 성숙한 국민만이 영원한 스타를 소유할 자격이 있다. 연예 외적인 요건으로 연예 활동 자체를 판단하거나 난도질하는 국민은 절대로 영원한 스타를 가질 수 없다. 나는 여기서 일부 연예인의 반사회적 및 반도덕적 행위를 옹호하려는 것이 아니다. 일부 선진국은 계속 인기를 유지하기 위하여 일부러 가십과 스캔들을 만들어낼 정도로 열린 사회가 되었다는 것이다. 영원한 스타가 될지도 모르는 정윤희를 매장시킨 것은 바로 이 사회가 아직 성숙하지 못했다는 증거다. 또한 어떤 사람이 어떤 프로에 출연했다는 사실 하나만 가지고 ― 그 사람이 어떻게 출연했느냐는 문제는 외면하고 ― 그 사람을 판단하는 사회는 아직 영원한 스타를 가질 자격이 없는 사회다.

여섯째, 우리가 진정 영원한 스타를 가지려면 이 사회에 뿌리박힌 고급 문화와 저질 문화의 이원론적 사고를 탈피해야 한다. 이미 지적했듯이 인생에는 본질적 고급과 저급이 존재하지 않는다. 그리고 대중 문화에 대한 저질 시비는 자칫하면 대중 문화 자체를 배격하는 무정부주의적 발상으로 변하기 쉽다. 대중은 엘리트 문화를 이해하려고 노력하고, 엘리트는 대중의 어리숭하면서도 예리한 감각을 파악하려고 노력하는 사회만이 영원한 스타를 가질 수 있다.

분명히 대중 스타를 만들어내는 대중 문화는 여러 가지 문제점을 가지고 있으며, 특히 대중 문화의 상업적 속성은 이미 널리 알려져 있다. 강준만이 대중 스타는 '자본주의의 산물'이라고 잘라 말하는 이유도 여기에

---

30) 황필호, 『이데올로기, 해방신학, 의식화 교육』, 종로서적, 1985, p. 105.

있다.31) 그런데 대중 문화에 종사하는 대부분의 사람들은 대중 문화의 이런 상품화 및 상업화 현상을 오히려 긍정적으로 평가하고 있는데, 이런 사람의 대표자로는 단연 실크 스크린으로 찍어 만든 마릴린 몬로와 존 케네디의 얼굴들로 우리들에게 잘 알려진 팝 아트의 거장인 미술가 앤디 워홀 (1928~1987)을 들 수 있다. 그는 자신의 작업을 '사업 예술(business art)'이라고 부르면서 이렇게 말한다.

> 사업 예술은 예술 다음에 오는 단계다. 나는 스스로 사업 예술가이기를 주장했으며, 이제는 사업 예술의 끝마무리를 지으려고 한다. 사업에서 성공한다는 것은 매력적인 종류의 예술이다. 돈을 번다는 것은 예술이며, 일한다는 것도 예술이며, 훌륭한 사업은 최상의 예술이다.32)

영국의 미술평론가인 존 워커는 워홀의 이런 입장을 높이 평가한다. 워홀이야말로 자본주의적 본성을 정직하게 직시하려는 극소수 현대 예술가 중 한 사람이며, 이런 뜻에서 우리는 워홀을 '자본주의적 리얼리즘 작가'라고 부를 수 있다는 것이다. 그리고 워커의 이런 주장은 자본주의 체제 속에서 살고 있는 우리들에게도 잘 적용되는 듯하다.

물론 팝 아트, 앤디 워홀, 대중 문화에 대한 평가는 그리 간단하지 않아서 여러 가지 각기 다른 견해가 있다. 다만 이른바 고급 문화는 이제 대중 문화를 무시할 수 있는 입장이 아니라는 엄연한 현실을 우리는 인정해야 할 것이다. 강준만은 이렇게 말한다. "고급 문화는 대중 문화에 포위당했으며, 곧 점령당할 위기에 처해 있다. 이건 무시하거나 비판한다고 해서 바뀔 수 있는 것이 아니다. 엄연한 현실이다. 그래서 대중 문화를 숭상하자는 게 아니다. 대중 문화의 현실적 위상과 무게를 인정하자는 것이다. 그래야 대중 문화의 건전한 발전 방안도 논의되고 마련할 수 있다."33) 이런 마당에 과연 누가 대중 문화를 무조건 비판하는 편견에 빠져 있을 수 있겠는가.

이러한 편견은 특히 지식인, 지성인, 엘리트, 의견 지도자, 지도급 인사

---

31) 강준만, 『대중 문화의 겉과 속』, 인물과사상사, 1999, p. 80.
32) 같은 책, p. 32에서 재인용.
33) 같은 책, p. 32.

에 더욱 두드러지게 나타난다. 라디오에 몇 번 출연하면 딴따라 교수가 되고 월간지나 주간지에 글을 쓰면 잡문 교수가 되는 사회는 아직도 문화에 대한 인식이 부족한 사회다. 고급 문화와 저질 문화는 존재하지 않는다. 오직 소수의 문화와 다수의 문화가 있을 뿐이다. 유식한 사람들의 문화와 무식한 사람들의 문화는 존재하지 않는다. 오직 엘리트의 문화와 대중의 문화가 있을 뿐이다. 그러므로 우리는 대학 교수가 당당히 청바지를 입고, 철학 박사가 대중 스타에게 인생을 배우는 사회를 만들어야 진정한 스타 — 영원한 스타 — 를 갖게 될 것이다.

6. 맺음말

대중 스타는 보통 사람들로부터 아주 멀리 떨어져 있다. 그들은 보통 사람들이 드나들 수 없는 고급 레스토랑과 고급 술집을 내 집처럼 출입하며, 보통 사람들의 선망의 대상인 고급 브랜드 옷과 액세서리로 장식하며, 일단 무대에 오르면 모든 관중을 휘어잡는다. 대중 스타는 별처럼 저 높은 곳에 있다.

그러나 대중 스타는 이렇게 보통 사람들로부터 멀리 떨어져 있기 때문에 그는 보통 사람들이 전혀 맛볼 수 없는 짙은 좌절, 패배, 고독을 견뎌내야 한다. 번쩍이는 것이 모두 금은 아니듯이, 대중 스타의 삶이 항상 기쁘고 즐거운 것만은 아니다. 우선 연예인은 청소년들이 생각하는 것만큼 화려한 직업이 아니다. 절대 다수의 연예인들이 생계 유지에 큰 어려움을 겪고 있다. 또한 스타가 되는 것도 그리 쉽지 않다. 예를 들어서 일년에 700~800명의 가수 지망생이 최소한 1억 원을 쓰고 데뷔 앨범을 취입하지만, 그 중에서 히트를 하는 가수는 몇 명 되지 않는다. 또한 어느 정도 텔레비전에 얼굴이 알려진 사람은 방송국으로부터 거의 무차별적인 대우를 받게 되는데, 어느 연예인은 그 실상을 이렇게 표현한다.

가만히 생각해 보면 방송사처럼 냉혹한 데도 없습니다. 스타덤에 올랐다 하면 방송사는 연예인을 시청률을 높이기 위한 하나의 도구쯤으로 생각하지요.

아무리 사정해도 소용이 없어요. 지칠 대로 지친 나머지 건강 유지를 위해서 방송 출연을 자제하려고 생각해 보지만 실행에 옮기기란 쉽지 않아요. 어느 프로그램에 출연하고 어느 프로그램을 거절하다 보면 금방 '거들먹거린다' '건 방져겼다'는 비난의 화살이 빗발치거든요. 특히 TV에 많이 의존하는 연예인이나 갓 스타덤에 오른 연예인일수록 난감해질 때가 많지요. 연예인에게는 선택의 여지가 없어요.[34]

그렇다고 해서 연예인들을 방송국으로 불러내는 PD들의 직업이 그리 쉬운 것도 아니다. 그래서 그들은 전통의 3D(dirty, difficult, dangerous)에다가, 제작 기간 중에는 잠이 부족해서 늘 졸리고(drowsy), 연기자와 스태프 등 50여 명의 사람들을 일일이 챙겨야 하는 미묘한(delicate) 5D 업종이라고 말한다.

한마디로 대중 스타는 정상의 기쁨을 위해 오랜 기간 동안 묵묵히 높을 산을 올라왔던 것이다. 한때 솟아났던 불빛으로 남지 않고 영원한 스타가 되려는 사람은 일단 얻은 정상의 인기에 도취하지 말고 끊임없는 발전적 변신을 계속 시도해야 된다고 말한 이유도 여기에 있다. 나는 이런 사실을 좌절을 느낄 때마다 지리산 천왕봉을 오르면서 마산고등학교 씨름반의 추억을 떠올린다는 이만기의 경우로 설명하겠다.

마산고등학교 시절이다. 코치는 그들에게 말이 고무끈이지 밧줄처럼 굵은 시꺼먼 고무줄 한 가닥씩을 나누어주었다. 그것은 꽤나 긴 원형의 고무 밧줄이었다. 이만기는 그 둥근 고무 밧줄 한쪽을 학교 한쪽 구석 굵은 나무 줄기에다 붙들어 걸고, 다른 한쪽은 그의 머리에 걸도록 명령을 받았다. 코치가 그렇게 시킨 것이다. 그러니까 나무 등걸과 그의 머리가 둥근 벨트 같은 것으로 엮어졌다고 생각하면 좋을 것이다. 코치는 이만기에게 그 고무 밧줄을 잡아당기라고 했다. 손발을 쓰면 안 된다고 했다. 머리로 해야만 했다.

나무 등걸과 이만기 머리 사이의 고무줄 당기기 싸움이 벌어진 것이다. 발은 코끼리처럼 땅을 밟고, 허리는 바위처럼 억세게 버티고, 목은 독이 오른 뱀 대가리처럼 꼿꼿했다. 온몸의 힘을 머리에 집중해서 고무줄을 잡아당겼다. 코치의 주문은 그렇게 해서 고무 밧줄이 끊어지되, 나무 등걸이 작살이 나든지 아니면 이만기 머리통이 깨어지든지 할 때까지 계속하라고 했다.

---

34) 같은 책, p. 92에서 재인용.

말하자면 정정한 나무와의 싸움에서 이겨야 하는 것이다. 나무 등걸과의 씨름, 이 괴상한 씨름을 경험한 선수가 얼마나 될까. 때로는 고무줄이 끊겨졌다. 나무에 매어졌던 한쪽 끝이 풀어지면서 이만기는 뒤로 나동그라졌고, 그 순간 저쪽 줄 끝이 사정없이 그의 얼굴을 후려쳤다. 금세 얼굴에서 피가 흘렀다. 살점이 찢겨나간 것이다.

그는 천왕봉과 그 사이에 옛날의 그 고무 밧줄이 매어진 기분으로 정상을 향해 힘을 집중한다. 그리고 다짐한다. 정상이 아무리 껄끄러워도 올라선 자에게만 그 껄끄러움의 의미며 값이 있는 것이다. 정상에서 내려선 자는 정상이 껄끄럽다느니 어쩌느니 말할 자격도 이미 없다는 것을 그는 다짐한다.[35]

한편, 대중 스타는 절대로 보통 사람들로부터 멀리 떨어져 있지 않다. 밤하늘의 별은 바로 우리 머리 위에 있다. 그는 지속적으로 우리 보통 사람들의 삶에 엄청난 영향을 행사하며, 특히 매스 미디어를 무시하고 살 수 없는 오늘날의 대중은 자발적으로 스타의 행동과 삶을 닮으려고 노력하고 있기 때문이다. 그래서 김열규는 대중 스타는 '일상적인 삶에 찌들고, 시들어가는 사람들의 목숨에 단단한 충격 요법을 행사한다'고 말한다.[36]

스타와 대중의 관계는 일방 통행이 아니라 쌍방 통행이다. 스타가 대중에게 영향을 주고, 대중이 스타에게 영향을 준다. 물론 이 영향력이 항상 좋은 관계로 나타나는 것은 아니지만, 쉽게 말해서 스타도 스타이기 이전에 인간이다. 내가 대중스타론을 쓴 이유도 여기에 있다.[37]

---

35) 김열규, 『대중스타론』, 앞의 책, pp. 159-160.
36) 같은 책, p. 172.
37) 이 글은 다음에 발표된 논문을 보완한 것이다. 강현두 편, 『한국의 대중 문화』, 나남, 1987, pp. 429-457 ; 황필호, 『누가 최고 스타인가』, 열린 문화, 1994, pp. 245-282.

제8장
아리스토파네스와 소크라테스
― 아리스토파네스, 『구름』을 읽고

1. 머리말

우리는 일반적으로 소크라테스를 서양철학의 아버지일 뿐만 아니라 인류의 영원한 스승으로 생각하고 있다. 그가 당시에 횡행했던 궤변론자들과 정면으로 대결하여 보편 타당한 진리를 역설했기 때문이다. 극단적인 주관론에 빠져 있던 궤변론자들은 ― 플라톤의 증언이 옳다면 ― 객관적인 진리(what is true)는 존재하지 않으며, 오직 진리와 같이 보이는 것(what seems to be true)만이 존재하며, 우리들에게 필요한 것은 지식이 아니라 단지 지식같이 보여서 남을 설득할 수 있는 수사학(修辭學)이라고 주장했다.

소크라테스는 이러한 궤변론을 배척하고 아테네 시민에게 평생 동안 진리를 추구하라고 설파했으며, 결국 그는 그의 이러한 철학적 행위로 인하여 독배를 마시고 세상을 떠난 위대한 스승이다. 특히 그를 누구보다도 사랑하고 존경했던 플라톤은 그의 마지막 장면을 서술한 『파이돈』에서 그의 스승을 '우리가 우리 세대에서 알고 있던 사람 중에서 가장 용감하고, 가장 현명하고, 가장 의로운 사람'이라고 말했다.[1] 그리고 우리

---

1) Plato, *Phaedo*, 118.

는 소크라테스도 자신을 가장 현명한 사람으로 간주했다는 사실을 잘 알고 있다.

그러나 아리스토파네스의 『구름』에 나오는 소크라테스는 완벽한 궤변론자다. 그가 신봉하는 구름이라는 신은 궤변의 여왕이다(317f). 그리고 소크라테스는 거짓말로 신탁을 받았다고 떠들고 다니는 주인공, 사이비 의사, 사치스러운 멋쟁이, 광신적인 시인, 엉터리 궤변론자들(331f)의 스승이다. 그는 지금까지 내려온 법률도 필요가 없으면 언제든지 포기할 수 있다고 가르친다. 이런 뜻에서, 여기에 나오는 소크라테스는 궤변론자의 대표자인 프로타고라스(기원전 490~421)의 복사판이라고 말할 수 있다.[2]

그러면 아리스토파네스는 소크라테스를 궤변론자로 묘사할 수 있는 근거를 가지고 있는가? 근거가 있다면 그것은 무엇인가? 그렇지 않으면 아리스토파네스는 소크라테스를 완전히 곡해한 것인가? 그리고 그가 소크라테스를 곡해했다면, 그 이유는 그의 무식함인가 혹은 의도적인 모략인가? 혹시 아리스토파네스는 그를 궤변론자로 묘사함으로써 도리어 소크라테스의 위대함을 증명하려고 한 것은 아닌가?

이러한 문제들에 대한 답변은 희극작가 아리스토파네스의 대표작인 『구름(The Clouds)』에 대한 구체적인 분석과 이른바 '소크라테스의 문제(Socratic problem)'에 대한 상세한 토론을 통해서만 얻을 수 있을 것이다. 더 나아가서, 『구름』으로부터 시작된 소크라테스에 대한 일반적인 비난은 그의 죽음과 긴밀한 연관을 가지고 있다. 플라톤의 『변론』에 의하면,[3] 소크라테스는 그에 대한 비난을 옛날부터 내려온 것들과 그를 직접 기소한 사람들의 것들로 구별하고, 정확한 실체도 없는 전자를 후자보다 더욱 무서운 비난이라고 말하고, 이러한 비난의 주동자는 희극 시인이라는 사실 이외에는 구체적으로 누구인지조차 알 수 없다고 말한다.[4] 이런

---

2) Cf. W. K. C. Guthrie, *Socrates*, Cambridge University Press, 1979, p. 51.
3) 일반적으로 우리나라에서 '변명'이라고 번역된 플라톤의 「대화편」은 '변론'이나 '변호'라고 번역해야 된다는 것이 필자의 견해다. 첫째로 그것이 더욱 법률적인 이미지를 가지고 있으며, 둘째로 '변명'이라는 표현은 — 물론 그런 면도 없지는 않지만 — 소크라테스의 궤변론적 합리화만을 상상하기가 쉽기 때문이다.
4) Plato, *Aoplogy* 18b-e.

뜻에서 『구름』에 대한 정밀한 분석은 중요한 의미를 갖는다. 이제 나는 먼저 소크라테스에 관한 일반적인 토론을 고찰하고, 그 다음에 아리스토파네스를 분석하겠다.

2. '소크라테스의 문제'

석가 · 공자 · 예수와 마찬가지로 소크라테스 자신은 아무런 기록을 남기지 않았다.[5] 우리는 소크라테스에 관한 한, 다른 사람들의 저작에 의존할 수밖에 없다. 그들은 크게 소크라테스를 좋게 본 플라톤 · 크세노폰 · 아리스토텔레스의 '대파', 아스키네스(Aeschines)와 안티스테네스(Antisthenes)와 같이 소크라테스를 직접 알고 있었거나 따라다녔던 '소파', 소크라테스를 좋지 않게 본 아리스토파네스와 같은 '반대파'로 나눌 수 있다.

소파 저작의 대부분은 이미 오래 전에 유실되어서 현재 잔존하는 것은 극히 단편에 불과하며, 아리스토파네스를 제외한 반대파의 저작들도 거의 유실되어 오늘날에는 대파의 저작들을 통하여 소크라테스의 실체를 거꾸로 재구성할 정도며, 또한 대파인 플라톤과 크세노폰과 아리스토텔레스 사이에도 소크라테스에 관한 이미지가 조금씩 다르다. 그리하여 많은 학자들이 '소크라테스의 문제'를 당연한 것으로 받아들인다.[6]

첫째, 가장 극단적인 견해로는 소크라테스라는 사람은 실제로 존재한 일이 없는 전설에 불과하다는 입장이 있다. 이런 입장을 취하는 학자의 대표자로는 크로우스트(A. H. Chroust)를 들 수 있다.[7]

둘째, 일부의 학자들은 우리들이 일반적으로 가장 믿을 만한 것으로 인정하고 있는 플라톤 · 크세노폰 · 아리스토텔레스 · 아리스토파네스의

---

5) 거트리는 소크라테스가 철학적인 글은 남기지 않았으나 다른 면에서는 그렇지 않다고 말한다. 우리가 『파이돈』(60c-d)을 믿을 수 있다면, 그는 아폴로 신에 대한 헌사를 썼으며, 그의 생애 마지막 감옥에서 이솝우화를 시로 지었다. Guthrie, 앞의 책, p. 6. footnote.
6) Cf. 이동주, 「작금의 Socrates 연구」, 『대우재단 소식』, 제8호, 1984, 봄, pp. 1-2.
7) A. H. Chroust *Socrates ; Man and Myth*, London, 1957. 이러한 실증주의적 입장을 비판하는 태도에 대하여는 다음을 참조할 것. K. Jaspers, 황필호 역, 『소크라테스, 공자, 석가, 예수, 모하메드』, 강남대, 2001, pp. 257-260.

4대 근거에도 신빙성이 없으며, 그들의 저작은 결국 소크라테스를 직접 따라다녔던 소파의 견해를 복사한 것에 불과하다고 믿는다. 그리하여 크로우스트는 죽음을 두려워하지 않았던 소크라테스의 태도를 기술한 크세노폰은 그 근거를 플라톤에서 찾았을 것이며, 플라톤은 다시 그 근거를 안티스테네스에서 찾았을 것이라고 말한다.[8]

셋째, 대부분의 학자들은 우리들이 가장 신빙할 만한 이상의 4대 근거 중에 유사점과 더불어 상이점이 많기 때문에 '소크라테스의 문제'는 영원히 해결될 수 없을 것이라고 믿고 있다. 소크라테스에 대한 플라톤과 아리스토파네스의 차이점 뿐만 아니라 다같이 대파에 속하는 플라톤과 크세노폰을 조화시키려는 작업은 불가능하다는 것이다.[9]

넷째, 최근에 들어와서 일부의 학자들은 각기 다른 모양으로 나타난 소크라테스가 사실은 진정한 모습이며, 소크라테스의 전모를 알려면 4대 근거에 나타난 유사점과 차이점을 전부 고찰해야 된다고 주장한다. 소크라테스와 같이 위대한 철학자는 ― 다른 사람의 경우도 마찬가지겠지만 ― 천의 얼굴을 가지고 있다고 믿는 것이 합리적이기 때문이다. 이런 주장의 대표자인 거트리(W. K. C. Guthrie)는 이렇게 말한다.

나는 역사적인 소크라테스에 대한 지식에 관한 우리의 입장이 일반적으로 생각하듯이 그렇게 절망적이라고는 생각하지 않는다. 이 논란의 일부분은 한 가지 근거만을 지나치게 의존하고 모든 증거에 대한 공평한 평가를 포기한 학자들이 만들어낸 것이다. 소크라테스에 대한 플라톤, 아리스토텔레스, 크세노폰, 아리스토파네스라는 네 명의 권위자들의 차이점에 대하여 우리는 그렇게 절망할 필요가 없다.

만약 그들이 정확하게 일치하고 있다면, 그들은 모두 비슷한 사람들로서 동일한 것만을 찾았기 때문에 소크라테스의 일면만을 알게 되었거나, 혹은 ― 절대로 그렇지는 않지만 ― 소크라테스 자신이 평범하고 흥미 없는 사람이었을 것이다. 그러나 그는 그의 친지들에게 그의 모든 면을 보여주지 않은 ― 그리고 보여줄 수 없었던 ― 복잡한 성격을 가진 인물이었다. 친지들의 지적인 능력과 성향에 따라서 아무도 그의 모든 것을 동시에 볼 수는 없었다.

---

8) Guthrie, 앞의 책, p. 10.
9) 같은 책, p. 9.

예를 들어서 플라톤과 크세노폰이 각기 다른 소크라테스를 제공했다면, 그들 각자의 견해는 틀렸다기보다는 불충분한 것이며, 소크라테스의 어떤 성향은 과장되고 다른 것들은 경시된 것이며, 그러므로 그의 전모를 알려면 그들의 견해를 상호 보완적인 것으로 간주해야 할 것이다.[10]

이러한 거트리의 견해는 상식적으로도 건전하게 보인다. 소크라테스에 대한 각기 다른 이미지들을 통합하여 재구성함으로써 소크라테스의 진면목에 어느 정도 접근할 수 있을 것이기 때문이다. 그러나 이른바 '소크라테스의 문제'가 여기서 전부 해결된 것은 아니다. 각기 다른 이미지들은 서로 비슷한 방향으로 다르기도 하지만 정면으로 반대되는 것들도 있기 때문이다.

이런 경우가 아마도 가장 선명하게 나타나는 곳이 바로 아리스토파네스의 『구름』이다. 궤변론자인 아리스토파네스의 소크라테스와 궤변론을 배척한 플라톤의 소크라테스, 그들은 상호 보완적일 수 없다. 당연히 한쪽이 틀릴 수밖에 없을 것 같다. 여기에 대한 답변을 찾기 위하여 우리는 먼저 『구름』의 내용을 자세하게 분석할 필요가 있다.

3. 『구름』의 내용 분석 : 신교육의 특성

이 희곡은 기원전 423년의 디오니시아 축제에서 초연되었으며, 당시 아리스토파네스의 나이는 21세였다. 그는 이미 4편의 희곡을 발표한 인정받는 작가였다. 이 희곡에서도 직접 말했듯이(522), 그는 『구름』을 그의 가장 훌륭한 작품으로 간주했다. 그러나 실제로 크라티누스(Cratinus)가 1등으로 당선되고, 아메이프시아스(Ameipsias)가 2등으로 당선되고, 그의 작품은 3등에 머물고 말았다. 그리하여 그는 이 작품을 다시 개작하기에 이르렀고, 오늘날 우리에게 전해지고 있는 것은 이렇게 개작된 것이지만, 이 새로운 대본은 다시 상연되지 않았다고 알려져 있다. 일부의 학자들이 이 희곡이 미완성으로 끝났다고 생각하는 이유도 여기에 있

---

10) 같은 책, p. 9.

다.11)

귀족적인 취미를 가진 도시 여인과 결혼한 주인공 스트레프시아데스(Strepsiades)는 교육을 받지 못한 순박한 농부인데, 어머니의 취향을 닮은 아들 파이디피데스(Pheidippides)는 경마에 미쳐서 가산을 모두 탕진하고 빚을 지게 만들어놓는다. 그리하여 스트레프시아데스는 '강력한 논증을 약한 논증으로 둔갑시키는 수사학'을 가르치는 소크라테스의 '생각하는 집(Thoughtery)'에 등록하여 빚쟁이들을 따돌릴 수 있는 수사학을 공부하기 시작한다. 그러나 천성적으로 무식한 그는 단어의 어미 변화, 자연과학의 탐구, 교묘한 말장난을 배우지 못한다. 결국 그의 아들이 소크라테스의 집에 가서 모든 수사학적 궤변을 통달하게 된다.

그의 아들은 예상했던 대로 모든 빚쟁이들을 따돌리는 데는 성공하지만, 자기 아버지를 때리는 것이 도덕적으로 옳다고 주장하고, 필요하다면 어머니도 때릴 수 있다고 주장한다. 이에 분노한 스트레프시아데스는 결국 불의한 방법으로 빚쟁이에게 거짓말을 했던 자신의 잘못을 뉘우치고, 마지막에는 소크라테스의 '생각하는 집'을 불태워버린다.12)

아리스토파네스는 이 작품에서 소크라테스로 대표되는 궤변론을 '신교육'이라고 표현하고, 이를 정열적으로 비판한다. 그 대신 그는 옛날부터 내려온 '구교육'을 적극 옹호한다. 나는 이제 왜 그가 이런 생각을 갖게 되었느냐를 신중히 고려하기 위하여 그가 비판하는 '신교육'의 성격을 설명하고, 그 다음에는 이것을 '구교육'과 대비해서 설명하겠다.

(1) 신교육은 과학적인 탐구다. 바구니를 타고 공중에 매달린 소크라테스(218)는 '공기를 가로지르면서 태양을 관찰'(225)함으로써 '달의 궤도와 변화 과정을 연구하고, 입을 벌리고 하늘을 쳐다보는 사람'(171~172)이다. 그리고 그는 이러한 자연에 대한 과학적 탐구의 결과로 그의 제자인 카에레폰(Chaerephon)의 이마부터 소크라테스의 머리까지의 거리를 파

---

11) Cyril Bailey, "Introduction", *Aristophanes : The Clouds*, Oxford University Press, 1952, p. 5.
12) 주인공의 이름인 "Strepsiades"는 '따돌린다'는 그리스어에서 나온 것이다. 그러므로 그 이름은 어원학적으로 '빚쟁이를 피하는 사람(debtdodger)'이라는 뜻을 가지고 있다. William Arrowsmith, "Notes", *Aristophaes : The Clouds*, University of Michigan Press, 1962, p. 115.

리가 뛰는 거리로 측정할 수 있으며, '체육관에 걸려 있는 생물체'를 낚아 채어 저녁밥을 준비할 수도 있다(179). 그는 수사학 뿐만 아니라 천문학과 지리학에도 능통한 과학자다.

물론 궤변론자들이 나오기 이전에도 수많은 자연철학자들이 우주의 근본 원리와 우주를 구성하고 있는 원형(아르케)를 탐색하고 있었다. 그러나 그들은 구체적인 과학적 실험이나 증명을 제시하지 않았다.[13] 물론 오늘날의 과학적 안목으로 보면 소크라테스의 '생각하는 집'에서 행했던 실험들은 극히 조잡한 것들이다. 그러나 '안락의자의 철학'만을 일삼았던 그 이전의 자연철학자들과는 달리 궤변론자들은 그들의 이론을 나름대로의 과학적인 실험의 결과로 지지하려고 노력했던 것이다.

하여간 주인공인 스트레프시아데스가 소크라테스의 집을 '지식의 집'(180)으로 믿게 되고, 소크라테스의 제자들을 — 비록 창백한 거지들과 같은 얼굴을 가지고 있기는 하지만 — 현명하고 지혜가 충만한 사람들(833)일 뿐만 아니라 '심오한 사색인들이며 존경할 만한 사람들'(100~101)이라고 믿게 된 이유도 그가 이런 '과학적인 발명'에 감탄하게 되었기 때문이다. 그는 이러한 과학적 탐구를 통해서 소크라테스는 인간이란 '광대한 돌고래와 같은 하늘로 사방이 둘러싸여 있는 석탄'(95)에 불과하다는 것을 증명할 수 있다고 확신했으며, 무엇보다도 모든 재판에서 승리할 수 있는 기술을 그에게 가르쳐줄 수 있다고 믿었다(167). 실제로 궤변론자들의 이런 신교육은 이 세상의 기운 뿐만 아니라 날씨·태풍·바람·지진과 같은 구체적인 현상을 설명하려는 과학적 우주관의 시초였으며, 그것은 자연과학의 시작이라고 말할 수 있다.

(2) 신교육은 교묘하게 말하는 방법(237), 즉 '모든 정의와 선에 대항하여 싸우고 가장 불의한 재판에서도 상대방으로부터 이익을 취할 수 있는'(1306~1308) 수사학을 가르치는 것이다. 여기서 소크라테스는 '강력한 논증과 허약한 논증 — 혹은 정론(正論, Just Discourse)과 사론(邪論, Unjust Discourse) — 의 두 가지 논증'(883~884)을 가지고 있으며, 특히 후자에 의존하면 궁지에 몰린 송사까지도 승리할 수 있게 된다(112~113). 그 목적은 진실을 혼란시키고(888), 허약한 논증이 강력한 논증을

---

13) Cf. W. K. C. Guthrie, *The Greek Philosophers*, Harper & Row, 1960, pp. 63-64.

이기게 하고(885), 모든 빚쟁이에게 한 푼의 돈도 갚지 않게 하는 것이다 (241). 사론이야말로 '시시한 일을 자꾸 반복해서 지껄이고, 쓸데없는 논증을 계속 주장하고, 조잡한 이유를 내세우고, 상대방의 진술을 반박하고, 상대방을 조롱하는 논증'이다(317~319). 스트레프시아데스는 수사학을 배운 그의 아들 파이디피데스를 이렇게 칭찬한다.

> 오, 나의 훌륭한 아들이여! 창백한 너의 얼굴을 보니 나의 기쁨이 한량 없도다. 너는 이제 상대방을 부인하고 모순시킬 수 있다. 대낮과 같이 명료하게. 이 나라의 위대한 아들이여! 너의 입술은 이제 "더 할 말이 있느냐?"라는 유명한 표현으로 떨릴 것이다. 실제로는.네가 그를 피해자와 사기 당한 사람으로 만들었으면서도, 너는 도리어 피해자의 모양을 그렇게도 천연스럽게 흉내낼 수 있다는 것을 나는 확신한다. 진정 그리스적 용모를 가진 나의 아들이여! 와서 나를 구원하라. 나를 파멸시킨 것은 바로 너였으니까(1172~1177).

스트레프시아데스가 소크라테스의 가르침을 전혀 이해하지 못했던 이유도 여기에 있다. 그는 남에게 갚을 돈은 잊어버리고, 받을 돈만 기억한다. 그는 말을 잘 못하지만 남을 속일 수는 있다(487). 그는 문법에 관심이 없으며, 독창적인 사고란 전혀 할 수 없는 사람이다. 그의 모든 관심은 남을 속이는 것 뿐이다. 교육의 목적은 돈을 벌거나 빚쟁이에게 돈을 갚지 않는 데 있다. 그렇지 않다면 소크라테스의 가르침이 그에게 무슨 유익이 있겠는가(123)?[14]

(3) 신교육은 신에 대한 새로운 태도를 가르친다. 지금까지 모든 신 중에서 가장 강력했던 제우스는 이제 존재하지 않는다(827). 광풍이 제우스를 몰아냈기 때문이며, 광풍을 일으킨 것은 바로 구름이다. 구름만이 "유일한 여신이며, 다른 것들은 신화에 불과하다(365)."

그러면 우리는 구름이 진정한 — 그리고 유일한 — 신이라는 것을 어떻게 알 수 있는가? 여기서 아리스토파네스는 역설적이게도 그가 잘 이해할 수 없는 과학적 사실을 열거한다. 비를 내리는 것은 구름이며(368), 천둥을 치게 하는 것도 구름이며(378~381), 번개를 치게 하는 것도 구름이다

---

14) 베일리는 수사학이 실제로는 '언어의 기원, 의미, 용법'을 탐구하는 것이라고 말한다. Bailly, 앞의 글, p. 8.

(404~407). 그리고 구름은 협잡꾼들, 엉터리 점쟁이들, 악명 높은 돌팔이 의사들, 손톱까지 내려올 정도로 여러 개의 반지를 낀 멋쟁이들, 열광적 인 시를 쓰는 허풍선이들을 도와준다(332~335). 그래서 "게으름뱅이들 은 언제나 구름을 찬양한다(337)." 구름은 "게으른 사람의 위대한 여신이 며, 실제로 우리들의 모든 생각·말·권모술수·부정·자만·거짓말· 현명함도 그의 은덕이다(313~315)."

여기에 언급된 '구름'은 단수가 아니라 복수로 되어 있다. 그러므로 그 것은 엄격한 기독교적 유일신(唯一神, momotheism)은 아니다. 그러나 그것은 여러 종류의 신을 믿었던 종래의 다신론(多神論, polytheism) ― 더욱 정확히 말하면, 다수의 신이 존재하지만 특별히 하나의 신을 각별 히 경배하는 단일신론(單一神論, henotheism) ― 과는 근본적으로 다른 개념이다.15) 물론 『구름』의 424~425절에는 "카오스, 구름, 혓바닥 이외 에는 아무런 신도 인정하지 말아야 하며, 그들만이 진정한 신들"이라는 표현이 있어서 다신론으로 해석하는 학자들도 있다. 그러나 여기에 나오 는 표현은 어디까지나 상징적인 것으로 볼 수 있다.

인간에게 가장 필요한 것은 카오스적인 삶이고, 그 카오스적인 삶의 지지자는 구름이고, 구름을 받드는 카오스적인 삶은 현실에서 혓바닥을 놀리는 수사학 이외의 어떤 것에 대해서도 관심을 가질 필요가 없다. 하 여간 우리는 여기서 왜 소크라테스가 젊은이들을 타락시켰다는 죄목과 나란히 전통적인 신의 존재를 부인했다는 죄목으로 기소되었는지를 상 기할 필요가 있다. 그는 실험과 응용을 중시한 과학자며 수사학을 가르 친 궤변론자일 뿐만 아니라 종교적 혁명을 일으킨 반동가였다.

(4) 신교육은 전적으로 새로운 형태의 삶을 제시한다. 창백한 얼굴을 가진 소크라테스의 제자들과 같이 허약하게 살지 말고,16) 동물과 같이 본능에 따라서 살아야 한다. 동물과 인간의 차이는 오직 동물은 법률을 선포하지 않을 뿐이며, 다른 면에서는 인간과 조금도 다름이 없다(1428~ 1429).

---

15) John Hick, 황필호 편역, 『종교철학 개론』, 증보판, 종로서적, 1985, p. 26.
16) 본능적인 삶을 가르치는 소크라테스의 신교육을 그의 제자들이 도리어 위반하고 있다 는 주장은 아리스토파네스의 역설적인 아이러니를 잘 드러낸다.

새로운 형태의 삶은 법률에 대한 새로운 시각을 가르친다. 법률이란 인간의 필요에 의하여 제작된 것이기 때문에 우리는 언제나 전통적 법률을 배척할 수 있으며(1340), 새로운 법률을 제정할 수 있다. 법률의 근거가 신에게 있다는 주장은 말도 되지 않는다. 우리는 필요하다면 자식이 부모를 교육적인 효과를 위하여 매질할 수 있도록 허용하는 법률까지도 제정할 권리가 있다(1424~1425).

또한 새로운 형태의 삶이란 정치적으로 스파크테리아(Spacteria)에서의 승리를 자신의 공덕으로 내세우고 국민에 대한 자신의 기반을 굳히기 위하여 원로원의 보수를 인상시켜준 독재자 클레온(Cleon)을 없애버리는 것이다. 희곡에 나오는 합창단의 지휘자는 이렇게 말한다.17)

> 여러분이 하늘의 원수며 파플라곤의 제혁업자(製革業者)를 장군으로 선출했을 때, 우리는 이마를 찌푸리고 우리들의 분노를 표시했습니다. 그리고 번개가 치고, 천둥이 울리고, 달은 궤도를 벗어나고, 태양은 더 이상 빛을 발하지 않을 것이라고 위협했습니다. 그럼에도 여러분은 클레온을 선출했습니다. 아테네는 이제 파멸의 계단을 피할 수 없으며, 신은 이 실수로 크게 이익을 볼 것입니다.
> 여러분은 아직도 그의 선출이 여러분의 성공을 도와줄 것이라고 바랍니까? 이제 여러분이 할 일은 간단합니다. 클레온이라는 이 탐욕스러운 갈매기를 뇌물 수납과 협잡으로 정죄하여, 나무로 만든 딱딱한 목거리를 그의 목에 채우는 것입니다. 그러면 여러분의 실수는 상쇄될 것이며, 옛날과 같은 행복이 도래할 것입니다(580~591).

지금까지 나는 신교육의 특성을 몇 가지로 기술했다. 한마디로 소크라테스가 대표한 신교육의 특성은 과학적 정신과 미래 지향적 정신(a future-oriented spirit)을 표현한다. 그러면 아리스토파네스는 왜 이러한 신교육을 그렇게도 격렬하게 비판하는가? 신교육의 단점은 과연 무엇인가? 이 질문에 답변하기 위하여 우리는 이제 신교육을 구교육과 비교해서 고찰

---

17) 일반적으로 아리스토파네스의 코미디에는 "Parabasis"("Walking Near")로 불리는 가장 중요한 부분이 있는데, 이때 배우들은 무대를 떠나고 합창단이 직접 관중에게 저자의 메시지를 전달한다. 그러므로 오늘날 출연자와 관객이 한데 어울려 한마당을 펼치는 이른바 "total theater"의 장면은 이미 그리스 시대부터 있었던 일이다.

할 필요가 있다.

4.『구름』의 내용 분석 : 신교육과 구교육의 비교

이 작품의 첫 부분에서 합창단의 지휘자는 스트레프시아데스를 '옛날의 베테랑'으로 묘사하고 소크라테스를 '간교한 난센스의 사제'로 묘사함으로써 구교육과 신교육의 대결을 예고한다(358~360). 그러나 그들의 대결은 구교육을 옹호하는 정론(正論)과 신교육을 옹호하는 사론(邪論)의 대결에서 절정을 이룬다.

처음에 그들은 신사적으로 대결하기로 결정한다. 정론은 진실을 말하고(900), 사론은 '새로운 도덕 법칙의 발명'을 진술하기로 결정한다(896). 그러나 실제로 그들은 만나자마자 상대방에 대한 인신 공격을 시작한다. 정론은 상대방을 타락하여 수치심을 모르는 친구(910), 불경스러운 익살 광대(912), 존속 살해범(914), 미친 놈(925), 젊은이들을 타락시키는 사람(909)으로 몰아친다. 그리고 사론은 상대방을 늙은 바보며 어리석은 사람(909), 악의에 가득 찬 놈(920)이라고 욕한다. 결국 합창단이 나타나서 양자에게 순리적으로 진행하라고 타이른다. 그 결과 사론은 당당한 승리자로 나타나고 정론은 공식적으로 자신의 패배를 인정한다(1102~1103).

이러한 대결의 결론은 의심스러운 점이 없지 않다. 비교적 자신의 주장을 논리적으로 진술한 정론에 비하여 사론은 상대방을 욕하는 '사람에 대한 오류'로 가득 찬 논증을 펴부었고, 위급한 경우에는 청중의 허영심에 호소했기 때문이다. 정론은 젊은이들에게 "공공 장소를 멀리하고, 목욕을 절제하고, 수치스러운 모든 행동을 부끄럽게 여기라"고 충고한다(991~993). 그러나 사론은 정론의 이러한 충고를 의도적으로 왜곡하여 정론이 "젊은이들에게 목욕을 금지하고(1035), 시장에도 못 가게 하고(1055), 수사학을 금지시킨다(1058)"고 반박하며, 정론이 젊은 남녀에게 지나친 금욕을 강요한다고 말함으로써 관중의 허영심에 호소한다.

젊은 남성들은 이러한 절제의 의미를 알기를 원합니다. 그것은 바로 여러분이 그렇게도 좋아하는 여자, 놀이, 맛있는 음식, 신나는 웃음을 박탈하는 것입니다. 이런 것들이 없는 인생이 도대체 무슨 가치가 있습니까.

만약 여러분이 나약한 인간성에서 나오는 유혹이나 간통의 행위를 하다가 현장에서 잡혔을 때, 아무런 말도 할 수 없다면, 꼼짝없이 당하게 될 것입니다. 그러나 여러분이 나의 가르침을 따르기만 하면 여러분은 각자의 정욕을 만족시킬 수 있고, 춤추고 웃을 수도 있으며, 아무것도 부끄러워하지 않을 수 있습니다. 만약 여러분이 간통의 현장에서 잡혔다고 합시다. 그러면 벌떡 일어나서 그녀의 남편에게 당신은 아무런 죄가 없다고 말하고, 사랑과 여성의 지배를 받도록 자신을 허락했던 제우스신의 실례를 그에게 말하십시오. 죽을 수밖에 없는 인간이 어떻게 신보다 훌륭할 수가 있겠습니까(1069~1080).

여기에 비하여 정론의 논리는 다분히 과거 지향적이다. 과거의 젊은이들은 읽고 쓰는 법을 배우고, 호머와 다른 옛날 시인들의 시를 암송하며(1355f), 도덕률을 지키며, 옛날의 노래를 부르며(966), 필요한 경우에는 국가에 봉사하기 위하여 평소에 체육관에 다니면서 신체를 단련하며, 자제력을 배우고(962), 어른을 공경하고(993), 신을 경배하고 맹세의 신성함을 믿으며(818), 옛날 시인들을 공경한다(1365). 그러나 요즈음의 젊은이들은 궤변론에만 빠져 있다고 정론은 한탄한다.18) 하여간 과거 지향적 정신을 대표하는 구교육은 자신의 패배를 만인 앞에 인정하게 된다. 여기서 우리는 몇 가지 문제에 봉착하게 된다.

첫째, 우리는 'Old Comedy'의 대표자인 아리스토파네스의 작품들이 전쟁 혐오감, 지독한 음담 패설, 전통 도덕의 옹호, 그리고 독자를 어리둥절하게 할 정도의 기승전결과 반전의 반전이 계속된다는 사실을 잘 알고 있다. 특히 우리는 그의 역설적인 아이러니를 잘 알고 있다. 그리하여 『구름』에서도 소크라테스의 창백한 제자들은 오히려 자연적이며 본능적인 삶을 외면하고 있으며, 제우스신이 존재하지 않는다는 사실을 제우스신을 두고 맹세하는 장면 등의 아이러니가 있다(825~827). 이런 것들은 그의 천재적인 익살의 결과로 볼 수 있다. 그러나 많은 학자들이 정론과 사론의 대결에서 사론이 승리자로 나타나게 한 것은 그의 작품이 가진

---

18) 정론이 주장하는 구교육의 교과 과정에 대하여는 다음을 참조할 것. Arrowsmith, 앞의 글, p. 123.

'구조적인 모순'이라고 반박한다. 다시 말해서, 이 부분이야말로 논리적으로 전혀 관객을 설득하지 못하는 장면이라고 말한다.

둘째, 표면적으로 볼 때 아리스토파네스는 신교육을 정면으로 공격한다. 스트레프시아데스는 구름을 줄곧 비방해 왔다. 마지막 장면에서도 그는 "내가 나의 육체와 영혼을 의탁했던 구름으로부터 모든 문제가 발생했다!"고 저주한다(1448~1449). 그러나 그는 바로 그 다음에 구름이 결국 의롭다고 고백한다. "아, 구름이여! 이것은 정말 인정하기 어렵습니다. 그러나 결국 당신은 의로우십니다. 나는 처음부터 빚쟁이들을 속이려고 하지 말았어야 했습니다(1457~1458)." 그러면 아리스토파네스와 스트레프시아데스에게서 구름은 진정한 신이란 말인가.

셋째, 주인공 스트레프시아데스는 아들과의 마지막 말다툼에서 결국 소크라테스의 교리가 옳다는 것을 관중에게 고백한다. "여기에 계신 여러분은 어떻게 생각하십니까? 그는 옳은 것 같습니다. 모든 것은 순리대로 되었다고 믿습니다. 우리가 잘못 생각했다면, 우리가 패배하는 것이 정의로운 일입니다(1437~1439)." 그러면서도 그는 소크라테스의 '유혹적인 언사'를 저주하고(1477), 마지막에는 '생각하는 집'을 불태운다.

우리는 이상과 같은 구조적인 모순들을 어떻게 설명할 수 있는가? 그런 모순들 때문에 『구름』은 1등으로 당선되지 못했으며, 그리하여 아리스토파네스는 이 희곡을 다시 쓴 것인가?[19] 그렇지 않으면 아테네인들의 존경을 받는 소크라테스를 모욕했기 때문에 1등으로 당선되지 못했는가? 실제로 『구름』에 나오는 소크라테스는 몇 가지 상반된 성격의 소유자로 묘사되어 있다. 한편으로 그는 동물과 같이 본능적으로 사는 '자연적인 삶'을 권장하고, 다른 한편으로 '비둘기'라는 단어의 남성 명사와 여성 명사의 차이를 알아야 하고(667), '클레온'의 여성 명사를 알아야 하고(680), 일반적으로 남성과 여성의 고유 명사의 차이를 알아야 한다(681). 순박한 본능적인 삶과 이렇게 고도로 기술적인 말장난과는 서로 부합될 수 없는 것이다. (늙은 스트레프시아데스가 가장 암기하기 어렵고 이해하기 어려웠던 것이 바로 이런 고답적인 말장난이다.)

---

19) 『구름』의 두 가지 대본의 차이점에 얽힌 문제에 대하여는 다음을 참조할 것. Guthrie, *Socrates*, 앞의 책, pp. 56-57.

여기에 대하여 거트리는 콘포드(F. M. Conford)를 인용하면서[20] 『구름』에 나오는 소크라테스는 '한 사람으로는 절대로 완전히 연합될 수 없는 몇 가지 유형'을 가지고 있다고 말한다.[21] 첫째로 소크라테스는 '불리한 경우를 유리한 경우로 만드는 기술'을 가르치는 궤변론자며, 둘째로 아낙사고라스와 같은 무신론적 자연철학자며, 셋째로 세속적인 쾌락에 무관하여 굶고 더러운 옷을 입고 다니는 금욕주의자며, 넷째로 영혼을 정화시키는 신비스러운 의례를 팔고 다니는 구걸하는 승려. 아리스토파네스는 왜 이렇게 상반된 유형을 전부 소크라테스에게 부여하는가? 여기서 우리는 "소크라테스는 과연 궤변론자인가?"라는 원래의 질문으로 되돌아갈 수밖에 없다.

5. 『구름』과 소크라테스의 재판

모든 위대한 사상가의 경우와 마찬가지로 소크라테스는 역설로 휩싸여 있는 인물이다. 그러나 그의 역설이 다른 사상가들의 역설과 다른 점은, 그의 것은 인간의 이성을 무조건 무시하거나 반대하는 역설이 아니라 오히려 인간 이성을 자극하는 역설이라는 점이다. 블라스토스(Gregory Vlastos)는 이렇게 말한다.

여기서 우리는 모든 것이 역설인 인물을 발견한다. 다른 철학자들은 역설에 대하여 논의했다. 그러나 소크라테스는 그렇지 않았다. 소크라테스의 역설은 소크라테스 자신이다. 스칸디나비아, 독일, 고올 인의 역설과는 달리 그리스의 역설은 인간 이성을 패배시키는 대신에 오히려 그것을 더욱 자극시킨다. 적어도 인간 이성의 일부분을 더욱 투명하게 만든다.[22]

---

20) F. M. Conford, "The Athenian Philosophical Schools", *Ancient History*, vol. vi, 1927, p. 302f.
21) Guthrie, *Socrates*, 앞의 책, pp. 52-53.
22) Gregory Vlastos, "Introduction : The Paradox of Socrates", G. Vlastos, ed. *The Philosophy of Socrates*, Anchor Books, 1971, p. 4.

우리는 소크라테스의 역설적인 면을 여러 면에서 발견할 수 있다. 그는 보편 타당한 진리를 추구한다. 그러면서도 그는 아테네라는 조그만 폴리스에 너무나 집착한 것 같다. 또한 그는 분명히 모르는 사람이라고 말한다. 그렇다면 모르는 사람인 그가 어떻게 다른 사람이 모른다는 것을 그처럼 정확하게 알 수가 있는가?23) 또한 그는 지식과 덕의 차이를 인정하지 않는다. 그러나 지식이 바로 덕이 될 수 없다는 것은 상식이 아닐까? 소크라테스의 역설은 끝이 없다.

이러한 역설은 그의 재판과 죽음에도 그대로 해당된다. 야스퍼스는 소크라테스의 재판과 죽음에 대한 세 가지 해석을 지적한다. 첫째는 우리들이 일반적으로 믿고 있듯이 그가 철학을 가르치다가 독살을 당했다는 해석이며, 둘째는 그가 고의로 죽음을 택했다는 자살설이며, 셋째는 타살이라고 볼 수도 있고 자살이라고 볼 수도 있다는 헤겔의 변증법적 해석이다. 야스퍼스는 이렇게 말한다.

소크라테스는 자신의 변론을 좀더 공손히 제시함으로써 쉽게 자신을 구할 수 있었다. 그러나 당국의 권위에 대하여 거만한 태도를 취함으로써 재판관을 모욕했고, 죽지 않을 수 있는 몇 가지 방법이 있었으나 그것들을 모두 배척했고, 감옥에서 도망쳐서 처형을 면할 수도 있었다. 그는 그가 속해 있는 사회의 불문율과의 타협을 거절했다. 그는 고의로 죽음을 택했다. 이것은 재판에 의한 살인(judicial murder)보다는 차라리 재판에 의한 자살(judicial suicide)이라고 볼 수 있다.

헤겔은 소크라테스에 대한 또 다른 견해를 제창한다. 아테네의 실체를 수호하려던 아테네인들은 옳았으며, 그리고 그 실체의 파괴를 전제로 해서 새로운 세대를 창조하려던 소크라테스도 옳았다는 것이다.24)

그러면 우리는 소크라테스의 재판과 죽음을 어떻게 이해해야 하는가? 야스퍼스는 두 번째와 세 번째 해석을 완강히 부정한다. 두 번째 해석을 취하는 사람들은 "사형을 선고한 아테네 법정보다는 사형을 당한 소크라

---

23) 이 문제에 대한 구체적인 토론으로는 다음을 참조할 것. 황필호, 「소크라테스는 과연 '모르는 사람'인가?」 『삶이 무엇이냐고 묻는다면』, 자유문학사, 1991, pp. 154-162.
24) Jaspers, 앞의 책, pp. 43-44.

테스의 유죄를 주장한다. 그러나 그들은 성스러운 신적 소명감이 소크라테스로 하여금 당시에 횡행했던 비진리를 굴욕적으로 받아들이는 처사를 완강히 부인하게 만들었다는 사실을 보지 못한다. 소크라테스는 진정한 순교자며 진리의 증인이다."[25]

그리고 '역사의 절대화와 비극적인 갈등에 대한 미적인 객관화'라고 볼 수 있는 세 번째 해석은 "소크라테스의 경우에는 지극히 부적합하다. 물론 각개의 시대는 제나름대로의 정신이 있고, 엄청난 정신의 변형이 일어난다. 그렇다고 해서 각개의 세대가 절대적인 정의를 가지고 있고, 본질적으로 여러 가지 종류의 정의가 있는 것은 아니다. 모든 시대를 통하여 인간에게 필요한 그 무엇은 언제나 존재하게 마련이다. 인간은 역사보다 더 높은 법정의 심판을 받게 마련이다. 참되고 선한 것과 거짓되고 악한 것의 차이는 단순히 '비극'이라는 단어로서 가려지거나 처리될 수는 없다."[26] 이런 뜻에서 우리는 과거와 현재의 모든 사건을 합리화시키는 헤겔 식의 해석을 절대로 받아들일 수 없다.

그렇다고 해서 소크라테스의 죽음을 반드시 자살과 타살의 양자택일에서만 찾을 필요도 없을 것 같다. 그는 분명히 순교자였지만, 그가 죽음보다도 더욱 중요하게 여긴 어떤 것이 있었기 때문에 그의 이 '고상한 용기'를 보지 못하는 사람에게는 자살로 보일 수도 있을 것이다. 우리가 이미 지적했듯이, 소크라테스가 '역설의 인물'이라면 그의 재판과 죽음은 자살과 타살의 두 요소를 동시에 포함할 수도 있을 것이다.

하여간 소크라테스의 재판과 죽음에 아리스토파네스의『구름』이 직접적으로나 간접적으로 기여했다는 사실에는 의심의 여지가 없다. 그러나 정확히 어느 정도 기여했느냐는 문제는 철학자들 사이에도 논란이 분분하다. 그들을 몇 가지 유형별로 기술하면 다음과 같다.

첫째, 대부분의 학자들은 아리스토파네스의 작품이 소크라테스의 재판과 사형에 결정적인 역할을 주었다는 플라톤의 견해를 지지한다. 그리하여 알스트리(Richard Allestree)는『혀의 정부(The Government of the Tongue)』(1674)에서 "소크라테스의 명성을 억압할 방법을 발견할 수 없

---

25) 같은 책, p. 44.
26) 같은 책, p. 45.

었던 그의 적들은 아리스토파네스라는 희곡 작가를 고용하여 그를 무대에 내세움으로써 처음에는 사람들의 마음에 소크라테스에 대한 경멸을 심었고 그 다음에는 증오를 심었다"고 말하며, 찰톤(Walter Charleton)은 『두 개의 대화(*Two Discourses*)』(1675)에서 아리스토파네스가 "이 세상에서 가장 훌륭하고 가장 현명한 인물을 역겨운 보통 사람으로 만들어놓았다"고 말하며, 플루타르크(Plutarch)도 이와 비슷한 견해를 표명하며, 르네상스 시대의 고전학자 하인시우스(Daniel Hainsius)와 존슨(Ben Jonson)은 아리스토파네스가 소크라테스를 '조롱과 웃음의 대상'으로 만들었다고 말하며, 보일로(Nicolas Boileou)는 『시학(*Art of Poetry*)』(1683)에서 소크라테스가 '조롱당하는 무대의 오락물'이 되었다고 말하며, 다시에르(Andr'e Dacier)는 『플라톤의 대화 요약(*The Works of Plato Abridg'd*)』(1701)이라는 번역서에서 『구름』은 이미 20년 후에 일어날 소크라테스의 기소를 사람들의 마음에 심어놓았다고 말한다.[27]

둘째, 그러나 일부의 학자들은 『구름』이 소크라테스가 기소된 결정적인 이유가 될 수 없었을 것이라고 주장한다. 이런 주장을 하는 거트리는 그 이유를 다음과 같이 열거한다. 우선 플라톤은 아리스토파네스의 코미디에 소크라테스라는 사람이 바구니를 타고 하늘에 매달려서 공중을 왔다갔다하면서 난센스의 짓을 한다고 보고한다. 그러나 플라톤은 동시에 「심포지엄」이라는 대화편에서 소크라테스가 희극 작가인 아리스토파네스와 비극 작가인 아가톤(Agathon)과 같이 다정스럽게 드라마에 대하여 토론하는 장면을 소개한다. 물론 『심포지엄』이라는 대화편은 사실에 대한 보고서가 아니라 상상적인 작품이라고 생각할 수 있다. 그러나 소크라테스와 아리스토파네스의 사이가 『구름』을 출판한 이후에도 절친한 사이가 아니었다면, 이런 장면은 있을 수 없었을 것이다. 그들의 관계는 『구름』이 발표된 이후에도 우정어린 관계였음에 틀림없다.

또한 소크라테스가 처형된 것은 『구름』이 상연된 기원전 423년부터 무려 24년이 지난 기원전 399년이다. 『구름』이 그의 기소에 가장 중요한 원인이라면, 아테네인들은 24년이 지난 다음에 그를 처형하지 않았을 것이

---

27) Raymond A. Anselment, "Socrates and The *Clouds* : Shaftesbury and a Socratic Tradition", *Journal of History of Ideas*, vol. 39, no, 2, April-June, 1978, pp. 175-177.

다. 우리는 그 코미디에 대한 소크라테스의 태도를 플루타르크의 이야기로 이해할 수 있다. 플루타르크에 의하면,『구름』에서 조롱받았다고 생각하지 않느냐는 질문을 받은 소크라테스는 "천만에요, 그는 마치 내가 심포지엄에 참석한 것같이 놀렸을 뿐이오!"라고 답변했다고 한다. 친구간의 절친한 농담에 대하여 자유롭게 웃고 즐길 수 있었던 자유가 그 당시에는 있었던 것이다.

그러나 가장 중요한 이유는, 플라톤의『변론』까지도『구름』이 가장 중요한 소크라테스 기소의 원인이라고 명확하게 말하고 있지 않다는 사실이다. 단지 그가 어렸을 때부터 들어온 나쁜 소문들만을 증언하고 있다.

소크라테스에 대한 나쁜 인상은 단순히 코미디 작가라는 이유 한 가지 때문에 하나의 실례로 언급된『구름』보다 훨씬 이전부터 있어 왔으며, 이와 비슷한 모든 가십의 경우와 마찬가지로 오늘날 우리는 그 근거를 정확히 댈 수 없다.[28]

하여간 거트리와 비슷한 입장을 취하는 학자들은 아리스토파네스가 분명히 소크라테스를 비난했으며 또한 소크라테스가 그의 비난으로부터 상처를 입은 것은 사실이지만, 그것이 그의 재판과 죽음의 결정적 요인은 아니라고 주장한다.

셋째, 일부의 학자들은 아리스토파네스가 소크라테스를 조롱한 것은 사실이지만, 그 결과로 소크라테스의 명성은 땅에 떨어진 것이 아니라 오히려 더욱 신장되었다고 주장한다. 이런 학자의 대표자인 쿠퍼(Anthony Ashley Cooper, Third Earl of Shafesberry, 1671~1713)는『구름』이 결국 "진리와 덕은 조롱의 테스트에 아무런 상처도 입지 않을 수 있다" (Truth and virtue can stand the test of ridicule unscathed)는 것을 증명했다고 말한다.[29] 물론 쿠퍼가 이러한 주장을 처음으로 한 것은 아니다. 그는 이미 전부터 내려왔던 학자들의 단편적인 견해들을 종합한 것이다.

---

28) Guthrie, 앞의 책, p. 55.
29) Athony Cooper, "A Letter concerning Enthusiasm", John M. Robertson, ed. *Characteristics of Man : Manners, Opinions, Themes*, 1711, New York, 1964, 1, 23(이 구절은 Anselment, 앞의 글, p. 171에서 인용).

알리아누스(Claudius Aelianus)는 『역사의 기록(*Varia Historia*)』(약 기원후 200년경)에서 소크라테스는 아테네인들의 오해를 없애기 위하여 『구름』이 상영되었을 때 직접 참석하여 기립 박수를 함으로써 자신과 극중의 인물인 소크라테스가 전혀 다른 성격의 소유자임을 밝혔다고 기록하고 있으며, 플루타르크도 『어린이 교육(*The Education of Children*)』에서 소크라테스는 분노를 느끼지 않았다고 기술하며, 라에르티우스(Diogenes Laertius)는 『고명한 철학자들의 생애(*Lives of Eminent Philosophers*)』에서 한 걸음 더 나아가서 소크라테스가 "우리는 코미디의 대상이 되기를 반대할 필요가 없다. 그들이 우리의 단점을 조롱하면 그들은 우리에게 좋을 일을 하는 것이며, 그렇지 않다면 우리에게 아무런 영향을 준 것이 아니기 때문"이라고 말했다고 기록하고 있으며, 카펜티에르(Francois Carpentier)는 『소크라테스의 생애(*La Vie de Scorates*)』에서 아리스토파네스와 그의 동료들은 결국 그들이 잘못했다는 것을 발견하지 않을 수 없었다고 기록하고 있다.[30]

쿠퍼는 이런 전통을 이어받아서 소크라테스의 '정직한 유머'는 아리스토파네스를 통하여 더욱 고창되었다고 주장하면서, 소크라테스를 이와 비슷한 핍박을 받아 더욱 진리를 선포하게 된 예수와 비교한다. 물론 그도 모든 평범한 사람들이 예수나 소크라테스에 대한 비난을 통하여 그들의 열등함보다는 숭고함을 볼 수 있다고 믿지는 않았다. 그러나 그는 마치 J. S. 밀이 그의 '동정적인 독자'들에게 호소하듯이, 합리적인 관중들은 오히려 아리스토파네스의 조소에 담담하게 행동하는 소크라테스의 위대함을 읽었을 것이라고 말한다. 쿠퍼의 입장을 토론한 안셀멘트(Raymond A. Anselment)는 이렇게 말한다.

쿠퍼는 아리스토파네스가 소크라테스를 존경하는 사람들이 쉽게 받아들일 수 있는 역설적 전회(ironic turn)를 제공함으로써 그의 독자들에게 합리적인 인간으로 행동하기를 권장한다. 물론 그는 현실보다는 이상을 옹호하는 듯이 보인다. 그러나 그는 그 사실을 알고 있다. 그는 그의 독자들에게 문화의 가치를 검사하고 또한 그렇게 행동하기를 권유한다. 그는 그리스도와 소크라테스

---

30) Anselment, 앞의 글, pp. 172-174.

의 행동에 부합하는 이성과 건전한 유머의 유형(a pattern of reason and good humor)을 제공한다.

아리스토파네스의 모델이 과연 역사적으로 정확한가 하는 문제는 제2차적인 것이다. 그는 소크라테스에 대한 여러 논쟁적인 실례를 소개하기 이전에 이미 이성과 기지가 정열과 미신에 대항하여 자유롭게 조화를 이루는 '자연적 휴머니티(natural humanity)'의 신비적인 황금 시대를 기술한 것이다.31)

넷째, 일부의 학자들은 한 걸음 더 나아가서 아리스토파네스는 소크라테스를 비방한 것이 아니라 오히려 소크라테스의 도덕적 가르침과 궤변론의 비도덕성을 구별하려고 무척 애를 썼다고 주장한다. 예를 들어서 소크라테스는 빚쟁이를 속이는 방법 대신에 천체 현상과 기상 조건 등을 가르친다. 오직 주인공인 스트레프시아데스가 이러한 소크라테스의 진심을 곡해했을 뿐이라고 주장한다.

　　머레이(G. Murray)와 슈미트(Wolfgang Schmidt)는 아리스토파네스는 소크라테스의 명예를 절대로 비난하지 않았으며, 스트레프시아데스에게 빚쟁이들을 속이라고 말한 일이 없다고 주장한다. 그리고 겔저(T. Gelzer)에 의하면, 소크라테스가 비난받을 것이 있다면 그것은 까다로운 논증을 복잡하게 장시간 소개한다는 것 뿐이다. 에르브제(H. Erbse)는 사론이 '궤변적 소크라테스의 방법'을 사용한 것은 사실이지만, 그것도 소크라테스가 허용한 콘텍스트 속에서의 일이라고 말한다. 소크라테스는 스트레프시아데스가 철학을 배울 수 있다는 비도덕적 희망을 치료하려고 최선을 다했으며, 아리스토파네스의 희곡은 소크라테스의 가르침과 궤변론이 가지고 있는 도덕적 개념이 절대로 화합할 수 없음을 증명한다. 물론 이 작품에 나오는 언어와 문법은 궤변적이다. 그러나 '이름의 정확성'에 대한 소크라테스의 질문은 모든 궤변론자들이 믿고 있던 언어가 실재의 상징이라는 이론을 정면으로 공격하는 것이다.32)

그러나 이러한 견해는 희곡의 중심 내용과 전혀 일치하지 않는다. 거트리가 지적했듯이 소크라테스는 분명히 거짓말을 가르쳐 주겠다고 약속하며(260), 파이디피데스가 소송에 필요한 모든 무기를 빨리 습득하지

---

31) 같은 글, pp. 181-182.
32) Guthrie, 앞의 책, pp. 49-51.

못함을 유감스럽게 생각하면서도(874f) 결국에는 그가 모든 사론을 습득하여 빚쟁이를 따돌릴 수 있다고 장담하기 때문이다(1148f).

우리는 지금까지 소크라테스의 죽음에 대한 일반적인 토론으로 시작하여, 그의 죽음과『구름』의 관계를 구체적으로 토론했다. 그리하여 아리스토파네스가 소크라테스를 조롱했다는 사실에는 의심의 여지가 없으나, 구체적으로 그것이 어떤 영향을 끼쳤는가에 대하여는 여러 가지 견해가 있다는 것을 관찰했다. 나는 이제 아리스토파네스가 어떤 형태로든지 소크라테스를 비난했다고 가정하고, 왜 그가 소크라테스를 비난했느냐는 본질적인 문제를 토론하겠다.

6. 소크라테스는 과연 궤변론자인가

물론『구름』에 나오는 소크라테스와 플라톤-크세노폰이 그린 소크라테스 사이에는 여러 가지 공통점이 없지 않다. 예를 들어서 플라톤의『심포지엄』(220b)과 크세노폰의『회상록』은 추위나 더위를 잘 견디는 소크라테스의 체질을 다같이 표현하기도 한다.

그러나 아리스토파네스의 소크라테스와 플라톤-크세노폰의 소크라테스의 공통점을 찾으려는 학자들이 가장 관심을 가지고 노력한 구절로는 『구름』의 제137절에 나오는 장면이다. 여기서 주인공인 스트레프시아데스가 소크라테스의 '생각의 집'의 문을 너무 요란하게 두드리자, 그의 제자들이 "애 떨어지겠다!"라고 야단을 치는데, 많은 학자들은 이 구절이 바로 소크라테스가『테아테투스』에서 자신을 진리를 발견하는 데 도움을 줄 수 있는 산파로 비유한 구절과 조화된다고 말한다.

그러나 아리스토파네스 연구에 큰 공헌을 한 도버(Kenneth J. Dover)는 이런 가설을 받아들이지 않는다. 만약 우리가 그것을 받아들인다면, 우리는 몇 가지 '엄청난 결론들'을 받아들여야 할 것이라고 말한다. 우선 이 가설은 아리스토파네스가 '유산(流産)'이라는 단어 하나로 소크라테스를 기술할 정도로 소크라테스의 어휘에 능통했다는 주장이다. 그리고 그것이 사실이라면, 우리는『구름』의 다른 부분에서도 수많은 소크라테스의 어휘를 발견할 수 있었을 것이다. 그러나 우리는 그런 증거를 발견할 수 없다. 또한 소크라테스의 철학을 기술하는 가장 적합한 어휘가 '유산'이라면, 플라톤의 수많은 초기 대화편에 이 표현이 여러 곳에 있었을 것이다. 그러나 우리는 『변론』을 포함한 다른 대화편에서 전혀 이 표현을 발견할 수 없다. 그리하여 도버는 '유산'이라는 표현은 우리들이 일상적으로 깜짝 놀랐을 때 '야, 애 떨어지겠다!'는 표현 이상의 의미가 없으며, 이러한 일상적 표현은 특히 새끼를 밴 양과 염소들이 조그만 소리에도 민감하게 반응한다는 것을 잘 알고 있는 농부인 주인공 스트레프시아데스에게는 쉽게 이해할 수 있는 표현이었을 것이라고 말한다.[33]

하여간 도버는 아리스토파네스가 묘사한 소크라테스와 플라톤-크세노폰이 묘사한 소크라테스의 유사점은 외모와 육체적인 것에 불과하며, 다른 점에서는 전혀 상이하다고 말한다. 첫째로 플라톤의 소크라테스는 궤변론자들과는 달리 천문학이나 지리학에 아무런 관심이 없으며, 둘째로 플라톤과 크세노폰이 그린 소크라테스는 궤변론자들과는 달리 그가 살고 있는 사회의 규범을 지키는 성실한 종교적 신앙을 가지고 있으며, 셋째로 그는 궤변론자들과는 달리 그의 가르침의 대가로 보수를 받지 않았다고 고백한다.

그러면 어떤 소크라테스가 진짜 소크라테스인가? 그는 과연 궤변론자인가? 그렇지 않으면 우리의 진정한 스승인가? 여기에 대하여는, 아리스토파네스가 그린 소크라테스가 진실한 소크라테스라는 이론, 아리스토파네스는 젊은 시절의 소크라테스를 그렸고 플라톤과 크세노폰은 그의 마지막 20년 생애를 그렸다는 이론, 플라톤과 크세노폰이 그린 소크라테스가 진짜 소크라테스라는 세 가지 이론을 생각할 수 있다. 필자는 이제 이 세 가지 가설에 대한 도버의 견해를 간단히 소개하겠다.

우선 두 번째 가설은 아리스토파네스와 플라톤이 다같이 거짓말을 하지 않는 훌륭한 사람들이라고 믿는 학자들이 고안해낸 가설이지만, 실제로 이 가설을 지지하거나 반대하는 구체적인 증거는 없다. 물론 플라톤의 『파이돈』(96af)에는 소크라테스가 젊었을 때 "어떤 사람이 아낙사고라스라는 사람의 책을 읽고 마음이 모든 것의 원인이 될 수 있음을 말하

---

33) Kenneth J. Dover, "Socrates in the Clouds", Gregory Vlastos, ed. 앞의 책, pp. 61-62.

는 것을 들은 일이 있다"고 말하고, 그러나 자연철학자인 아낙사고라스의 기계적인 이론은 마음이 궁극적인 원인임을 밝히지 못하기 때문에 포기했다(98b~99b)는 표현이 있다.

그러나 이러한 기술은 기계적인 과학 이론을 전문적으로 가르치는 아리스토파네스의 소크라테스와는 전혀 맞지 않는다. 플라톤의 『변론』(19d)에서, 소크라테스가 오히려 배심원들에게 이런 문제에 대하여 자신이 토론하는 것을 들은 일이 있느냐고 질문한 이유도 여기에 있다. 더 나아가서, 『파이돈』의 당시 기술이 자연철학에 대한 젊은 소크라테스의 관심을 증명한다고 해도, 『구름』에서 가장 중요하게 간주되는, 돈을 받고 가르쳤다는 소크라테스와는 굉장한 거리가 있다.34)

그러면 아리스토파네스는 풍자를 통하여 진정한 소크라테스를 묘사했으며, 플라톤과 크세노폰은 이미 죽음에 의하여 신비화되고 성인화된 소크라테스에게 자신의 사상을 삽입한 거짓말쟁이였는가? 도버는 이 가설의 부당성을 다음과 같은 몇 가지로 정리한다.35)

첫째, 이 가설은 플라톤과 크세노폰만이 너무나 명백한 사실을 은폐했다는 주장이 된다. 그러나 실제로 소크라테스를 영웅으로 취급한 사람들로는 그들 이외에도 상당히 많다. 테미스티우스(Themistius), 케베스(Kebes), 파이돈, 아리스티포스(Aristippos), 아이스키네스(Aischines), 섹스투스 엠피리쿠스(Sextus Empiricus)와 같은 사람들도 소크라테스의 행적을 칭찬하며, 스승인 플라톤의 사상을 여러 가지로 반박한 아리스토텔레스까지도 소크라테스를 전문적 궤변론자로 묘사하지는 않는다.

둘째, 아리스토파네스를 지지하는 단편적인 표현들은 대개 신빙성이 없거나 상당한 유보 사상을 가지고 검토해야 된다. 물론 이도메네우스(Idomeneus)는 소크라테스가 수사학을 가르치고 돈을 받았다고 말한다. 그러나 그가 그렇게 말할 수 있는 근거가 바로 『구름』이었으며, 그의 말이 『구름』의 신빙성을 지지하는 것이 될 수는 없다. 그리고 아리스토체노스(Aristoxenos)는 소크라테스가 성을 잘 내고 여색(女色)을 밝혔다고 비방한다. 그러나 동시에 그는 소크라테스가 "소량의 잔돈을 받았다"고

---

34) 같은 글, pp. 67-68.
35) 같은 글, pp. 64-67.

증언하고 있다.

셋째, 특히 플라톤을 싫어했던 아리스티포스는 소크라테스가 부유한 친구들로부터 음식과 술을 대접받았다고 말하면서도, 그가 결코 과욕하지 않았다고 증언하고 있다. 그러므로 아리스토파네스의 소크라테스를 지지한다고 간주되는 아리스티포스와 아리스토체노스의 증언들은 오히려 플라톤의 소크라테스를 지지하는 증언으로 받아들일 수 있다.

넷째, 리시아스(Lysias)는 고소를 당한 그의 고객을 변호하는 장면에서 소크라테스가 정의와 덕에 대한 토론을 자주 벌였다고 말한다. 이런 표현은 플라톤과 크세노폰이 그린 소크라테스와 완전히 일치한다.

결론적으로 도버는 플라톤과 크세노폰의 소크라테스가 진정한 소크라테스라는 세 번째 가설을 받아들일 수밖에 없다고 말한다. 그러나 여기에 한 가지 문제가 있다. 만약 이 가설이 옳다면, 아리스토파네스는 소크라테스를 전혀 몰랐기 때문에 궤변론자로 묘사했는가? 혹은 알면서도 고의적으로 그를 왜곡하고 비방했는가? 그렇지 않으면 다른 이유가 있었는가?

7. 왜 아리스토파네스는 소크라테스를 궤변론자로 묘사했는가

이 질문에 대하여 아리스토파네스가 소크라테스에 대하여 완전히 무지한 상태였다는 답변은 전혀 호소력이 없다. 소크라테스는 그의 영웅적인 죽음에 의하여 이미 많은 사람들의 입에 오르내리고 있었다. 아리스토파네스가 그런 소크라테스를 전혀 모르고 있었다고는 절대로 말할 수 없다. 그렇다면 아리스토파네스는 고의적으로 소크라테스를 중상 모략한 것인가? 또한 그의 이러한 간교 때문에 자신은 그가 쓴 작품 중에서 『구름』을 가장 훌륭한 것으로 간주했지만 실제로는 3등을 차지하게 된 것이 아닌가? 그리고 이미 지적했듯이 그의 작품이 가진 '구조적인 모순'이 실패를 더욱 조장한 것이 아닌가?

물론 우리는 이렇게 아리스토파네스를 비난할 수 있다. 그러나 고도의 지적 역설과 유머의 대가인 그를 이런 3류 작가로 취급하는 것은 옳지 않다. 나는 이제 플라톤의 소크라테스와 마찬가지로 아리스토파네스의 소크라테스도 진실한 소크라테스의 일면을 묘사하고 있다고 볼 수 있는 '동정적인 해석'의 가능성 두 가지를 제시하겠다. 이 가능성이 정당하다면, 우리는 플라톤과 아리스토파네스는 상호 모순의 관계가 아니라 상호 보완의 관계를 가지고 있다고 말할 수 있을 것이다.

첫째, 아리스토파네스는 그의 작품에서 소크라테스 개인을 묘사하기 보다는 보통 사람들에 기생하면서도 굉장한 일을 한다고 착각하고 있는 지식인 일반을 묘사한 것이다. 물론 그리스 시대의 사상을 객관적으로 연구하는 우리들의 입장에서 보면 궤변론을 정면으로 배척한 소크라테스를 궤변론의 대표자로 묘사하는 것은 공평하지 못한 처사다.

그러나 술과 음식을 즐기고 성욕의 충족을 추구하는 일반적 입장(a popular standpoint) — 혹은 자연적 입장(a natural standpoint) — 에서 살아가는 '정상적인 사람'의 입장에서 보면, 지식인들의 차이는 별것이 되지 못하며, 그들은 다같이 '비정상적인 사람'들임에 틀림이 없다. 정상적인 인간에게서 철학과 문학의 차이는 그야말로 오십보 백보의 차이에 불과하다. 그들은 모두 아무런 '내용이 없는 위대한 이야기(a grand talk that covers empty content)'를 지껄이는 사람들임에 틀림이 없다. 아리스토파네스는 이러한 지식인 일반에 대한 혐오감을 소크라테스라는 인물로 상징화한 것이다.

바흐와 라흐마니노프, 노동당과 공산당, 옥스퍼드와 캠브리지, 영국과 스코틀랜드의 차이점을 잘 이해하고 또한 그 차이점에 관심이 많은 사람들이 있다. 그러나 이 세상에는 그런 차이점에는 아무런 관심도 없고, 아무런 차이도 발견하지 못하는 사람들이 있다. 가톨릭 교인들은 그들이 성모 마리아를 경배한다는 개신교인들의 주장을 배척한다. 그러나 불가지론(不可知論)자에게서 가톨릭과 개신교의 논쟁은 머리털 하나를 뽑는 것과 같이 하찮은 일이다.

이러한 차이점에 대한 주관성이 가장 잘 드러나는 곳이 바로 지식인에 대한 일반적인 태도다. 최근까지만 해도 …… 일반 문학 작품에 나타난 대학 교수는 아시리아의 역사로부터 도롱뇽의 해부학에 이르는 모든 문제에 대한 권위 있는 의견을 제출할 수 있는 만물 박사였다.

그러나 대중을 위한 성공적 코미디 작가인 아리스토파네스는 특별한 노력을 하지 않고도 '일반적 입장'을 채택할 수 있었다. 그렇지 않았다면 그는 희극 시인이 아니었을 것이다.[36)]

동양에는 지붕에서 비가 새는 것도 모르고 글을 읽고 있는 사람이 학자라는 통념이 있다. 이와 마찬가지로, 그리스 시대에도 지식인은 하늘을 쳐다보다가 구덩이에 빠져 죽는 사람이란 통념이 지배하고 있었다. 그리고 이러한 일반적 통념의 입장에서 보면, 지식인들 사이의 사소한 논쟁이란 그야말로 '새 발의 피'에 불과한 것이다. 아리스토파네스는 이러한 정상인과 비정상인의 '근본적인 구분'을 보통 사람과 보통 사람에 기생해서 살아가는 창백한 지식인의 구분으로 묘사한 것이다.

분명히 아리스토파네스는 소크라테스와 궤변론자의 차이점을 알고 있었다. 그러나 그는 그 차이를 보지 않았을 뿐이다. 다른 사람들이 그들의 차이점을 지적했다고 하더라도, 그는 그것이 전혀 중요하지 않다고 생각했을 것이다. 그는 오직 정상인과 비정상인 사이의 근본적인 구분만을 강조했다.

정상적인 사람은 일하고, 싸우고, 가능한 한 많은 노래·춤·음식·술·섹스·수면·친구를 가지려고 한다. 그러나 비정상적인 사람은 본질적으로 정상적인 사람에 기생할 뿐이다. 그는 일하지 않으며, 도시국가의 지속적인 존재에 필요한 충성심을 무시한다. 그는 일상적인 삶의 쾌락 이외에 그만이 접근할 수 있는 또 다른 비밀스러운 쾌락이 있다고 망상하고 있다.

아리스토파네스는 이런 비정상적이고 기생적인 사람을 정상적이고 주체적인 사람으로부터 구별하는 넓은 어망을 던졌다. 그리하여 그는 『구름』의 제331절 이하에서 예언가, 의사, 시인들을 '게으른 궤변론자'에 포함시켰다. 소크라테스로 대표되는 기생적인 철학자는 아리스토파네스의 다른 작품에서도 점쟁이, 신탁 몽상가, 시인과 유사한 사람이었다.[37]

둘째, 우리가 아리스토파네스를 동정적으로 볼 수 있는 더욱 중요한 이유는 우리가 코미디의 본질을 상기하면 쉽게 알 수 있다. 모든 문학 작품은 나름대로 어느 정도의 철학적 내용을 담고 있으며, 또한 어떤 경우에는 그 내용을 일상적인 철학 논문보다 더욱 논리적으로 표현하기도 한다. 그러나 문학 작품은 인생에 대한 철학적 내용을 그대로 서술하지 않고 문학적으로 묘사한다. 특히 코미디의 경우는 전달 방법이 비논리적이

---

36) 같은 글, pp. 71-72.
37) 같은 글, pp. 72-73.

다. "코미디의 훌륭한 점은 관객에 대한 훌륭한 속임수(excellent fooling)
에 있다."[38] 이런 뜻에서, 아리스토파네스의『구름』은 '명백한 부조화(a
manifest incongruity)'를 가장 순수하면서도 가장 의도적으로 전달하는
코미디의 정수다.[39]

8. 맺음말

『구름』은 아리스토파네스의 다른 작품들과 마찬가지로 고도로 지적인
작품이다. 그것은 독자의 단순한 감상에 호소하지 않고 고상할 정도의
지성에 호소한다. 여기에 바로 아리스토파네스의 특징이 있다. 작품의 여
러 장면에서 관중들이 친절한 처사를 기대하고 있을 때 가장 잔인한 처
사를 제시하는 이유도 여기에 있다.[40]『구름』은 관중의 가슴보다는 머리
를 겨냥한 작품이다.

그것이 아리스토파네스가 쓴 작품 중에 가장 우스꽝스러운 것이 아니라면,
그것은 확실히 가장 간교한 작품이다. 이야기의 구성과 줄거리, 부조화의 폭
로, 비방과 기지에서 그것은 가장 간교한 작품이다. 아리스토파네스가『구름』
을 자신이 쓴 이전의 작품들이나 '시시한 경쟁자들'의 작품보다 더욱 위대하다
고 생각한 이유도 여기에 있다.
그는 여기서 뒤죽박죽 장면과 소란스러운 놀이를 지성적 익살의 장면으로
대체시키며, 더욱 훌륭한 시와 상상의 장면으로 대체시킨다.[41]

또한『구름』은 아리스토파네스의 작품 중에서 가장 창조적인 작품이
다. 대부분의 그리스 시인들은 세계를 있는 그대로 묘사한다. 물론 어느
때는 굉장히 화려하게 묘사하고, 어느 때는 나쁜 점까지도 미화시키고,

---

38) Edith Hamilton, *The Greek Way*, Mentor Books, 1963, p. 97.
39) Moses Hadas, "Introduction", *The Complete Plays of Aristophanes*, A National
General Co. 1971, p. 3.
40) 같은 글, p. 3.
41) Arrowsmith, 앞의 글, p. 2. Cf. 많은 학자들이 아리스토파네스의 음담패설까지도 지적
으로 승화되었다고 주장하는 이유가 여기에 있다.

어느 때는 숨겨진 가치를 발견하기도 하지만. 그러나 아리스토파네스는 "존재하는 세계를 지워버리고 새로운 세계를 건설한다."[42] 그리고 그는 이 새로운 세계의 주인공을 새로 발명해 낸다. 소크라테스의 경우가 바로 여기에 속한다.

플라톤의 소크라테스가 진정한 소크라테스라면, 아리스토파네스가 묘사한 소크라테스는 불공평하기 짝이 없다. 그는 말년에 자연철학에 탐닉하지 않았으며, 보수를 받고 가르치지 않았으며, 궤변론자가 아니었다.

그러나 아리스토파네스에게 소크라테스가 실제로 궤변론자가 아니라는 사실은 그가 창조한 세계에 아무런 제약을 줄 수 없다. 그가 창조한 세계에서 소크라테스는 비(非)소크라테스가 될 수 있으며, 환상이 현실을 대신할 수 있으며, 그 환상의 세계는 현실의 세계보다 더욱 진실할 수 있다. 아리스토파네스의 환상적인 세계를 비실재적이면서도 실재적으로 변형시키는 힘은 바로 코미디가 가진 이런 창조성에 달려 있다.[43]

---

42) Hadas, 앞의 글, p. 1.
43) Cf. Whitney J. Oates & Eugene O'Neill, ed. *The Complete Greek Drama*, Random House, 1938, p. 539 ; K. J. Dover, *Aristophanic Comedy*, University of California Press, 1972, pp. 112-113 ; Gilbert Murray, *Aristophanic*, Clarendon Press, 1933, pp. 85-105.

제9장

서양 중세 철학에서의 철학사와 철학함의 관계
— 박우석, 「중세 철학의 수용과 한국철학의 정립」을 읽고

l. 머리말

우리는 모두 철학을 배우고 가르친다. 내가 여기서 철학을 '배우거나 가르친다'고 말하지 않고 '배우고 가르친다'고 말하는 이유는 간단하다. 모든 학문이 그렇겠지만, 특히 철학은 배우는 학생과 가르치는 선생이 이원론적으로 확연히 구별되어 있는 것이 아니며, 모든 철학도는 철학을 가르치면서 동시에 배워야 한다고 생각하기 때문이다.

그런데 대부분의 경우에 철학을 배우고 가르친다는 것은 철학사를 배우고 가르친다는 뜻이다. 과거 없는 현재는 없고, 현재 없는 미래는 없다. 우리가 철학사에 나타난 수많은 철학자들과 철학 사조들을 배우고 가르치는 이유가 여기에 있다. 그러나 우리의 궁극적 목표는 이런 철학사에 대한 단편적 혹은 해박한 지식이 아니다. 우리의 목표는 철학함이다. 여기서 우리는 다음과 같은 질문을 제기할 수 있다.

왜 우리는 수많은 과거 사상가들을 공부해야 하는가? 물론 우리는 그들로부터 과거에 대한 지식을 얻게 되고, 그들에 대한 지식이 인류 사상사의 중요한 부분을 차지하고 있다는 사실을 알게 되고, 이런 과정을 통해 우리는 교양인이 될 수 있다. 그러나 이것이 전부인가? 우리가 그들을 배우는 유일한 목적이 이른바 '교양인'이 되기 위한 하나의 통과의례에 불과한 것인가?

분명히 거기에는 그 이상의 목적이 있어야 할 것이다. 그야말로 교양이 밥 먹여주는 것이 아니며, 차라리 그 시간에 컴퓨터를 학습하는 것이 현실적으로 더욱 이로울 수 있다. 수천 년 전에 살았던 어느 특정 사상가나 특정 사조가 오늘을 살아가는 현대인에게 과연 무엇을 줄 수 있는가? 이 문제야말로 모든 철학자가 꼭 한 번 생각해야 할 보편적이면서도 근본적인 문제다.[1]

박우석은 이 문제를 "철학함에 있어 철학사 연구는 필요하거나 유용한 가?"라는 형태로 질문한다. 나는 제2장에서 그의 견해를 토론하겠다. 우리 철학자들이 일반적으로 생각하는 것과는 달리, 철학사 연구와 철학함이 전혀 무관하다는 주장은 의외로 우렁차다. 나는 제3장에서 이렇게 주장하는 사람들의 견해를 소개하겠다.

우리는 철학사 연구와 철학함의 관계에 대하여 어떤 결론을 내려야 하는가? 만약 그들이 진정 무관하다면, 우리들이 대학에서 배우고 가르치는 모든 철학은 사라져야 할 것이다. 반대로 철학사 연구가 철학함의 필요 조건이라면 우리는 동서양의 모든 철학사를 배우고 가르쳐야 할 것이다. 우리는 어느 결론도 쉽게 받아들일 수 없다. 나는 제4장에서 전자를 비판하면서 후자의 입장을 수정하여 제안하겠다. 즉, 나는 철학사 연구는 '철학함의 여러 가지 방법 중에 하나'라고 주장하겠다.

다음에 나는 철학사와 철학함의 관계를 서양 중세 철학에 한정시켜 토론하겠다. 내가 여기서 여러 철학 중에서 서양 중세 철학을 선택한 이유는 간단하다. 그것은 오늘날 서양에서도 별로 인기가 없으며, 특히 우리나라에서는 거의 푸대접을 받고 있다. 이런 상황에서 우리는 과연 서양 중세 철학까지 배워야 하는가? 차라리 그 시간에 서양의 다른 철학 혹은 동양 철학이나 한국 철학을 배우는 것이 훨씬 좋지 않을까? 특히 서양 중세 철학은 철학이라기보다는 신학이라고 해야 옳지 않을까? 나는 제5 장에서 서양 중세 철학에 대한 일반적인 편견을 지적하고, 제6장에서는 서양철학사에서의 중세 철학의 위치를 주로 아우구스티누스와 데카르트의 유사성을 지적하면서 기술하고, 끝으로 제7장에서는 철학함에서의 서

---

1) 황필호, 『서양 종교철학 산책』, 집문당, 1996, p. 13.

양 중세 철학의 위치를 설명하겠다.

2. 철학사는 철학함의 필요 조건인가

박우석은 "철학함에 있어 철학사 연구는 필요하거나 유용한가?"라는 질문에 대한 긍정적인 답변으로 그의 지도 교수이기도 한 그라시아(Jorge J. E. Gracia)의 이론을 소개한다. 그라시아에 의하면, 철학사가 철학함에 꼭 필요하다는 주장은 크게 수사학적 · 실용적 · 이론적 정당화의 세 가지로 나눌 수 있다.

첫째, 수사학적으로 볼 때 '철학사의 일차적 기능은 후대의 철학자들에게 영감의 원천이 될 수 있다는 데서 찾는 견해'와 '철학사를 자신의 이론이나 주장을 지지해 주고 위세를 높여 주는 일종의 권위로 사용'한다는 견해가 있다.

둘째, 실용적으로 볼 때 '철학사는 좋고 나쁜 무수한 사유와 논변들의 사례들을 제공해 주고, 후대의 철학자들은 그것들을 연구함으로써 많은 것을 얻을 수 있다는 견해,' '철학사 연구가 후대의 철학자들에게 그들이 다른 방식으로는 알지 못했을 견해들과 문제들에 대한 해결 방안들과 그런 논변들에 대한 정보를 제공해 준다는 견해', 그리고 '타락한 철학에 대한 치료 효과'를 가질 수 있다는 견해가 있다.

셋째, 이론적으로 볼 때 '한 개인의 철학적 지식의 획득은 인류 자체가 철학사를 통해 거쳐온 단계들'을 반영한다는 견해, 철학사는 철학함의 필수품인 대화를 변증법적으로 하도록 만든다는 견해, '과학과 기술의 이해와 관리는 철학사에 의해 제공되는 역사적 경험에 근거해서만 가능하다는 견해', 그리고 '철학사 연구는 우리 자신의 사상들과 그것들의 한계에 대한 이해를 도모함으로써 우리를 개념적 지역주의에서 해방시켜 준다'는 견해가 있다.[2]

박우석은 그라시아의 이런 주장이 몇 가지 문제점을 안고 있으나 전체적으로는 '비교적 주도면밀하고 또한 그러한 연구가 비교적 희귀한 까닭

---

2) 박우석, 「중세 철학의 수용과 한국철학의 정립」, 철학연구회 1997년 춘계 발표회, p. 120.

에 향후의 논의에 도움이 되리라'고 결론을 내린다.3) 만약 박우석의 이런 주장이 옳다면, 즉 만약 철학함에서 철학사 연구의 유용성과 필요성이 일반적으로 인정된다면, 우리는 서양 중세 철학사가 철학함에서 정말 필요하고 유용한가를 따로 논의할 필요는 없을 것이다.

그럼에도 현실적으로 서양 중세 철학은 철학함의 필요 조건으로 오랫동안 간주되지 않고 있었으며, 그런 납득하기 어려운 일이 상당한 기간 동안 철학계 내에서 당연한 일처럼 묵과되어 왔다. 그래서 박우석은 다시 "독창적 철학함에 있어 중세 철학이 필요하거나 유용한가?"라는 질문을 제기하는데, 여기서 '독창적 철학함'이란 "논의의 목적상 철학사와 독립된 철학함이 가능하다"는 전제 아래 편의상 부른 호칭이다. 박우석은 이 질문에 대하여 두 가지로 답변한다.

우선 서양 중세 철학의 필요성을 증명한다는 것은 정의상 불가능하다는 주장이 있다. 그러나 이 주장은 "애당초 철학사와 무관한 소위 독창적 철학함이라는 존재 여부 자체가 의심스러울 뿐만 아니라 그것의 가치 역시 대단치 않으리라"는 점을 간과하고 있으며, 또한 이 견해는 '철학사와 유관한 철학에 대한 그것[독창적 철학함]의 우월성을 암묵적으로 전제하는 선결 문제 요구의 오류'를 범하고 있다. 그러면 서양 중세 철학이 철학함에 과연 필요하다면, 그것은 과연 유용한가? 이 질문에 대하여 박우석은 자신의 과거 경험을 바탕으로 해서 긍정적으로 답변한다. 그러나 박우석의 이런 답변은 몇 가지 난점을 가지고 있다.

첫째, 박우석이 '개체화 문제'의 중요성을 서양 중세 철학을 통해 깨닫게 되었다고 가정하자. 그러나 그 사실이, 모든 철학자가 이 문제를 꼭 서양 중세 철학을 통해 깨달아야 한다는 주장을 함유하지는 않으며, 철학의 모든 '영원한 문제들'을 꼭 서양 중세 철학을 통해 해결의 실마리를 찾아야 한다는 주장은 더욱 함유하지 않는다.

둘째, 박우석은 철학사와 독립된 철학함이 일단 가능하다고 전제하고 논의를 시작한다. 그러면서 그가 그런 철학함의 '존재 여부 자체가 의심스럽다'고 말하는 것은 앞뒤가 맞지 않는다. 더구나 철학사와 무관한 철학함의 '가치 역시 대단치 않으리라'는 판단은 현실적으로 맞지 않다. 만

---

3) 같은 글, p. 121.

약 우리가 수천 년에 걸친 동서 철학사를 모르고도 철학함을 수행할 수 있다면, 그것은 얼마나 즐거운 일이겠는가. 그러면 아마 필자도 이 글을 쓰지 않았을 것이다.

셋째, 박우석은 철학사와 무관한 철학함이 가능하다는 주장은 '선결 문제 요구의 오류'를 범하고 있다고 말한다. "발표자는 어린아이나 직업 철학자가 아닌 일상인들이 철학사 지식을 결여하고서도 철학하는 것이 가능하고, 또 실제로 해 왔으며, 그러한 철학함이 의미 있는 일이라는 데 동의한다. 바로 그 점에 동의하는 까닭에 번거롭게 철학사와 무관한 독창적 철학[함]의 문제를 길게 논의하고 있는 것이다. 그러나 자칫 '독창적'이라는 형용 어구에 현혹되어 아무런 근거 없이 철학사와 무관한 독창적 철학[함]이 의당 철학사와 유관한 철학[함]보다 우월하다고 암묵적으로 가정하기 쉽다는 점을 잊어서는 안 된다."4)

박우석은 왜 우리가 이런 '가정'을 하지 말아야 되는 이유를 설명하지 않는다. 아마도 그것은 자명한 진리라고 믿는 듯하다. 그러나 토마스 아퀴나스가 분명히 말했듯이, 어떤 명제가 한 사람에게는 자명해도 다른 사람에게는 그렇지 않을 수 있다. 철학사와 무관한 철학함은 철학사와 유관한 철학함보다 우월할 뿐만 아니라 그것이 유일한 철학함이란 주장은 의외로 우렁차다. 나는 다음 장에서 이런 '무관론자'의 주장을 간단히 토론하고, 그 다음 장에서는 '유관론자'의 입장을 변호하겠다.

3. "철학사는 철학함과 무관하다"

철학사를 공부한 철학자의 철학과 철학사를 공부하지 않은 생활인의 철학 중에서 어떤 것이 더욱 훌륭한 철학일까? 원칙적으로 보면, 분명히 철학자의 철학이 훨씬 훌륭한 철학이 되어야 한다. 그래서 철학자는 수많은 학문 중에서 언뜻 보기에는 삶에 별 보탬도 되지 않는 어려운 철학을 공부하는 것이다. 그러나 불행하게도, 정말 불행하게도, 이런 주장은 원칙적인 주장일 뿐이다. "현실적으로는 생활인의 철학이 궤변과 자아

---

4) 같은 글, p. 124.

도취에 빠져 있는 철학자의 철학보다 더욱 훌륭한 경우가 너무나 많다. 이것은 철학을 전공하는 필자로서도 인정하지 않을 수 없다."5)

그래서 수필가 김진섭은 성실한 생활인을 '무명의 현철(賢哲)'이라고 부르고, 이런 생활인의 철학을 '생활에 대한 예지'라고 부르면서 이렇게 말한다. "나는 흔히 철학자에게서 생활에 대한 예지의 부족을 인식하고 크게 놀라는 반면에는, 농상어촌의 백성 또는 일개의 부녀자에게 철학적인 달관을 발견하여 깊이 머리를 숙이는 일이 부소(不小)함을 알고 있다. (중략) 원래 현실적 정세를 파악하고 투시하는 예민한 감각과 명확한 사고력은 혹종(或種)의 여자에 있어서 보다 더 발달되어 있으므로, 나는 흔히 현실을 말하고 생활을 하소연하는 부녀자의 아름다운 음성에 경청하여 그 가운데서 또한 많은 가지가지의 생활 철학을 발견하는 열락(悅樂)은 결코 적은 것이 아니다."6)

이런 지적은 수필가만의 지적이 아니다. 김태길도 "과거의 철학자들이 기록한 문서를 떠나서도 철학함은 성립할 수 있다"고 주장한다.

　　문제와 부딪치며 살아가는 생활인의 견지에서 볼 때, '철학'이라는 명사보다는 '철학한다'는 동사가 더욱 중요하다. 우리의 실천 생활과 더욱 밀접한 관계를 가진 것은 남이 생각해놓은 철학의 이론이 아니라 나 스스로 철학하는 자세로 문제와 대결함이란 뜻이다.

　　물론 탁월한 철학자들의 저서나 논문을 연구하는 것도 철학임을 부인하는 것은 아니다. 소크라테스나 석가와 같은 독창적인 사색가만이 철학자라는 것은 더욱 아니다. 필자가 강조하고 싶은 것은, 과거의 저명한 철학자들이 기록한 문서를 떠나서도 철학함은 성립할 수 있다는 사실이며, 민주주의 시대에 바람직한 사회 발전이 실현되기 위해서는 소수의 전문가들만이 종사하는 강단 철학만으로는 부족하며, 우리가 삶의 현장에서 부딪치는 실천적 문제에 대해서 일반 시민도 깊고 넓게 생각하는 태도로 임할 필요가 있다는 사실이다.7)

무관론자들이 이렇게 주장하는 이유는 무엇인가? 그것은 크게 현실적

---

5) 황필호, 『문학철학 산책』, 집문당, 1996, p. 115.
6) 김진섭, 「생활인의 철학」, 한용운 외, 『생활인의 철학 : 한국 근대 수필 문학 선집』, 어문각, 1986, pp. 190-191.
7) 김태길, 「문제 상황과 철학적 사유」, 『철학과 현실』, 1992년 가을호, p. 47.

이유와 논리적 이유로 나눌 수 있다. 나는 이 장에서 전자를 토론하고, 다음 장에서는 후자를 토론하겠다. 현실적인 이유와 논리적인 이유는 전혀 다른 차원이기 때문이다. 그러면 보통 사람의 철학이 철학 전공자의 철학보다 훨씬 고매하게 된 현실적 이유는 무엇인가? 여기에는 철학 외적인 이유와 철학 내적인 이유가 있다.

첫째, 오늘날 우리 사회는 인간의 모든 활동을 '보이는 것'으로 판단하는 물질 만능 사상, 결과제일주의, 통계제일주의, 겉치레의 삶, 눈치보는 인생으로 충만해 있다. 대학 교수인 것이 문제가 아니라 자가용이 있느냐가 문제며, 기업인의 훌륭함은 그의 값비싼 골프채에 달려 있으며, 월급쟁이의 높낮이는 그의 월급 봉투에 달려 있다. 그리고 인정, 의리, 사랑, 정, 자비심, 삶에 대한 강력한 의지, 우정 등과 같이 '보이지 않는 것'까지도 모두 보이는 재물, 권력, 금력으로 판단해버린다. 그리하여 원래 사람을 사람답게 만드는 것을 목표로 하는 철학까지도 이런 물질 만능 사상에 오염이 되었으며, 급기야 철학은 아무런 가시적(可視的)인 결과를 생산할 수 없는 폐쇄된 공장의 신세로 전락했다.[8]

둘째, 철학의 이미지가 이렇게 땅에 떨어진 더욱 근본적인 이유는 철학자들 자신에게 있다. 물론 고대에도 '약한 논증을 강력한 논증으로 보이게 하며, 강력한 논증을 약한 논증으로 보이게 하는 궤변론'이 없었던 것은 아니다. 그러나 철학의 주류는 어디까지나 이런 궤변론의 극단적 상대주의를 배척했던 소크라테스와 인간 중심의 철학을 전개한 공자 이래로 '삶과 연관된 영원한 진리'를 추구하는 것이었다.

그러나 철학자들은 영원한 진리를 추구한다는 미명 아래 변화무쌍한 현실을 무시한 관념(觀念)의 유희를 일삼게 되었고, 결국 철학은 이른바 철학자의 전유물이 되고 생활인에게는 아무런 쓸모가 없는 것이 되었다.[9] 김진섭은 이렇게 말한다.

철학을 철학자의 전유물인 것처럼 생각하고 있는 사람들이 많이 있다. 그만큼 철학은 오늘날 그 본래의 사명 — 사람에게 인생의 의의와 인생의 지식을

---

8) 황필호, 『문학철학 산책』, 앞의 책, p. 112.
9) 같은 책, p. 112.

교시하려 하는 의도를 거의 방기(放棄)하여버렸고, 철학자는 속세와 절연(絶緣)하고 관외(關外)에 은둔하여 고일(高逸)한 고독경에서 오로지 담론(談論)에만 경청하고 있기 때문이다. 이와 같이, 철학과 철학자가 생활의 지각을 완전히 상실하여버렸다는 것은 참으로 슬픈 일이다.

오늘날 철학자는 얼마나 생활로부터 유리되었는가? 김진섭은 중국의 진정한 철학자 임어당(林語堂)의 예를 들면서 이렇게 설명한다. "임어당이 일찍이 '내가 임마누엘 칸트를 읽지 않는 이유는 간단하다. 석 장 이상 더 읽을 수 있었을 적이 없기 때문이다'라고 말했는데, 이 말은 논리적 사고가 과도의 발달을 성수(成遂)하고, 전문적 어법이 극도로 분화(分化)된 필연의 결과로서, 철학이 정치·경제보다는 훨씬 후면에 퇴거(退去)되어 …… 사실상 오늘에서는 교육이 있는 사람들도 대개는 철학이 있으나 없으나 별로 상관이 없는 대표적 과제가 되어 있는 것을 부정하기는 어렵다."10)

도대체 왜 철학이 이 지경까지 타락하게 되었는가? 그 이유는 철학이 생활과 유리되어서 삶에 아무런 보탬이 될 수 없게 되었기 때문이다. "원래 철학이란 삶을 연구하는 학문이다. 인간과 삶을 떠난 철학은 공부할 필요도 없고 지껄일 필요도 없다. 차라리 그 시간에 컴퓨터를 배우든지 그냥 노는 것이 훨씬 좋다. 지식을 위해 지식을 추구하는 사람은 결국 그 지식의 노예가 되며, 나중에는 식자우환이 될 수밖에 없다."11)

모든 사람은 자신의 삶의 의의에 대하여 사유하는 능력을 가지고 있다. 그는 "인생에 대하여 무엇을 요구해야 할까를 알며, 그의 염원이 어느 정도 당위(當爲)와 일치한지 혹은 배치된지를 알고 있다."12) 그런데 바로 이 인생과 당위와 성스러움을 연구하는 철학자들이 일반 생활인보다 더욱 삶에 무식하다는 사실, 그리하여 철학과 삶은 아무런 연관이 없게 되었다는 사실, 정말 슬픈 일이다.

철학은 인간으로부터 출발하여 인간으로 귀착하는 학문이다. 인간의 삶과 아무런 관련이 없는 철학은 진정한 철학이 아니라 사이비 철학이다.

---

10) 김진섭, 앞의 글, p. 188.
11) 생활철학연구회, 『어느 철학자의 편지』, 제8집, 1993, p. 71.
12) 김진섭, 앞의 글, p. 190.

우리 철학자들은 이 점을 잊지 말아야 한다.13)

4. "철학사는 철학함과 유관하다"

언뜻 보기에, 철학사와 철학함의 유관성을 증명하는 일은 필요 없는 듯이 보인다. 우리 대부분의 철학자들이 실제로는 철학사 연구를 바로 철학함으로 간주하고 있기 때문이다. 그러나, 지금까지 말했듯이, 현실적으로 대부분의 우리 철학자들은 철학함보다는 철학사 연구 자체를 목적으로 삼고 있으며, 그래서 철학사 연구와 철학함은 아무런 관계도 없는 경우가 비일비재하게 될 수도 있다. 한마디로 우리들의 철학사 연구가 철학함의 단계까지 올라가지 못한 경우를 우리는 너무나 쉽게 발견할 수 있다.

그러나 이런 현실이 철학사와 철학함의 무관성을 논리적으로 증명하는 것은 아니다. 그들이 현실적으로는 서로 만나지 못하고 있지만 논리적으로는 만날 수도 있기 때문이다. 여기서 무관론자는 그들이 서로 만날 수 없는 논리적인 이유가 있다고 주장한다. 그러므로 우리가 유관론을 변호하려면 이런 무관론자의 논리적인 이유들을 모두 논리적으로 반박할 수 있어야 할 것이다. 그러면 무관론자의 논리적인 이유는 무엇인가?

첫째, 만약 철학함의 목표가 단순한 지식이 아니라 지혜며, 개연적인 가능성이 아니라 확실한 진리며, 삶에 대한 어떤 태도가 아니라 삶 자체를 전혀 다른 차원으로 승화시키는 것이라면, 즉 교양 있는 지성인을 만드는 것이 아니라 진정 덕 있는 사람을 만드는 것이라면, 그것은 언어·논리·지식을 통해서는 절대로 성취될 수 없다는 주장이 있다. 그래서 키에르케고르는 진리의 주관성을 주장하며, 도교는 도가도비상도(道可道非常道)를 주장하며, 선불교는 불립문자(不立文字)를 주장한다. 이 주장에 의하면, 철학사를 배우는 것은 철학함과 전혀 관련이 없을 뿐만 아니라

---

13) 생활철학에 대한 입문서로는 다음을 참조할 것. 황필호, 『생활과 철학은 만날 수 있는가』, 종로서적, 1996.

대부분의 경우에는 도리어 철학함에 이르지 못하게 하는 방해꾼이 된다. 성서가 "지식이 많으면 괴로운 일이 많고, 아는 것이 많으면 걱정도 많아지는 법"(전도서, 1~18)이라고 말한 이유도 여기에 있다.

둘째, 철학사 연구가 철학함에 어느 정도 유용할 수 있다고 해도, 철학함의 궁극적 목표는 철학에 대한 '지식'이 아니라 철학의 '실천'에서만 완성될 수 있다는 주장이 있다. 역사적으로 이 주장은 이성에 대한 계시의 우월성, 교리에 대한 명상의 우월성, 이론에 대한 실천의 우월성, 교(敎)에 대한 선(禪)의 우월성 등으로 표현되어 왔다.

유관론자가 이상의 두 가지 주장을 완벽하게 반박할 수는 없을 것이다. 우리는 주위에서 철학사 연구를 통하지 않고도 철학함의 궁극적 목표인 깨달음, 성령충만, 삶의 질적 변화를 성취한 사람들의 이야기를 쉽게 들을 수 있다. 더구나 인류의 영원한 스승인 소크라테스, 공자, 석가, 예수, 모하메드 등을 보라. 그들 중에 철학사에 능통한 철학 박사는 한 사람도 없었다.

나는 이 글의 첫머리에서 "왜 우리는 수많은 과거 사상가들을 공부해야 하는가?"라는 질문을 제기했다. 이것은 바로 왜 우리가 철학사를 공부해야 되느냐는 질문인데, 나는 이 질문에 대하여 두 가지로 답변을 시도한 일이 있다.

첫째, "과거의 위대한 사상가들은 과거의 인물이 아니다. 그들은 오늘도 우리에게 말하고, 우리를 일깨워주고, 우리를 채찍질한다. 다시 말해서, 긍정적으로나 부정적으로 우리는 아직도 그들로부터 큰 영향을 받고 있다. 그들의 거대한 이미지는 아직도 우리의 삶을 지배하고 있다."[14] 야스퍼스는 소크라테스, 공자, 석가, 예수와 같은 '역사의 주역들'을 고찰하면서 이렇게 말한다.

위대한 주역들의 역사적 실체는 그들을 알고 지냈던 당대 사람들과 후대 사람들에게 미친 비상한 영향력에 의해 인식된다. 그들의 영향이야말로 증명이 필요하지 않을 정도가 아닌가. 지금까지 사람들은 이와 같은 주역들에 대한 이미지를 하나의 실재로 파악했으며, 또한 오늘날 우리도 그렇게 파악해야

---

14) 황필호, 『서양 종교철학 산책』, 앞의 책, p. 14.

한다. 우리는 전통에 대한 비판적 분석만 가지고는 경전 이상을 볼 수 없다. 그 근원을 연구함으로써만 그들에 대한 이미지를 형성할 수 있다.

물론 비판적인 연구는 이런 비전의 한계성을 제시하여, 어떤 예비적인 단계를 필요하게 만든다. 그러나 우리가 한 번 이러한 비전을 얻으면, 그것은 언제나 원래의 신선함을 그대로 간직한 채 우리들 앞에 나타난다. 그것은 이성적인 사유로 도달하거나 증명할 수 없다. 도리어 이렇게 도달한 비전이 비판의 진정한 길잡이가 된다.15)

둘째, 과거의 위대한 사상가들은 언제나 '영원한 문제' — 인류가 생존하는 곳에서는 반드시 나타나는 문제 — 를 가지고 씨름했으며, 이런 뜻에서 그들의 문제는 바로 우리의 문제가 된다. 생활철학연구회가 발행하는 『어느 철학자의 편지』가 줄기차게 "과거를 망각하지 않는 국민만이 미래를 가질 수 있다"고 주장하는 이유도 여기에 있다. "문학이나 철학에서 논의된 고전은 언제나 시간의 제약을 받지 않으면서도 시의적(timeless and timely)인 문제를 다루는 작품이다. 셰익스피어의 작품은 100년 후에도 고전으로 인정될 것이며, 그때에 맞는 해결책을 시사할 것이다. 이와 마찬가지로, 과거의 위대한 사상가는 지나간 과거인이면서 동시에 '영원한 현재인'으로서 바로 오늘을 사는 우리들의 문제를 다루고 있는 것이다."16)

그러나 이상의 두 가지 답변이 무관론자들의 주장을 완전히 격파한 것은 아니다. 첫째 답변에서, 비록 "전통에 대한 비판적 분석만 가지고는 우리가 경전 이상을 볼 수 없다"고 해도, 무관론자는 여전히 지식에 대한 지혜의 우월성을 자신 있게 주장할 수 있다. 또한 둘째 답변에서, 무관론자는 우리가 '개인과 사회의 문제'를 꼭 공자를 통해 접근하고, '특수와 보편의 문제'를 꼭 소크라테스를 통해 접근하고, '실존의 문제'를 꼭 파스칼을 통해 접근해야 되는 필연적인 이유는 없다고 주장할 수 있다.

내가 이 글의 제2장에서, 박우석이 '개체화 문제'를 해결하는 실마리를 서양 중세 철학 연구를 통해 얻었다고 해서 우리 모두가 서양 중세 철학을 통해서만 이 문제에 접근할 수 있다고는 생각하지 않는다고 말한 이

---

15) K. Jaspers, 황필호 역,『소크라테스, 공자, 석가, 예수, 모하메드』, 강남대, 2001, pp. 259-260.
16) 황필호,『서양 종교철학 산책』, 앞의 책, p. 15.

유도 여기에 있다. 만약 어느 특정 사상가들이 씨름한 문제들이 인간의 '영원한 문제'라면, 우리는 다른 사상가들도 그 문제를 가지고 씨름했다고 추측해야 할 것이다. 여기서 유관론자는 결국 우리는—누구를 통하든지—과거 철학자들을 통해서 철학함에 접근할 수밖에 없다고 강변할 수도 있겠다. 그러나 이미 말했듯이 우리는 이런 지식의 방법을 전혀 따르지 않으면서도 철학함의 궁극적 목표에 도달한 사람들을 쉽게 발견할 수 있다.

여기서 우리는 유관론자가 그의 목표를 너무 높게 잡지 않았는가 하는 의구심을 갖게 한다. 지금까지 그는 무관론자의 모든 논리를 완벽하게 타파해야 된다고 생각했다. 그러나 유관론자는 그의 이런 적극적인 방어의 태도를 벗어나서 소극적으로 자신의 입장을 방어할 수 있을 것이다. 즉, 진리·깨달음·철학함이라는 목표에 도달하는 방법에는 여러 가지가 있으며, 그 중에 하나가 바로 지식을 통한 방법이라고.

예를 들어서, 원래 힌두교의 수행 방법으로 시작된 요가는 단순한 육체적 완성이 그 목표가 아니었다. 그것은 우리가 브라만에게 접근하고, 브라만과 일체가 되고, 이 세상에서 브라만과 같은 신적 존재가 되기 위한 수단이었다. 그러면 구체적으로 우리는 어떤 종류의 요가를 통해 이 목표를 달성할 수 있는가? 물론 이 문제는 거기에 참여하는 사람들의 성격, 성향, 특성에 따라서 다를 수밖에 없을 것이다. 어떤 사람은 특별히 지적(reflective)이고, 다른 사람은 특별히 감정적(emotional)이다. 또한 어느 사람은 특별히 행동적(active)이고, 다른 사람은 특별히 실험적(experimental)이다.17) 아주 감정적인 사람에게 고도로 지적인 작업을 해야 한다고 요구하거나 아주 실험적인 사람에게 먼저 선행(善行)을 해야 한다고 요구하는 것은 그리 현명한 일이 아니다. 결국 힌두교는 이렇게 서로 다른 성격의 수행자들을 위해 네 가지 방법을 제시한다.

첫째, 지나나 요가(jnana yoga)는 지식을 통한 방법인데, 과거의 위대한 철학자들이 이 방법을 통해 수행한 전형적인 모범이라고 할 수 있다. "이 요가의 목적은 '분별의 칼날을 가지고 있는 무지의 영역을 깨뜨리는 것'이다. 여기서 필요한 것은 우리 존재의 전면(前面)을 싸고 있는 표면

---

17) Huston Smith, *The Religions of Man*, Harper & Row, New York, 1958, p.35.

자아(a surface self)와 그 뒤에 숨어 있는 더욱 큰 자아(a larger self)를 구별하는 것이다. 이 방법은 세 가지 단계를 거친다. 첫 번째 단계는 듣는 일이다. 여기서 수행자는 성인·경전·토마스 아퀴나스의 『신학대전』과 같은 철학 저서를 열심히 경청함으로써, 그의 존재 중심에는 무한하고 영원히 꺼지지 않는 또 다른 존재가 있다는 '근본적인 가정'을 확신하게 된다. 두 번째 단계는 생각하는 일이고, 세 번째 단계는 자신의 유한한 존재를 무한한 존재와 동일화시키는 일이다."[18]

둘째, 박티 요가(bhakti yoga)는 신에 대한 사랑을 통한 방법인데, 이 것은 이 세상의 어느 사람이나 사물보다 먼저 하느님을 사랑해야 된다는 기독교에서 쉽게 찾을 수 있다. 이 방법은 대부분의 수행자가 따르는 '가 장 인기 있는 길'이고 '가장 빠른 길'이지만 또한 끝없이 자신의 존재를 부정해야 된다는 점에서 '가장 가파른 길'이라고 말할 수 있다.[19]

셋째, 카르마 요가(karma yoga)는 행동을 통한 방법인데, 이것은 아무 런 집착도 없이 계속해서 자비행을 실천해야 된다는 불교에서 쉽게 발견 할 수 있으며, 자세히 관찰해 보면 모든 종교가 강조하는 것이다. 그래서 소크라테스와 공자는 실천을 강조했으며, 성서는 "행함이 없는 믿음은 죽은 것"이라고 말한다.

넷째, 라자 요가(raja yoga)는 명상과 같은 심리적인 작업을 통한 방법 인데, 특히 이 방법은 인디아에서 소아(小我)가 대아(大我)와 재통합할 수 있는 '가장 훌륭한 길(a royal road)'로 인정되어 왔다.

이렇게 최고 목표에 도달하는 방법에도 여러 가지가 있듯이, 우리는 철학함에도 여러 가지 방법이 있으며, 그 중에 하나가 바로 지식을 통한 방법이며, 이 지식을 통한 방법은 구체적으로 철학사 연구를 통한 방법 이라고 주장할 수 있을 것이다. 여기서 유관론자는 모든 경우의 철학함 이 철학사를 통해서만 가능하다는 적극적인 변호에서 벗어나서 철학함 의 한 경우로 철학사 연구를 제창하는 데 만족할 수도 있다. 유사 이래 지식을 통한 방법을 사용한 철학자들은 수없이 많았을 테니까.

나는 이미 서양 중세 철학을 통해 '개체화 문제'에 대한 실마리를 찾았

---

18) 같은 책, pp. 36-38.
19) 같은 책, p. 39.

다는 박우석의 주장, 그리고 공자·소크라테스·파스칼을 통해 각각 개인과 사회의 문제·보편과 특수의 문제·실존의 문제에 대한 실마리를 찾았다는 나의 주장을 보편화시킬 수 없다고 비판했다. 그러나 이 비판은 유관론자의 적극적 변호에 근거한 것이다. 만약 우리가 유관론자의 소극적 변호에 만족할 수 있다면, 박우석의 주장과 나의 주장은 철학함의 한 경우를 제시한 것으로 받아들일 수도 있을 것이다. 물론 다른 철학이나 다른 사상가들을 통해 이 문제들에 접근할 수도 있겠지만.

5. 서양 중세 철학에 대한 일반적인 편견

만약 철학사 연구가 철학함의 한 가지 방법이라면, 그리고 우리 모두가 상식적으로 믿듯이 만약 서양 중세 철학이 서양 철학의 한 분야라면, 서양 중세 철학이 철학함과 유관하다는 것을 구태여 증명할 필요는 없을 것이다. 그러나 실제로 서양 중세 철학은 현대인의 철학함에 별로 도움이 되지 못하며, 더 나아가서 그것은 서양 철학의 적자도 아니라는 관념이 지금까지 동서양에 팽배해 있는 실정이다. 서양 중세 철학의 중요성을 가장 강조하는 철학자 중에 한 사람인 코플스톤(F. C. Copleston)은 그의 『중세 철학사』 첫머리에서 이렇게 말한다.

한때 철학사를 배우는 학생들에게는 플라톤이나 아리스토텔레스로부터 중세 철학을 생략하고 직접 프란시스 베이컨이나 데카르트로 쉽게 넘어갈 수 있다는 인상이 팽배해 있었다. 중세 철학은 진정한 철학적 논의를 할 수 없는 방식으로, 또 그런 정도로 기독교 신학에 의존하고 있다는 것이다.
중세 철학은 아리스토텔레스 자신의 독창적이고 창조적인 정신을 벗어나 시시하고 사소한 문제들에만 집중한 타락한 아리스토텔레스주의와 동일하다는 인상이 팽배하기도 했으며, 혹은 중세에는 어떤 가치 있는 논리적인 발전도 없었다는 것이다.
그래서 자유로운 형이상학적 사변이나 새로운 세계관의 정립을 원하는 사람은 신학에 시달린 중세의 사변을 생략하고 직접 데카르트·스피노자·라이프니츠로 가는 것이 좋을 것이며, 반대로 형이상학적 사변을 싫어하고 경험에 굳게 기초한 철학적 반성의 전통을 발견하려는 사람은 직접 영국 경험론으로 가는 것이 좋다는 충고를 받았다. 또한 논리학에 관심이 있는 사람은 아리스토텔레스의 논리에서 — 그리고 스토아학파의 논리에서 — 현대 논리로 직행하는 것이 좋다는 충고를 받았다. 이렇게 철학과 논리학에 관한 한, 우리는 '어둡고 아무런 열매도 맺지 못하는 간주곡'인 중세 철학을 쉽게 뛰어넘을 수 있다고 생각했다.[20]

왜 이렇게 되었는가? 물론 여기에는 여러 가지 이유가 있다. 그러나 그 중에서 가장 중요한 이유로는 아무래도 서양 중세 철학은 이성의 기능을 무시하고 계시에 의존했으며, 이런 뜻에서 그것은 엄격히 말하면 철학이라기보다는 신학이라고 믿었기 때문이다. 또한 실제로 중세 철학에서 신학과 철학의 구별은 오늘날과 같이 분명하지 않았고, 많은 중세 철학자들은 계시의 역할을 분명히 인정했다. 그러나 그들이 이성의 역할을 전혀 인정하지 않은 것은 아니다. 코플스톤은 이렇게 말한다.

중세 사상가들은 확실히 이성에 대한 심오한 신뢰를 가지고 있었으며, 이 신뢰가 바로 스콜라 신학과 스콜라 철학의 발전을 일으킨 것이다. 물론 이성이 무엇을 완성할 수 있느냐는 관념에 대한 그들의 의견은 서로 상이했다. 일부의 사상가들은 과학에서의 경험적 가설의 역할을 인정했으며, 그러면서도 이른바 성공적인 '현상의 구제'가 필연적으로 그 가설을 증명하는 것은 아니라는 점을 인식하기도 했다.

또한 정확한 논리적 증명을 요구했던 오캄은 그의 선배들이 확실한 증명으로 간주했던 것들을 우연적 논증으로 간주했으며, 더 나아가서 유한자들 사이의 모든 필연적 인과 관계를 부정하고 이 세상의 존재 자체 뿐만 아니라 존재하는 양식도 자유롭고 전능한 신의 의지에 의존하고 있다고 믿었던 그는 논리적 증명이 적용되는 분야를 한정시키기도 했다. 이렇게 보면, 중세 철학자들이 아리스토텔레스적인 증명이 모든 탐구 분야에서 실현될 수 있다고 믿고 있었다는 가정은 우리들의 착각일 뿐이다.[21]

---

20) F. C. Copleston, *A History of Medieval Philosophy*, Harper & Row, 1972, p. 1.
21) 같은 책, p. 343. 중세 철학의 논리와 방법의 특성에 대하여는 다음을 참조할 것. 박우석, 「중세 철학 : 함께하는 철학의 방법」, 『철학 연구』, 제32집, 1993년 봄호, pp. 39-68.

일반적으로 우리는 중세 철학의 논리는 아리스토텔레스의 논리일 뿐이라고 생각한다. 그러나 우리는 코플스톤의 주장을 이렇게 받아들여야 한다. 그들은 이성적인 탐구의 결과로 '현상의 구제'가 바로 그 명제의 증명이 아니라는 사실을 알게 되었으며, 이성적인 탐구의 결과로 과거에 완벽하게 증명되었다고 믿었던 것들도 실제로는 우연적 가설일 뿐이라는 사실을 알게 되었고, 그들은 이성적인 탐구를 통하여 논리적 증명의 한계를 알게 되었으며, 이런 뜻에서 그들은 아리스토텔레스의 논리학을 넘어서고 있다. 즉, "중세 철학은 그리스 사상을 그대로 반복한 것이 아니라 내면적으로 큰 변혁을 일으켜서 새로운 양상을 띤 서구의 사상 풍토를 형성했다."22)

그러나 중세 철학자들은 이를테면 신존재 증명의 문제 — 종교철학자를 제외한 현대 철학자들에게는 전혀 중요하지 않은 문제 — 를 가지고 씨름하지 않았는가? 이것은 바로 이성의 낭비가 아닐까? 그러나 우리는 여기서 중세 철학자들의 철학함의 의도와 방법에 대한 본질적인 시각을 잊지 말아야 한다. 우선 그들은 철학의 목표가 철학사 연구 자체가 아니라 철학함이라는 사실, 지식이 아니라 진리를 찾는 작업이라는 사실을 잘 인식하고 있었다. 그리고 그들은 우연적 진리가 아니라 확실한 진리를 갈구했으며, 이 과정에서 그들은 전지전능한 하느님의 존재를 생각하게 되었던 것이다.

더 나아가서, 그들은 이 전지전능한 하느님의 존재와 속성을 규명하는 작업에서도 가능한 한 계시의 도움을 받지 않고 이성의 힘으로 수행하려고 노력했다. 한마디로 그들은 전지전능한 하느님의 존재까지도 이성으로 증명할 수 있다고 믿었던 인간주의자들이었다. 인간에 대한 신뢰가 이렇게 많았던 철학자들은 그 이전이나 이후에도 별로 없었다.

중세 철학은 인간의 능력을 최대한도로 신봉하는 철학이었다. 이것은 중세 말기의 오캄(1285~1349)에게만 해당되는 것이 아니다. 전지전능한 하느님의 실재를 계시의 도움을 받지 않고 인간의 이성으로 증명할 수 있다고 믿었던 철학자들이 바로 아퀴나스며 스코투스였다. 또한 신존재 증명의 논증 중에서

---

22) 정의채,『존재의 근거 문제』, 성바오로출판사, 1981, p. 3.

도 가장 논리적이라고 할 수 있으며, 오늘날에도 계속 논의되고 있는 존재론적 논증을 제시한 사람도 중세 철학자인 안셀무스였다. 중세 철학은 인간 능력의 무제한성을 신봉한 철학이었다.[23]

특히 종교철학자에게서 중세 철학은 '철학의 정수'라고 말할 수 있다. "종교를 논하는 사람은 누구나 중세 철학을 무시해서는 안 된다. 종교를 말하면서 중세 철학을 모른다는 말은 마치 총을 버리고 전쟁터에 나가는 경우와 다름이 없다. 중세 철학은 인간을 알려는 노력이었고, 인간을 알기 위하여 인간의 근거가 될 수 있는 다른 존재를 찾다가 하느님의 문제를 논하게 된 것이다. 중세의 종교인들이 저지른 역사적 범죄 때문에 중세 철학 자체를 무시하는 것은 사람에 대한 오류를 범하는 것이다. 중세 철학은 철학의 정수인 인식론·형이상학·윤리학·종교철학·사회철학에 대하여 '완전한 답변'을 시도했던 철학이었다. 이런 뜻에서 중세 철학을 철학의 정수라고 표현해도 과히 틀린 말은 아니리라."[24]

이제 서양 중세 철학의 올바른 자리매김은 두 가지 측면에서 이루어져야 할 것이다. 우선 우리는 서양철학사에서의 위치를 정확히 파악해야 하고, 그 다음에는 철학함에서의 위치를 정확히 파악해야 한다. 나는 제6장에서 전자를 토론하고, 제7장에서는 후자를 토론하겠다.

6. 서양철학사에서 서양 중세 철학의 위치

박우석은 중세 철학의 필요성을 다음과 같이 설명한다.

첫째, 중세 철학은 고대 철학 연구를 위해 필요하다. 예를 들어서, 아퀴나스를 비롯한 많은 중세 철학자들이 아리스토텔레스를 대문자로 된 '철

---

23) 황필호, 『철학적 인간, 종교적 인간』, 범우사, 1983, p. 83.
24) 같은 책, pp. 83-84. Cf. 현대는 회의주의의 시대다. 오늘날 인간에 대한 완전한 답변, 신존재에 대한 완벽한 증명, 모든 철학을 포용할 수 있는 세계 철학 등을 추구하는 사람은 정신병자의 취급을 받는다. 그러나 그런 것들을 추구하려는 강렬한 의지가 모든 철학자에게 내재하고 있다는 사실은 부인하지 못할 것이다. Cf. Archie Bahm, *The Philosopher's World Model*, Greenwood Press, 1979.

학자'라고 불렀듯이, 이븐 루쉬드(아베로에스, 1126~1198)는 대문자로 된 '주석가'라고 불린다. "그는 다양한 독자들의 요구에 부응하여 장편·중편·단편의 아리스토텔레스 주석서들을 남겼고, 최소한 철학사 전체를 통틀어 그만큼 다수의 주석서를 저술한 아리스토텔레스 연구가는 없을 것이다." 그래서 박우석은 오늘날 고대 철학 연구가들이 그의 저작을 별로 참고하지 않는 것은 '직무 유기'라고 말한다.[25]

둘째, 중세 철학은 근대 철학 연구를 위해 필요하다. 예를 들어서 인과론에 대한 흄의 비판도 이미 중세 철학에서 그 근원을 찾을 수 있으며, "중세 스콜라 철학을 도매금으로 매도해버린 데카르트의 경우도 오히려 더 많은 부분에서 중세적 전통에 의지하고 있었고, 그는 그러한 빚을 은폐하기 위해 그가 원용한 스콜라 철학자들의 이름을 명시하지 않았다는 지적도 이미 나와 있다." 또한 스콜라 철학의 중요성을 깊이 인식하고 그 연구의 필요성을 강조한 라이프니츠의 사상을 이해하려면, 그가 얼마나 그의 사상을 처절하게 스콜라 철학자들의 다양한 입장들과 대결시키고 있는지를 알아야 한다.[26]

셋째, 중세 철학은 과학사 연구와 참된 과학을 위해 필요하다. "진짜 과학의 위기는 과학과 기술의 무분별한 오용에 따른 환경 오염 따위에서가 아니라 과학이 형이상학을 경원함으로써 참된 과학이 되기를 스스로 포기하고 있는 데서 찾아야 한다." 이제 우리는 "흔히들 잘못 생각하는 것처럼, 형이상학은 과학과 유리되어 있지도 않았고, 언제나 과학의 진보를 가로막는 장애물로 작용하지도 않았다"는 사실을 잘 인식해야 한다. "오히려 형이상학은 과학과 불가 분리적인 것이요, 과학을 참 과학이 되게 만드는 결정적인 요소로서 과학적 진보의 원동력이 되어 왔다고 믿어야 한다."[27]

넷째, 중세 철학은 철학함을 위해 필요하다.

이제 나는 위의 네 가지 주장 중에서 두 번째 주장을 조금 더 토론하고, 다음 장에서는 네 번째 주장을 우리나라의 현실과 연결시켜 토론하

---

25) 박우석, 앞의 글, p. 121.
26) 같은 글, pp. 121-122.
27) 같은 글, pp. 128-129.

겠다. 우선 중세 철학의 대가인 질송은 중세 철학이 근대 및 현대 사상에 지대한 영향을 주었다는 사실을 몇 가지 구체적인 사례로 설명한다. 흔히 우리는 르네상스 시대에 꽃핀 '기독교적 휴머니즘'의 절정을 에라스무스에게서 찾지만, 그것은 이미 중세의 선구자들이 '에라스무스라는 학생이 결론을 내릴 수 있는 전제'를 제시한 것이었다.[28]

또한 종교 개혁자 마르틴 루터는 "아리스토텔레스와 신학의 관계는 어둠과 빛의 관계"라고 외치면서, "아무도 아리스토텔레스를 떠나서는 신학자가 될 수 없다"는 종래의 주장에 대항하여 "우리는 아리스토텔레스를 떠나서만 신학자가 될 수 있다"고 주장했다. 그러나 그가 이런 사상을 갖도록 결정적인 영향을 준 책이 바로 14세기에 익명으로 발행된 『독일신학(*Theologia Deutsch*)』이었으며, 실제로 그는 이 책을 1516년에 출판했으며, 1518년에는 직접 서문을 붙여서 출판하기도 했다.[29]

데카르트와 프란시스 베이컨의 사상도 이성과 계시의 조화를 추구했던 중세 철학의 연장선상에서만 이해될 수 있으며, 이런 뜻에서 우리는 그들의 사상도 2세기에 걸친 중세 철학의 '현실적으로 피할 수 없는 결말(the practically unavoidable upshot)'이라고 말할 수 있다.[30] 또한 현대 철학의 두 거봉인 윌리엄 제임스의 『종교 경험의 다양성』과 베르그송의 『윤리와 종교의 두 근원』의 결론도 이성과 계시의 관계에 대한 "지난 7세기에 걸친 역사적 경험을 참고했더라면, 현재의 결론보다 더욱 훌륭했을 것이다."[31]

물론 우리는 박우석과 질송의 주장에 대하여 여러 가지 반론을 제기할 수 있다. 그러나 전체적으로 중세 철학이 고대 철학·근대 철학·현대 철학의 연구를 위해 필요하다는 주장을 반박할 수는 없으며, 이런 주장은 어떤 사상도 어느 날 갑자기 하늘로부터 떨어지는 것이 아니라는 우리들의 상식과도 일치한다.[32]

---

28) Etienne Gilson, *Reason and Revelation in the Middle Ages*, Charles Scribner's Sons, New York, 1966, p. 92.
29) 같은 책, pp. 92-94.
30) 같은 책, p. 95.
31) 같은 책, p. 96.
32) 황필호, 『철학적 인간, 종교적 인간』, 앞의 책, p. 83.

그러나 아직도 중세 철학에 관한 한 고대·중세·근대·현대에 이르는 사상의 연속성을 부인하려는 사람들을 위해, 나는 근대 철학의 아버지로 간주되고 있는 데카르트가 중세 철학에 큰 빚을 지고 있다는 사실을 다시 강조하고 싶다. 어떻게 보면, 데카르트는 근대 철학의 아버지라기보다는 '마지막 중세 철학자'로 보이기까지 한데, 이 분야에 관한 탁월한 논문으로는 노모어(Calvin Normore)의 「의미와 객관적 존재 : 데카르트와 그의 자료들」이 있다. 노모어는 이 글에서 데카르트의 사상적 배경은 그가 직접 이름을 언급한 아퀴나스와 수아레즈에 국한된 것이 아니라 스코투스(1265~1308)에 더욱 의존하고 있다고 결론을 내린다.

　　데카르트는『명상 : 제일철학에 대하여』의 제3장에서 후기 중세 형이상학자들의 모든 재고품들을 불러낸다. 하느님, 일의적(一義的) 인과론, 형식적 및 객관적 실재, 그리고 형식적 및 명백한 억제의 문제 등이다. 그는 이 재고품들을 스콜라적 상식에 근거한 존재론을 해체하는 데 사용한다.
　　그러나 데카르트는 동시에 이 재고품들을 새로운 사상 — 전체적이기보다는 조금씩 작용하게 만들며, 아직도 관념이란 그것이 나타내는 객체의 표현이라는 사상에 중점을 둔 사상 — 의 건설에 사용한다. 이러한 사실은 데카르트가 스코투스에게 큰 빚을 지고 있으며, 또한 인식론과 의미론의 분야에서 14세기 사상과 밀접히 연관된 스콜라 전통에 확고히 뿌리박고 있다는 점을 시사한다. 그리고 이러한 시사는 데카르트의 직접적인 자료들의 문제와 그의 독창성에 대한 의문을 더욱 어지럽게 만든다.[33]

　　이제 나는 노모어가 이 인용문에서 말한 데카르트의 '독창성에 대한 의문(the question of originality)'을 예시하기 위해 아우구스티누스의『회의론자들을 반박하며(Against Skeptics, Contra Academicos)』의 1절을 직접 번역하겠다. 독자는 거기서 데카르트의 사상을 직접 읽을 수 있을 것이다.

---

33) Calvin Normore, "Meaning and Objective Being : Descartes and His Sources," A. O. Rorty, ed. *Essays on Descartes' Meditations*, University of California Press, Berkeley, 1986, p. 240.

첫째로 우리는 존재하며, 둘째로 우리는 우리가 존재한다는 것을 알고 있으며, 셋째로 우리는 우리가 존재한다는 것과 그것을 안다는 것을 사랑한다. 이 세 가지 점에 대해서는 진리로 가장한 어떤 거짓의 두려움도 있을 수 없다. 이들은, 우리 밖에 있는 것들과는 달리, 육체의 감각으로 파악한 것이 아니다. 그들은 시각으로 색을 판단하고, 청각으로 소리를 판단하고, 후각으로 냄새를 판단하고, 미각으로 맛을 판단하고, 촉각으로 강하고 약한 것을 판단하는 식으로 파악된 것이 아니다. 이런 감각적 대상들에 대한 우리들의 정신적 그림을 형성하기 위하여, 우리는 그들을 일단 우리들의 마음 속으로 돌리고, 그들을 기억 속에 저장하고, 그들이 살아 있도록 욕망하면 된다.

첫째, 내가 존재하고 또한 내가 그것을 알고 사랑한다는 것은, 내가 가장 확실히 알고 있으며, 여기서는 사물에 대한 어떤 환상적 혹은 그럴 듯한 이미지도 우리를 속일 수 없다. 나는 이 세 가지 진리에 대하여 아카데미의 어느 회의론자의 논증도 두려워하지 않는다. 그들은 "당신은 속고 있는 것이 아닌가?"라고 항변한다. 그러나 만약 내가 속고 있다면, 나는 존재한다 (If I am deceived, I exist). 내가 존재하지 않으면 속을 수도 없기 때문이다. 결국, 만약 내가 속고 있다면, 나는 존재하는 것이다.

둘째, 만약 내가 속고 있다면 내가 존재한다는 사실이 명확한 마당에 어찌 나는 나의 존재에 대하여 실수할 수 있겠는가. 속으면서 존재하는 것은 바로 나이기 때문에, 만약 내가 속고 있다고 해도 내가 존재한다는 것을 아는 문제와는 확실히 관계가 없다. 그리고 내가 이것을 알고 있다는 것을 알고 있다는 점에서도 오류가 있을 수 없다. 내가 존재한다는 것을 내가 알고 있듯이, 나는 내가 안다는 것을 또 알고 있기 때문이다.

셋째, 이상의 두 가지 사실에 못지 않게 중요한 세 번째 사실로는, 나는 내가 존재하고 그것을 알고 있다는 것을 사랑한다는 점을 추가한다. 내가 사랑하는 것들에 대하여 내가 속고 있지 않다면, 내가 사랑한다는 사실은 잘못될 수가 없다. 만약 그들이 거짓이라고 해도, 내가 거짓된 것을 사랑한다는 사실은 옳다. 그렇지 않다면, 즉 그들을 사랑한다는 것이 참이 아니라면, 나를 비난하거나 거짓을 사랑할 수 있는 권리를 금지시키는 것이 과연 옳겠는가? 그러나 내가 사랑하는 것은 참이며 확실히 알려진 사실임으로, 내가 그들을 사랑할 때 나의 사랑 그 자체가 진실로 참이며 확실히 알려진 사실이라는 점을 의심하겠는가?[34]

---

34) St. Augustine, "I Know for Certain I Exist," John F. Wippel, ed. *Medieval Philosophy*, Macmillan, 1969, pp. 40-41.

여기서 나는 이 인용문에 나타난 아우구스티누스와 데카르트의 사상의 유사성을 밝히기 위해 데카르트의 사상을 상세히 설명하지는 않겠다. 다만 인간의 확실한 인식은 육체의 속성인 연장(延長)이 아니라 정신의 속성인 생각에 의한 것이라는 데카르트의 사상은, 우리가 어떤 것을 확실히 알 수 있는 이유는 우리가 그것을 '육체의 감각으로 파악한 것이 아니기 때문'이라는 아우구스티누스의 사상과 극히 유사하다는 점을 지적하고 싶다. 더 나아가서 데카르트는 "만약 내가 속고 있다면, 나는 존재한다"는 아우구스티누스의 명제를 그대로 반복하고 있다.

우리는 과연 그들의 이런 유사점들을 우연의 일치로 볼 것인가? 그렇지 않으면 데카르트가 분명히 아우구스티누스 사상의 영향을 받았으면서도 고의로 그의 이름을 언급하지 않았다고 보아야 하는가? 만약 후자의 입장이 옳다면, 우리는 당연히 데카르트의 '독창성에 대한 의문'을 제기해야 할 것이며, 그의 사상은 아우구스티누스의 사상의 연장선상에서 이해되어야 할 것이다.

물론 우리는 데카르트가 의도적으로 아우구스티누스의 이름을 생략함으로써 자신의 생각을 독창적인 것으로 보이게 하려고 했다고 생각하지는 말아야 한다. 당시에는 자신이 영향을 받은 선배 사상가들의 이름을 오늘날과 같이 각주에서 꼭 밝혀야 한다는 관행이 없었으며, 우리는 이런 사실을 칸트나 헤겔에게서도 쉽게 찾을 수 있다. 그러나 데카르트가 아우구스티누스나 다른 중세 철학자들의 사상을 전혀 모르고 있었다고 가정해도 — 물론 나는 그렇게 생각하지 않지만 — 적어도 그의 사상과 비슷하거나 거의 일치하는 사상들이 이미 중세에 존재했다는 엄연한 역사적 사실에는 의심의 여지가 없다. 코플스톤은 이렇게 말한다.

우리는 객체의 존재에 대해서도 확실한가? 혹은 추상적 원칙이나 수학적 진리에 대한 지식에 관해서만 확실한가? 아우구스티누스는, 사람은 적어도 자신의 존재에 대해서만은 확실하다고 답변한다. 만약 어떤 사람이 다른 피조물들의 존재와 하느님의 존재를 의심한다고 해도, 그가 이렇게 의심한다는 사실은 그가 존재한다는 것을 보여준다. 만약 그가 존재하지 않는다면, 그는 의심할 수도 없기 때문이다. 또한 그가 존재한다고 잘못 생각하여 속고 있다고 제안해도 아무런 소용이 없다. 만약 당신이 존재하지 않는다면, 당신은 아무것에도 속을 수 없기 때문이다. 여기서 아우구스티누스는 이미 데카르트의 "만약 내가 속고 있다면, 나는 존재한다(Si fallor, sum)"는 명제를 예견한 것이다.35)

7. 철학함에서 서양 중세 철학의 위치

박우석이 말하듯이, 서양 중세 철학이 철학함에 필요하다는 점을 입증하는 것은 '확실히 어렵고도 중요한 일'이지만, 이것은 서양 중세 철학에만 한정된 문제는 아니다. 예를 들어서 서양 근대 철학이 철학함에 꼭 필요하다는 점을 입증하는 일도 마찬가지로 어려운 일이기 때문이다. 그럼에도 우리는 서양 중세 철학의 몇 가지 가족 유사성에 근거하여 양자의 유관성을 일반적으로 제시할 수는 있겠다.

첫째, 이미 말했듯이 중세 철학은 형이상학·인식론·윤리학·종교철학·사회철학 등 철학의 모든 분야에 대한 완전한 답변을 추구한다. 물론 이런 거창한 시도는 사상누각으로 끝나기 쉽다. 그러나 철학함의 목표가 단순한 철학적 지식이 아니라 인간의 삶의 의미와 목적을 찾는 것이라면, 우리는 일단 나무를 보되 숲을 보지 못하는 실수를 범하지 않으려고 노력해야 할 것이다.

나는 여기서 부분적인 접근에 대한 전체적인 접근, 분석적인 방법에 대한 포괄적인 방법, 특수한 입장에 대한 일반적 입장의 우위성을 주장하려는 것이 아니다. 다만 우리에게는 "두 가지 방법이 모두 필요하다"는 것을 강조하고 싶다. 우리는 어느 경우에는 전체를 관찰함으로써 부분을 더욱 명확히 이해할 수도 있고, 어느 경우에는 부분의 속성과 본질을 정확히 파악함으로써 전체를 명확히 이해할 수도 있기 때문이다.36) 한마디로 부분적인 접근과 포괄적인 접근은 어느 것도 '유일한 길'이 아니며, 그들은 서로 보완되어야 한다.37) 이런 점에서, 포괄적인 접근의 대명사라고 할 수 있는 서양 중세 철학은 우리들의 철학함을 도와줄 수 있다.

---

35) F. Copleston, *A History of Philosophy*, vol II, Newman Press, 1962, p. 54.
36) 황필호, 『분석철학과 종교』, 종로서적, 1984, p. 20.
37) 같은 책, p. 21.

오늘날 한국 철학계는 마치 수많은 단자(單子)로 구성되어 있는 듯이 보인다. 서양철학은 흔히 인식론만 강조하고 동양철학은 흔히 윤리학만 강조한다.38) 그리고 대부분의 서양철학은 지금까지 중요시되어온 형이상학은 팽개치고 그저 논리 분석이나 본질 직관에만 관심을 쏟는다. 더구나 요즘에는 포스트모던이라는 공룡이 횡행하여 지금까지의 모든 체계를 파괴하는 데만 온 신경을 쓰고 있다.

그래서 오늘날 철학자들은 다른 철학자들의 설명이나 주장을 전혀 이해하지 못하는 바벨탑의 비극에 이르고 있는 실정이다. 철학의 모든 부분을 전체적으로 조명하려고 노력했던 서양 중세 철학이 우리에게 타산지석이 될 수 있는 이유가 여기에 있다.

둘째, 서양 중세 철학은 — 오늘날의 방식으로 표현하면 — 철학일 뿐만 아니라 종교며 과학이며 예술이었다. 철학의 궁극적 목표는 단지 철학 전반에 대한 통합적인 이해에 머물지 않고 다른 분야와 긴밀히 연결되어 있었다. 오늘날 '철학 박사'라는 학위가 자연과학자에게도 그대로 적용되고 있는 이유도 여기에 있다. 훌륭한 종교인, 훌륭한 과학자, 훌륭한 예술인은 모두 '대가(master)'라고 불렸으며, 이 제도가 나중에 '철학 박사'라는 제도로 정착한 것이다.

이제 세계는 하나의 지구촌이 되었고, 학문의 베를린 장벽은 무너지고 말았다. 그래서 철학과 예술, 예술과 과학, 과학과 종교는 서로 긴밀히 만나고 있다. 그런데 우리의 현실은 어떤가? "우리는 아직도 전공이라는 벽 쌓기에 갇힌 수인(囚人)의 지적 활동을 벗어나지 못하고 있다. 예를 들어서 문학은 아마도 종교를 제외한 다른 어느 분야보다 철학과 밀접하게 관련맺으며 출발했으며, 또한 이러한 친척 관계는 지금도 그대로 유지되고 있다. 그러나 우리나라에는 실존주의적 소설을 쓰는 작가와 실존주의를 전공하는 학자가 얼굴을 맞대고 토론하는 기회조차 없는 실정이다."39) 여기서 우리는 서양 중세 철학이 과학 뿐만 아니라 문학, 예술, 종교의 전 분야에 크게 기여할 수 있다는 것을 쉽게 알 수 있다. 서양 중세

---

38) 나는 서양철학의 이런 경향을 '인식론 중독증'이라고 비판한 적이 있다. 황필호, 「장자와 로티의 잘못된 만남」, 『중국종교철학 산책』, 청년사, 2001, p. 393.
39) 황필호, 『문학철학 산책』, 앞의 책, p. 3.

철학은 다학문적이며 간주관적인 학문이었다.

셋째, 서양 중세 철학자들은 철학을 철학으로 끝내지 않고 생활화하려고 노력했으며, 이 과정에서 그들은 삶의 근본적인 문제들에 대한 답변을 철학에서 찾으려고 노력했다. 그들에게서 삶, 생활, 현실과 관계없는 철학은 진정한 철학이 아니었다. 이것은 오늘날 우리들이 꼭 받아들여야 할 교훈이다.

8. 맺음말

현재 우리나라에서 철학은 두 가지 상반된 이미지를 가지고 있다. 첫째로 철학이란 배부른 사람들의 말장난에 불과하다는 것이고, 둘째로 철학이야말로 모든 현대인이 가지고 있어야 할 필수품이라는 것이다. 전자를 지지하는 사람들은 철학자를 마치 여름에 겨울 코트를 입고 다니는 괴짜나 언어의 마술사로 취급하고, 후자를 지지하는 사람들은 특히 요즘의 정치가들이 진정한 철학을 가지고 있지 않아서 나라가 이 꼴이라고 한탄한다.

여기서 한 가지 중요한 사실은, 철학의 무용론을 주장하는 대부분의 사람들은 철학 개론을 대학에서 수강한 적이 있는 사람들이란 사실이다. 철학에 대하여 전혀 들어본 적이 없는 사람들은 차라리 철학에 대한 막연한 기대를 가지고 있다. 그러다가 철학 강의를 한 번 들은 다음에는 철학 무용론자가 된다. 왜 그럴까?

나는 그 이유를 한마디로 철학이 생활과 유리된 상태에서 전달되기 때문이라고 생각한다. 소크라테스가 A라는 문제에 대하여 X라고 말했을 때 그의 제자인 플라톤은 Y라고 말했다. 그리고 그의 제자인 아리스토텔레스는 다시 Z라고 말했다. 도대체 이런 식의 철학이 우리들의 삶과 무슨 상관이 있단 말인가. 니체는 신은 죽었다고 말했다. 그런데 나는 기독교인이 아니며, 그래서 신에 대해서는 아무런 관심이 없다. 이런 경우에, 니체나 다른 철학자들이 신이 존재한다거나 존재하지 않는다고 말했다고 해서, 도대체 그것이 나와 무슨 상관이 있단 말인가.[40]

그러면 삶과 철학은 구체적으로 어떻게 만날 수 있는가? 여기에는 크게 두 가지 방법이 있다. 하나는 철학으로부터 삶으로 나아가는 길이며, 또 하나는 삶으로부터 철학으로 나아가는 길이다. 우리는 이 두 단계를 각각 '철학의 생활화'와 '생활의 철학화'라고 부를 수 있다.

예를 들어서 우리가 공자의 사상을 배운다고 합시다. 우리는 그의 인(仁)과 예(禮)의 사상을 배우고, 인류 최초의 '일반교육론'을 배웁니다. 그러나 우리는 여기서 끝나지 말아야 합니다. 도대체 그의 사상이 현재 대한민국에서 살아가는 우리들에게 구체적으로 어떤 의미를 갖느냐를 심각하게 질문해야 합니다. 그러면 우리의 현실과 같은 난세(亂世)를 살았던 공자의 사상으로부터 구체적인 현실의 교훈을 얻을 수 있을 것입니다. 이것이 바로 철학의 생활화입니다. 즉, 모든 철학적 배움을 '나' '우리' '지금' '여기'로 환원하려고 노력하는 것입니다. 이렇게 철학의 생활화는 철학부터 시작합니다.

그러나 생활의 철학화는 생활부터 시작합니다. 매일 다람쥐 쳇바퀴 도는 듯한 월급쟁이의 삶을 어느 날 갑자기 좀 심각하면서도 실존적으로 질문한다거나, 앞으로 닥칠 죽음의 문제를 다시 생각해보는 것입니다. 그러면 사람이 죽으면 그것으로 끝날 뿐이라는 유물론, 영혼이 영원히 존재한다고 믿는 심령론, 육체와 영혼이 다시 부활한다는 기독교, 사람의 업(業)이 환생(還生)한다는 불교 등의 각기 다른 철학 이론을 공부하게 됩니다. 그리고 우리는 이 과정에서 지금까지 전혀 깨닫지 못했던 삶의 깊은 의미를 새삼스레 알게 될 수도 있습니다. 생활 철학 운동에 오직 철학을 배우거나 전공한 사람들 뿐만 아니라 삶을 영위하고 있는 모든 사람들이 참여할 수 있는 이유도 여기에 있습니다. 인간은 철학자이기 이전에 먼저 생활인입니다.[41]

서양 중세 철학자들이야말로 철학의 생활화와 생활의 철학화를 가장 철저하게 실천하면서 살려고 발버둥친 사람들이다. 그리고 그들은 이 과정에서 이성과 계시, 논리와 직관, 인식론과 형이상학, 과학적인 세계관과 종교적인 세계관을 조화시키려고 부단히 노력한 사람들이다. 그들의 철학함의 궁극적 목표는 무엇인가? 그것은 한마디로 삶의 의미를 찾는 것이라고 말할 수 있다. 그래서 코플스톤은 "오늘날 우리는 중세 철학자

---

40) 황필호, 『철학이 있는 사람이 아름답다』, 창해, 1998, pp. 282-283.
41) 황필호, 『생활과 철학은 만날 수 있는가』, 앞의 책, pp. 195-196.

들이 가지고 있던 삶의 의미에 대한 문제와 인간 문명에 대한 문제를 간과하고 있다"고 경고했던 것이다.[42]

---

42) Copleston, *A History of Medieval Philosophy*, 앞의 책, p. 345. Cf. 한 가지 주의를 하고 싶다. 다른 철학의 경우도 마찬가지이겠지만, 우리는 철학함을 위한 중세 철학의 교훈을 중세 철학자들이 추구하지 않았던 곳에서 찾지 말고, 그들이 추구했던 곳에서 찾아야 한다. 즉, "우리는 중세 철학을 역사적인 맥락에서 보아야 하며, 그것이 해결할 수 있다고 주장하지 않았던 것을 기대하지 말아야 한다." 같은 책, p. 346.

제10장
죽음에 대한 서양인과 한국인의 견해

"만약 그대가 죽음을 삶의 가슴속에서 찾지 않는다면, 어떻게 죽음을 발견할 수 있겠는가. 밤에만 볼 수 있고 낮에는 봉사가 되는 올빼미는 광명의 신비를 밝혀낼 수 없느니라.

만약 그대가 진정 죽음의 영혼을 보려면, 그대의 가슴을 삶의 육체를 향해 활짝 열어라. 마치 강과 바다가 하나이듯이, 삶과 죽음은 하나인 것이다." ― 칼릴 지브란, 『예언자』 중에서.

"인간에게는 죽음이 생물학적인 사실로 해서 찾아오지 않는다. 그것은 정신의 형이상학과 영혼의 종교학에 짙게 물든 빛과 더불어 우리들을 찾아든다. 정신과 영혼의 자기 증명을 위해 우리들은 죽음을 호시탐탐 노리고 있었을 법도 한 것이다. 죽음을 생각함으로써, 인간은 명료하게 정신 및 영혼 앞에 나아가게 된다. 그때 사람들은 그것이 삶의 최종적인 여행 목적지였다고 생각할 것이다." ― 김열규, 『메멘토 모리 : 죽음을 기억하라』 중에서.

I. 머리말

젊은 사람은 늙게 마련이고, 산 사람은 죽게 마련이다. 이것이 엄연한 인간의 운명이다. 그리고 대부분의 사람들은 이 과정에서 늙음보다는 젊음, 죽음보다는 삶을 추구한다. "개똥밭에 굴러도 이승"이라거나 "못 살아도 이승이 좋다"는 말이 전해져온 이유도 여기에 있다.

그러나 프로이트(1856~1939)는 그의 말년에 인간의 가장 위대한 욕망으로 사랑과 죽음을 든 일이 있다. 즉, 인간은 사랑과 죽음을 동시에 추구한다는 것이다. 언뜻 보기에 이런 주장은 맞지 않는 듯이 보인다. 모든 사람은 증오보다는 사랑, 전쟁보다는 평화, 죽음보다는 삶을 추구한다고 — 적어도 말로는 — 주장하고 있기 때문이다. 그러나 우리는 실제로 얼마나 엄청난 노력을 증오, 전쟁, 죽음을 위해 쏟고 있는가. 아마도 인간은 스스로 의식하지는 못하면서도 죽음을 내면적으로 추구하고 있는지도 모르겠다.

최근 서양에서는 죽음학(thanatology)이 아주 유행하고 있는데, 이 말은 원래 그리스 신화에서 죽음의 신을 나타내는 '타나토스(thanatos)'에서 나온 것이다. 그리고 이 죽음학은 대개 일반 대학 철학과에 '죽음과 죽는다는 것(death and dying)'이라는 과목으로 등장하고 있다. 왜 최근에 와서 죽음에 대한 관심이 서양에서 새삼스레 일어나게 되었는가? 아마도 가장 중요한 원인으로는 닉슨 대통령의 중공 방문이라고 말할 수 있다. 죽의 장막에 가려져 있던 중국 대륙이 미국에 소개되면서 동양의 신비가 다시 서양에 전달되었는데, 그 중에서도 동양인의 죽음관이 서양의 것과 전혀 다르다는 사실이 알려지게 되었다.

첫째, 지금까지 서양에서는 대부분의 사람들이 차디찬 병원의 침대에서 혼자 죽었다. 그러나 동양에서의 죽음은 사랑하는 친척과 친구들이 모두 모이는 계기를 마련하며, 심지어는 아들·손자·며느리에게 마지막 유언까지 하는 축복(?) 속에서 이 세상을 떠난다. 죽음의 공포를 혼자 극복해야 되는 서양에서의 죽음과 너무나 큰 대조를 이룬다.

둘째, 전통적으로 서양에서 죽음의 공포를 극복하는 유일한 길은 천당을 간다는 확신 — 혹은 간다고 확신하는 착각 — 을 갖는 일이다. 죽음으로 모든 것이 끝난다면 어떻게 행복하게 죽을 수 있겠는가. 그러나 동양에서는 내세에 대한 아무런 확신을 가지고 있지 않으면서도 태연하게 죽음을 맞이할 수 있다. 서양인의 의식 구조로는 참으로 상상도 할 수 없는 일이다.

하여간 오늘날 서양에서는 마취제를 전혀 사용하지 않고 수술을 받을 수 있는 침술, 천천히 움직이는 것을 목표로 하는 쿵푸, 자연에 대한 동양인의 관조적인 태도 등과 더불어 죽음에 대한 '동양의 대안'에 굉장히 관심을 갖게 되었다. 그만치 동양인과 서양인의 삶 사이에는 인간이라는 공통점과 더불어 수많은 차이점이 있다는 증거며, 이런 차이점은 특히 죽음에 대한 견해에서 더욱 극명하게 드러난다.

나는 이 글에서 먼저 죽음에 얽힌 철학적 문제들을 간단히 열거하고, 죽음에 대한 동서양인의 견해를 차례대로 고찰하고, 한국인의 생사관에 대한 서양인의 몇 가지 오해를 지적하고, 끝으로 죽음을 맞이하는 우리들의 네 가지 태도를 기술하겠다.

2. 죽음에 얽힌 철학적 문제들

죽음은 어떤 철학적 문제를 제기하는가?

첫째, 우리는 흔히 죽음에 대한 정의(定義)를 의사, 생리학자, 신경학자들이 내리는 것으로 생각한다. 그러나 전통적으로 철학에서 죽음의 문제는 곧 삶의 문제며 인간의 본질이 무엇이냐는 문제다. 만약 죽음이 육체와 정신(혹은 영혼)의 분리라면, 인간의 육체와 정신은 각기 어떤 속성을 가지고 있으며, 또한 그들은 어떤 상호 관계에 있는가? 죽음으로 인하여 그들이 분리된다는 것은 어떤 의미를 가지고 있는가? 만약 죽음이 육체와 정신의 분리가 아니라 심장이나 뇌 세포와 같은 육체의 일부분과 나머지 부분의 분리라면, 정신은 육체의 어느 곳에 존재하며, 이곳과 나머지 육체와의 관계는 무엇인가? 만약 인간의 본질이 생각하는 존재라면, 식물 인간도 인간일 수 있는가? 더 나아가서, 인간이 육체와 정신의 이원론적 존재가 아니라 육체와 정신과 영혼으로 구성된 삼원론적 존재라면 죽음이란 과연 무엇인가?[1] 이런 것들이 죽음의 정의에 얽힌 철학적 문제

---

1) 여러 가지 번역이 있겠으나, 성서에도 "네 몸과 마음과 영혼을 다하여 하느님을 섬겨라"는 구절이 있다. 여기서 인간은 삼원론적인 존재가 된다. 더 나아가서, 우리는 인간이 정신과 육체로 구성되어 있다고 말하면서도, 일상 언어에서는 정신(mind)과 영혼(soul)을 구별

들이다.

둘째, 우리는 흔히 내세에 대한 문제는 종교인들이 결정하는 것으로 생각한다. 그러나 전통적으로 철학의 여러 분야 중에서도 가장 중요한 것으로 간주되어 온 형이상학은 죽음 이후의 인간 운명을 중점적으로 취급한다. 불멸(immortality)과 부활(resurrection)의 차이는 무엇인가? 환생(reincarnation)이란 무엇인가? 그리고 불멸, 부활, 환생은 상호 배타적인 개념들인가? 더 나아가서, 인간이 죽은 다음에 천당이나 극락에 다시 태어난다고 가정하자. 그러면 다시 태어난 B라는 존재가 과연 현재 이 세상에서 살았던 A라는 존재와 동일하다고 볼 수 있는 근거는 무엇인가?

만약 불교의 주장대로, 내가 내세에 당나귀로 태어났다고 주장하려면, 이 양자간의 육체적 동일성이나 유사성이 있어야 하지 않을까? 이것이 바로 인간의 개인정체성(personal identity)의 문제가 된다.[2] 또한 내세가 존재한다면, 그것은 신의 은총을 통해야 하는가? 혹은 각자의 깨달음으로 그곳에 갈 수 있는가? 이런 것들이 이른바 '삶 이후의 삶'에 얽힌 철학적 문제들이다.

셋째, 죽음에 대한 중요한 철학적 문제로는 죽음의 공포라는 문제가 있다. 이 문제에 대하여 서양철학에는 크게 5가지 견해가 있다. 첫째는 죽음에 대한 공포는 죽음이 괴로울 것이라는 가정에 근거를 두고 있으나 죽음 그 자체는 절대로 괴로움이 될 수 없다는 에피쿠로스(기원전 341~270)의 주장이며, 둘째는 죽음의 공포를 극복하려면 죽음을 항상 염두에 두고 살아야 한다는 스토아 철학자들의 주장이며, 셋째는 인간은 절대로 죽음을 정확히 알거나 직시할 수 없다는 스피노자(1632~1677)의 견해며, 넷째는 행복한 사람은 행복한 죽음을 가지고 온다는 입장이며, 다섯째는 죽음 자체에 아무런 의미를 부여할 필요가 없다는 쇼펜하우어(1788~1860)의 주장이다.[3]

넷째, 또한 철학은 죽음을 맞이하는 사람의 심리적 변화 및 살아남는

해서 사용한다.
2) 이 문제에 대하여는 다음을 참조할 것. 황필호, 「개인동일성이란 무엇인가」, 『철학 연구』, 제55집, 2001년 겨울호, pp. 207-224.
3) Robert G. Olson, "Death", 『철학 백과사전』.

사람들의 심리 현상에 관심을 가지고 있다. 이 방면의 권위자인 퀴블러 로스(Elizabeth Kübler-Ross)에 의하면, 죽는 사람의 심리는 5단계로 구분될 수 있다. 첫째는 무조건 죽음을 부인하고 고립화시키려는 단계(the stage of denial and isolation)며, 둘째는 왜 내가 죽어야 하느냐는 분노의 단계(the stage of anger)며, 셋째는 죽음과 일종의 협상을 벌이는 단계 (the stage of bargaining)며, 넷째는 협상이 잘 되지 않는 데서 오는 의기 소침의 단계(the stage of depression)며, 다섯째는 모든 것을 포기하고 죽음 자체를 받아들이는 수용의 단계(the stage of acceptance)다.[4]

다섯째, 죽음에 대한 철학의 또 다른 중요한 문제로는 인식의 문제를 들 수 있다. 사람은 자신이 죽는다는 사실을 알고 있다. 어느 경우에는 그 시기까지 짐작할 수 있다. 예를 들어서, 이 글을 쓰는 필자는 앞으로 50년을 살지 못한다는 것을 알고 있다. 그러면 인간은 어떻게 죽음을 알게 되는가? 그리고 이 죽음에 대한 앎은 일상적인 앎과 어떤 차이가 있는가? 또한 비인간적인 존재(동물과 식물)도 그들의 죽음을 미리 알고 있는가? 일찍이 파스칼로부터 시작되는 실존철학자들은 인간만이 자신의 죽음을 예견할 수 있다고 말했다. 그러나 과연 그럴까? 강아지도 죽을 때가 되면 죽음을 준비하는 듯이 보이지 않는가?

그러나 죽음에 대한 인식 중에서 가장 복잡한 철학적 문제로는 "나는 나의 죽음을 알 수 있느냐?"는 것이다. 우리는 타인의 죽음을 경험할 수 있다. 그러나 과연 나는 나의 모든 경험의 종말인 죽음을 어떻게 경험할 수 있는가? 이 문제에 대하여, 나는 나의 죽음을 전혀 상상할 수 없다는 입장과, 상상할 수는 있어도 타인을 기술할 때 사용되는 '죽음'이라는 어휘가 본인의 경우와는 전혀 다른 의미를 가지고 있다는 입장이 있다. 그리고 이 두 가지 입장에 대한 반대 의견도 없지 않다.

일반적으로 철학에서는 죽음을 세 가지 인칭으로 설명한다. 우선 "그는 죽는다" "그들은 죽었다" "모든 사람은 죽을 것이다" 등으로 표현되는 3인칭의 죽음이 있다. 그러나 이런 3인칭의 죽음은 —『프랑스 고교 철학』에 의하면 — 아직도 '추상적인 죽음이고, 이름도 모르는 사람의 죽음이다.' 이 죽음은 모든 사람의 죽음을 뜻하며, 모르는 사람의 죽음을 뜻한

---

4) Elizabeth Kubler-Ross, *On Death and Dying*, MacMillan, New York, 1969.

다. 그리고 우리는 이런 모두의 죽음, 누구나의 죽음을 잘 알고 있다. 실제로 죽음은 아주 평범하고 일상적인 사건이다. 죽음은 법과 같은 행정의 대상이기도 하고, 인구학·생물학·의학과 같은 학문의 대상이기도 하다. 이런 점에서 3인칭의 죽음은 아직 개인이 체험하는 실존적 죽음은 아니다.

물론 죽음에 대한 3인칭적 접근이 아무런 소용이 없는 것은 아닌데, 이런 실례로는 죽음에 대한 정의의 문제가 있다. 알다시피 1966년까지는 죽음을 입 앞에 거울을 대고 확인하는 호흡 정지와 청진기로 확인하는 심장 정지로 판단했다. 그러나 1966년 5월 의학 아카데미는 죽음을 뇌 기능의 정지로 정의했다. 복잡한 소생 기구로 인체를 호흡시켜도 뇌의 작용이 완전히 정지되면 죽은 것이라는 뜻이다. 여기서 우리는 과연 '살려낼 수 없게 된 상태'는 정확히 어떤 상태인가 하는 등의 수많은 새로운 윤리적 질문을 갖게 되었다. 이런 점에서 죽음을 3인칭의 사건이라고 생각하는 과학이 전혀 쓸데없는 것은 아니다. 그러나 우리가 이런 3인칭의 죽음에 대하여 관심을 갖고 연구하는 이유도, 정확히 말하면, 개인의 실존적 죽음에 대한 관심에서 나온 것이다.

> 체험적인 차원에서만 죽음은 철학적 관심사가 될 수 있다. 제3인칭의 죽음에 대하여 말하는 것, 예를 들면 "저개발국에는 아직도 굶어 죽는 사람이 있다"거나 "예방 주사와 항생 물질이 있으면 전염병으로 죽지 않는다"라고 말하는 것, 즉 죽음을 토론의 대상으로 삼고 그것을 3인칭이나 아예 비인칭적 사건으로 취급하는 것은 죽음의 실제적인 의미를 왜곡하는 것이다. 그래서 하이데거는 이런 토론을 성실성 없는 논의라고 말하며, 죽음을 정면으로 대하기를 거부하는 태도라고 말한다.[5]

그러나 "너는 죽는다" "너는 죽었다" "너는 죽을 것이다"로 표현되는 2인칭의 죽음은 전혀 다른 차원에 속한다. 이 경우에 죽음의 대상은 어떤 '개념적 괴물'이 아니라 내가 2인칭으로 말하던 사람, 내가 애정이나 우정을 가지고 말하던 사람이다. 여기서는 우리가 죽음을 생각하지 않음으로써 죽음을 편안하게 맞이할 수 있다는 에피쿠로스의 이론은 전혀 맞지

---

5) 앙드레 베르제 외, 남기영 역, 『프랑스 고교 철학』, 제1권, 삼협, 2000, pp. 184-185.

않게 된다. 여기서는 살아 있는 '나'가 '그'가 아닌 '너'의 죽음을 대면하는 것이기 때문이다.

그러나 죽음의 실존성은 1인칭의 죽음에서 절정에 이른다. 여기서는 우선 과거·현재·미래의 세 시제를 마음대로 쓸 수도 없다. "나는 죽었다"라고 과거 시제로 말하는 것은 불가능하며, "나는 죽는다"고 현재 시제로 말하는 것은 불확실하고 불명확하다. 오직 "나는 죽을 것이다"라는 미래 시제만이 가장 확실한 사실이 된다.

"나는 죽었다"는 불가능성이지만 "나는 죽을 것이다"는 확실성이다. 그때가 멀고, 또 그때를 알지 못하기 때문에, 나는 나의 죽음을 신중하게 생각하지 않을 뿐이다. 그러나 죽음이 가까웠다는 것을 알거나 느끼는 사람은 극단적인 불안을 체험한다. 여기서 인간을 위협하는 죽음은 막연하게 예감되는 공동의 운명으로 나타나지 않는다. 그것은 가장 개인적인 사건으로, 유일하고 독특하게 나에게만 관련된 사건으로 나타난다.

기마르(Paul Guimard)의 『인생의 현실(Les choses de la vie)』에 나오는 주인공은 이렇게 말한다. "사람들이 비열하게 말하는 것처럼, 죽음은 모든 사람의 운명이 아니다. 죽음 하나 하나는 매번 무섭도록 특별한 한 편의 드라마다. 나에게 나는 유일하며, 죽어가는 수십억 중의 하나가 아니다. 간곡하게 빕니다. 제발 어떻게든 말해 주십시오. 나에게 닥쳐오는 이 죽음보다 더 중요한 것이 또 무엇이겠습니까?"[6]

철학은 이상의 문제들에 대하여 여러 가지 답변·대안·해소책을 제시하며, 이러한 논란은 오늘도 계속되고 있다. 그러나 나는 남은 글에서 죽음의 문제에 접근하는 현대 서양철학의 시각을 몇 가지 유형으로 분류해서 설명하겠다. 물론 이 분류가 정확한 것은 아니다. 그러나 이러한 논의를 통하여 우리는 죽음의 문제를 가지고 씨름하는 현대 서양철학의 몇 가지 줄기를 읽을 수 있을 것이며, 더 나아가서 죽음에 대한 '동양의 대안'을 이해하는 데 도움이 될 것이다. 이런 뜻에서 지금부터 논의되는 구분은 어디까지나 독자의 이해를 돕기 위한 작업 가설적임을 잊지 않기 바란다. 나는 이 구분을 하이데거(Martin Heidegger), 사르트르(Jean-Paul Sartre), 필

---

6) 같은 책, pp. 186-187.

립스(D. Z. Phillips), 힉(John H. Hick)으로 대표하겠다.

3. 죽음에 대한 서양인의 견해

1) 하이데거의 견해

현대 철학은 크게 현상학, 실존주의, 분석철학, 실용주의로 나눌 수 있다. 그리고 현상학과 실존주의는 주로 유럽에서 성행하여 대륙 철학이라고 부르고, 분석철학과 실용주의는 영국과 미국에서 성행하여 영미 철학이라고 부른다. 죽음에 관해서는 영미 철학보다 대륙 철학이 더욱 관심을 가지고 있다고 말할 수 있으며, 그 중에서도 실존철학은 죽음을 철학의 가장 중요한 문제로 취급하는 경향이 있다. 이런 실존철학자의 대표로는 하이데거와 사르트르를 들 수 있다.

하이데거는 먼저 인간과 비인간을 구별한다. 인간은 실존하지만, 나무나 바위는 단순히 존재한다고 그는 말한다. 그리고 이러한 인간의 본질을 가장 적절히 설명하는 어휘로 '현존재(being-there, Dasein)'라는 표현을 사용한다. 인간은 어쩔 수 없이 세계와 관련되어서 존재하는 '세계 내의 존재'인 것이다. 그러므로 인간의 현존재는 필연적으로 일시적이다. 여기서 우리는 몇 가지 중요한 사실을 이해할 수 있다.

첫째, 인간 존재가 필연적으로 영원하지 않고 일시적이라는 사실은, 인간이 아직도 '존재 그 자체(being-as-whole)'가 아니라 존재에 대한 하나의 가능성일 뿐이라는 뜻이다. 그래서 미완성된 현존재는 언제나 완성을 추구한다고 생각하기 쉽다. 그러나 우리가 인간의 본질을 철저하게 현존재라는 측면에서 고찰하면, 인간은 완전보다는 불완전을 추구하고, 삶보다는 죽음을 향해 열려 있다는 사실을 알게 된다. 인간은 '죽음을 향한 존재(being-towards-death, Sein-zum-Tode)'다.

둘째, 그럼에도 일상성에 사로잡힌 사람들은 자신의 죽음보다는 타인의 죽음에 관심을 쏟음으로써 자신의 실존을 외면하기 쉽다. 물론 어느 경우에 사람은 다른 사람을 위하여 죽을 수도 있다. 그러나 그의 죽음은 어디까지나 그의 죽음일 뿐이다. 죽음은 언제나 '나의 것'이다.

셋째, 더 나아가서 인간이 죽음을 향한 존재라는 사실은, 인간이 원해서 얻은 숙명이 아니라 아무런 이유도 없이 인간에게 '던져진 것(the thrownness, Geworfenheit)'이다. 그러므로 인간을 인간이게끔 하는 가장 독특한 현실은 사람이 죽는다는 사실을 알고 있다는 것이다. 죽는 사람을 위로하는 사람들까지도 실제로는 죽는 사람을 위로하는 것이 아니라, 그를 위로하고 있는 자신을 위로하고 있다고 말해야 되는 이유가 여기에 있다.

넷째, 인간에게는 죽음을 어떻게 맞이하느냐에 따라서 '진정한 삶'과 '거짓된 삶'이 있다. 죽음을 회피하려는 사람은 결국 그 죽음을 회피하지 못할 뿐만 아니라 현존재로서의 삶에 충실하지 못한 엉터리 삶을 마치게 된다. 그러나 우리가 우리의 죽음을 정면으로 대면하여 그것을 수용하고 인정한다면, 인간은 — 니체의 표현을 빌리면 — '자유로운 죽음'을 맞이할 수 있는 진정한 삶을 갖게 된다. 그리하여 하이데거는 '현존재의 종말로서의 죽음은 현존재의 가장 자기적인 가능성(Dasein's ownmost possibility)이며, 독단적이며 확실하면서도 그 자체로는 불확정적이며 어떤 상황에서도 말살할 수 없는 가능성'이라고 말한다.

여기서 죽음은 다른 사람들과는 아무런 관련이 없는 독단적(non-relational)인 것이며, 누구에게나 찾아오는 확실(certain)한 것이며, 언제 올지 모르는 불확정적(indefinite)인 것이며, 말살(outstripped)될 수 없는 것이다. 그럼에도 죽음은 현존재의 가장 중요한 '가능성'이다. 죽음이 인간에게 위협을 주면서도 그것을 정면으로 대결하는 사람에게는 '진정한 삶'의 가능성을 줄 수 있는 이유가 바로 여기에 있다.7)

2) 사르트르의 견해

하이데거와 마찬가지로 죽음을 철학의 중요한 내용으로 인정한 사르

---

7) John Hick, *Death & Eternal Life*, London, 1976, pp. 97-101. 하이데거는 죽음의 문제를 내세와 연관시키지 않고 토론한다. 그는 현존재가 죽은 다음에 어떤 형태로든지 존재하느냐는 문제에 관심을 쏟지 않는다. 단지 죽음을 현존재의 '종말'이라고 말할 뿐이다.

트르도 인간과 비인간을 질적인 차이로 구분한다. 그는 인간이란 본질적으로 '의식적인 존재'지만 그 이외의 모든 존재는 '무의식적인 존재'라고 말한다. 그러면 인간을 인간이게끔 하는 의식이란 무엇인가? 사르트르는 그것을 한마디로 자유라고 말한다. 인간이란 본질적으로 자유로운 존재다. 아무리 자유롭지 않다고 생각하는 사람이라도 본질적으로는 자유로운 존재다.

자유란 무엇인가? 그것은 자유롭게 선택한다는 뜻이다. 그리고 자신이 잘못 선택한 일에 대하여는 거기에 맞는 책임을 지는 것이다. 그리하여 사르트르는 "우리는 모두 자유를 추구한다고 말하면서도 실제로는 자유로부터 벗어나려고 무한히 애를 쓴다"고 말한다. 자유가 없다면 선택이 있을 수 없으며, 내가 선택하지 않은 일에 대하여는 내가 책임을 질 필요가 없기 때문이다.

그럼에도 인간은 자유를 포기할 수 없는 존재다. 인간은 전생(前生)으로부터 자유롭지 않을 수 없도록 정죄되어 태어난 존재(Man is condenmend to be free)다. 인간의 가능성은 바로 이 자유에 있으며, 자유를 떠난 모든 행위는 인간에게 '잘못된 신앙(bad faith)'을 줄 뿐이다.[8]

그런데 인간은 죽음을 자유롭게 선택할 수 없다. 우선 우리는 죽음의 순간을 정확히 알 수 없다. 물론 우리는 죽음을 기다릴 수 있다. 그러나 이렇게 기다리는 경우에도 죽음은 언제나 돌발적으로 발생할 수 있는 속성을 가지고 있다. 그래서 죽음에 대한 우리의 기다림은 맹목적인 잘못된 신앙에 근거를 둔 기다림일 뿐이다. 다시 말해서, 죽음에 대한 기다림은 진정한 기다림이 아니라 차라리 진정한 기다림에 대한 덧없는 기다림일 뿐이다. 그것은 진정한 기다림과 비슷하게 보이면서도 기다림 자체는 아니다. 이런 뜻에서 죽음은 인간의 의식으로서는 어떤 영향력도 행사할 수 없는 '순수한 우연'이다.

죽음이 순수한 우연이란 어떤 의미를 가지고 있는가? 그것은 죽음이 인간에게 어떤 가능성을 주는 것이 아니라 인간의 모든 가능성들을 일시에 말살한다는 뜻이다. "죽음은 나의 가능성이 아니다. 반대로 그것은 나의 모든 가능성의 무효화(the annihilation of all my possibilities)일 뿐이

---

8) Leslie Stevenson, *Seven Theories of Human Nature*, Oxford, 1974, pp. 81-84.

다. 그리고 그 무효화는 나의 가능성의 일부분이 아니다."[9]

여기서 죽음은 하이데거의 경우와 같이 용기 있게 맞이하려는 사람에게 진정한 삶의 의미를 줄 수 있는 것이 아니다. 오히려 죽음은 삶을 우연으로 바꾸어놓음으로써 삶의 모든 의미를 말살하고 만다. 인간이 꼭 죽어야 한다면, 인간의 삶은 아무런 의미가 없다는 뜻이다. 삶의 가장 중요한 의미는 죽음에 의하여 아무렇게도 결정될 수 없기 때문이다. 삶에는 의미가 있어야 한다. 그러나 죽음 때문에 삶은 부조리할 뿐이다.

3) 필립스의 견해

이미 지적했듯이 영미철학에서는 죽음의 문제를 그리 중요하게 다루지 않는 경향이 있다. 그러나 분석철학의 슈퍼스타인 비트겐슈타인의 사상에 영향을 입어서 탄생한 '비트겐슈타인적 신앙형태주의(Wittgensteinian Fideism)'에서는 죽음과 인간 운명을 심도 있게 토론하는 경향이 있는데,[10] 이런 사람의 대표적 인물로는 필립스(D. Z. Phillips)를 들 수 있다.

필립스는 인간이 영원히 죽지 않는다는 불멸의 개념이란 인간이 이 세상에 사는 데 필요한 도덕적 개념 이상이 아니라고 말한다. 즉, 영원한 삶이란 이 세상의 삶이 끝난 다음에 오는 것이 아니라, 이 세상에서 인간의 삶이 가질 수 있는 선의 실재(the reality of good)인 것이다.

필립스는 영원의 이런 도덕적 내용이 죽음의 공포를 극복하는 방법과 밀접히 연관되어 있다고 주장한다. 인간은 시간적인 것(the temporal)을 떠나서 영원한 것(the eternal)을 지향함으로써 죽음의 공포를 극복할 수 있기 때문이다. 순간은 죽음을 초월할 수 없다. 영원만이 죽음을 초월할 수 있다.

그러면 시간으로부터 영원으로 돌아간다는 것은 무엇인가? 그것은 바로 '자신에게 죽는 것(the dying to the self)'이다. 자신의 유한성과 피할 수 없는 죽음의 실재를 그대로 받아들이는 것이다. 다시 말해서, 인간은

---

9) J. P. Sartre, *Being and Nothingness*, Philosophical Library, New York, 1956, pp. 536-536.
10) 비트겐슈타인적 신앙형태주의에 대하여는 다음을 참조할 것. 황필호, 『분석철학과 종교』, 종로서적, 1987, pp. 209-226.

인간의 삶이 어떤 필연성이 아니라는 사실을 겸허하게 받아들일 때 영원으로 향하는 것이다. 그러므로 영원으로 향한다는 것은 지금까지 가지고 있던 자기에 대한 관심(the concern with self)을 자기 포기에 대한 관심(the concern with self-renunciation)으로 전환시키는 것이다. 힉은 필립스의 견해를 이렇게 설명한다.

영혼 불멸이란 자기가 죽는 과정을 통하여 자기를 무효화시키고 타인을 사랑하는 것이다. 이렇게 자신에게 죽는 것이 바로 신앙인이 가질 수 있는 삶의 의미라는 뜻에서, 죽음은 극복될 수 있는 것이다. 진정한 불멸은 불멸에 대한 희망을 포기하고 삶의 유한성을 솔직히 인정하는 것이다.
그리하여 필립스는 신자에게 있어서 영원한 삶이란 하느님의 삶에 참여하는 것이며, 이 영원한 삶은 바로 자신에게 죽는 것이며, 모든 것은 하느님으로부터의 선물이며, 인간의 권리나 어떤 필연성에 의한 것은 이 세상에 하나도 없다는 진리를 제시한다.[11]

여기서 중요한 것은, 하느님의 삶에 참여하는 사업이 이 세상에서 이루어져야 한다는 사실이다. 그러면 어떻게 영원이 시간 속에 나타날 수 있는가? 지상에서 나타나는 천상, 인간의 삶에서 나타나는 하느님의 삶, 시간 속의 영원, 이런 것들은 모순이 아닐까?

이 질문에 대하여 필립스는 '영원한 술어(eternal predicates)'라는 개념으로 답변한다. 죽은 사람은 변하지 않는다. 죽은 사람에게 수식된 술어는 영원히 변하지 않는다. 죽은 사람의 성격은 더 이상 변하지 않으며 또한 변할 수도 없다. 물론 여기에는 죽은 사람에 대한 술어를 누가 부여하느냐는 문제가 있다. 만약 생존한 사람들이 부여한다면, 그 수식이 과연 정당한 것이냐는 문제가 발생한다. 그렇지 않고 하느님이 부여하는 것이라면, 다시 우리는 신의 존재를 증명하는 철학적 전통으로 — 더욱 정확히 말해서 철학적 미궁으로 — 빠지게 된다.

하여간 필립스는 죽음의 문제를 분석철학자들이 거의 공통적으로 주장하는 '언어 유희(language-game)'의 이론으로 설명하며, 그렇기 때문에 언어철학에 상당한 조예가 없는 사람은 우선 그의 사상을 쉽게 이해

---

11) Hick, 앞의 책, p. 106.

할 수가 없다. 언어철학의 근본 주제를 받아들이지 않는 힉이 필립스의 사상을 "실제로는 거의 무한할 정도로 애매하다"고 평한 이유도 여기에 있을 것이다.[12]

4) 힉의 견해

전통적인 기독교의 입장에서 이상의 세 가지 입장을 자신의 '종말론적 해석'으로 비판한 힉(John H. Hick)은 우선 자신의 복잡한 이론을 제시하기 이전에 동양 사상과 유사하다고 말할 수 있는 휴머니스트의 견해를 토론한다.

물론 휴머니스트 중에도 여러 가지 각기 다른 견해가 있다. 그러나 그들이 공통적으로 인정하고 있는 사실은, 인간이란 유구한 유전 과정의 일익을 담당하는 생물학적인 존재라는 사실이다. 개인은 곧 죽는다. 그러나 그 개인은 영원히 지속되는 인류라는 종(種)의 일부를 차지하고 있으며, 이런 뜻에서 개인은 자신의 죽음을 이 거대한 지속적 인류에 공헌하는 장면으로 받아들일 수 있다.

그리하여 크루(F. A. E. Crew)는 "나는 늙었기 때문에 죽음이란 개인으로서의 나의 종말이라는 사실을 아무런 불필요한 불안감을 갖지 않고 받아들일 수 있다"고 고백할 수 있었다.[13] 그러나 힉은 이런 휴머니스트의 견해는 몇 가지 난점을 가지고 있다고 주장한다.

첫째, 이 견해는 지나친 물질제일주의로 환원될 수 있다. 인간을 세포의 집합체로만 보는 이 견해는 인간의 또 다른 측면, 즉 정신적 혹은 영혼적 측면을 무시하는 육체주의로 떨어지기 쉽다. 예를 들어서, 내세를 믿지 않으면서도 고요한 마음으로 죽음을 맞이할 수 있다고 말한 러셀(Bertrand Russell)은 이렇게 주장한다.

인간이란 그들이 도달하게 되는 종말에 대한 아무런 선견지(先見知)를 갖지 못한 원인들의 결과일 뿐이다. 인간의 기원, 성장, 희망과 공포, 사랑과 신

---

12) 같은 책, p. 106.
13) 같은 책, p. 148에서 재인용.

넘은 모두 원자의 우연적 결합의 결과일 뿐이다. 어떤 정열, 영웅주의, 심오한 사상과 감정도 무덤 이후까지 지속될 수 없다. 모든 세대의 노동, 헌신, 영감, 젊은 날의 천재성도 태양계의 몰락과 더불어 전멸되고 말 것이다. 인간이 성취한 모든 성전들도 앞으로 파괴될 우주의 쓰레기 속에 묻히게 될 것이다.

이 모든 일들은 거의 확실하다. 그것을 비판하는 철학은 아무런 힘을 쓸 수 없다. 그러므로 인간 영혼의 주소는 바로 이러한 진리의 발판에서 — 다시 말하면, 철저한 절망의 기초 위에서 — 안전하게 구축될 수 있다.14)

둘째, 휴머니스트의 견해가 이상과 같은 육체주의와 비관주의에 빠지지 않는다고 하더라도, 힉은 그것이 축복받은 소수를 위한 엘리트의 이론(an elitist doctrine for the fortunate few)이라고 말한다. 그것은 어디까지나 부유하고 충분한 교육을 받은 소수나 받아들일 수 있는 이론이며, 하루 세 끼를 걱정해야 되는 인류 다수에게는 너무 고답적인 이론이라는 것이다.

물론 동양인의 입장에서 보면, 힉의 두 가지 비판은 쉽게 이해되지 않는 면이 없지 않다. 인간을 물질주의로 파악한다는 비판에 대하여는 인간이 어디까지나 자연의 일부로 태어나서 다시 자연의 일부로 돌아간다고 답변할 수 있으며, 이러한 자연주의가 반드시 비관주의적으로 해석될 필요는 없는 것이다. 오히려 동양인들은 이러한 자연주의적 입장에서도 죽음을 태연스럽게 받아들일 수 있었으며, 반드시 내세가 약속되어야 편안하게 죽을 수 있다는 서양인들의 견해를 의아스럽게 관찰했던 것이다.

더 나아가서, 경제적으로 풍요롭고 고도의 교육을 받은 사람만이 휴머니스트의 이론을 받아들일 수 있다는 힉의 두 번째 반박은 전혀 옳지 않다. 오히려 배운 사람들보다는 순박한 촌부들이 더욱 자연의 어김없는 질서에 대하여 불평하지 않기 때문이다.

하여간 휴머니스트의 이론을 비판한 힉은 기독교에서 주장하는 내세가 실제로 존재한다는 가정 아래서만 죽음은 극복될 수 있다고 말한다. 그렇다면 우리는 내세가 존재한다는 사실을 내세에 도달하기 이전인 현세에 어떻게 알 수 있는가? 내세란 — 만약 존재한다고 가정하더라도 — 현세가 지난 다음의 세계며, 그렇기 때문에 인간은 미래를 현재에 경험

---

14) 같은 책, p. 150에서 재인용.

할 수는 없지 않은가? 이 질문에 대하여 힉은 '길을 가는 두 사람의 비유'를 든다.

두 사람이 길을 따라 여행한다. 한 사람은 그 길이 천국으로 가는 길이라고 믿고, 다른 사람은 그 길이 아무 곳으로도 통하지 않는다고 믿는다. 그러나 이 길밖에 없기 때문에 두 사람은 다같이 그 길을 여행한다.

아무도 이 길에 와본 일이 없기 때문에 두 사람은 이 길 끝에 무엇이 있는지를 확언할 수 없다. 여행을 하면서 그들은 기쁜 일도 만나고 슬픈 일도 만난다. 그러면서 한 사람은 그 길이 천국으로 인도하는 길이기 때문에 즐거운 일은 격려로 받아들이고, 슬픈 일은 마지막 목적지에 도착했을 때 그를 자격 있는 시민으로 만들기 위한 시련과 인내의 교훈으로 받아들인다.

다른 사람은 이렇게 믿지 않고 그의 여행을 목적 없는 방황으로 믿는다. 다른 선택의 여지가 없기 때문에, 그도 좋은 일은 즐기고 나쁜 일은 슬퍼한다. 그러나 그는 천국을 믿지 않으며, 그의 여행 전체에 대한 목적지를 믿지 않는다. 단지 길이 있을 뿐이며, 좋은 날과 나쁜 날이 있을 뿐이다.[15]

이 두 사람의 견해 차이는 경험에서 나온 차이가 아니다. 그들은 길의 구체적인 상황에 대하여 저마다 다른 기대를 가지고 있는 것이 아니라 다만 최후의 목적지에 대해서만 의견을 달리하고 있다. 그러나 그들이 마지막 길을 걸었을 때, 한 사람은 옳고 다른 사람은 틀렸다는 것이 명백해질 것이다. 그러므로 두 사람의 의견 차이는 비록 경험적인 문제는 아니지만 '진정한 문제'가 아닐 수 없다. 그들은 단순히 길에 대하여 조금 의견을 달리했던 것이 아니다. 그들은 길의 실제 상태에 대하여 한 사람은 정당하게 생각했고, 다른 사람은 부당하게 생각했던 것이다.

다른 비유들과 마찬가지로 이 비유도 한계성을 가지고 있다. 그러나 이 비유는 한 가지 사실을 명확히 보여준다. 그것은 기독교의 유신론이 현세의 희미한 사실과 더불어 '최후의 명백한 존재(an ultimate unambiguous existence)'를 가정한다는 사실이다. 다시 말해서, 기독교는 여행하는 상태와 더불어 도달하는 상태, 지상의 여행과 더불어 영원한 천국의 삶을 믿는다. 물론 이런 추정된 미래의 경험(the alleged future experience)이

---

15) 같은 책, pp. 151-152.

오늘날 기독교인들이 믿는 유신론에 대한 구체적인 증거가 될 수는 없다. 그러나 이런 미래적 경험은 유신론과 무신론의 선택을 단순히 공허한 언어의 선택이 아니라 진정한 선택으로 만든다.

유신론자가 바라는 우주는 근본적으로 무신론자가 바라는 우주와 다르다. 물론 동일한 우주 속에 살고 있는 그들에게 이 의견 차이가 이 세상을 살아가는 과정에서 구체적인 객관적 차이를 초래하지는 않는다. 그들은 이 세상의 일시적인 과정 속에서 그들에게 일어나는 사건들이 서로 다른 것이라고 기대하지도 않고, 또 기대할 필요도 없다. 그들은 역사의 과정에서 저마다 다른 기대를 걸지도 않고 또 그럴 필요도 없다. 그러나 유신론자는 언젠가 역사가 끝나며 또한 그때는 역사의 특수한 목표 — 인간을 '하느님의 자녀'로 만들려는 하느님의 목표 — 가 완성될 것이라고 믿으며, 무신론자는 이것을 믿지 않는다.[16]

그러면 힉은 내세가 존재한다는 것을 확실히 증명했는가? 힉은 스스로 그렇지는 않다고 솔직히 말한다. 다만 신자는 내세에 대한 희미한 '사전 개념(事前槪念, a presupposed idea)'을 가지고 있을 뿐이라고 말한다. 이 사전 개념은 마치 아이들이 어른의 생활을 이야기하면서 성장하고, 어른이 된 다음에 어린 시절을 되돌아보는 것과 비슷한 일이다. 어린이는 어른이 된다는 것이 정확히 무엇을 의미하는지를 알 수 없다. 그러나 그는 나름대로 '어른이 된다'는 사전 개념을 가지고 있다. 그러나 그가 완전히 어른이 되었다는 사실은, 그가 실제로 어른이 되었을 때 정확히 알 수 있다. 힉은 인생에 대한 하느님의 목적 완성도 이와 비슷하다는 것이다.

여기서 완성은, 마치 어른 생활이 어린애의 마음으로부터 멀리 떨어져 있듯이, 오늘날의 상황으로부터 멀리 떨어져 있다. 아니, 더욱 멀리 떨어져 있다. 그러나 우리는 그리스도의 인격을 통하여 그 완성에 대한 희미한 사전 개념을 가지고 있으며, 우리가 그 완성을 향하여 한 발 한 발 나아감에 따라 그 완성에 대한 우리의 개념은 점차로 명확해진다. 그리고 우리가 마지막으로 그 완성에 도달했을 때 우리가 하느님의 목표를 이해하고 있느냐는 문제는 이미 과거 개념(過去槪念)이 되고 말 것이다.[17]

---

16) 같은 책, pp. 152-153.
17) 같은 책, p. 155.

우리는 지금까지 죽음의 문제에 대처하는 현대 서양철학의 접근 양식을 네 사람의 철학자들을 통하여 고찰했다. 우리는 무신론적인 두 실존주의자와 유신론적인 두 분석철학자를 고찰했다. 그렇다고 해서, 모든 실존철학자들의 견해가 무신론적인 것은 아니며, 모든 분석철학자들의 견해가 유신론적인 것도 아니다. 실존철학자 중에서도 마르셀(Gabriel Marcel)과 같은 유신론적 견해는 하이데거와 사르트르의 무신론적 견해와 전적으로 상반된다.18)

또한 분석철학자들 중에는 이상에서 고찰한 필립스나 힉과 같은 유신론적 입장보다는 무신론적 입장을 취하는 사람이 더욱 많다. 더 나아가서, 필립스와 힉은 다같이 언어의 중요성을 인정하면서도 후자는 종교언어를 인식론적(cognitive) 혹은 명제론적(propositional)으로 해석하지만, 전자는 종교 언어를 비인식론적(noncognitive) 혹은 비명제론적(non-propositional)으로 해석한다.19)

특히 힉의 논리는 현재 증명적이 아니라 미래 증명적인 종말론적 해석(an eschatatological interpretation)이며, 이런 뜻에서 그의 해석은 직접 증명보다는 간접 증명이며, 적극적 정당화보다는 소극적 정당화라고 말할 수 있다. 내세가 존재한다는 것을 직접 증명하는 것이 아니라 단지 내세라는 사전 개념을 가짐으로써 신앙을 배척할 필연적 이유는 존재하지 않는다는 점을 증명한다는 뜻에서 그의 이론은 — 변신론(辯神論)의 경우와 마찬가지로 — 간접 증명이라고 말할 수 있다.20)

하여간 하이데거의 견해에 의하면, 인간은 신의 존재와 내세의 존재를 가정하지 않더라도 죽음을 직시(直視)함으로써 삶의 의미를 발견할 수 있다. 그러나 사르트르는 어떤 의미도 죽음에서 찾을 수 없다고 말한다. 종교 언어를 윤리적으로 해석한 필립스에 의하면, 죽음의 공포는 내세를 현세에 실현시킴으로써 '영원한 술어'로 표현된 영광(?)을 누릴 수 있다. 그러나 힉은, 우리가 — 비록 희미할 수밖에 없겠으나 — 실제로 내세를

---

18) 앞으로 지적하겠지만, 야스퍼스는 기독교적인 의미에서의 유신론적 실존주의가 아니다. 무신론적 실존주의자는 아니지만.

19) 이 양자의 구별에 대하여는 다음을 참조할 것. Hick, 『종교철학 개론』, 앞의 책, pp. 106-116.

20) 변신론의 문제에 대하여는, 같은 책, pp. 74-83을 참조할 것.

가정하지 않는 한 죽음의 의미를 발견할 수 없다고 말한다. 비록 그 내세는 미래 증명적이기는 하지만.

4. 죽음에 대한 한국인의 견해

나는 이 글의 첫머리에 '동양의 대안'이라는 표현을 사용했다. 그것은 죽음에 대한 동양인의 견해가 가장 옳다는 뜻이라기보다는 지금까지 토론한 서양의 네 가지 접근 방법에서는 전혀 찾아볼 수 없는 접근 방법이란 뜻이다.

동양이라고 해도 그 속에는 극히 다양한 견해들이 상존하고 있으며, 어느 경우에는 그들 상호간의 상이점이 동서양의 차이점보다 더욱 현저할 때도 있다. 그리하여 요즘에는 비교철학에서도 동서양의 이분법보다는 최소한 서양 사상·인디아 사상·중국 사상의 세 가지로 고찰하는 것이 상례로 되어 있다. 중국철학과 인디아철학의 차이점이 그들과 서양철학의 차이점보다 더욱 크다고 생각되기 때문이다.21) 그러므로 죽음에 대한 한국인의 견해는 절대로 동양을 대표하는 사상이라고 볼 수는 없다.

더 나아가서 우리는 한민족은 단일 민족으로 유구한 역사를 내려왔기 때문에 모든 한국인들이 쉽게 공유할 수 있는 가치관이나 철학을 용이하게 발견할 수 있으리라고 생각하기 쉽다. 그러나 한국이야말로 유교·불교·도교의 이른바 삼교(三敎)와 전통적으로 내려온 무교(巫敎), 풍수지리설, 거기에다가 불교와 기독교까지 공존하는 '종교 백화점'이며 '사상 백화점'이다.

죽음에 대한 견해도 시간과 지역에 따라 현저한 차이가 있다. 무교의 입장에서 본 생사관, 유교에서 본 귀신관, 불교의 입장에서 본 내세관, 풍수지리설에 근거한 묘지 선택, 기독교의 입장에서 본 천당지옥관은 모두 죽음에 대한 한국인의 견해를 구성하고 있다. 그러므로 우리가 진정 포괄적인 한국인의 견해를 설명하려면 이상의 모든 철학적 견해들을 전부 하나씩 조명하고, 그것들을 다시 종합해야 할 것이다.

---

21) 황필호 편, 『비교철학 입문』, 철학과현실사, 1989, pp. 117f.

나는 여기서 이런 '철학적'인 방법을 채택하지 않고 '종교학적'인 방법을 채택하겠다. 죽음에 대한 사상적인 토론을 하지 않고 구체적인 상례(喪禮)에 나타난 현상들을 중심으로 그 현상이 발생하게 된 원인들을 차례대로 고찰하겠다. 나의 이런 접근은 죽음에 대한 서양인의 견해를 철학적으로 조명한 앞의 부분과 다소 상이한 점이 있겠다. 그러나 종교 백화점으로서의 한국인의 보편적인 생사관을 관찰하려면 아마 이런 시도가 가장 빠른 지름길일 수도 있겠다.

한국인의 생사관은 출발부터 서양과 다르다. 서양의 생사관은 모두 신의 개념을 중심으로 전개된다. 그래서 서양에서는 모든 생사관을 유신론적인 것과 무신론적인 것으로 분류한다. 유신론적 입장이란 "하느님이 존재한다"는 것이며, 무신론적 입장이란 "하느님은 존재하지 않는다"는 것이다. 전자에 근거를 둔 생사관은 보이지 않는 하느님이 존재한다는 것을 어떻게 증명하며, 그가 존재한다면 인간의 죽음을 어떻게 설명하느냐에 초점을 맞추고 있다. 신을 전제로 하지 않는 후자의 입장에서는 죽음을 어떻게 해결 및 해소할 수 있느냐에 초점을 맞추고 있다.

그러나 한국인의 생사관은 이런 유신론적(theistic)인 입장도 아니고 무신론적(atheistic)인 입장도 아닌 비신론적(non-theistic) 입장에서 출발하는데, 이것은 "신의 존재나 비존재가 별로 문제가 되지 않는다"는 입장이다.[22] 서양에서는 흔히 칼 야스퍼스를 유신론적 실존주의자로 규정하지만, 그는 전통적인 기독교적 의미에서의 유신론자는 아니다. 구태여 규정한다면 그는 비신론적 실존주의자라고 말할 수 있다.

그러나 유신론, 무신론, 비신론이란 구별 자체가 서양인들의 입장에서 본 신개념 중심의 사상일 뿐이다. 이런 입장에서 보면 한국인의 사상은 유신론적이라고 말할 수도 있고, 무신론적이라고 말할 수도 있다. 그러나 그것은 본질적으로 신 개념을 전적으로 무시하거나 수용하지 않는 — 다시 서양인의 표현을 빌리면 — '멀리 사라져간 신'이라고밖에 표현할 수 없는 비신론의 입장일 것이다. 그러나 이미 말했듯이, 비신론이란 표현 자체가 신 개념에서 나온 말이라 이것도 가장 적합한 규정이 될 수는 없

---

22) 유신론, 무신론, 비신론의 구별에 대하여는 다음을 참조할 것. 황필호, 『철학적 인간, 종교적 인간』, 범우사, 1990, pp. 189-205.

다. 그리하여 나는 이제 한국인의 생사관을 섣불리 서양인의 언어로 규정하기 이전에 상례에 나타난 현상을 구체적으로 고찰하겠다.

전통적으로 예를 중시하는 한국인은 성인식에 해당하는 관례(冠禮), 결혼의 혼례(婚禮), 죽은 사람에 대한 상례(喪禮), 조상을 섬기는 제례(祭禮)의 네 가지를 가장 중요한 통과의례로 믿었다. 그 중에도 상례는 최소한 3년 상을 지내야 한다고 믿을 정도로 가장 엄숙한 의례였으며, 이런 관행은 지금도 변함이 없다.

우선 죽는 사람에게 가장 중요한 것은 정침(正寢)이며, 살아남은 사람에게는 죽는 사람의 임종(臨終)을 지키는 것이다. 여기서 정침이란 죽는 사람을 안방에서 죽게 하는 것인데, 객지에서 죽은 객사(客死)나 사고로 죽은 변사(變死)에 반대되는 것이다. 마지막 떠나는 장소가 집의 중심인 안방이 아닌 경우에 그 사람의 혼은 죽어서도 객귀(客鬼)가 되어 의지할 곳도 없이 이리저리 방황한다고 믿는다. 그리고 살아남은 사람들 — 특히 자녀들 — 은 마지막 숨을 거두는 임종의 시간을 꼭 지켜야 한다고 믿는데, 여기에는 이승에서 저승으로 떠나는 사람을 쓸쓸히 혼자 보내지 않는다는 뜻과 생명을 주신 부모님의 은혜에 보답한다는 뜻이 있다.

사람이 숨을 거둘 무렵이 되면 속광(屬纊)이라고 하는 고운 솜을 코밑에 놓고 기식(氣息)을 살피다가, 그것이 움직이지 않으면 자녀들은 곡(哭)을 하고 망인의 적삼을 들고 나와 지붕을 향하여 "복 복 복" 하고 세 번 소리를 지른 후에 그 적삼을 지붕에 올려놓는다. 이것을 고복(皐復)이라고 한다. 이것은 떠나는 혼을 다시 한 번 불러서 혼의 복귀를 기원하는 의미도 있겠으나, 실제로는 죽음을 확인하여 동리에 알린다는 뜻이 있다. 이어서 음식과 신발과 돈을 상이나 멍석에 담아놓는 사자상(使者床)이 마련되는데, 여기에는 죽은 자의 혼을 이승에서 저승으로 모시고 가는 사자에게 잘 부탁한다는 뜻이 있다.[23]

이어 사람들은 칠성판을 장만하여 시체가 굳어지기 전에 간단히 묶는 소렴(小殮)을 하고, 솜이나 비단을 미지근한 향물 혹은 쑥물에 담가서 시신을 깨끗이 씻는 습(襲)을 하고, 마른 솜으로 닦아낸 다음에 수의(壽衣)

---

23) 이광규, 「이 세상과 저 세상을 잇는 다리 : 상례」, 김주영 외, 『한국인의 뿌리』, 사회발전연구소, 1984, p. 115.

를 입히고, 시신을 관속에 넣기 전에 단단히 묶는 대렴(大殮)을 하는데, 머리부터 발끝까지 어깨·팔·허리·다리 등을 일곱 매듭으로 묶는다. 이어서 자녀들이 마지막으로 지켜본 다음에 입관(入棺)이 끝나면 자녀와 친척들은 상복(喪服)을 입고 성복제(成服祭)를 행하는데, 이것이 사람이 죽고나서 처음으로 거행하는 제사가 된다.

입관에 이어 혼백(魂魄) 상자를 만드는데, 이곳은 떠도는 혼이 임시로 머무는 곳이 된다. 상여가 집을 떠나기 전에는 발인제(發靷祭)를 행하는데, 이것은 시신이 집을 떠나기 전의 마지막 고별식이 된다. 마을에 따라서는 마을 입구에서 마을을 떠나면서 노전제(路奠祭)를 지내기도 한다.

시신이 산에 이르면 산역(山役·무덤을 파는 일)을 끝낸 뒤에 시(時)에 맞추어 하관을 하고, 상주들로부터 흙을 떠서 관 위에 놓으면서 흙을 덮는 사이에 옆에서는 위패(位牌)를 만든다. 이것이 바로 그의 혼의 일부가 깃드는 신주(神主)다. 그 후에 평토제(平土祭)를 지내고 집에 온 후 삼우제(三虞祭)를 위시하여 졸곡(卒哭)·소상(小祥)·대상(大祥)을 거쳐 길제(吉祭)까지 지내야 비로소 상례가 끝나는데, 이 기간은 적어도 2년 3개월이 걸린다.[24] 이상의 상례에 나타난 한국인의 죽음에 대한 의식은 어떤 것인가?

첫째, 이승에서 살던 사람이 죽어서 가는 저승은 도대체 어디에 있는가. 한국의 신화, 구비 전승 문화, 고전 소설, 무속 신앙에서는 저승을 이승과 다른 하늘, 산, 땅 밑, 바다 등으로 표현하고 있다. 그러나 여기서 말하는 저승은 이승의 단절이 아니라 이승의 연장일 뿐이다. 한국인의 생사관은 테오스(theos)로부터 연역된 것이 아니라 코스모스(cosmos)로 수렴되고 있기 때문이다. 정진홍은 이렇게 말한다.

이승과의 대칭적인 자리인 저승은 이른바 초자연의 영역에 속해야 옳다. 하지만 그곳은 한결같이 이승에서 경험되는 자연이기도 하다. 산·하늘·땅 밑·바다는 모두 이승에서 만나고, 내가 사는 자리에서 이어지는 곳이다. 저승은 여전히 산을 끼고 하늘 아래 있으며, 바다를 접하고 땅 위에 있다. 저승으로서의 하늘은 이승으로서의 하늘이기도 하고, 이승에서의 바다는 저승에서

---

24) 같은 글, pp. 116-117.

의 바다이기도 하다. 결국 이승과 저승은 단절되어 있지 않다.

그러나 그들은 서로 이어져 있으나 함께 하여 하나이지는 않다. 하늘·바다·산·땅 밑은 이승이되 저승이고 저승이되 이승이다. 죽음을 계기로 할 때, 비로소 이승과 저승은 다른 곳이 되고, 저승은 이승과 이어져 있으나 끊어진 '저 편'이 된다.[25]

이승과 저승이 이렇게 구별(distinguishable)되면서도 분리(separable) 되지 않는다는 주장은 어떤 뜻을 가지고 있는가? 그것은 죽음이 분명히 '단절의 사건'이기는 하지만 그 사건을 통해서 도달하는 하늘·바다·땅 밑·산 등은 결코 별유세계(別有世界)가 아니라 이승의 '확대된 공간'일 뿐이라는 것이다. 그리하여 한국인은 "북망산이 멀다더니 문턱 밖이 북망일세"라고 말함으로써 저승을 단순히 '문턱 밖'으로 표현하기도 하고, 특히 무교에서는 저승을 단순히 '모랭이(모퉁이)를 돌아선 곳'으로 표현하기도 한다. 한마디로 저승은 실재하는 어떤 다른 공간이 아니라 '제장(祭場)으로서의 이질적(異質的) 공간'일 뿐이다.

여기에 바로 죽음에 대한 서양인과 한국인의 본질적인 차이가 있다. 전통적인 기독교에서 천당과 지옥으로 구별되는 내세는 단순히 인식론적인 차원만이 아니라 존재론적으로 현세와 전혀 다른 세계다. 힉은 이런 견해를 그의 독특한 종말론적 해석으로 더욱 복잡하게 설명한 것이다. 그리고 비인식론의 입장에 선 필립스는 이 내세를 '인간이 이 세상을 사는 데 필요한 도덕적 개념'일 뿐이라고 말함으로써 죽음에 대한 종교적 해명을 도덕적 권유로 환원시킨 것이다.

또한 내세를 믿지 않았던 하이데거와 사르트르까지도, 만약 내세가 존재한다면 그것은 실제로 존재해야 된다는 가정을 버리지 못하고 있다. 다시 말해서, 그들은 모두 현세와 내세, 이승과 저승, 이쪽과 저쪽이 완전히 분리 내지 단절되어야 한다고 믿고 있다. 그러나 한국인에게서 그런 단절은 존재하지 않는다. 김열규는 이렇게 말한다.

혼과 육체, 문화와 자연, 생물과 인간, 현실과 비현실, 탄생과 죽음 — 이 같

---

25) 정진홍, 『한국 종교 문화의 전개』, 집문당, 1986, p. 96.

은 양분론적 대립은 일반적으로 용납되고 있고 또 실제로 용납될 수 있는 것들이다. 물론 삶과 죽음의 양분론적 대립도 존립될 수 있다. 마찬가지로 이승과 저승의 대립도 시인될 수 있다. 한국인의 세계관·인생관·생사관 등에 걸쳐 그러한 양분론적 대립은 결코 생소한 것들이 아니다.

하지만 혼과 육신의 대립만큼, 또 이승과 저승의 대립만큼 명쾌하게 가름되지 않는 어정쩡한 언저리가 삶과 죽음 사이에 껴들어 있다는 것을 놓치지 말아야 한다. 아주 가름이 안 된다고 말하는 것은 결코 아니다. 가름은 하면서도 그 가름을 넘어선 넘나듦이 있게 한 것이라고 말하려는 것 뿐이다. 삶과 죽음의 저 깊은 골짝 사이에는 늘 다리 하나가 걸려 있었던 것이다. 눈에는 안 보이나 꽤나 소슬하고 질긴 다리 하나가 얹혀 있는 것이다.26)

둘째, 이승과 저승의 이런 공간적인 비단절성은 다시 산 자와 죽은 자의 연속성 혹은 지속성으로 나타난다. 죽은 자의 혼백은 산 자와 마찬가지로 의식주를 필요로 할 뿐만 아니라, 살아 있을 때의 사회적 지위도 그대로 누린다. 그리하여 관곽(棺槨)이나 분묘는 죽은 자의 거처(居處)로 마련된 것이며, 죽은 자의 양식으로는 곡식과 가축이 제공되며, 살아 있을 때의 장신구를 무덤 속으로 가지고 가며, 시종들이 주인을 따라 순장(殉葬)되기도 했다. 금장태는 이렇게 말한다.

『후한서(後漢書)』 등의 기록에 따르면, 부여에서는 사람을 죽여서 죽은 자와 함께 묻는 순장의 풍속이 있었으며, 많은 때는 백 명이 넘는 사람이 순장되기도 했다. 이런 순장은 물론 노예 제도가 있어야 가능한 것이지만, 생명을 함부로 죽이는 가혹한 행위로서가 아니라, 사후의 생활에 대한 확고한 신앙의 바탕 위에서 노예들이 섬기던 주인을 따라 죽을 수 있으며, 사람을 죽여서 함께 묻을 수 있는 풍속이 그 사회에 용납될 수 있는 것이라고 보아야 할 것이다. 이 순장의 풍속은 신라의 지증왕(智證王) 때 국법으로 금지하기까지 계속된 것으로 보인다.27)

---

26) 김열규, 『메멘토 모리 : 죽음을 기억하라』, 궁리, 2001, pp. 24-25.
27) 금장태, 『한국 유교의 재조명』, 전망사, 1972, p. 133. Cf. 도화랑(桃花娘)이 낳은 비형(鼻荊)이 산 자와 죽은 자의 사이에서 출생했다는 이야기는 그들의 관계가 얼마나 밀접했느냐를 단적으로 설명한다. 같은 책, p. 135.

여기서 우리는 순장의 비윤리성을 외칠 필요는 없다. 다만 사람은 죽은 다음에도 살았을 때와 거의 동일한 인간 관계를 유지할 정도로 산 자와 죽은 자는 서로 긴밀하게 연결되어 있다는 사실이 중요하다. 산 자와 죽은 자는 서로 큰 영향을 계속적으로 주고 받는다. 그러므로 한국인에게는 "죽은 자는 말이 없다"가 아니라 "죽은 자는 그대로 말하고 있다"는 명제가 성립된다. 죽은 자는 산 자에게 길흉화복을 내릴 수 있으며, 또한 산 자는 제사를 통하여 죽은 자의 넋을 위로할 수도 있다. 이런 뜻에서 우리는 이 세상에서 "산 자와 죽은 자가 함께 살고 있다"고 말할 수 있다. 김열규는 차마 자기 부모가 죽은 것으로 여길 수가 없어서 급작스레 성복(成服)을 하지 않는 한국의 상례를 소개하면서 이렇게 말한다.

이것은 효로 말미암아 상주들이 돌아가신 이를 삶의 영토 안에 되도록 오랫동안 머물러 있게 하고자 의도하고 있음에 대해 시사하고 있다. 사후에까지 삶의 시간이 연장되는 것이다. 죽음을 삶 속에 머물게 하고자 하는 것이다. 그것은 돌아가신 이를 가족 구성원으로 계속 머물러 있게 하는 것과 한 짝을 이루고 있다고 보아야 할 것이다.

죽고 난 뒤에도 가족 구성원의 하나로서, 그것도 보이지 않는 구성원의 하나로서, 삶의 영토와 집안의 울타리 속에 계속 머문 죽음. 그것이야말로 가족주의 사회에 어울리는 죽음이었다고 불러야 할 것이다. 살아 있는 사람들은 죽은 이들을 생전과 변함 없이 삶 쪽으로 향해 돌려세웠던 것이다.

이승을 향해 돌아서 있는 죽음, 이 특이한 죽음을 생산하는 데에 있어 효의 관념이 제 몫을 다한 것이다. 생효(生孝)에 못잖은 사효(死孝)라고 하는 게 정확하기는 하겠지만, 굳이 어느 한쪽에 무게를 더 매긴다면, 피치 못하게 사효 쪽에 기울게 될 것이라고 생각된다.[28]

또한 김열규는 사당에 드리는 한국의 제례를 설명하면서 죽은 사람을 '모습 없는 가족'으로 설명한다. 그는 여전히 가족의 일원으로 대접받고 있기 때문이다.

설과 동지, 그리고 매달 초하루와 보름에, 정해놓고 사당에 참배한 일과 명

---

28) 김열규, 앞의 책, p. 20.

절에 시식(施食)을 올렸던 일, 또 무슨 각별한 일이 있으면 나아가 아뢰던 일까지 함께 생각하면, 산 사람에게서 이 같은 제례를 받는 죽은 이를 사라져 가버린 사람이라고 보기는 어렵게 된다. 제례를 받는 분은 다만 보이지 않을 뿐 거기 계시는 것이다. 그 분은 모습 없는 가족이다.

가족이 있는 곳, 집안이 있는 곳이면 시와 장소에 매임이 없이, 이 보이지 않는 가족은 어디에나 편재(遍在)하고 있다. 적어도 사당에 모셔져서 제례를 받는 동안, 돌아가신 이는 모습 없는 가족으로서 집안에 머무는 것이다.

5대조가 되면 더 말할 게 없지만, 3대조까지만 친다고 해도 돌아간 사람들은 그들이 목숨을 누렸던 세월보다 훨씬 긴 세월을 그들의 자손들과 함께 같은 가족 구성원으로서 동일 공간 안에 머물게 된다. 그들이 누리는 시간도 역시 살아 있는 자손들이 향유하고 있는 시간을 따라 결정된다.[29]

물론 불교가 이 땅에 들어와서 전통적인 이승과 저승의 연속성, 산 자와 죽은 자의 연속성을 단절시키려고 노력한 것은 사실이다. 불교는 저승을 서방 정토, 극락 세계, 미타 정토, 도솔 정토 등의 유별(有別)한 이향(異鄕)으로 선전했다. 그러나 한국인은 불교의 용어를 빈번하게 사용하면서도 전통적인 생사 연속성을 그대로 유지하고 있다. 그리하여 우리나라 신여성의 대표자였던 김일엽(金一葉, 본명 元周, 1891~1971) 스님까지도 생시(生時), 몽시(夢時), 사시(死時)를 하나의 '혼' 혹은 하나의 '생각'으로 설명한다.

낮에 생각하고, 밤에 꿈꾸고, 죽어서 천당이나 지옥으로 가는 혼은 하나의 물체다.

생각은 언제나 남는다. 생각은 낮에는 생각으로, 밤에는 몽신(夢身)으로, 죽어서는 혼신(魂身)으로 돌아다니는 물체다. 이 한 물체가 생사경(生死鏡)에서 따로따로 기거하고 생각도 그때그때 하게 되는 이유는, 이 세 가지 생각의 정체 — 곧 존재적 본정신 — 을 잃어버렸기 때문이며, 그래서 인간들은 이 하나의 생각인 혼을 삼체(三體)로 알게 되고, 종교인들까지 사혼(死魂)이 따로 있는 줄 알고 '영혼'이란 이름으로 달리 취급하게 된 것이다.[30]

29) 같은 책, p. 18.
30) 김일엽, 『청춘을 불사르고』, 중앙출판공사, 1989, p. 280 ; p. 221.

결국 불교의 내세관도 한국인의 전통적인 이승과 저승의 연속성, 산자와 죽은 자의 상호 교류, 내세의 현세적 내재성을 근본적으로 변화시키지 못했다. 우리들이 요즘에도 흔히 "죽어서 지하의 조상을 뵐 면목이 없다"고 말하는 이유도 여기에 있다.

우리는 부모가 죽으면 예법에 따라 땅을 골라 묻는다. 살아 있는 자의 집을 양택(陽宅)이라는 데 비해 죽은 자의 무덤을 음택(陰宅)이라 하여, 형식은 다르지만 동질의 '집'임에 틀림없다. 부부를 합장하거나 자손이 부모의 무덤 근처에 잇따라 묻히는 경우가 많은 것도 죽은 자들의 공동 생활이 지속된다는 의식을 보여준다.

또한 집집마다 사당(祠堂)이 있고 나라에도 사당이 있어, 가묘나 종묘 등은 유교 사회의 성전(聖殿)이 되고 있다. 집안에 크고 작은 일이 있거나 출입을 할 때는 살아 있는 부모에게 알리고 인사드리는 것과 똑같이 사당에 가서 돌아간 조상에게 고한다. 그것은 한 울타리 안에 죽은 조상과 살아 있는 자손이 같이 살고 있다는 뜻이다.

또한 조상은 죽었지만 후손에 축복을 줄 수 있다고 믿어 조상의 음덕(陰德)을 생각한다. 철따라 새로운 음식을 차려 경건하게 제사를 드리면서 조상의 신령이 흠향(歆饗)하고 그 음식에 강복(降福)한다고 믿으며, 자손들은 이 음식을 나누어 먹는 의례 곧 음복(飮福)에 참여한다. 이것은 죽은 자에 대한 공경과 산 자에 대한 축복이 교환되는 가운데 죽음과 삶의 세계를 일치시키고 조화시키는 것이라 할 수 있다.[31]

우리가 흔히 사용하는 '음택' 혹은 '유택'은 물론 무덤을 뜻한다. 그리고 그 무덤이 그늘진 습지를 연상시키는 것은 부인할 수 없다. 유(幽)는 '숨을, 어두울, 귀신, 저승 유'로 읽고, 음(陰)은 '몰래, 음침할, 그늘, 음달, 음기 음'으로 읽는다. 그러나 김열규는 "음택의 음이 음양의 음임에 유념하고 싶다"고 말하면서 이렇게 설명한다.

산 사람의 집이 양택이라면 죽은 이의 집은 음택이다. 음택은 사람의 또 다른 제2의 집이다. 그것은 양택과 한 짝을 이루고 있다. 어느 한쪽이든 잃게 되면, 사람은 집 없는 사람이 되고 만다. 우리들은 누구나 '집도 절도 없는 사람'

31) 금장태, 앞의 책, p. 128.

이 무엇을 뜻하는지 익히 알고 있다.

음택이라고 부름으로써 우리들은 무덤을 또 다른 집이라고 생각하게 된다. 양택이 집이라면 음택도 집이기 때문이다. 우주와 세계가 음양으로 이룩되어 있듯이, 집 또한 음양으로 이룩되어 있음을 음택이란 말은 보여주고 있다. 유택이 명택(明宅)의 짝이라면, 유택의 함축성도 음택과 크게 달라질 수 없을 것이다. 다만, 땅 밑이라서 어둡고 그늘질 뿐, 우리들 인간의 집이기로는 음택이 양택과 다를 수 없고, 유택이 명택과 다를 수 없을 것이다.[32]

셋째, 그러면 산 자와 죽은 자를 — 서로 분리시키지는 않더라도 — 서로 구별하게 하는 것은 무엇인가? 이 질문에 대한 한국인의 답변은 무교적 입장, 유교적 입장, 불교적 입장에 따라 아주 상이하게 나타난다. 그것은 인간을 혼육(魂肉)의 이원론, 혼백육(魂魄肉)의 삼원론, 삼혼칠백(三魂七魄)의 다원론 등 각기 다른 실체로 파악함에 따라 각기 상이하게 나타난다.

산 자는 죽으면서 생명을 잃게 되는데, 한국인은 이 생명의 요소를 혼·넋·영이라고 부른다. 이원론에서 죽음이란 단순히 혼이 육체를 떠난 것이다. 그러나 삼원론에서 혼은 떠나지만 백은 그대로 시체 속에 남는다. 삼혼칠백론에서 죽음은 더욱 복잡해진다. 첫 번째 혼은 저승으로 가고, 두 번째 혼은 육신에 남아 있으며, 세 번째 혼은 자유로이 방황한다. 그리고 모든 사람은 두 귀·두 눈·두 콧구멍·입의 일곱 가지 정령이 있는데, 이 칠백은 육체에 그대로 남는다. 그러나 공중에 떠다니면서 산 자에게 길흉을 내릴 수 있는 혼이 저승을 다녀오는지 그냥 방황하는지는 명확하지 않으며, 또한 이 방황하는 혼과 시체에 그대로 남아 있는 백이 언제까지 존재하는지도 명확하지 않다. 그리고 육탈(肉脫)한 뼈를 소중히 모실 정도로 영혼이 뼈 속에 있다고 믿었는지도 명확하지 않으며, 육신을 떠난 영혼이 하나인지 여럿인지도 명확하지 않다.

다만 분명한 사실은 혼이나 백이 순수한 정신적인 실체가 아니라 어디까지나 육체의 속성을 그대로 가진 물체적인 실체라는 사실이다. 그리하여 김일엽은 "혼은 물체며, 물체는 먹고 감각하는 육안에 보이는 존재인데, 기독교인들은 이런 혼의 형체도 보지 못하고 불교의 천도식을 마귀

---

32) 김열규, 앞의 책, pp. 96–97.

의 일이라고 비방한다"고 반박한다.[33]

혼백은 육체와 동일하지 않으며, 그것은 죽음과 더불어 육체를 떠난다. 그러나 그것은 어디까지나 육체적인 것이다. 이와 마찬가지로, 한국인에게 저승은 이승의 연장일 뿐이며, 이런 뜻에서 이승이 저승에 우선한다. 다시 말해서, 한국인에게는 죽음이 삶을 설명하는 것이 아니라 삶이 죽음을 설명하며, 상례는 죽은 자에 대한 의례라기보다는 차라리 산 자를 위한 의례라고 말할 수 있다.[34] 그리고 한국인의 이런 생각은 "아직 삶을 모르면서 어떻게 죽음을 알 수 있겠는가(未知生 焉知死)"라는 공자의 사상과 일치하는 것이다.

5. 한국인의 생사관에 대한 서양인의 오해

지금까지 소개한 죽음에 대한 현대 서양철학의 네 가지 접근과 한국인의 접근에 대한 상대적인 평가는 독자의 판단에 맡기고, 여기서는 후자에 대한 서양인의 오해 몇 가지를 소개하겠다.

첫째, 서양인들은 한국인의 이런 생사관을 맹목적인 유물론이라고 비난한다. 예를 들어서 힉은 동양의 휴머니즘이 '지나친 물질제일주의'로 환원될 수 있으며, 인간을 세포의 집합체로만 보는 이 견해는 인간의 정신적 및 영혼적 측면을 무시하는 육체주의로 떨어지기 쉽다고 비난한다.

이런 비난은 어디까지나 정신과 육체의 명확한 이원론에 근거를 두고 있다. 한국인은 절대로 정신적인 측면(백의 측면)과 영혼적인 측면(혼의 측면)을 무시하지 않는다. 다만 그것들이 모두 육체적인 속성을 가지고 있다고 믿는다. 우리가 흔히 "잘 먹고 죽은 귀신은 때깔(색깔)도 좋다"고 말하는 이유도 여기에 있다.

그러나 여기서 말하는 '육체적'이라는 표현은 서양인에게는 극히 위험한 표현이다. 여기서 말하는 육체적 속성은 책상이나 걸상이 물체적이란 뜻에서 육체적인 것은 아니다. 그것은 공간을 차지하고 있지도 않고, 형

---

33) 김일엽, 앞의 책, p. 163.
34) 금장태, 앞의 책, p. 130.

태나 모양도 없다. 혼백은 서양인의 입장에서 보면 절대로 육체가 아니다. 다만 그것은 순수한 의식이나 정신이 아니라는 점에서 육체적일 뿐이다. 그러므로 혼백을 서양식으로 표현하면 육체적인 실체(physical entity)보다는 차라리 정신적인 실체(mental entity)라고 표현할 수도 있겠다. 그러나 그것은 본질적으로 순수한 정신이 아니라는 점에서 육체적인 것이다.

물론 서양인의 입장에서는, 이런 육체적인 혼백이 과연 영원히 존재하느냐는 문제를 제기할 수도 있겠다. 그러나 한국인은 그런 형이상학적인 문제에 별로 관심을 쏟지 않는다. 우리들에게 중요한 것은 이승이며 지상이며, 저승과 천당과 정신은 오직 전자의 연장으로서만 가치를 갖고 있다고 믿기 때문이다.

오늘날 한국인의 이런 생사관은 천당과 지옥, 계시와 이상, 산 자와 죽은 자를 철저하게 구별하는 기독교에 의하여 강력한 도전을 받고 있다. 물론 한국은 아직도 테오스 중심이 아니라 코스모스 중심의 인간관과 내세관을 가지고 있으며, 한국에서 현재 흔히 볼 수 있는 상례는 그런 견해를 강력히 반영하고 있다. 저승으로 떠나는 혼을 안내한다고 믿어지는 사자에게 푸짐한 사자상(使者床)을 차리는 의례가 이를 잘 증명한다.

그러면 앞으로 한국인의 생사관은 내세 지향적인 불교와 이원론적인 기독교에 의하여 근본적으로 변혁될 것인가? 이 문제야말로 신학자, 종교학자, 종교철학자들의 가장 중요한 질문이 아닐 수 없다. 이 문제에 대하여 일부의 학자들은 기독교인이 전체 한국 종교인의 가장 큰 비율을 차지하고 있으며 또한 기독교와 불교가 종교인의 거의 전체를 차지하고 있다는 사실로 보아서 생사관에 대한 한국인의 근본적인 의식 변화는 '시간 문제'라고 주장하기도 한다. 그러나 나는 그렇게 보지 않는다. 그 이유는 무엇인가?

원래 한국은 대체적(代替的, replaceable)이 아니라 누적적(累積的, cumulative)인 사상 전통과 종교 전통을 가지고 있다. 왕조사를 중심으로 보면, 삼국시대와 고려시대는 완전히 불교적이고, 조선시대는 완전히 유교적이며, 현대사는 완전히 기독교적으로 보인다. 그러나 이것은 어디까지나 피상적 관찰일 뿐이다.[35]

모든 한국인은 무교적인 사상 위에 불교 사상과 도교 사상을 받아들였으며, 다시 그 위에 유교 사상을 받아들였으며, 다시 그 위에 기독교 사상을 받아들였다. 그리하여 한국의 기독교 사상을 완전히 이해하려면 한국인의 뼛속까지 스며 있는 무교, 불교, 유교의 사상을 먼저 이해해야 한다.

이런 뜻에서, 모든 한국인은 '순수한 종교인'이 아니라 '혼합적 종교인'이라고 말할 수 있다. 예를 들어서 부모까지 버리고 예수를 따라야 한다는 기독교의 메시지는 철저한 유교 사상을 그대로 간직하고 있는 한국인에게는 상상조차 할 수 없는 일이다. 그래서 오늘날 대부분의 불교인과 기독교인은 '세상을 버리라'는 가르침보다는 "수고하고 무거운 짐을 진 자들은 다 나에게 오라, 내가 너희를 편히 쉬게 하리라"는 현세 지향적, 기복 신앙적, 육체 지향적인 신앙을 가지고 있다. (이런 뜻에서 나는 현재 겉으로 보기에 한국에는 수많은 종교들이 공존하고 있으나 내용적으로 보면 무교밖에 존재하지 않는다고 말한다. 내세 지향적인 기독교와 불교까지도 "어떤 일이 있어도 이 세상에서 복 받고 잘 살겠다"는 무교적인 요소에 의하여 성장하고 있기 때문이다.)

한국의 사상 전통과 종교 전통이 이렇게 대체적이 아니라 누적적이라는 사실은 한국이 현재 세계에서 유일하게 간직하고 있는 복수 철학 현상과 복수 종교 현상으로 쉽게 알 수 있다. 역사적으로 각기 다른 사상들과 종교들이 서로 다투면서 공존했던 곳은 이 세상에 굉장히 많았다. 그러나 그런 곳 중에 하나였던 이스라엘은 이제 유대교의 단독 무대가 되었고, 동서의 만남의 교차로였던 터키는 이제 이슬람교의 세상이 되었고, 불교까지 탄생시킨 인디아는 힌두교로 정착했다.

그러나 88올림픽을 치를 정도로 개방된 한국만이 이 세계에서 유일한 사상 백화점과 종교 백화점으로 남아 있다. 한국에 새로 들어오는 사상과 종교는 기존의 사상과 종교를 대체시키지 않고 그대로 그 위에 누적되면서 수용되었기 때문이다. 내가 한국인의 전통적인 생사관이 기독교의 이원론에 의해서도 — 과거 불교의 경우에 그랬던 것처럼 — 완전히 변화되지 않을 것이라고 예견하는 이유가 바로 여기에 있다. 이것은 마치 중국에서 모택동의 과격한 혁명까지 전통적으로 내려온 유교적인 사

---

35) 황필호, 『종교철학 에세이』, 2002, 철학과현실사, p. 366.

상을 말살하지 못한 경우와 다름이 없을 것이다.

결론은 무엇인가? 모든 한국인은 무교인이다. 대부분의 한국인은 무교인이며 동시에 유교인이다. 그리고 많은 한국인은 그 위에 불교나 기독교의 이름을 따르면서, 자신들이야말로 진정한 불교인이나 기독교인이라고 착각하고 있다. 이런 한국인의 독특한 전통이 그대로 유지되는 한, 한국인의 생사관의 기본 골격은 그대로 유지될 것이다.

둘째, 서양인들은 한국인의 생사관을 인생과 삶에 대한 비관론으로 규정한다. 마치 알버트 슈바이처가 서양 사상은 생명 긍정과 세계 긍정을 '어느 정도 자명한 것'으로 받아들이지만 인디아 사상은 생명 부정과 세계 부정에 근거하고 있다고 주장했듯이.36) 그러나 이런 주장은 어디까지나 "내세가 확보되지 않은 사람은 절대로 죽음의 공포를 극복할 수 없다"는 가정에 근거를 두고 있다. 나는 이 가정이 틀린 전제라는 사실을 직접 증명하지는 않겠다. 다만 서양에서도 에피쿠로스, 몽테뉴, 쇼펜하우어, 러셀 등의 철학자들은 이 가정을 받아들이지 않았다는 사실을 지적하고 싶다. 그리고 한국인과 중국인이야말로 내세에 대한 확신을 가지고 있지 않으면서도 이 세상에서 가장 낙천적인 삶을 실제로 영위하고 있다는 현상적인 사실을 지적하고 싶다.

히브리 사상에서 야훼는 문자 그대로 '죽은 자의 하느님'이 아니라 '산 자의 하느님'이었다. 이와 마찬가지로 한국인에게서 혼백은 어디까지나 죽음의 사자가 아니라 삶의 사자가 된다. 삶이 죽음을 위하여 존재하지 않고, 오히려 죽음이 삶을 위하여 존재한다. 마치 안식일을 위하여 인자(人子)가 존재하는 것이 아니라 안식일이 인자를 위하여 존재한다는 예수의 말과 같이. 이미 말했듯이, 대부분의 사람들이 병원의 침대에서 홀로 죽는 서양과는 달리, 한국에서의 죽음이 일가친척이 모두 만나는 축복의 장이 될 수 있는 이유도 여기에 있다. 죽음은 삶이 아니면서 동시에 삶이 된다.

셋째, 서양인들은 한국인의 생사관에 전지전능한 하느님의 심판이라는 개념이 존재하지 않으며, 부활이나 재생의 개념도 존재하지 않으며, 그래서 한국인의 생사관은 윤리성을 결여하고 있다고 말한다. 실제로 한

---

36) Carrin Dunn, 황필호 역, 『석가와 예수의 대화』, 다미원, 2000, pp. 191-223.

국인의 생사관에 부활이나 재생의 개념이 존재하지 않는다는 것은 옳은 말이다. "죽음이 옮겨감이고, 장소를 옮겨 이사를 가는 것과 같은 것이라고 생각된다면, 거듭남이나 되살아남과 같은 관념은 끼여들 틈이 없게 된다. 그리고 이렇게 되면, 죽음에 어둡고 습기 찬 그늘이 질 수가 없다. 이별은 다만 재회의 전제가 될 뿐이고, 존재의 소멸이나 상실 따위와도 무관하게 된다."37) 그리고 한국인의 이런 부활 부재 사상은 곧바로 구원자 부재 사상으로 이어진다.

만일 저승이 넋들을 위한 주거지이면서 더불어 그곳에 영혼의 구원자가 존재하고 있는 것이라면, 한 사람이 숨지는 순간까지 미처 해결하지 못한 문제가 이승에 남겨져 있다고 해도, 넋은 저승으로 떠나갈 수 있을 것이다. 하지만 영혼의 구원자의 존재가 상정될 수 없을 때, 넋은 남겨진 이승의 문제를 그냥 둔 채 저승으로 가지를 못할 것이다. 이승에 남은 채, 빚을 갚듯이 문제를 풀어야 할 것이다.

이것은 어디까지나 추리다. 그러나 이 같은 추리는 불교나 기독교가 들어오기 이전에 이미 형성되었던 우리의 고유한 저승이 영혼의 구원자가 없는 사후세계였을 가능성을 헤아려보게 해준다. 다만, 넋이 모여드는 집단 주거지일 뿐, 넋이 남겨두고 온 문제 때문에 겪을 고통을 해결할 힘있는 존재가 없는 곳, 그런 곳을 원천적인 우리들의 저승으로 추정해보게 하는 것이다.

저승에 영혼의 구원자가 존재하지 않고 있었다는 명제는 영혼의 구제라는 관념에 관해 중요한 추리를 하게 만들어준다. 저승에 넋의 구원자가 없다는 것은 곧 넋의 구제, 다음 세상의 영혼의 구원 같은 관념이 우리들의 원천적인 죽음의 사상에는 껴들지 못했다는 것을 시사하게 될 것이다. 이것은 중요한 시사라고 하지 않을 수 없다.

사후 세계에서 넋이 어떻게 살아갈 것인가 하는 것은 그의 삶에 의해 이미 인과적으로 결정될 뿐, 그 인과의 사슬을 끊고 영혼에 별도의 구원이 주어지지 않을 것으로 생각하고 있었을 가능성이 큰 것이다. 그럴 경우, 영혼 구원의 관념이 외래 종교에 의해 주어진다고 해도 쉽게 수용되기 어려울 것이다. 이론적으로 또 관념적으로는 수용될 수 있을지 모르나, 그것을 따라 믿음이 실천되는 경지에까지 수용되기는 힘들 것이다.38)

---

37) 김열규, 앞의 책, pp. 112-113.
38) 같은 책, pp. 133-134.

왜 한국인은 이런 사상을 갖게 되었는가? 김열규는 그것이 기복 사상으로 대표되는 현실주의에서 나왔다고 말하면서, 한국인의 이런 기복 신앙을 세차게 비판한다. "자신과 자신의 가족은 병들어서는 안 되고, 아이들이 입학 시험에 실패해서는 안 되고, 집안이 재난에 빠져서는 안 되고, 심지어 자기 자신은 죽어서도 안 된다는 그런 과도한 다짐 같은 것이 '주여, 당신 뜻대로 하소서'에 담겨 있다면, 그 기복성 짙은 현실주의는 참다운 종교적 심성을 위해서 결코 이롭지 못할 것이다. 호모 렐리기오수스, 곧 종교인의 심성이 행여 이 지경에 이르게 되면 내세와 현세에서의 영혼의 구원은 별반 큰 뜻이 없어지고 말 게 뻔하다. 현실, 물질적인 것, 육체적인 것들에 관련된 이득에 치우쳐 마음이 사로잡히고 있기 때문이다."[39)

서양인의 입장에서 볼 때, 한국인의 부활 부재 사상과 구원자 부재 사상은 바로 심판자 부재 사상이며, 인간의 행위를 공평하게 판단할 수 있는 심판 사상이 없는 곳에는 어떤 윤리적 판단도 존재할 수 없게 된다. 그래서 칸트는 윤리의 필요 충분 조건으로 인간의 자유, 내세까지 연결되는 영혼 불멸, 언젠가는 공평한 심판을 내릴 수 있는 신의 존재를 '가정'했던 것이다. 그러나 한국인은 내세와 심판의 개념을 갖지 않고도 선과 악을 가르는 윤리 사상을 간직할 수 있다고 믿고 있다. 한국인들이 믿고 있는 철저한 업보 사상이 이를 증명한다.

지금까지 지적한 한국인의 생사관에 대한 서양인들의 비판은 별로 설득력이 없다. 우리의 생사관은 그렇게 유물론적이지 않고, 삶에 대한 비관론만으로만 형성된 것도 아니며, 서양의 철저한 이원론적 윤리 사상은 없어도 나름대로의 선악의 관념을 굳게 믿고 있기 때문이다. 오히려 한국인은 삶과 죽음을 긴밀히 연관된 것으로 보게 함으로써 이른바 '낯설지 않은 자신의 죽음' 혹은 '미리 길든 자신의 죽음'을 맞이하도록 하며, 이런 뜻에서 한국인의 생사관은 서양과 다른 또 하나의 방법보다는 '새로운 대안'으로 받아들일 수도 있을 것이다.

진갑을 지나고 칠십을 넘보게 된 옛 노인 가운데서는 드물지 않게 미리 자

---

39) 같은 책, p. 135.

신을 위한 묘 자리를 스스로 정하고 곽을 미리 파두는 경우를 보게 된다. 뿐만 아니라, 더불어 미리 수의를 마련하고 관도 만들어두는 경우까지도 아주 드문 것은 아니다. 이 같은 자기 죽음의 자기 예비는 살아 생전에 미리 자신의 죽음에 스스로 길들려고 하는 생과 사의 화해 정신이다.

낯설지 않은 자신의 죽음, 미리 길든 자신의 죽음, 이런 것은 여간 귀중한 죽음의 사상이 아니다. 거기엔 강박 관념화한 죽음의 공포도 없고, 허무에 짓눌린 죽음도 없다. 죽음 앞에서 고개를 외로 꼬는 것도 아니고, 죽음을 영원한 미래 시제 속에 미루려 드는 기색이 있는 것도 아니다. 죽음과 화친한 삶은 이미 익을 대로 익은 삶이기도 하다는 것을 일깨워주고 있는 것이다.[40]

6. 죽음에 대한 네 가지 태도

나는 지금까지 죽음에 대한 동서양의 여러 가지 견해를 소개했다. 여기서 우리는 삶의 방식이 서로 다르듯이 죽음도 각양각색이라는 사실을 알게 되었다. 그러나 그들은 모두 한 가지 공통점을 가지고 있다. 죽음은 어떤 형태로든지 삶을 언급하기 위해 필요하다는 것이다. 죽음이 삶과 아무런 관련이 없다면, 우리는 죽음을 토론할 필요조차 없게 된다.

"인간은 자신의 죽음을 지레 내다봄으로써 죽음을 사유하고, 그럼으로써 항시 죽음을 자신 속에 간직하고, 드디어는 죽음과 함께 살아가는 것이다. 죽음과 함께 살지 않는 삶은 있을 수가 없다. 죽음의 문제는 종국적으로 어떻게 사느냐 하는 물음으로 곤두서게 되는 셈이다. 죽음 쪽에서 삶을 바라본다고 해도 무방하다."[41]

그러면 우리는 죽음을 어떻게 맞이하려고 하는가? 즉, 우리는 죽음에 대한 어떤 '방위 체계'를 구축하려고 하는가? 죽음에 대한 네 가지 일반적 태도를 생각해 보자.

첫째는 백치 전략이 있다. 어차피 우리는 죽음을 완전히 알 수 없다. 그것은 마치 영구 미제로 끝난 사건과 같다. 우리가 할 수 있는 일은, 그저 죽음 앞에서 눈을 감는 데까지 감아보자고 결심하는 것이다. 자신을

---

40) 같은 책, p. 66.
41) 같은 책, p. 45.

아무것도 모르는 백치라고 믿으면서.

그러나 김열규는 이 전략이야말로 진정한 전략이 아니라 위장된 전략이라고 말한다. 인간에게 "죽음의 생각에서 아주 자유로울 가망성은 절대로 없다. 혼절한 사람의 맥박이 제 힘을 찾듯이, 죽음의 생각이 떠오르면, 사람들은 마치 적의 복병에게 기습당한 것처럼 당황하고 실색하지만, 그것도 잠시, 고개 몇 번 젓다가 눈감는 것으로 평화를 회복하려고 든다. 하지만, 그것은 불행한 기만의 일시 휴전에 지나지 않는다. 사람들은 죽음이 물러가 있는 것이라고 불행히도 착각하거나 오해한다. 하지만 전혀 그렇지 못하다. 그들이 죽음에 일시 패배하는 것 뿐이다."[42]

> 백치의 도피에 즈음해서, 죽음이 물러가 있는 것은 결코 아니다. 다만 일시적으로 가려져 있는 것 뿐이다. 그리고 그 가려짐의 사이, 죽음은 다잡아 다가설 것이다. 기척도 없이 ……
>
> 죽음 앞에서 위장된 표정을 짓는 백치는 삶에 대해서도 같은 표정을 짓는다. 그것은 삶의 포기와도 같다. 죽음을 일시 그늘에 눌러두는 것이 삶의 단단한 확보라고 생각한다면, 그것이야말로 백치다운 생각이다. 그늘과 대조가 되지 않고는 빛이 제대로 밝힐 수 없듯이, 죽음을 외면한 삶은 온전할 수가 없다. 애써서 죽음을 밀쳐놓았을 때, 삶도 함께 밀쳐놓고 만 것이다.
>
> 죽음 앞에서 위장하는 백치, 이야말로 사람들이 가장 흔하게 취하는 죽음에 대한 반응이다. 가장 흔한 만큼, 가장 볼품 없는 반응일 것도 아주 뻔한 일이다. 대개의 경우, 사람들은 이 죽음에 대한 외면이 죽음의 문제 해결이듯이 태평스레 살아간다. 하지만 그동안 죽음은 한시도 복면한 공포이기를 그만두지 않는다. 기껏해야 그 공포를 저 만치에 두고 야금야금 고양이 걸음으로 피해 다니기 마련이다. 아니면 그동안 죽음은 눈물 글썽대는 감상의 대상이 되기 마련이다. 남의 죽음을 접했을 때, 조금 가슴이 찡하나 그러나 끝내 그것 뿐인 일과성의 감상을 넘어서지 못한다. 그래서 죽음을 축축이 눈물 밴 응달의 이끼로 묵혀두기 일쑤다.[43]

사람들은 애써 죽음에서 돌아서려고 든다. 낯선 사람 대하듯이 얼굴을 돌리려 드는 것이다. 죽음을 모른 척하기를 바라고 심지어 그 절대의 불가피를 아

---

42) 같은 책, p. 46.
43) 같은 책, pp. 47-48.

예 없는 것으로 마음 속에 치부하려 들기도 한다. 즉, 멍청한 백치를 죽음 앞에서 가장한다. 그러다가 어차피 당하게 되면 없음이다가 난데없이 들이닥치는 돌연한 틈입자나 침입자쯤으로 치부한다.

그러나 이 숙맥의 감정 바닥에는 공포가 진하게 깔려 있고, 불안 또한 짙게 얼룩져 있기 마련이다. 무서운 만큼 도망가려고 하고 두려운 만큼 모른 척하려 드는 것이다. 사람들은 그러고도 그 행위가 짐짓 사기고 기만이고 자기 배신이란 것을 알아차리려 하지 않는다. 그리하여 살아 있는 행위가 죽음을 없는 것으로 비껴 있게 하는 연극 같은 국면도 갖게 되는 것이다. 여기서는 삶이며 생활이 알게 모르게 죽음을 지우개로 지우려 드는 가상의 연극일 수도 있을 것이다.44)

둘째는 죽음을 머나먼 내일의 어느 사건으로 치부하려는 미래 시제 전략이 있다. 여기서 사람들은 "죽음 앞에서 고개를 외로 꼬거나, 앵돌아지지는 않는다. 모른다고 잡아뗄 만큼 어리석지도 않다. 다만 삶이 끝난 그 다음의 미래 시제를 무한으로 늘어뜨려 영원으로 바꾸어놓기를 즐겨한다. 더불어서 미래 시제에 걸맞는 미래의 공간, 아득한 영원의 영토도 상정하게 된다."45) 종교인들이 흔히 주장하는 천당이나 극락이 모두 이런 것들이다.

이런 전략을 채택하는 사람에게 이승이란 그야말로 한밤의 꿈이거나 아침 이슬일 뿐이다. 그것은 오직 저승으로 가는 간이 정거장에 불과하다. 그래서 그들에게 타나토스는 목적이 되고 인생은 그곳으로 달려가는 잠시 동안의 과정에 불과하게 된다. 이런 전략은 분명히 인간에게 적절한 위로를 줄 수 있다. 이 험한 세상을 지나면 천당에 갈 수 있다는 피안의 세계가 있다고 믿기 때문이다. 그러나 이런 전략은 동시에 값비싼 대가를 치를 수밖에 없다. 모처럼 주어진 삶을 여름 소낙비와 같은 일과성의 사건으로 보기 때문이다.

삶이 목적이 아니고 과정에 머물 때, 삶은 그저 물살에 섞인 한 방울의 물과 같은 게 되고 만다. 기껏해야 몇 번의 물살의 출렁거림에 불과하게 된다. 삶은

---

44) 같은 책, p. 292.
45) 같은 책, p. 48.

언덕에서 바라보는 개울물의 흐름과 같아지고 만다. 죽음을 영원한 미래에 가서 잡는 대신 삶을 온데간데없이 놓쳐버릴 위험성이 커진다.

삶이 죽음을 기르는 것은 틀림없다. 우리들은 우리들 각자가 산 만큼의 죽음을 누리게 될 것이기 때문이다. 하지만 삶은 죽음을 얻어내기 위한 동전 몇 푼 같은 것은 결코 아니다. 삶이 죽음을 기르는 것이라면, 삶을 확고하게 붙들지 않으면 안 된다. 삶을 놓치고 나면 죽음을 가꾸거나 기르고 싶어도 그 근거를 잃어버리고 만다.46)

인간은 목숨이 지는 그 찰나 이전부터 오랫동안 이미 죽음을 갖는다. 인간은 죽음과 따로 살아가는 게 아니다. 죽음을 미래의 어느 모르는 시점에 두고, 그 시점에 도달하기까지 죽음과 무관하게 삶을 살아가는 것이 아니다. 그런 게 인간 존재가 아니다. 인간은 살아가면서 수시로 죽음을 갖는다. 살아가면서 죽고 죽으면서 살아가는 게 다름아닌 인간적 삶의 양상이다. 그것은 무척 개성 있는 일이다.

그러기에 "이 세상에 삶만 있기를 바라는 것은 죽음만 있기를 바라는 것과 다를 게 없다"고 한 누군가의 말은 매우 그럴 듯한 것이다. 또한 죽음과 성애(性愛), 곧 타나토스와 에로스를 이율배반적인 것으로 보지 않고, 그 둘을 서로 얽혀서 상호 기생하는 것으로 보는 [프로이트의] 견해도 마찬가지로 아주 그럴 듯하다고 해야 한다.

인간은 삶의 한복판에서 죽음을 생각한다. 그것은 생물학을 벗어난 죽음을 생각함으로써 궁극적으로 삶 그 자체를 죽음에서 버림받지 않게 하려고 하기 때문이다. 말하자면 생물학을 벗어난 죽음을 생각함으로써 삶도 생물학적인 테두리에서 자유롭게 풀어놓으려 들기 때문이다.47)

셋째는 죽음을 단순한 물리적 상태의 변화로 보려는 전략이 있다. 죽음이란 계절에 따라 옷을 갈아입는 것과 전혀 다르지 않다는 불교의 가르침이 여기에 속한다. 물론 이 전략은 영혼 불멸이나 다르마 불멸이라는 전제를 가지고 있으며, 이런 뜻에서 우리는 이 전략을 '이데아 타나토스론'이라고 말할 수 있다. 그러나 이 전략도 역시 하나의 커다란 함정을 가지고 있다.

---

46) 같은 책, p. 51.
47) 같은 책, p. 13.

그것은 죽음이 사뭇 쓰잘 것 없는 것이거나 하잘 것 없는 계기에 불과하게 내버려져 있음에 유념해야 한다. 죽음이 거울에서의 실상 얼굴이 비껴감이요, 아니면 헌옷 벗어던지는 일이라면, 필경 죽음은 대수로울 게 없어지고 만다. 그래서 이데아 타나토스론은 뜻밖에 죽음을 걸레로 만들고, 쓰레기화하고, 드디어 황폐화시키게 될 것이다.

삶은 한 번 뿐이기에 그 중요성을, 그 중대성을 확보한다. 이것은 릴케의 유명한 시적인 명제다. 삶의 일회성은 삶의 허무를 말하거나 삶의 포기를 종용하는 계기가 아님을 그는 힘주어 노래하고 있다. 오직 한 번만의 내 몫이 아니라면 삶은 참 얼마나 보잘것없을 뻔했느냐고까지 노래한 느낌을 그는 풍기고 있다. 삶의 일회성의 제기는 삶의 절대적 긍정을 위한 유일한 전제요 또 근거라야 한다고 그는 다짐 두고 또 둔다.

그렇다면 얘기는 아주 뻔하다. 죽음 또한 우리에게 있어 중요해야 한다. 지금 당장의 이승의 삶의 의식에는 한 번밖에 주어지지 않는 것으로 존재하고 있는 죽음 또한 그 일회성으로 말미암아 유례 없이 엄청난 것, 어마어마한 것이 되어야 하는 것이다. 하지만 이데아 타나토스론은 가령 그 경상(鏡象)의 비유법에서 특히 그렇듯이 실체를 슬쩍 거울 바깥으로 움직여내는 것에 불과한 가벼운 한 찰나의 동작, 그것을 다름아닌 죽음으로 포착하고 있는 것이다.[48]

넷째는 죽음을 미래 언젠가 닥칠 모르는 사건으로 보지 않고, 그것을 여기의 죽음·지금의 죽음·당장의 죽음으로 보려는 실존적 전략이 있는데, 김열규는 이 전략을 앞에서 설명한 이데아 타나토스론과 구별되는 '리얼리즘 타나토스론'이라고 말한다.

지금 당장의 죽음, 삶의 한복판에서 생각하는 죽음은 삶의 부정으로서의 죽음을 거부하는 정신에서 비롯할 수 있다. 어떻게든 삶을 지탱하는 주춧돌이나 기둥쯤으로 죽음을 전환하고자 하는 정신이 아니고는 죽음을 삶의 핵 속에 확보할 수 없다. 이것이 일반적으로 예상되는 삶의 부정으로서의 타나토스론의 극적인 전환이란 것을 이해하기는 어려운 일이 아닐 것이다.

죽음이 있어서 삶이 사라지거나 지워지는 게 아니다. 죽음이 있어서 오히려 삶이 굳건해지는 그런 경지에서 죽음을 생각해야 함을 리얼리즘 타나토스론은 일러주는 것이다. 죽음에 의해 삶에 한계가 지워진다는 그 엄정한 현실 앞

---

48) 같은 책, pp. 53-54.

에서 오히려 삶을 향해 돌아설 수 있어야 한다.

한계성의 인식 때문에 공포나 자포 자기, 아니면 허무감에 **빠져서는** 안 된다. 혹은 그 인식에서 도망가려고 들거나 그 인식을 누그러뜨릴 위안을 찾으려 하는 것도 바람직하지 못하다.

죽음 때문에 우리가 삶을 등져서는 안 된다. 아니, 단연코 그 거꾸로라야 한다. 죽음 때문에 도리어 삶을 향해 돌아서야 한다. 삶에로 회귀해야 한다. 죽음으로 하여금 우리들을 삶에로 되돌려 세우게 하는 강한 반사성을 갖게 하여야 한다. 그것은 죽음 자체가 발휘하는 힘이 아니다. 우리들 삶에 대한 의지가 죽음으로 하여금 누리게 하는 힘이다. 죽음 때문에 우리들은 삶에 달라붙어야 한다. 그 죽음으로 해서 잃어질 삶이라면, 아니 결정적으로 잃어지게 되어 있는 삶이라면, 우리들은 한사코 그 삶에 마음을 붙여야 하고 사랑을 붙여야 한다. 죽음 때문에 우리들은 악착같이 살아야 한다.49)

7. 맺음말

오늘날 죽음은 한결같이 의사에게 맡겨진 죽음이 되었다. 선택도 판단도 모두 의학에 의탁되어 있다. 그만큼 생리 현상으로서의 죽음이 보편화되었으며, 산 사람들의 유행처럼 죽음도 몰개성화(沒個性化)의 길을 걷고 있다. "이제 죽음의 다기성(多岐性)도 하고 많이 가지치기를 당했다. 유보도 보류도 없어지고 말았다. 화장에서 재가 되면 혹은 땅 밑에 묻어지면 그뿐, 그걸로 모든 것은 끝나버리곤 한다. 이제 물음이 어려운 게 아니다. 아예 물음 자체가 실종되고 만 것이다. 이 변화는 엄청난 것이다. 죽음은 물음의 값마저 없는 것으로의 퇴화(退化)를 겪고 있다."50) 김열규는 이런 현상을 "죽음이 죽었다"고 표현한다.

죽음은 기호로서, 지시 대상이 없는 허무한 기호로 나동그라져 있다. 죽음의 기호와 그 지시하는 객체 사이에는 의미가 껴들 틈조차 없다. 데리다 식의 디페랑스(differance, 差延)나마 논란거리가 될 수 있다면, 차라리 다행한 편이

---

49) 같은 책, pp. 55-56.
50) 같은 책, pp. 154-155.

라고까지 말하고 싶어진다.

장례식, 이젠 한국적인 현실에서 집안의 빈소 차림은 없어지고, 다만 병원 영안실에서만 진행되는 그 장례식은 오직 죽음을 멸각(滅却)하고 소각(燒却)하고 드디어는 소실(消失)하는 데 기여한다. 규모가 클수록 겉이 화려할수록 거기에 비례해서 소실의 효과, 지워 없애기의 효능은 커지는 것이다. 기억하기 위해서가 아니라, 망각하기 위해서 장례라는 절차가 진행된다. 기왕의 죽음을 한 번 더 완벽하게 죽이기 위한 것이다. 이제 죽음이 죽었다.[51]

오늘날 죽음은 엄숙한 통과의례가 되지 못하고 있다. 다만 시신을 처리하는 마지막 끝내기로 남아 있으며, 그것이 종결되고 남는 것은 무·없음 뿐이다. 즉, 우리는 이제 죽음마저 박탈당한 것이다. 죽음이 없는 죽음, 그것이 우리에게 남겨진 죽음이다.[52] 결론은 무엇인가? 우리는 다시 죽음과 친해지려고 노력해야 한다. 아주 간절히 노력해야 한다. 왜? "죽음, 특히 자신의 죽음과 화해하기 힘든 그런 문화 속에서 우리들은 삶을 지탱해온 것이다. 죽음을 공포스러워하고, 죽음을 부정시하고, 죽음을 위험시하고도 모자라서 죽음을 업신여기고 얕잡아보면서 살아온 사람들이면 쉽게 죽음과는 화해할 수 없을 게 뻔하지 않겠는가."[53]

다시 말해서, 우리는 이제 죽음과 정을 붙여야 한다. "사람끼리도 자주 만나야 정이 들기 마련이다. 다른 객체의 경우에도 사정은 비슷할 것이다. 낯이 익는다는 것, 눈에 자주 든다는 것, 그것은 정붙이기의 전제다. 죽음도 마찬가지다. 죽음에 정을 붙이자면, 그리하여 죽음과의 친화를 일구어내자면, 죽음과 자주자주 그리고 절실하게 마음으로 만나야 한다. 삶이 죽음과 정을 붙여야 한다.[54]

경건과 엄숙, 그리고 진중함, 그것들은 상례의 분위기고 표정이다. 그것은 죽음을 대하는 살아 있는 자들의 정신이다. 그것은 죽음이 그 자체로 경배의 대상일 수 있고 숭배의 염으로 대할 어떤 초인적인 것임에 대해서 말하고 있다. 두려움이 무게를 더한다 해도 그건 죽음에 대한 우리들의 외경심을 더 한

---

51) 같은 책, pp. 159-160.
52) 같은 책, p. 214.
53) 같은 책, p. 82.
54) 같은 책, p. 286.

층 다지는 것으로 작용한다. 죽음을 대하는 이 같은 마음의 자세야말로 인간적 종교심의 가장 구경(究竟)의 으뜸일지도 모른다.

우리들의 가장 사랑스런 시인 윤동주가 "모든 죽어가는 것을 사랑해야지"라고 기도할 때, 그것은 삶의 절대의 결백에 부치는 소망과 앞뒤해서 발원된 것이다. 죽음에 대한 사랑은 삶의 결백을, 그리고 삶의 청정은 죽음에 대한 사랑을, 서로 부르고 또 호응해야 할 것이다.55)

---

55) 같은 책, p. 282.

제11장
21세기 교양 교육의 성격과 방법

1. 머리말

지금까지 대부분의 우리나라 대학에서 교양 교육은 꽃꽂이와 비슷한 취미 과목, 영어 회화나 컴퓨터와 비슷한 도구 과목, 혹은 기껏해야 전공 과목에 필요한 보조 과목으로 인식되어 왔다. 그래서 오늘날 대학의 교양 과목은 전공 학과에 속해 있지 않는 교수, 의무 강의 시간을 전공으로 채울 수 없는 전임 교수, 시간 강사, 젊은 교수들의 '시간 때우기'의 대상으로 전락했으며, 우리는 이런 사실을 "교양이 밥 먹여 주느냐?"는 야유의 질문으로 표현하고 있다.

그러나 학부제가 도입되면서 전공 이수 학점이 원칙적으로 30~36점으로 줄어들게 되었으며, 특히 부전공이나 복수 전공을 하지 않는 학생은 교양 과목이 전체의 3분의 2 이상이 될 수도 있게 되었다. 또한 학부제 실시 이후에는 교양 필수 과목까지 4~5개로 줄어들어 학생들은 실제로 이수 학점의 절반 이상을 마음대로 선택할 수 있게 되었다.

이런 현실을 감안하면서, 나는 이 글에서 교양 교육을 몇 개의 모델과 그 모델을 가장 충실히 따르고 있는 대학의 교양 교육 내용을 소개하고, 바람직한 21세기 교양 교육의 기준을 제시하겠다. 첫째는 필자가 직접 수학한 일이 있는 세인트존스대학(St. John's College)의 고전 프로그램(Great Books Program)이며, 둘째는 하버드대학교의 중핵(中核) 커리큘럼(Core Curriculum)이며, 셋째는 이상의 두 모델을 적당히 결합시킨 덕성여자대학교의 독서 프로그램(Reading Program)이며, 넷째는 21세기의 새로운 패러다임에 근거한 강남대학교의 통합 프로그램(Integrated Program) 혹은 퓨전 프로그램(Fusion Program)이다.

물론 우리는 이상의 4가지 모델을 모두 '교양 교육'이라고 부를 수 있다. 그러나 우리는 그들의 차별성을 부각시키기 위해 첫째 모델을 '자유 교육(liberal education)'으로, 둘째 모델을 '일반 교육(general education)'으로, 셋째 모델을 '종합 교육(syncretic education)'으로, 넷째 모델을 '전인 교육(holistic education)'으로 부를 수 있을 것이다.

2. 첫째 모델 : 자유 교육

전통적으로 내려온 자유 교육으로서의 교양 교육은 다음과 같은 몇 가지 부정적 표현에 잘 나타나 있다.[1]

첫째, 교양 교육은 직업 교육(vocational education)이 아니다. 이런 주장의 대표자로는 단연 『자유론』과 『공리주의』의 저자인 밀(J. S. Mill)을 들 수 있는데, 그는 세인트앤드루스대학교의 총장직을 수락하는 취임사에서 이렇게 말한다.

대학은 직업 교육의 장소가 아니다. 대학은 생업을 얻는 특별한 방식에 필요한 지식을 가르치려고 하지 않는다. 대학의 목표는 유능한 변호사·의사·엔지니어를 만드는 것이 아니라 역량 있고 개발된 인간(capable and cultivated human being)을 만드는 것이다. (중략)

우리는 변호사·의사·상인·제조업자이기 이전에 사람이다. 만약 우리가 그들을 유능하고 분별 있는 사람으로 만든다면, 그들은 스스로 유능하고 분별

---

1) P. H. Hirst, "Liberal Education and the Nature of Knowledge", *Education and Reason*, Pt. 3, International Library of the Philosophy of Education, Routledge & Kegan Paul, 1972, p. 1.

있는 변호사나 의사가 될 것이다. 이런 전문가들이 대학으로부터 가지고 가야 하는 것은 전문 지식(professional knowledge)이 아니라 그들의 전문 지식을 사용하는 방식을 지시해 주고, 특수한 추구의 어려움을 밝혀주는 일반 문화의 빛(the light of general culture)이다.

물론 사람들은 교양 교육을 받지 않고도 유능한 변호사가 될 수 있다. 그러나 그들을 철학적 변호사로 — 단순히 세밀한 사항에 대한 기억 대신에 원칙을 요구하고 또한 그것을 이해할 수 있는 변호사로 — 만드는 것은 교양 교육에 달려 있다. 기계 수리를 포함한 모든 다른 유용한 직업도 마찬가지다. 교양 교육은 구두 수선공이라도 지적인 구두 수선공으로 만든다. 교양 교육은 구두를 수선하는 방법을 가르쳐주어서가 아니라 구두 수선이 주는 정신적 운동과 구두 수선이 주는 습관을 가르쳐 주기 때문이다.[2]

둘째, 교양 교육은 과학 교육(scientific education)이 아니다. 그리하여 스스로 과학자면서 과학철학자인 캠브리지대학교의 웨윌(William Whewell)은 영구적 학문(permanent studies)과 진보적 학문(progressive studies)을 구별했으며, 신학자인 뉴먼(John Henry Newman) 추기경은 「대학의 이념」에서 교양적-철학적 배움(liberal or philosophical learning)과 기술적-과학적 배움(technological or scientific learning)을 구별했다.

셋째, 교양 교육은 특수 교육(special education)이 아니다. 아리스토텔레스는 이미 『동물의 부분에 대하여』에서 전문가적 지식을 추구하는 'episteme'와 모든 분야의 지식에 친밀한 'paideia'를 구별했는데, 전자는 그 후에 라틴어의 'scientia'와 영어의 'science'로 변했으며 후자는 그 후에 라틴어의 'humanitas'와 영어의 'humanity' 혹은 'learning'으로 변했다. 이 구별은 로마 시대의 키케로와 같은 웅변가들과 수사학자들에게 그대로 계승되었다. 중세에 들어와서 이 전통은 제너럴리스트로서의 문학 석사(Masters of Arts)와 스페셜리스트로서의 박사(Doctors)의 구별로 유지되었다. 그러나 오늘날과 같은 철학 박사(Doctors of Philosophy)는 없었으며, 모든 문학 석사가 바로 철학자면서 동시에 제너럴리스트였다.

"그 후에 19세기에 독일에서 처음으로 'humanitas'가 아닌 'scientia'에

---

2) Mortimer Adler, "Everybody's Business", *The Integration of Knowledge : Discourses on Education*, University of Kansas, 1979, p. 28에서 재인용.

철학 박사 학위를 수여하기 시작함으로써 아리스토텔레스의 근본 정신을 완전히 위배하게 되었다. 르네상스에 들어와서 다시 아리스토텔레스와 키케로의 정신으로 돌아가려는 운동이 일어나서 당시 중요시했던 과학 분야보다는 문학·언어 등의 인문 분야를 강조하기는 했으나, 인문학문 뿐만 아니라 자연학문이나 수학까지도 제너럴리스트의 학문이 될 수 있다는 아리스토텔레스의 탁견을 되찾지는 못했다."[3]

이런 추세는 오늘날까지 그대로 유지되고 있는데, 20세기에 들어와서는 스노(C. P. Snow)의 영향력 있는 『두 개의 문화』가 오히려 이런 경향을 부추기는 결과를 초래했다. 원래 이 책은 지식인을 휴머니스트와 과학자로 분류하고, 뉴턴의 법칙을 모르는 휴머니스트와 소크라테스를 모르는 과학자는 진정한 공통의 대화를 할 수 없으며, 결국 현대는 인문학과 과학이라는 전혀 상이한 두 개의 문화가 공존하고 있다는 현실을 고발한 책이다. 그러나 그가 실제로 이 책에서 보인 것은 스페셜리스트와 제너럴리스트로 구성된 두 개의 문화가 아니라 상대방을 전혀 이해하지 못하는 수많은 스페셜리스트들의 집합이며, 이런 뜻에서 그는 두 개의 문화가 아니라 스페셜리스트로 구성된 하나의 문화를 다면적으로 제시한 것이다.[4]

3. 첫째 모델의 실례 : 세인트존스대학의 고전 프로그램

전통적인 교양 교육 혹은 자유 교육을 현재까지 가장 확실하게 실천하고 있는 곳으로는 단연 미국이 독립하기 훨씬 이전인 1696년 킹 윌리엄스 스쿨(King William's School)이라는 이름으로 창설되었으며, 1784년에 현재의 세인트존스대학(St. John's College)이라는 이름으로 변경되었으며, 현재 미국 해군사관학교가 있는 매릴랜드 주의 아나폴리스(Annapolis)와

---

3) 황필호, 「대학 교양 교육의 성격과 방법」, 『철학적 인간, 종교적 인간』, 범우사, 1990, pp. 146-147.
4) Cf. C. P. Snow, *The Two Cultures and A Second Look*, Cambrige University Press, 1959.

세계적으로 아름다운 경관을 자랑하는 뉴멕시코 주의 산타페(Santa Fe)에 분교를 가지고 있으며, 장장 3세기 동안 전문 교육을 무시하고 교양 교육을 실시하고 있는 세인트존스의 고전 프로그램을 들 수 있다.

세인트존스는 전공 과목, 전공 교수, 전공 학과를 인정하지 않는 점에서 교양 과목이 따로 있지 않고 대학 전체가 하나의 커다란 교양 학과라고 불릴 수 있다. 그들은 교양 교육의 목적을 첫째로 근본적으로 통일된 지식(knowledge in its fundamental unity)을 추구하고, 둘째로 공동의 문화적 유산을 감상할 수 있고, 셋째로 사회적 및 도덕적 의무감을 인식할 수 있는 자유로우면서도 합리적인 인간(free and rational man)에 두고 있다. 또한 이러한 목표를 수행할 수 있는 방법은 우선 선현들이 남긴 고전을 통해서 이루어질 수 있다고 믿기 때문에, 보통 고전(Great Books) 프로그램이라고 불리고 있다. 세인트존스의 「대학안내서」는 이렇게 설명한다.

고전은 시간을 초월하면서도 그 당시에 알맞은 적시(both timeless and timely)의 교훈을 줄 수 있다. 고전은 인간 존재 자체에 대한 끊임없는 질문을 제기하면서도 모든 인간의 실존적 특수성에 깊숙이 관련되어 있다. 고전은 고전으로서 동떨어져 있지 않고 우리들의 생활 속으로 들어오는 힘을 가지고 있다. 고전은 우리들에게 언제나 새로운 해답을 줄 수 있다.

더 나아가서 고전은 우리들에게 한 가지 해결책만을 제공하는 것이 아니라 '각기 다르면서도 보충적인(independent and yet complementary)' 여러 가지 해결책을 던져주고, 우리들의 합리적인 선택을 요구한다. 고전은 우리들의 마음을 변화시키고, 우리들의 가슴을 감동시키고, 우리들의 영혼을 정화시킨다. 고전은 위대하다.[5]

그럼에도 고전은 고전의 이야기를 되풀이(to repeat what they have to say)할 뿐이다. 이런 의미에서 우리들의 고전과의 만남은 일방적일 수밖에 없다. 이러한 일방적인 관계를 극복하려는 노력이 바로 세인트존스의 자랑이며 특색인 대화적 방법(conversational method)이다.[6] 즉, 이

---

5) St. John's College, *St. John's College*, 1979-1981, p. 6.
6) 같은 책, p. 6.

대학에서는 모든 과목을 공동 토론의 방법으로 진행한다. 이렇게 대화와 토론을 위주로 하는 세인트존스의 커리큘럼은 다음과 같은 5개의 조직으로 대표된다.

첫째, 고전 프로그램에서 가장 중요한 세미나(seminar)가 있다. 17~21명의 학생과 '교사(tutor)'로 불리는 두 사람의 지도자가 참석하는 이 모임은 매주 월요일과 목요일 오후 8시부터 10시에 열리는데 (실제로는 두 시간을 초과하는 것이 상례이지만), 미리 주어진 고전을 잃고 자유롭게 토론한다.

둘째, 3~4학년 학생들은 그 학년이 끝나는 약 9주간을 선택 학습(preceptorial)으로 보낸다. 고전 중에서 하나를 선택하든지 혹은 하나의 주제를 집중적으로 다루는 이 모임은 7~8명의 학생과 1명의 지도자로 구성된다. 세미나보다 여유 있게 토의하고, 연말에는 각자의 논문을 발표해서 다른 학생들과 지도자의 비판적 평가를 받는다.

셋째, 모든 학생은 졸업하기 이전에 하나의 외국어, 수학의 한 분야, 음악의 한 분야에 대하여 직접적이고 구체적인 개별 학습(tutorial)을 받는다. 대개 13~15명으로 구성된 이 그룹은 세미나나 선택 학습과 동일하지 않다.

넷째, 자연과학의 학습은 실험실(laboratory)에서 실시되는데, 그 실습 내용이 고전과 유기적인 관련을 맺고 있다. 17~21명의 학생과 1명의 지도자 및 약간 명의 조교로 구성되며, 매주 2회의 모임을 갖는다.

다섯째, 매주 금요일 저녁에는 교내외 권위자에 의한 공개 강좌가 열린다. 주제는 자유롭게 선택하되, 강좌가 끝나면 열띤 토론이 뒤따르는 것이 상례다. 이 강좌는 음악회나 전시회로 대체될 수도 있다.

한마디로 세인트존스 프로그램의 중점은 세미나에서 이루어지는 토론에 있다. 일단 지도자가 문제를 제기하면 학생들은 아무 때나 손을 들지 않고 자기의 의견을 제시한다. 세미나의 법칙은 첫째로 남의 의견을 — 아무리 나의 의견과 다르더라도 — 주의 깊게 경청하고(Every opinion must be heard and explored), 둘째로 모든 의견에는 논리적 설명이 뒤따라야 된다(Every opinion must be supported by argument ; An unsupported opinion does not count)는 것이다. 「대학안내서」는 이 법칙을 다음과 같이 설명한다. "이성만이 유일한 권위다. 모든 의견은 합리적으로 변호되어야 하며, 다수의 동의에 의해서만 한 가지 의견을 받아들인다. 세미나의 목적은 학생에게 이성과 이해의 능력을 기르고 합리적인 견해를 갖도록 도와주는 것이다."7) 끝으로 세미나의 목적은 어떤 결론을 내리는 것이 아니라 스스로 사고할 수 있는 능력을 기르는 것이다.8)

---

7) 같은 책, p. 9.
8) 황필호, 앞의 글, pp. 143-145. Cf. 1988년에 시작해서 1993년에 완성되어 1994년 가을 학기에 1년 대학원 과정으로 신설된 세인트존스대학의 동양 고전 프로그램의 텍스트는 다음과 같다. 물론 이 과정을 수강하는 학생은 서양 고전의 경우와 마찬가지로 세미나와 집중 학습 뿐만 아니라 산스크리트어나 고대 중국어의 개인 교습을 받도록 되어 있다.

▶ 가을 학기
Valmiki : *Ramayana*-Buck edition, entire
Ramayana-selections
Rgveda-selections
Katha Upanisad
Svetasvatara Upanisad Ramayana-selections
Kautiliya : Arthasastra-selections
Institutes of Manu-selections
Kalidasa : *The Birth of the War God*
Kalidasa : *Shakuntala*
Charvaka-selected readings
Patanjali : *Yoga Sutra*
Vaisesika Sutra
Isvarakrsna : *Samkhya Karikas*
Jayadeva : *Gitagovinda*
Mahabharata-selections
Mahabharata-Bhagavad Gita
Confucius : *Analects*
Lao tzu : *Tao Te Ching*
Chuang Tzu : *Inner Chapters*
Chinese Lyric Poetry

▶ 봄 학기
Sau-Ma Ch'sien : *Records of the Historian*
Mencius : selected readings
As'vaghosa : *Acts of the Buddha*

4. 둘째 모델 : 일반 교육

이상에서 살펴보았듯이, 전통적으로 교양 교육은 자유 교육에 그 뿌리를 두고 있다. "그것은 노예인에 대비되는 자유인을 대상으로 하는 교육이며, 무지로부터의 자유를 지양하는 교육이다. 그러므로 자유 교육에서의 자유는 단순히 물리적 조건으로부터의 자유가 아니라 어떤 조건을 향해 삶의 자세를 취하는 자유를 뜻하며, 교양인(well-cultured person)이되는 자유임을 알 수 있다."9) 이런 뜻에서 내가 과거의 교양 교육을 부정적으로만 표현한 것은 옳지 않다. 다만 나는 그 내용을 조금 더 명확하게하기 위해 부정적으로 규정한 것이다.10)

Dganaoada
Mahaparinibanna Sutta
Questions of King Milinda
Journey to the West
Vimalakirti Sutra
Diamond Sutra ; Heart Sutra
Bodhidharma : selected readings
Lady Murasaki : *Tale of Genji*
Nagarjuna : *Vigrahavyavartani*
Badarayana : *Vedanta Sutras*, with Sankana's Commentary on Vedanata Sutras
Ta-Hsueh : *The Great Learning*
Chung Yun : *Doctring of the Mean*
Wang Yang-Ming (Instructions for Practical Living)
Lie-Tsu T'an Ching : *Platform Sutra of the Sixth Patriarch*
Dogen ; *Shobo-Genzo (Sermons)*
Miyamoto Musashi : *A Book of Five Rings*
Basho : *The Narrow Road to the Deep North*
Selected Plays from the No Theater

9) 유인종, 「21세기의 사회와 대학 교양 교육의 방향」, 『대학 교육과정의 방향 : 교양 교육을 중심으로』, 덕성여대 설립 70주년 기념 학술 세미나(1990, 11. 3), p. 44.
10) 나는 이 글에서 교양 교육을 가능한 한 긍정적으로 규정하려고 노력할 것이며, 이런 긍정적 성격 규정으로부터 교양 교육의 바람직한 성격과 방법을 탐구할 것이다. 부정적 성격 규정은 — 허스트(P. H. Hirst)의 표현을 빌리면 — 종종 '토론하는 가치(debating value)' 이상을 주지 못하기가 쉽다. 예를 들어서, 일부의 기독교인들은 유교의 황금률에는 "남이 나에

그러나 시간이 지나면서 자유 교육도 지역의 특성에 따라서 각기 다른 측면을 강조하게 되었다. "영국 대학에서는 자유 교육의 전통이 의연하게 유지되면서 학습의 내용만 고전에서 현대적인 것으로 바뀌었으며, 프랑스 대학에서는 문화 교육으로 그 운영 형태가 바뀌었으며, 미국 대학에서는 교양 교육이 일반 교육(general education)으로 그 형태와 내용이 바뀌었다."11) 이 중에서 우리나라 대학의 교양 교육에 가장 결정적인 영향을 미친 것은 단연 미국의 일반 교육이며, 특히 하버드대학교의 중핵 커리큘럼은 오늘날 교양 교육의 전형적 모델로 인정받고 있으며, 이 모델이 우리나라 대부분의 대학에서 지금까지 1~2학년의 교양 과목과 3~4학년의 전공 과목을 구별하게 된 동기를 제공했다.

원래 하버드를 위시한 미국의 초기 대학들은 단연 직업 교육보다는 자유 교육을 중요시했다. 그러나 1820년대에 들어오면서 전문 교육이 자유 교육과 병행해야 된다는 주장이 나오기 시작했는데, 그 실례로는 1824년 제퍼슨(Thomas Jefferson)의 계획으로 세워진 미국 최초의 주립 대학인 버지니아대학교가 8개의 전공 분야를 설치하고 1825년 하버드대학교가 최초로 전공 학과(department)를 설치한 조치를 들 수 있다. 그 후 50년간 미국에서는 자유 교육을 주장하는 예일대학교의 보수주의자들과 전문 교육을 주장하는 하버드대학교의 개혁주의자들의 투쟁이 전개되었고, 이 투쟁에서 보수주의자들이 일단 승리하게 되었다.

그러나 "남북전쟁 이후 대학에 대한 미국 사회의 새로운 요구, 1862년의 모릴 토지허용 법안(Morrill Land Grant Act)의 통과, 독일에서 유학하고 돌아온 신진 학자들의 주장, 1876년에 세워진 존스합킨스대학교의 대학원에서의 전공과 부전공 과정의 개설, 그리고 하버드대학교의 총장으로 부임한 엘리어트(C. W. Eliot)의 개혁 등이 집대성되어 대부분의 미

게 하지 않기를 바라는 것을 남에게 하지 말라"는 부정적 규정은 있어도 "남이 나에게 하기를 원하는 것을 남에게 하라"는 긍정적 규정은 없다고 주장한다. 그러나 그들의 이런 생각은 옳지 않다. "임금은 임금다워야 하고, 신하는 신하다워야 하고, 아버지는 아버지다워야 하고, 자식은 자식다워야 한다"는 구절은 분명히 "원수를 사랑하라"는 명령과 같은 긍정적 표현이기 때문이다. 하여간 우리가 이런 긍정적 성격 규정과 부정적 성격 규정 사이의 근거 없는 가치 판단을 받아들일 때, 우리는 문제를 정확히 인식하지 못하게 된다.
11) 유인종, 앞의 글, p. 44.

국 대학에서는 결국 전공 과목 중시의 풍토를 형성하게 되었고, 상대적으로 교양 교육은 약화될 수밖에 없었다."[12]

그러나 20세기로 들어오면서 이런 교육에 대한 비판이 새롭게 제시되었는데, 이런 주장의 선봉은 엘리어트의 후임으로 1909년 하버드대학교의 총장으로 부임한 로웰(A. L. Lowell)이었다. 그는 '집중(concentration)과 분배(distribution)의 원칙'을 적용하여 1~2학년에는 여러 가지 계열의 자유 선택 교양 과목을 이수하게 하고 3~4학년에는 전공 과목을 집중적으로 선택하도록 했으며, 이미 말했듯이 이 제도는 한국 대학 교육에 큰 영향을 주었다.[13]

여기서 한 가지 특기해야 할 일은, 아직도 인문학문만이 교양 교육의 대상이 될 수 있다는 경향이 짙었던 1943년 봄에 당시 하버드대학교의 총장인 코난트(James Bryant Conant)는 인문학문과 과학학문의 전문가 12인으로 구성된 '자유 사회에서의 일반 교육의 목표를 위한 대학위원회(University Committee on the Objectives of a General Education in a Free Society)'를 만들었으며, 이 위원회는 1945년에 오늘날 우리에게 『빨간책(*Redbook*)』이라는 별명으로 잘 알려져 있는 『자유 사회에서의 일반 교육(*General Education in a Free Society*)』을 발표했는데, 이 책의 서문은 이제 교양 교육이 모든 자유 사회 시민을 위한 것이어야 하기 때문에 소수 엘리트에게만 해당되는 것으로 간주되어온 '자유 교육(liberal education)' 대신에 '일반 교육(general education)'이라는 용어를 사용한다고 선언했다.

또한 이 책은 교양 교육을 '모든 시민이 받아야 할 일반적이고 보편적인 고등 기초 교육'으로 규정하고, 과목의 내용도 인문계·사회계·자연계를 전부 수학해야 한다고 주장했다. 그런 교양 교육의 목표로는 첫째로 효율적인 사고의 능력, 둘째로 그 사고의 내용을 타인에게 효율적으로 전달할 수 있는 능력, 셋째로 적절한 판단을 내릴 수 있는 능력, 넷째로 여러 가지 가치를 식별할 수 있는 능력을 들었다.[14]

---

12) 이성호, 「대학 교육 과정 구조 내에서의 교양 교육의 위상」, 앞의 세미나, p. 58.
13) 같은 글, p. 59.
14) 같은 글, p. 59.

왜 하버드는 이런 변신을 하게 되었는가? 물론 여기에는 여러 가지 이유가 있다. 그러나 가장 중요한 이유는 우선 모든 교육이 구체적인 현실에 적용될 수 있어야 한다는 실용주의 사상이 그 바탕에 깔려 있으며, 이 사상은 오늘날까지 면면이 이어지고 있다.

특히 중등 교육과 고등 교육이 전혀 상호간의 연결점이 없었던 당시 상황에서 "교육자들은 중고등 학생과 대학생을 함께 교육의 대상으로 생각하면서 새로운 교양 교육을 설계했고, 그 맥락 속에서 대학의 새로운 교양 교육의 프로그램을 제시했다는 점에서, 이 보고서는 중등 교육 뿐만 아니라 대학 교양 교육의 의미와 목표와 성격을 구명하는 작업에 획기적인 공헌을 했다"고 말할 수 있다.15) 그 후『빨간책』의 이런 정신은 하버드대학교에서 거의 반세기가 지난 1988년『중핵 커리큘럼 입문 : 신입생을 위한 안내서(*Introduction to the Core Curriculum : A Guide for Freshmen*)』로 완결되었다.

5. 둘째 모델의 실례 : 하버드대학교의 중핵 커리큘럼

하버드의 중핵 커리큘럼은 다음의 몇 가지를 목표로 한다.

첫째, 학생들은 자연 세계와 사회와 인간 자신에 관한 지식을 얻고 적용하는 주요 방법들을 알아야 한다.

둘째, 학생들은 다른 문화와 다른 시대에 접함으로서 현대 세계에서의 자신의 경험들을 보다 훌륭하게 구명하고 이해할 수 있어야 한다.

셋째, 학생들은 도덕적·윤리적 문제들에 대해서 비판적으로 고려하며, 그들의 도덕적 전제들을 검토하고, 윤리적 사상과 그 실천에서의 다양한 전통 속에 내포된 전제들을 객관성을 가지고 판단하는 실제 경험들을 가져야 한다.

넷째, 하나의 주어진 영역 내에서의 지식 추구 방법을 이해하고 평가하는 데 필요한 변별력은 많은 주제들 중 어느 하나만으로도 키워질 수 있어야 한다. 방법론의 학습은 학습자가 쉽게 감당할 수 있는 양의 지식

---

15) 이영덕, 「대학 교육 과정의 방향」, 앞의 세미나, p. 22.

만을 가지고도 이루어질 수 있으며, 지적 호기심은 전문가들이 사용하는 방법으로 전문가의 지도 하에서 실제 문제를 해결해가는 과정에서 촉발되기 때문이다.

다섯째, 상이한 여러 영역의 문제들을 해결하는 과정에서 키워지는 분석적 능력은 학생들이 후에 더 새로운 지식을 탐구할 수 있도록 해 주는 데 지속적인 효능을 가져다주어야 한다.

여섯째, 수리적 추리와 작문의 기본 기능은 다른 종류의 지식을 획득하고 관련짓고 하는 데 필수적 조건이 되어야 한다.16)

이상의 목표는 구체적으로 어떻게 달성될 수 있는가? 중핵 커리큘럼은 그것을 외국 문화·역사 연구·문학과 예술·도덕적 추리·과학·사회 분석이라는 6개 영역과 이 모든 영역의 연구에 꼭 필요한 도구 과목, 즉 중핵과 연관된 수량적 추리(core-related quantitative reasoning)로 설명한다.

첫째로 외국 문화 영역에서는 넓은 세계의 문화를 경험함으로써 자신의 문화 전통에 대한 신선한 미래 전망을 하게 할 목적으로 아시아·유럽·아프리카·아메리카 제국의 언어·윤리·사회·경제·정치 체제, 문학, 예술에 관해 읽고 생각하고 토론하되, 적어도 두 개 이상의 1년간 계속되는 외국어 코스를 이수하도록 한다.

둘째로 역사 연구 영역에서는 역사를 탐구 및 이해의 형태로 다루는 데 주력한다. A와 B로 구분하여 이수토록 하는데, A에서는 전세계를 배경으로 하는 인간 역사에 관심을 갖고 연구하며, B에서는 특수한 역사적 사건이나 지역·시기를 중점적으로 탐구한다.

셋째로 문학과 예술에서는 주로 비판적이고 분석적인 예술적 표현의 경험을 제공하는 데 힘쓰며, 읽기·듣기·보기의 기능 개발에 힘쓴다. 세계적인 주요 작품에 접하게 하며 접근 방법에 더 많은 강조를 둔다.

넷째로 도덕적 추리 영역에서는 인간 경험 속에서 만나는 선택과 가치에 관한 심각하고 항상 제기되는 질문들을 놓고 토론하는 데 주력한다.

다섯째로 과학 영역에서는 인간과 그의 세계를 보는 방법으로서의 과학에 대한 일반적 이해를 높여주는 데 주력하면서 과학의 법칙들과 기본

---

16) 같은 글, pp. 23-24.

개념들의 파악에 힘쓴다. 이 영역은 A와 B로 구분되는데, A에서는 주로 자연 현상의 예견적·연역적 분석에 주력하고, B에서는 자연 세계의 서술적·역사적·진화론적 설명에 중점을 둔다.

여섯째로 사회 분석 영역 내의 코스들에서는 사회과학의 중점 개념과 접근 방법을 익히면서 이러한 접근이 우리들의 인간이해에 어떻게 관련되는지를 파악하게 한다.

일곱째로 중핵 관련 수량적 추리 영역에서는 다양한 자료를 수리적으로 처리 분석하는 능력의 배양과 함께 컴퓨터 활용 기능 배양에 힘쓴다.17)

이돈희는 하버드의 이러한 중핵 커리큘럼을 '대학사의 이정표'라고 부른다. 그만치 대학 교육에 중요한 영향을 주었다는 것이다. 그 이유는 무엇인가?

첫째, "하버드의 교육 과정은 교양 과정과 전문 과정이라는 전통적 구분을 전제로 한 것이 아니라, 오히려 특정한 주제와 문제를 중심으로 한 대학의 교육 과정을 구조화하는 원리를 그 자체 안에 담고 있다."

둘째, 하버드의 교육 과정은 대학에서 수학하는 학생들에게 여러 탐구 영역이 다루는 문제들에 대하여 심도 있는 이해의 체계를 형성하게 하는데, 이런 시도는 현대 사회에서 지식이 양적으로 급격히 팽창하고 질적으로 다양해지고 있을 뿐만 아니라 지식의 사회적 중요성이 크게 증대하고 있으며, 사회의 각 부문에서 전문성을 요하는 직장이 발달하고 있으

---

17) [영역 1] 문학과 예술 분야 : 희곡과 연극, 전원적 전통, 희극과 소설, 중국의 회화, 시각 예술 입문, 음악에서 스타일의 개념, 현악 4중주의 발달사, 바이마르 문화, 르네상스 인간상.

[영역 2] 역사 연구 분야 : 개발과 저개발의 역사, 국가간 불평등의 기원, 중국의 전통과 변천, 현대 정치의 이데올로기 배경, 과학 혁명과 사회 변천, 30년 전쟁, 유태인의 해방, 다원의 혁명.

[영역 3] 사회의 분석과 윤리의 규명 분야 : 인간의 본성, 범죄와 인간성, 전쟁과 평화, 문화와 인류의 발달, 법과 질서, 민주주의 이론, 논리학과 추리, 여성과 사회와 문화.

[영역 4] 과학 분야 : 현대 물리학의 개념과 발달, 천문학적 관점, 공간과 시간과 운동, 생명의 신비, 지구와 생명의 역사, 생물의 진화, 연금술에서 분자물리학으로.

[영역 5] 외국 문화 분야 : 서아프리카의 미술과 신화, 러시아 문명 입문, 현대 중공의 사조, 남미 인디언의 문명과 문화, 현대 독일 문학, 극동의 소설, 동양 예술론.

며, 또한 대학의 사회적 기능이 다원화되며, 끝으로 학생 집단의 이질화 현상이 두드러지게 나타나고 있는 전반적 변화에 적극적으로 대응하게 하기 위한 것이다.[18]

셋째, 하버드의 교육 과정은 그것이 제시한 구체적 건의도 중요하지만 그것을 만들어내기 위해 다년간 여러 사람들이 직접 참여하여 토론에 토론을 거듭한 끝에 나왔다는 과정이 더욱 중요하다. 그들은 "과거의 전통적 관습에 의존하지 않으면서도 그 대학이 지닌 전통적 임무와 기능·학문과 직업의 동향·학생 집단의 구성적 특징·사회적 삶의 전반적 변화 등에 어떻게 대응하는 것이 교육의 정도인가를 두고 교수 집단의 합의를 성사시킨 것이다."[19] 즉, 그들은 문제의 소재와 해결책을 하버드대학교과 당시 사회라는 현실 속에서 찾았다. 그 결과로 그들은 이미 정해진 한 질의 고전을 마스터하게 하거나, 정량의 정보를 소화하게 하거나, 특정 영역에서의 최고의 지식을 개관하게 하는 종래의 자유 교육 프로그램과는 전혀 새로운 프로그램을 제시할 수 있었다.

『빨간책』이 사회적·학문적 공통성을 붕괴시키는 현대 사회적 분화 현상에 대응하여 투쟁하기 위한 것이라면, 중핵 교육 과정은 다양성과 융통성과 전문화에 의해서 변화하는 상황과 화친하기 위한 것이었다. 다양성과 전문성은 엘리어트 총장이 선택 과목 제도를 시행한 이래 하버드대학이 추구해온 전통적 노선의 중심되는 원리이기도 하였다.

그 영향은 20세기에 이르러 로월 등의 제동에도 불구하고 여전히 지속되었다. 그것은 단순한 전통의 지속에 의한 것이 아니라, 20세기의 지식과 산업을 비롯한 삶의 전체적 양상이 그러한 방향으로 흘러가고 있었기 때문이다. 『빨간책』은 이에 제동을 가하려는 또 하나의 시도였으며, 주지적 소수의 정예주의를 고수해온 하버드 전통의 다른 한 측면이 작용한 탓이었다.

그러나 1960년대에 이르러 하버드는 교육 대상인 학생 집단을 학업 능력의 수월성에만 두지 않고 인성, 재능, 배경, 생애 목표 등에 걸친 광범위한 지표를 고려의 대상으로 삼게 되었고, 다양성과 전문성과 융통성에 대하여 관용적인 태도를 취하려는 경향을 보이기 시작한 것이 중핵 교육 과정의 채택을 요청한 배경이 되었다.

---

18) 이돈희, 「대학 교육 과정의 발전 추세와 혁신의 과제」, 앞의 세미나, pp. 81-82.
19) 같은 글, p. 84.

내가 보기로, 하버드의 중핵 교육 과정이 우리의 대학에 얼마나 적합한 것인가는 그것을 성립시킨 그들의 논의로써 정당화되는 것은 결코 아니라고 생각한다. 중핵 교육 과정의 교훈은, 그 체제가 어떤 특색을 지니고 있으며, 그 속에 실질적인 내용으로 무엇을 담고 있느냐에 관한 정보가 아니라, 그것을 개발하기 위하여 고려한 총체적 준거의 체제가 무엇이냐에서 찾아야 한다.

먼저 우리의 대학은 한국의 사회와 교육에서 어떤 위치를 점하고 있으며, 어떤 역할과 기능을 맡고 있으며, 어떤 전통과 여건을 지니고 있으며, 어떤 사회적·학문적 환경 속에 있는가를 생각하지 않고 교육 과정을 논의한다면, 그것은 다만 관습적인 교육 내용을 재조직하기 위한 기술적 조정 이상의 아무런 의미를 지닐 수가 없다.[20]

6. 셋째 모델 : 종합 교육

해방 이후 우리나라의 교양 교육은 자유 교양도 아니고 일반 교양도 아닌 애매모호한 모습으로 진행되어 왔지만, 전체적으로 보면 아무래도 일반 교육의 이념에 더욱 치중되어 왔다고 할 수 있다. 그리고 자유 교육이나 일반 교육을 막론하고, 모든 교양 교육 주장자들은 전통적인 가치관을 그대로 앵무새처럼 지껄이고 있었다.

예를 들어서 이영덕은 '교육 목표 판단의 기초가 될 소망스러운 인간상'을 이렇게 표현한다. 첫째로 정서적으로 안정된 사람이고, 둘째로 도덕적으로 성숙한 사람이고, 셋째로 적극적 자아동일성과 효능성을 지닌 사람이며, 넷째로 지적으로 성숙하여 계속적인 자기 교육 능력을 지닌 사람이며, 다섯째로 자기의 적성과 능력에 맞는 직업을 선택하고 맡은 일에서 탁월한 성취 수준을 유지하되 좋은 성취 그 자체에서 만족을 얻는 사람이며, 여섯째로 높은 미적 수준을 유지하는 사람이며, 일곱째로 미래를 상상하고 예측할 줄 알며 소망스러운 미래를 선택할 줄 아는 사람이며, 여덟째로 인간 행동에 대한 정확한 이해를 바탕으로 타인의 성장 발달을 도울 수 있는 사람이며, 아홉째로 신체적으로 건강한 사람이며, 열째로 세계시민적 자질을 구비한 사람이다.[21]

---

20) 같은 글, pp. 84-85.

그러나 이런 서술은 너무나 옳아서 구체적으로는 아무런 소용이 없게 된다. 누군들 '자기의 적성과 능력에 맞는 직업을 선택하고, 맡은 일에서 탁월한 성취 수준을 유지하되, 좋은 성취 그 자체에서 만족을 얻는 사람'이 되고 싶지 않겠는가. 문제는 그런 당위성은 바로 현실성이 아니라는 데 문제의 심각성이 있는 것이다.

물론 교육은 절대로 현실을 그대로 따라가지 말아야 한다. 그러나 교육의 모든 문제는 현실로부터 출발해야 한다. 화이트헤드는 이렇게 말한다. "우리에게 필요한 것은 현재에 대한 끈질긴 이해다. 과거에 대한 지식의 사용은 현재를 위해서만 필요할 뿐이다. 현재는 존재하는 모든 것을 포함한다. 현재만이 성스러운 근거가 된다. 현재는 동시에 과거며 현재이기 때문이다. 옛날 성현에 대한 토론은 감명을 준다. 그러나 이런 토론이 실제로 만날 수 있는 곳은 현재일 뿐이다."22)

왜 해방 이후 우리나라 대학의 교양 교육이 이렇게 진행되어 왔느냐는 원인은 여러 곳에서 찾을 수 있다. 우리나라 대학들이 철학이나 이념을 논의하고 정리할 겨를도 없이 외형적 성장에만 치중했기 때문에 나온 결과일 수도 있고, 교양 교육에 대한 정확한 개념조차 파악하지 못했던 교육 당국과 교수들에게 책임이 있을 수도 있고, 이념에 의한 압박 정책이 그 이유일 수도 있다. 분명한 사실은 대학의 교양 교육이 이러지도 못하고 저러지도 못하는 미운 오리새끼가 되었다는 현실이다.

이런 상황에서 나는 1978년 덕성여대 교수로 취임하면서 — 당시 여성학을 자신의 색깔로 들고 나온 이화여대와 맞설 수 있는 — 덕성여대의 교양 교육 프로그램을 만들게 되었다. 결국 나는 세인트존스대학의 고전 프로그램과 하버드대학교의 중핵 커리큘럼을 종합한 '독서 프로그램 (Reading Program)'을 만들었다. 그러나 지금 와서 생각해 보면, 이 프로그램은 세인트존스와 하버드의 어느 쪽도 완전히 살리지 못한 비빔밥 식의 종합 교육의 모델이 되고 말았다.

---

21) 이영덕, 앞의 글, pp. 11-14.
22) A. N. Whitehead, *The Aims of Education and Other Essays*, The Free Press, 1966, p. 88.

7. 셋째 모델의 실례 : 덕성여자대학교의 독서 프로그램

1920년에 덕성학원이 설립된 지 30년 후인 1950년에 설립된 덕성여대의 교훈은 '사랑'이며, 구체적으로는 "인류 문화의 향상과 겨레의 영원한 번영을 위하여 사랑으로 정의와 예지와 덕성을 함양함을 목적으로 한다." 이렇게 '사랑'을 교육 목표로 삼은 것은 당시 송금선 학장의 교육 철학이었다. 그는 1967년에 『덕성』이라는 교지에서 이렇게 말한다.

나는 항상 신조로 생각하고 노력하고 있는 '사랑'을 교훈으로 정했습니다. 영국의 페리도 "진실 중의 진실은 사랑"이라고 말했습니다. 정말 우리 생활에 사랑만 있다면 못할 것이 무엇이랴 싶습니다. (중략) 지금까지 많은 사람들이 사랑에 대해서 여러 가지 의미심장하고 심오한 표현을 했습니다만 나는 사랑을 다음과 같이 말하고 싶습니다. 진·선·미가 승화되면 성(聖)이 되고, 성을 다른 말로 표현하면 '사랑'이 됩니다.[23]

덕성여대의 교양 교육이 체계화된 것은 1968년에 나타난 독서 프로그램이라고 할 수 있다. 모든 학생은 이 프로그램에 의무적으로 참여하여 동서고금의 고전을 일고 독후감을 써내며, 교수는 그 독후감을 읽고 평가해 주는 형태였다. 1학기에 1학점을 취득하도록 한 이 프로그램은 모든 학생에게 매주 고전 한 권씩을 읽도록 했다. 또한 이 프로그램은 학기 중에만 적용되는 것이 아니라 방학 중에도 적용되었다. 그리고 학생들의 이해를 돕기 위해 학교에서는 매주 유명한 외부 강사를 초청해서 그 주에 읽어야 할 고전에 대한 공개 강좌를 실시했다.

1978년에는 이 독서 프로그램을 발전적으로 해체하고 분야별로 구성된 새로운 과목을 정규 과목으로 실시했다. 즉, 당시 법적 필수 과목이었던 국민윤리·국사·체육과 기초 도구 과목이었던 외국어 이외에 예술의 세계·문학의 이해·인간과 사회·인간과 사상·자연과학·여성학의 새로운 과목을 신설했다. 당시 우리는 이 6과목을 '종합 과목'이라고 불렀으나 실제로 그들은 종합 학문이 아닌 개별 학문들이었다. 다만 한

---

23) 이은봉, 「덕성여자대학의 교양교육개편안」, 앞의 세미나, pp. 110-111에서 재인용.

권의 고전에 대한 공개 강연을 듣고, 분반 토의를 하고, 독후감을 제출하고, 그 독후감을 다시 평가하는 '종합적 접근 방식'을 선택한 것이다.

그러나 이 프로그램은 즉시 수많은 비판을 받게 되었다. 첫째로 교양 과목을 모두 필수로 하여 선택의 여지가 전혀 없게 되었으며, 둘째로 당시 1000명의 학생이 다니던 시절의 제도가 급격히 팽창된 상황에서는 전혀 타당성이 없게 된 것이다. 실제로 채점을 도와주는 조교가 너무나 많이 필요했으며, 또한 교실도 굉장히 부족한 형편이었다. 여기에다가 전공의 기초 과목을 교양 과목으로 인정하려는 교수들의 요구도 이 프로그램에 장애 요인이 되었다.24)

8. 대안을 찾아서 : 21세기의 교양 교육

우리는 지금까지 자유 교육의 모델, 일반 교육의 모델, 그리고 이 양자의 어설픈 결합체였던 종합 교육의 모델을 토론했다. 그러면서 우리는 이와 같은 각기 다른 모델들이 당시에는 나름대로의 적응력을 가지고 있었으나 시간이 지나면서 새로운 패러다임을 필요로 한다는 사실을 깨닫게 되었다. 역시 새 술은 새 통에 넣어야 한다. 이제 우리는 지금까지 고찰한 세 모델의 장단점을 면밀히 고찰하여 앞으로의 새로운 모델 창조를 위한 발판으로 삼아야 할 것이다.

첫째, 세인트존스대학의 자유 교육(liberal education)은 이성의 자유로운 활동을 전제로 하고 있으며, 교양 자체를 바로 교양 교육의 목표로 간주한다. 예를 들어서 그리스인들은 이성으로 인간 정신을 탐구하는 학문으로 문법·논리학·수사학을 들었으며, 인간 정신 밖의 세계를 탐구하는 학문으로 대수학·기하학·천문학·화성학을 들었는데, 이런 7개의 자유 교양 과목은 대개 거기로부터 나오는 어떤 현실적 이익보다는 이성에 의한 지적 탐구 자체를 중요시한 것이었다.

물론 이런 교양 교육은 '교양인'보다는 먼저 '생활인'이 되어야 하는 현대에 들어와서 크게 비판을 받았으며, 특히 19세 말엽 영국에서는 헉슬

---

24) 같은 글, p. 16.

리(A. Huxley)와 스펜서(H. Spencer) 등의 진화론자들로부터 강한 도전을 받게 되었다. 최근에 자유 교육으로서의 교양 교육을 주장하는 학파로는 1960년대의 분석철학자들을 들 수 있는데, 이런 교육철학자들의 대표로는 단연 피터스(R. S. Peters)와 허스트(P. H. Hirst)를 들 수 있다. 후자가 교양 교육을 '지식 자체의 성격에 전적으로 그리고 분명하게 근거한 교육' 혹은 '교육의 정의와 정당성이 학생의 선호, 사회의 요구, 혹은 정치가들의 변덕이 아니라 지식 자체의 성격과 의미에 근거한 교육'으로 규정하는 이유가 여기에 있다.25)

물론 허스트의 이런 주장 속에는 정신과 지식의 관계, 그리고 지식과 실재의 관계에 대한 복잡한 문제들이 도사리고 있다. 도대체 왜 인간이 지식을 추구해야 되느냐는 것이 첫 번째 관계에서 나온 문제며, 지식이 과연 인간을 행복하게 해주느냐는 것이 두 번째 관계에서 나온 문제다. 허스트는 이 두 문제를 그리스철학으로 설명한다.

지식의 추구는 정신의 특이하고 고유한 행위다. 그것이 바로 정신의 본성이다. 지식의 성취는 정신의 고유한 목표이기 때문에 지식은 정신을 만족시켜 주고 충만하게 해 준다.

또한 지식의 성취는 정신 자체를 위한 선일 뿐만 아니라 인간이 발견할 수 있는 가장 선한 삶을 얻게 해주는 주요한 수단이 된다. 물론 인간은 순수한 정신 이상의 존재다. 그러나 아직도 정신은 그의 가장 본질적 속성이며, 그에게 삶을 올바르게 인도해주는 것은 지식일 뿐이다.26)

허스트에 의하면, 교육의 가장 중요한 목표는 인간 정신을 개발하는 것이며, 인간 정신의 개발은 교양 교육에 의해 가장 효과적으로 진행될 수 있으며, 그런 교양 교육으로는 수학·경험과학·역사·종교·도덕과 인간 관계에 대한 지식·문학과 예술·철학의 7개 분야가 있다. 그러나

---

25) 원문 : "Liberal education is the appropriate label for a positive concept, that of an education based fairly and squarely on the nature of knowledge itself." "There has thus arisen the demand for an education whose definition and justification are based on the nature and significance of knowledge itself, and not on the predilections of pupils."
26) Hirst, 앞의 글, p. 2.

그의 이런 주장은 결국 과거 그리스 시대의 자유 교육에 대한 '현대적 재해석'일 뿐이다. 이돈희는 그 이유를 이렇게 말한다.

> 그가 규정하는 일곱 가지 지식의 형식들은 전통적으로 내려온 학문적 분류를 기본으로 따른 것이며, 거기에는 자유 교육은 생산성이나 유용성 등과 무관하다는 전제가 강하게 암시되어 있다. 그들 중에는 전문 직업에 관한 것, 예컨대 공학·의학·법학·농학 등의 어느 것도 포함되어 있지 않다. 그것은 자유 교육을 교육의 '원리'로 본 것이 아니라 교육의 '프로그램'으로 본 것이다. (중략)
> 필자의 생각으로는, 자유 교육은 인간 정신의 개발을 목적으로 하고 있으나, 그 정신은 생활의 유용성과 생산성 등을 실현시키고자 하는 모든 다른 활동과 분리된 지식을 획득하는 일로 한정될 수 없다. 인간은 그런 지식의 획득만으로는 자유로울 수가 없다. 그런 자유는 현실적 삶의 과정에서 어느 정신기능적 세계를 구획지을 수 있다고 가정하고, 바로 그 세계 안에서의 자유를 의미할 뿐이며, 전인적(全人的) 자유에 상응하는 것이 될 수 없다.[27]

둘째, 하버드대학교의 일반 교육(general education)은 이런 자유 교육의 한계를 솔직히 인정하면서 모든 시민에게 필요한 — 문자 그대로의 — 일반 교육을 강조하며, 그래서 그것은 자연히 교양과 더불어 전문 지식을 중요하게 여긴다. 그러나 일반 교육은 아직도 각기 다른 분야의 통합이 바로 전인 교육이라는 전제를 가지고 있다. 예를 들어서 하버드의 중핵 커리큘럼은 여전히 외국 문화·역사 연구·문학과 예술·도덕적 추리·과학·사회 분석이라는 각기 다른 6개 영역을 종합하면 전인 교육이 된다고 믿는다. 그러나 각기 다른 분야의 나열과 직선적·기계적 종합은 진정한 통합 교육이 아니다. 이제는 역사와 문학과 예술, 도덕과 과학과 사회 분석이 동시에 추구되어야 한다. 내가 21세기 전인 교육의 모델을 전혀 상이한 요소들을 동시에 추구하는 퓨전 프로그램이라고 표현한 이유도 여기에 있다.

셋째, 덕성여자대학교의 종합 교육(syncretic education)은 현재 전혀 현실성이 없다. 그러나 우리는 이런 실패로부터 한 가지 중요한 교훈을

---

27) 이돈희, 「교양 교육의 이념과 목적」, 『대학교육』, 제22호, 1986년 7월호, p. 13.

얻을 수 있다. 그것은 자유 교육과 일반 교육의 어설픈 종합은 진정한 종합이 될 수 없다는 사실이다. 오늘날 우리 사회에서 가장 필요한 교육은 어느 정도 교양적이면서 어느 정도 일반적인 교육이 아니다. 그것은 철저한 자유 교육과 철저한 일반 교육의 결합이며, 우리는 이런 교육을 '역(逆)의 합일(合一)'이라고 말할 수 있다.

나는 지금까지 세인트존스대학의 자유 교육, 하버드대학교의 일반 교육, 덕성여자대학교의 종합 교육을 차례대로 비판했다. 그렇다고 해서 우리가 이 세 모델을 완전히 팽개쳐야 된다는 뜻은 아니다. 오히려 우리는 그들의 근본 취지를 적극적으로 수용해야 할 것이다.

첫째, 오늘날의 교양은 옛날보다 아주 넓은 개념이 되었다. 이제 그것은 정신의 작업일 뿐만 아니라 육체의 작업이 되었다. 그러나 우리는 모든 육체적 작업도 어느 정도의 정신적 만족감이 없이는 완벽하게 성취될 수 없다는 사실을 잘 알고 있다. 이것이 바로 우리가 세인트존스대학의 자유 교육에서 배워야 할 교훈이다.

둘째, 오늘날의 교양은 사람에 따라 각기 다른 모습이 되었다. 모든 사람에게 한 가지 가치를 강요하는 것은 열린 사회가 아닌 닫힌 사회의 징표다. 그럼에도 우리는 모든 시민이 갖추어야 할 최소한의 공통 요소를 인정하지 않을 수 없다. 법에 대한 만인의 평등성, 도덕적인 삶의 우수성 등이 여기에 속한다. 이런 뜻에서 우리는 모든 시민에게 필요한 공통 과목을 인정할 수 있으며, 이것이 바로 우리가 하버드대학교의 일반 교육에서 배워야 할 교훈이다.

셋째, 오늘날의 교양은 지적 우수성과 일상적 전문성 이상이 되었다. 일류 회사에 근무하고 또한 거의 매일 독서를 한다고 교양인이 되는 것은 아니다. 동시에 그는 예를 들면 여가를 가장 창조적으로 사용할 수 있는 능력도 가지고 있어야 한다. 즉, 일과 놀이, 육체와 정신, 문학과 과학 등의 정반대되는 개념을 동시에 받아들일 수 있는 육체적 및 정신적 능력을 가지고 있어야 한다. 그리고 그들의 동시 수용은 철저한 양자의 칼날을 동시에 접수해서만 가능하게 된다. 이것이 바로 우리가 덕성여자대학교의 종합 교육에서 배워야 할 교훈이다.

9. 넷째 모델 : 전인 교육

지금까지의 모든 모델의 장점을 취하면서도 거기에 얽매이지 않는 21세기 교양 교육은 어떤 성격을 가져야 하는가? 그것은 다른 종류의 교육과 어떻게 다른가? 그리고 교양 교육은 학부제의 실시로 시끌벅적한 오늘날의 대학에서도 여전히 필요한 학문인가?

첫째, 전통적으로 교양 교육은 '밑으로' 내려가는 교육이 아니라 '옆으로' 퍼지는 교육이었다. 그것은 근본적으로 스페셜리스트가 아닌 제너럴리스트를 위한 교육이었다. 그러나 현대 사회는 우선 한 가지 분야에 일가견을 가진 기능공(functionalist)이나 전문가(professionalist)를 선호한다. 컴퓨터도 조금 할 줄 알고, 영어 회화도 조금 하고, 상식도 있는 사람은 취직도 할 수 없다. 아무것도 못하지만 키보드만 잘 두드리는 사람은 취직할 수 있지만. 또한 동일한 자동차 수리공이라도 브레이크를 고치는 사람은 어떻게 엔진이 돌아가는지를 알 필요가 없으며, 엔진 튜업을 하는 사람은 브레이크 오일의 종류를 알 필요가 없다.

오늘날 교육은 이런 사회의 전문화·기능화·분과화를 그대로 반영하고 있다. 대부분의 대학은 말로는 교양 교육을 외치면서도 실제로는 생활인을 위한 특수한 기술의 전달을 그 목표로 삼고 있으며, 교양 과목은 이제 취미 과목으로 전락하고 있다. 예를 들어서 하버드대학교의 경우에 1964년에는 37개의 교양 과목이 있었지만 1976년에는 93개로 늘어났고, 2001년에는 거의 200개로 늘어났다. 그래서 이제는 요가 실습이 철학 개론을 대신하게 되었고, 계산기 사용법이 수학 개론을 대신하게 되었고, 성과학(sexuality)은 인문계·사회계·자연계에 속한 모든 분야의 교양 과목이 되었다.

물론 다양한 전문 교육은 인간 문화에 다양성을 부여함으로써 전체주의적 문화의 탄생을 저지시킨다. 이런 의미에서 전문 교육은 인간 문화를 더욱 풍요롭게 만든다. 그러나 통일성이 없이 그저 다양하기만 한 문화는 풍요한 문화가 아니라 카오스의 문화다. 교양 교육은 바로 이런 잡다한 전문 교육을 유기적으로 연관시키는 안목을 우리에게 주고, 그래서 진정한 교양 교육을 받은 사람은 편협한 국지인의 울타리를 벗어난 세계인이 된다. 시니어(John Senior)는 이런 전체성 혹은 통일성을 불어넣는 교양 교육과 그런 전체성의 일부분으로서의 전문 교육의 관계를 건축가와 목수의 관계로 설명한다.

실제의 목수 일이 아닌 원인으로서의 목수 일을 수행해야 하는 건축가의 지식을 고려해 보자. 전체 빌딩의 원칙을 생각하는 건축가는 뚜렷한 이유를 ─'어떻게'와 '왜'의 차이를─ 알고 있어야 한다.

아무리 훌륭한 지식을 가진 목수라도 건축가는 될 수 없으며, 건축가는 비록 자신이 직접 목수의 일을 할 수 없어도 목수 이상으로 목수가 하는 일의 이유를 알고 있다. 건축가는 목수·벽돌공·타일공·유리공이 수행하는 것들의 원인을 높은 차원에서 파악하고 있다. 그는 그들의 일을 알고 그 일의 원인들을 통합시킨다.

다시 말해서, 그는 그들의 일을 전체의 부분(parts of an integer or whole)으로 바라본다. 마루·계단·창문·지붕은 전부 동등한 임무를 가지고 있지 않지만, 전체가 합쳐서 하나의 집을 만든다. 그래서 모든 부분은 빌딩 전체의 구성 요소가 된다. 교양 교육도 이와 같은 전체로 생각해야 한다.[28)

여기서 우리는 한 가지 중요한 교훈을 얻게 된다. 지금까지 우리는 스페셜리스트와 제너럴리스트를 양자택일의 관계로 보았다. 그러나 생각해 보라. 목수·벽돌공·타일공·유리공이 없이 어떻게 건축가가 집을 지을 수 있을 것이며, 건축 설계도가 없는 기능공들이 어떻게 집을 지을 수 있겠는가. 우리의 21세기 교양 교육도 ─ 굉장히 어려운 작업이 되겠지만 ─ 이제는 우리 모두가 스페셜리스트와 제너럴리스트가 되어야 한다는 방향으로 설정되어야 할 것이다.

둘째, 전통적으로 교양 교육은 모든 사람이 받아야 할 만인 교육(everybody's business)이 아니라 소수의 엘리트에게만 허용된 일부 교육(somebody's business)이었다.[29) 그러나 오늘날 이런 주장은 결국 다수의 비교양인과 소수의 교양인을 구별하려는 어리석은 시도에 불과하

---

28) John Senior, "The Several-Storied Tower", *The Integration of Knowledge*, 앞의 책, p. 5.
29) 여기에 사용된 '만인 교육'과 '일부 교육'이라는 표현은 Mortimer Adler의 "Everybody's Business"(같은 책, pp. 21-41)에서 힌트를 얻은 것이다.

게 되었다. 더구나 만인 평등을 주장하는 민주 사회에서는 모든 사람이 동일한 권리와 의무를 가지며, 그래서 건전한 사회가 이룩되려면 모든 시민이 동시에 '유능한 사람'과 '훌륭한 사람'이 되어야 한다. 21세기의 교양 과목이 필수 과목이 되어야 하는 이유가 여기에 있다.

물론 덕성여자대학교의 경우처럼 너무 많은 분량의 고전을 단시일에 돌파해야 된다고 주장할 수는 없을 것이다. 교양 과목들 중에서 몇 가지 선택권을 줄 수도 있다. 그러나 그것은 어디까지나 기술적인 문제다. 만약 교양 교육이 모든 시민에게 필요한 것이라면, 분명히 교양 과목 중에는 모든 학생이 꼭 수강해야 될 최소한도의 강제력이 있어야 할 것이다. 세인트존스, 하버드, 덕성여대가 어떤 형태로든지 교양 과목을 필수 과목으로 만들었던 이유도 여기에 있다.

셋째, 전통적으로 교양 교육은 서로 다르지만 비슷한 두 세 분야의 만남 혹은 비슷한 분야의 두세 전문가들의 만남을 목표로 하고 있었다. 그래서 문학은 예술과 만나고, 철학은 종교와 만나고, 과학은 논리와 만날 수 있다는 사실을 강조했다. 그러나 21세기 교양 교육은 우리가 지금까지 전혀 이질적이라고 생각해 왔던 분야의 만남이 될 것이다. 앞으로는 문학은 의학과 만나고, 철학은 동식물학과 만나고, 종교는 논리와 만나야 할 것이다. 그것은 이제 비빔밥의 단계를 지나 전혀 상이한 것들로 구성된 퓨전 음식의 단계가 될 것이다.

어떻게 보면, 각기 다른 분야의 만남을 주장했던 자유 교육, 일반 교육, 종합 교육도 엄밀히 말하면 '하나의 연장'이라고 말할 수 있다. 그러나 21세기의 교양 교육은 "하나를 알면 모든 것을 안다"는 입장이 아니라 문자 그대로 "모든 것을 알아야 하나를 안다"는 입장을 옹호할 것이다. 우리에게 철저한 발상의 전환이 필요한 이유가 여기에 있다. 21세기의 교양 교육은 낡은 집의 보수가 아니다. 그것은 낡은 집을 파괴하고 각기 다른 재료를 동시에 사용해서 만드는 신축 건물이 될 것이다.

이상의 세 원칙을 종합해서 다시 전통적 언어로 표현한다면, 21세기는 '교양 과목의 전문화'와 '전공 과목의 교양화'가 이루어질 것이라고 말할 수 있다. 앞으로는 교양 교육의 정도와 질이 굉장히 변화되고 또한 전공 교육의 내용이 극히 일반화될 것이기 때문이다. 예를 들면 아무리 과학자라도 소크라테스를 모르면 행세를 하지 못하고, 인간 복제에 따른 전문적 지식을 조금도 가지고 있지 못한 사람은 절대로 교양인으로 행세하지 못할 것이다. 유인종은 이렇게 말한다.

> 종래에는 교양 교육의 범주에 머물렀던 과목이나 그 내용들이 오늘날에는 전공 영역에서 다루어지고 있으며, 또 이것들이 전공 영역의 학제적 차원에서 큰 역할을 하고 있다. 반면에 종래의 전공 영역에 속해 있던 통계학·컴퓨터 공학 등의 과목이나 그 내용들이 일반화되어 대부분의 전공 영역에서 교양적 차원에서 다루어지고 있다. 이런 현상은 교양 교육의 전문화와 전문 교육의 교양화를 증명한다.
> 또한 이런 현상은 교양 교육의 분산 이수 제도의 필요성을 뒷받침해 준다. 과거에는 교양 과목을 집중적으로 이수한 후에 전공 교육을 받는 방식이었지만, 이것은 교양과 전공을 대학의 전 과정에서 조화롭게 분산 이수하는 방식으로 전환하는 것이다.[30]

10. 넷째 모델의 실례 : 강남대학교의 퓨전 프로그램 (제안)

이제 나는 지금까지의 토론을 기본으로 하여 강남대학교의 — 혹은 모든 대학교의 — 새로운 퓨전 프로그램을 제시하겠다. 그러나 나의 제안은 어디까지나 제안일 뿐이다. 이미 말했듯이, 그것은 우리 모두가 허심탄회하게 지금부터 머리를 맞대고 찾아내야 할 과제다. 그러나 나는 이런 프로그램을 만들기 위한 몇 가지 원칙을 가능한 한 실례를 들어 설명하겠다.

① 첫째 일반적 원칙은 '전체화(全體化)의 원칙'이다. 이것은 가능한 한 인간이 갖추어야 할 모든 교양을 소유하고, 배울 수 있는 모든 학문을 배우고, 존재하는 모든 실재를 포용하려는 원칙이다. 예를 들어서, 필자와 같은 대부분의 인문학문 연구자들은 인문학문이 교양 교육의 중심이 되어야 한다는 주장을 다음과 같은 '양파 이론'으로 설명한다.

---

30) 유인종, 앞의 글, p. 47.

양파의 속은 인문학문이요, 그 중간은 사회학문이며, 표피 부분은 공학 등의 응용학문이다. 그런데 현대 과학은 양파의 핵심 부분에 해당하는 인문학문은 소홀히 하면서, 중간 부분에 해당되는 사회학문이나 표피 부분에 해당하는 응용과학에만 지나치게 치중하고 있다.

이런 대학 교육의 현상은 바로 인간의 존엄성을 상실케 하는 요인이 되고 있다. 인간의 존재 문제와 가치 문제를 도외시한 채 인간성이 올바르게 이룩될 수는 없을 것이다. 이런 관점에서 대학의 교양 교육은 역시 인간 존엄의 가치 실현에 관련되는 인문학문이 중심이 되어야 할 것이다.[31]

물론 자유 교육이 교양 교육의 일부를 차지하고 있는 한, 자유 교육의 내용을 가장 적절히 표현할 수 있는 인문학문은 교양 교육에서 앞으로도 중요한 부분으로 남아 있을 것이다. 그러나 나는 '양파 이론'을 지지하지 않는다. 양파에는 속이 없다. 우선 플라톤이 직접 실천했듯이, 가장 높은 단계의 자유 교육은 우리가 요즘 배우고 가르치는 인문학문보다는 순수한 수학이나 논리학이나 화성학에서도 찾을 수 있다.

더 나아가서 나는 대학에서 인문학문을 가르치면 더욱 교양 있는 대학생이 된다고 생각하지 않는다. 실제로 하버드대학교에서 중핵 커리큘럼을 만들 때 가장 적극적으로 그것을 반대한 사람들은 바로 철학 교수들이었다. 그들은 진리, 지혜, 덕은 한 사람이 가르치고 다른 사람이 배울 수 있는 상품이 아니라는 소크라테스의 사상을 믿고 있었다.

다시 말하지만 인문학문은 앞으로도 교양 교육의 중요한 내용이 될 것이다. 그러나 그것이 가장 중요하거나 유일하게 중요한 것은 아니다. 21세기의 교양 교육은 인문·사회·자연·예술의 경계가 완전히 무너져야 할 것이다. 이것이 바로 전체화의 원칙이다. 예를 들어서 강남대학교의 교훈은 '경천애인(敬天愛人)'이다. 그러나 우리가 정말 전체의 입장에서 본다면, 그것은 앞으로 '경천애인애물(敬天愛人愛物)'이 되어서 환경학과 생태학을 포함해야 한다. 즉 경천에 해당하는 신학, 애인에 해당하는 철학과 사회학, 애물에 해당하는 자연학문이 하나의 전체를 이루어야 한다.

여기서 일부의 학자들은 유한한 인간이 어떻게 모든 분야를 알 수 있

---

31) 같은 글, p. 46.

으며, 어떻게 모든 문제에 대한 답변을 추구할 수 있느냐고 반문할 것이다. 그러나 이런 반론은 우선 전체는 부분의 총화(總和)일 뿐이라는 가정을 가지고 있으며, 그래서 우리는 전체를 구성하고 있는 수많은 특수 분야를 전부 알아야 전체를 알 수 있다는 가정을 가지고 있다.

그러나 전체는 언제나 부분의 총화 이상이며, 또한 우리는 전체를 구성하는 모든 부분을 실제로 탐구하지 않아도 전체를 구성하는 가장 기본적인 몇 개의 분야를 탐구함으로써 전체의 구조를 이해할 수도 있다. 교양 교육자인 다키(William A. Darkey)가 인간의 한계성에 근거한 이상의 논증을 '절망의 논증(an argument of despair)'이라고 반박하는 이유도 여기에 있다.[32]

그러면 구체적으로 우리는 어떻게 전체에 속한 모든 부분을 연구하지 않으면서도 전체의 구조를 알 수 있는가? 여기에 동원된 방법 중에 하나가 바로 유사한 과목들의 '공통 개설'이다. 예를 들어서 옥스퍼드대학교에는 정치학(politics)·철학(philosophy)·경제학(economics)을 공동 실시하는 PPE 과정, 정치학·철학·심리학을 공동 실시하는 PPP 과정, 인류학·지리학·심리학·생태학·체질인류학·생리학을 모두 포함하는 인간학(human science), 정치학·법학·인류학·사회학을 모두 포함하는 사회 연구(social studies) 등의 분야를 제공하고 있다.

② 둘째 일반적 원칙은 '다원화(多元化)의 원칙'이다. 이것은 물론 기독교와 불교가 만나는 다원 종교, 자본주의와 사회주의가 만나는 다원 이념, 동양 문화와 서양 문화가 만나는 다원 문화를 말한다. 예를 들어서

---

32) William A. Darkey, "Afterword", *The Dialogues on Liberal Education*, St. John's College Press, 1976, p. 121. 예를 들어서, 시카고대학의 모든 학생들은 "5학기의 과학 과목(생물 2학기, 물리학 2학기, 수학 1학기), 6학기의 인문학·문명 및 예술 과목, 3학기의 사회 학문 과목을 전부 이수하도록 되어 있다. 이들은 공통 중핵 과목이라고 부르는데, 이들 중 상당수가 대개 2학기·3학기·5학기의 연속 강의가 되며, 학생들은 의무적으로 이 연속 강의를 이수해야 한다. 즉, 그들은 한국의 교양 과목들처럼 백화점식으로 나열된 것을 이것저것 섭렵하지 않고, 선택된 몇몇 분야에 대한 집중적이고 심도 있는 학습을 하도록 되어 있다. 그 중에서 1998년과 1999년의 인문 분야의 중핵 연속 과목은 '세계 문학 강독' '인문학에서의 철학적 관점' '그리스의 사상과 문학' '인간과 시민' '문화 읽기 : 수집, 여행, 자본주의 문화', '인문학에서의 언어에 대한 관심'의 6개 분야에서 한 분야를 3학기에 걸쳐 이수하도록 되어 있다." 전수용, 「교양 교육의 개편」, 『교수신문』, 2001년 3월 19일자.

우리는 지금까지 자본주의와 사회주의의 관계를 물과 기름의 관계로 생각해 왔다. 그러나 역사상 순수한 자본주의나 순수한 사회주의는 존재한 일이 없다. 다만 강조점의 차이가 존재했을 뿐이다. 더 나아가서, 이념(理念)에 선행하는 것은 언제나 이익(利益)이었다. 냉전 시대에도 미국과 구소련은 이익이 맞아떨어지기만 하면 언제나 손을 잡았던 것이다.[33] 노벨상 수상자인 갈브레이트를 포함한 수많은 경제학자들이 앞으로 자본주의가 생존할 수 있는 유일한 길은 바로 사회주의적 요소를 흡수하는 것이라고 주장하는 이유도 여기에 있다.

다원화의 원칙에서 가장 중요한 것은 종교와 종교의 만남이다. 이제는 교황청도 석가탄신일에 축하 메시지를 보내는 시대가 되었다. 이른바 '위대한 고립주의'의 시대는 지났다. 나는 경우에 따라서 이쪽 저쪽으로 방황하고 있는 강남대학교와 다른 종립 대학교들이 이 점에 대한 확고한 입장을 만천하에 선포하기를 바란다. 그래서 모든 교수는 기독교 이외의 다른 세계 종교들과 원불교·통일교·증산교 등의 신종교를 자유롭게 토론할 수 있어야 한다. 이제는 손바닥으로 해를 가릴 수 있는 시대가 아니다.[34]

나는 지금까지 21세기 교양 교육의 일반적 기준으로 전체화의 원칙과 다원화의 원칙을 간단히 설명했다. 언뜻 보기에 이 두 원칙은 서로 상반될 수밖에 없는 듯이 보인다. 전체를 파악하려면 아무래도 모든 측면을 볼 수 없으며, 모든 측면을 다 보다가는 전체를 상실할 수 있기 때문이다. 후자가 나무를 보면서도 숲을 보지 못하는 실수라면, 전자는 숲을 본다는 미명 아래 그 숲을 이루고 있는 수많은 나무들을 보지 못하는 실수일 것이다. 그러나 21세기의 현대인은 이제 이 중에서 하나를 선택할 수 있는 입장에 있지 않다. 두 마리 토끼를 잡으려고 노력할 수밖에 없다.

그러면 구체적으로 우리는 어떻게 두 마리 토끼를 잡을 수 있는가? 두 가지 일반적 원칙을 실천할 수 있는 구체적인 원칙들은 무엇인가? 나는 이제 이 문제를 2002년 현재 내가 재직하고 있는 강남대학교의 경우를 들어서 설명하겠다. 구체적 원칙들은 구체적 상황을 통해서만 설명되고 실천될 수 있기 때문이다. 그러나 이 원칙들은 — 조금씩 수정되거나 보

---

33) Cf. 황필호, 『이데올로기, 해방신학, 의식화 교육』, 1985, pp. 89-93.
34) Cf. 황필호, 『통일교의 종교철학』, 생각하는 백성, 2000.

완됨으로써 ─ 다른 대학에도 그대로 적용될 수 있을 것이다.

① 첫째 구체적 원칙은 '차별화(差別化)의 원칙'이다. 이제 강남대의 모든 과목은 우리나라 혹은 세계 어느 대학의 과목과도 동일하지 말아야 한다. 예를 들어서, 나는 1987년에 동국대학교 철학과에 '문학철학'이라는 정규 과목을 신설한 일이 있다. 당시 이 과목을 반대했던 동료 교수들의 논증은 한마디로 "우리가 어떻게 서울대학교 철학과에도 없는 과목을 설치할 수 있느냐?"는 것이었고, 나의 논증은 "우리는 이제 서울대학교 철학과에 없는 과목을 개발해야 한다. 서울대학교와 동일한 과목을 가지고 어떻게 ─ 현재의 한국적 상황에서 ─ 서울대학교를 능가할 수 있겠느냐?"는 것이었다. 새로 개설된 강좌는 대성황을 이루었다. 비록 내가 동국대학교를 떠난 다음에는 그 과목을 가르칠 교수가 없어서 폐지되었지만.

강남대학교의 전신은 중앙신학이며, 현재도 강남대는 기독교 대학이지만, 강남대학교의 신학은 성직자 신학이 아닌 평신도 신학이다. 그러나 이 평신도 신학은 구호로만 존재하며, 구체적인 교과 과정에 전혀 반영되어 있지 않다. 오히려 현재 강남대학교의 신학 과목은 다른 대학의 신학 과목들과 전혀 차이점이 없다. 구약신학, 신약신학, 조직신학, 목회신학 등의 이름과 내용이 다른 대학과 전혀 다르지 않다. 이렇게 해서 신학부는 어떻게 땅에 떨어진 경쟁력을 확보할 것인가. 더구나 강남대 신학부는 목사 안수를 수여할 수도 없지 않은가. 그러므로 지금부터 모든 신학 과목은 동일한 신학이지만 다른 대학교의 신학 과목들과는 어떤 차별성을 가져야 한다. 그래야 생존한다.

이런 주장은 신학에만 해당되지 않는다. 종교철학을 포함한 모든 강남대학교의 과목은 일단 다른 대학의 과목과 어떤 상이점을 가지고 있어야 한다. 그래서 종래의 '철학 개론'은 '영화로 배우는 철학'이 될 수 있고, '조직 신학'은 '소설로 배우는 기독교'가 될 수도 있다. 먼저 독특한 '나'를 만든 사람만이 '우리'를 도모할 수 있다.

② 둘째 구체적 원칙은 '협동(協同)의 원칙'이다. 이것은 현실적으로 합동 수업(joint teaching)을 말하며, 가능한 한 강남대학교의 모든 과목은 두 명 이상의 교수가 맡는 것이 좋을 것이다. 여기서 대부분의 교수는 전공 과목에 대한 중요성을 다시 역설할 것이다. 그러나 나는 이렇게 말하

겠다. 전공은 없다. 우리는 이제 '전공이라는 벽 쌓기에 갇힌 수인(囚人)의 상태'를 벗어나야 한다.[35] 내가 평소에 진정한 교양 교육은 전공을 주장하는 스페셜리스트와 상식을 주장하는 제너럴리스트를 동시에 만족시킬 수 있어야 한다고 말하는 이유도 여기에 있다.

또한 나는 협동의 원칙을 설명하면서 교양 교육을 담당하는 교수들의 연령과 자질을 묻지 않을 수 없다. 이미 말했듯이, 지금까지 교양 교육은 전공 책임 시간이 모자란 교수나 시간 강사들의 몫이다. 그러나 이제 교양 교육은 지적으로나 도덕적으로 가장 존경받는 원로 교수가 맡아야 한다. 물리적인 연령이 아니라 학문적 및 인격적 연령이 성숙된 교수가 자신의 명예를 걸고 수업에 임할 정도로 협동해야 한다. 김광억은 이렇게 말한다.

> 원활하고 이상적인 교양 교육을 위해서는 오랜 학문적 업적과 인격적 수련을 쌓은 원로 학자가 확보되어야 한다. 교양 교육이 도구적 학과목의 이수나 기초 과정의 과목을 뜻할 때는 해당 분야의 새로운 이론과 훈련을 쌓은 소장 학자들이 담당하는 것이 오히려 바람직할지 모르나, 학문간의 구획을 가로질러서 총체적 안목으로 지식을 종합하는 것이 교양 교육의 요체라고 한다면 폭넓은 시각과 다양한 학문적 차이를 소화할 수 있는 원로 교수가 담당하는 것이 바람직하다. 이런 의미에서 진정한 교양 교육의 실시를 위해서는 무엇보다도 충분한 숫자의 교수가 확보되어야 할 것이다.
> 옥스퍼드대학교에서 철학을 담당하는 전임 교수의 숫자는 113명, 역사 교수가 72명, 문학 교수가 150명이나 된다. 그리고 이 중에는 가르치지 않고 연구만 하는 교수가 허다하다는 사실은 우리에게 시사하는 바가 크다. 더욱이 교수는 한 학기에 한 과목만 담당하는 것이 특징이다.[36]

끝으로 나는 당국의 협조를 강조하고 싶다. 당국은 대학의 모든 시설을 거의 24시간 사용할 수 있을 정도의 아량을 가지고 있어야 한다. 예를 들어서 세인트존스대학의 세미나는 대개 저녁 식사를 한 후에 조그만 강의실에서 3~4시간 진행되며, 열띤 토론의 주제들은 다시 맥주 집으로

---

35) 황필호, 『문학철학 산책』, 집문당, 1996, p. 3.
36) 김광억, 「외국 대학의 교양 교육」, 『대학교육』, 제22호, 1986년 7월호, p. 44.

이동된다. 이런 분위기에서 교수와 학생은 진정한 토론의 장과 살아 있는 교양 교육의 정수를 만날 수 있다. 당국이 경제 논리만 고수하는 마당에 어찌 진정한 교양 교육이 나올 수 있겠는가.

③ 셋째 구체적 원칙은 '특성화(特性化)의 원칙'이다. 이것은 강남대학교의 모든 과목이 ─ 마치 세인트존스의 경우와 마찬가지로 ─ 일종의 교양 교육 과목이 되어야 하지만, 강남대학교를 대외적으로 상징하는 가장 특성 있는 분야를 집중 육성해야 한다. 나는 그 분야를 사회복지학부라고 생각한다. 사회복지학부가 강남대학에서는 가장 높은 경쟁력을 가지고 있으며, 또한 대외적으로도 가장 잘 알려져 있기 때문이다. 그래서 앞으로는 사회 복지라고 하면 ─ 한국 뿐만 아니라 외국에서도 ─ 자연히 강남대학교를 추천할 정도가 되어야 할 것이다.

④ 넷째 구체적 원칙은 '통합(統合)의 원칙'이다. 이것은 현실적으로 전공 과목·도구 과목·선택 과목이 통합되는 원칙이다. 이제 나는 이런 통합의 실례로 내가 2001년 봄 학기에 개설한 '영어로 배우는 철학'이라는 과목을 간단히 설명하겠다. 나는 우선 영어라는 도구 과목과 철학이라는 전공 과목의 통합을 추진하기로 하고 교재를 만들었다. 그리고 내용도 학생들에게 흥미가 있을 것으로 생각되는 마이클 조던·비아그라·지미 카터 등을 소개하면서, 다른 한편으로는 사형 제도·안락사·자살의 권리 등의 윤리적인 문제를 첨부하고, 끝으로 사랑의 의미·삶의 의미 등의 인생관의 문제까지 토론하고 싶었다.

솔직히 말해서 나는 과연 학생들이 이런 과목을 선택할 것인지를 굉장히 고심했다. 그러나 뚜껑을 열고 보니 일단 성공이었다. 10명이 등록하지 않아서 폐강되는 사태가 있는 신학부에서 120명이 등록을 했으니까. 아마도 이 과목을 신학부의 과목으로 하지 않고 전교생이 수강할 수 있는 교양 과목으로 지정했다면 더욱 인기가 있었을 것이다. 물론 등록 학생의 숫자와 인기가 바로 성공의 잣대가 되는 것은 아니겠지만.

우리는 이와 비슷한 퓨전 음식의 메뉴로서 구약성서와 페미니즘, 사회 복지와 문학과 영화, 예술과 논리와 과학, 특수 교육과 경영학, 지식정보학과 국제학, 컴퓨터와 사랑, 석가와 예수, 기독교와 이슬람교와 유교와 불교, 동서양의 신학 등을 생각해볼 수 있다.

나의 이런 주장이 역사상 전혀 없었던 것은 아니다. 예를 들면 "옥스퍼드대학교의 수학과 입학 시험 가운데는 예를 들어 '소크라테스가 독을 마시고 죽었을 때 그 독배에는 약간의 독약이 남아 있었고, 그것이 증발하여 다시 당신의 머리에 떨어진다고 할 때의 확률에 대하여 논하라'는 문제도 있었다. 또한 기계공학 응시자에게는 '기계공학의 원리와 음악의 구조는 밀접한 관계가 있다. 이 명제를 토론하라'는 에세이도 출제되었다."37) 이런 입장에서 보면, 우리는 앞으로 거의 무한한 숫자의 새로운 교양 교육 과목을 신설할 수 있을 것이다.38)

이상의 6가지 원칙은 서로 상충되는 듯이 보이며, 또한 운영에 따라서는 현실적으로 상충될 수 있다. 그럼에도 나는 그들이 상호 보완적일 수 있으며, 21세기 강남대학교 교양 교육의 성패는 바로 이들 원칙의 동시 실천에 달려 있다고 믿는다.

II. 맺음말

교육은 크게 가정 교육·학교 교육·사회 교육으로 나눌 수 있으며, 이 세 분야의 교육은 서로 긴밀히 연관되어 있다. 가정 교육을 전혀 받지 못한 학생을 학교에서 정상적인 학생으로 만든다거나 불의가 판을 치는 사회에 진출해야 할 학생을 대학교에서 정상적 시민으로 만든다는 것은 거의 불가능한 일이다. 이런 뜻에서 이 세 분야의 교육은 "전부냐? 아니냐?"의 문제라고 말할 수 있다. 그들이 전부 잘 되거나 전부 잘못될 수는 있어도, 그 중에 한 분야만 잘 될 수는 없기 때문이다.

---

37) 같은 글, p. 42.
38) Cf. 앞으로 '소설로 배우는 종교'라는 과목을 가르치려면 대개 다음과 같은 텍스트를 생각해볼 수 있다.
 1. 기독교 소설 : 엔도 슈사쿠(遠藤周作), 『침묵』, 『깊은 강』 ; S. 키에르케고르, 『이것이냐, 저것이냐』 ; 이문열, 『사람의 아들』 ; N. 호손, 『주홍글씨』.
 2. 타종교 소설 : H. 헤세, 『싯달타』 ; 리차드 바흐, 『조나탄 리빙스톤 시걸』 ; 김성동, 『만다라』, 『꿈 ― 어디서 무엇이 되어 다시 만나랴』 ; 김동리, 『무녀도』, 『등신불』.
 3. 실존주의 소설 : F. 도스토에프스키, 『죄와 벌』, 『지하실의 수기(手記)』 ; F. 니체, 『이 사람을 보라』 ; F. 카프카, 『변신』 ; J. P. 사르트르, 『구토』 ; A. 카뮈, 『시지프스의 신화』.

학교 교육은 다시 초등학교 교육·중고등학교 교육·대학교 교육·대학원 교육으로 나눌 수 있으며, 이들도 서로 긴밀히 연관되어 있다. 여기서 우리는 두 가지 실수를 범할 수 있다. 첫째 실수는 우리가 대학 교육을 단순한 중고등학교 교육의 연장으로 보는 것인데, 이런 입장은 고등학교의 교육과 대학 교육 사이의 질적인 상이성을 망각한 것이다. 슐라이어마허의 표현을 빌리면, 고등학교는 '배우는 곳'이고 대학은 '배우는 방법을 배우는 곳'이다. 둘째 실수는 우리가 대학 교육을 전문적인 대학원 교육의 예비 단계로 보는 것이며, 이런 경향은 요즘 대학원 중심의 대학이라는 구호로 상당한 설득력을 얻고 있다. 그러나 이런 입장은 모든 시민에게 필요한 교육을 받아야 할 대학의 '넓게 옆으로 퍼지는 교육'과 특수한 분야를 전공하는 대학원의 '깊게 밑으로 내려가는 교육'의 차이점을 망각한 것이다. 또한 우리는 대학 졸업자의 거의 대부분이 대학원에 진학하지 않는다는 현실도 고려해서 21세기의 대학 교양 교육의 특성을 살리려고 노력해야 할 것이다.

나는 이 글에서 교양 교육을 몇 가지 모델로 분류하고, 각기 다른 모델을 비교적 충실히 실천하고 있는 대학의 교과 과정과 운영 방법을 구체적으로 토론하고, 끝으로 이런 결과를 근거로 해서 21세기의 바람직한 교양 교육 과정을 '통합 프로그램' 혹은 '퓨전 프로그램'으로 제시했다.

끝으로 나는 교양 교육의 내용은 한 번 확정지음으로써 끝나는 것이 아니라 시간이 지나면서 부단히 노력하여 개선해야 한다는 사실을 강조하고 싶다. 예를 들어서 하버드대학교의 『자유 사회에서의 교양 교육』(1945)은 아직도 전통적인 인문학문, 사회학문, 자연학문의 독특한 지식 습득 방법의 분류를 강조하고 있었다. 즉, 우리는 자연학문에서 기술·분석·설명을 배우고, 인문학문에서 평가·판단·비판을 배우고, 사회학문에서는 이상 두 가지를 합쳐서 설명·평가를 배운다는 것이었다.

그러나 1979년에 제출된 하버드대학교의 중핵 커리큘럼은 이상의 전통적 구분을 초월하여 내가 이미 소개했던 대로 문학과 예술·역사 연구·사회의 분석과 윤리의 규명·과학·외국 문화의 5개 분야로 확대했다. 교양 교육의 목적도 첫째로 명료하게 사고하며 사고한 내용을 효과적으로 표현하는 사람, 둘째로 특정한 분야에 깊은 지식을 가진 사람, 셋째로 우주와 인간에 대한 폭넓은 지식과 이해를 터득할 뿐만 아니라 그 지식을 적용하는 방법을 아는 사람, 넷째로 도덕과 윤리에 관한 충분한 인식을 가지고 있으면서 이런 문제에 관하여 항상 사고하고 경험적으로 실천하는 사람, 다섯째로 다른 문화권과 세계를 충분히 이해하는 사람으로 확대시켰다. 이 중에서 첫째와 둘째 요건은 대학 교육 전반에서 실현되어야 하고, 셋째와 넷째와 다섯째는 특히 교양 교육에서 실현되어야 한다고 주장했다.[39)]

이제 우리는 이런 하버드 제안에 만족하지 말고 21세기에 맞는 새로운 패러다임을 찾아야 하며, 이런 과업을 수행하려면 무엇보다도 우리들의 '열린 마음'이 중요할 것이다. 21세기 교양 교육의 새로운 돌파구를 찾는 일은 이제 발등에 떨어진 불이 되었다.

---

39) 김광억, 앞의 글, pp. 39-40.

제12장
경천애인애물과 학문
— 강남대학교를 중심으로

1. 머리말

강남대학교의 창학 이념은 '기독교 정신과 홍익인간의 이념을 바탕으로 민족과 인류를 위하여 진리·자유·평등·평화·복지를 추구하며, 경천애인(敬天愛人)을 실천하는 인재를 양성한다'로 되어 있고, 교훈은 경천애인이며, 교육 목적은 '창학 이념을 바탕으로 진리를 탐구하고 인격을 연마하여, 민족과 인류의 번영을 위하여 봉사하는 인재를 양성한다'로 되어 있고, 구체적인 교육 목표는 '교양인 양성·전문인 양성·봉사인 양성'이다.[1] 강남대학교의 이런 주장들은 몇 가지 특성을 갖는다.

첫째, 강남대학교는 문자 그대로 행동하는 지성의 양성을 궁극적 목표로 삼고 있다. 굉장히 지적이지만 행동하지 않는 사람, 그리고 과격하게 행동하면서도 자신의 행동에 대한 지성적 성찰을 할 수 없는 사람, 그들은 아직도 완성된 인간이 아니다. 강남대학교는 이런 사실을 '실천하는 인재' 혹은 '봉사하는 인재'라고 표현한다.

둘째, 강남대학교는 키에르케고르적인 '신 앞에 홀로 선 단독자'보다는 사회 속에서 적극적으로 활동하는 공자적인 인간의 양성을 궁극적 목표

---

1) 강남대 학사지원팀, 『대학 생활 설계』, 2001. p. 5.

로 삼고 있다. 고립된 '나'보다는 '우리 속의 나'가 되어야 한다고 믿는다. 강남대학교는 이런 사실을 창학 이념과 교육 목적에서 각각 '민족과 인류를 위하여'와 '민족과 인류의 번영을 위하여'라고 표현한다.

셋째, 강남대학교는 모든 학생이 교양인과 전문인의 과정을 통해 봉사인이 되는 것을 궁극적 목표로 삼고 있다. 그래서 강남대학교는 창학 이념에서 진리·자유·평등·평화 다음에 복지를 추구한다고 특별히 강조하고 있으며, 교육 목표는 더욱 정확하게 교양인 양성·전문인 양성·봉사인 양성으로 되어 있다. 물론 우리는 이 세 가지 교육 목표를 따로 따로 생각할 수 있다. 어떤 학생은 교양인이 되고, 다른 학생은 전문인이 되고, 또 다른 학생은 봉사인이 되어야 한다고. 그러나 나는 그들을 연속적인 개념으로 생각하고 싶다. 모든 학생은 일단 교양인이 되어야 하며, 그 다음에는 전문인이 되어야 하며, 끝으로 그들은 모두 봉사인이 되어야 한다고. 즉, 교양인은 교양인으로 만족하지 말고 전문인이 되어야 하며, 결국 모든 교양인과 전문인은 어떤 형태로든지 남을 도울 수 있는 봉사인이 되어야 한다고 생각하고 싶다.

넷째, 강남대학교의 가장 독특한 사상은 이 모든 목표의 성취를 결국 경천애인의 이념에서 찾는다는 사실이다. 위로 하느님을 사랑하고, 옆으로 이웃 인간을 사랑하는 것, 이것이 바로 진리·자유·평등·평화·복지를 통하여 민족과 인류에 기여하는 것이다.

나는 이 글에서 우선 경천애인을 경천애인애물(敬天愛人愛物)로 확대해야 된다고 주장하고, 그렇게 확대된 경천애인애물을 학문의 세 단계로 설명하고, 강남대학교에서 경천애인애물을 실천할 수 있는 몇 가지 원칙을 제시하고, 그런 원칙을 특히 신학부의 경우로 고찰하고, 끝으로 지금까지의 토론을 바탕으로 해서 강남대학교의 미래를 간단히 진단하겠다.

2. 경천애인과 경천애인애물

경천과 애인은 절대로 분리될 수 없는 개념이다. 하느님을 사랑한다는 것은 곧 그 하느님이 사랑하는 모든 인류를 사랑한다는 뜻이며, 우리가 다른 사람을 사랑할 수 있는 근본적인 이유는 하느님이 우리 인간을 먼저 사랑했기 때문이다. 그래서 성서는 "너희들이 보이는 형제를 사랑하지 않으면서 어떻게 보이지 않는 하느님을 사랑할 수 있겠느냐?"고 반문했던 것이다.

그러나 강남대학교의 경천(敬天, 하느님 사랑)과 애인(愛人, 사람 사랑)은 이제 애물(愛物, 환경 사랑)을 포함해야 한다. 마치 우리가 하느님을 사랑하려면 먼저 인간을 사랑해야 하듯이, 오늘날 우리가 인간을 사랑하려면 먼저 자연을 사랑해야 되기 때문이다. 이제 우리는 신학과 인간학과 환경학을 동시에 가르치고 배워야 한다. 요즘 많은 학자들이 우리의 신앙 형태가 인간중심주의(anthropocentrism)에서 신중심주의(theocentrism)를 지나 우주중심주의(cosmocentrism)로 나아가야 한다고 주장하는 이유도 여기에 있다. 하여간 종래의 경천애인은 경천애인애물 혹은 애천애인애물로 확대되어야 한다. 왜?

여기에는 여러 가지 이유가 있겠으나, 우선 기독교가 종종 생명 파괴의 주범이라고 비판을 받고 있기 때문이다. 특히 리안 화이트가 1967년에 「생태 위기의 뿌리」라는 글을 발표한 이후로 많은 학자들이 기독교의 반생태학적 태도를 비판해 왔는데, 그들의 이런 비판은 일단 나름대로의 근거를 가지고 있는 듯이 보인다.

첫째, 교리적으로 볼 때 하느님은 아담과 이브를 창조한 다음에 그들에게 "생육하고 번성하여 땅에 충만하라, 땅을 정복하라, 바다의 고기와 공중의 새와 땅에 움직이는 모든 생물을 다스리라"고 축복했으며, 또한 "내가 온 지면(地面)의 씨 맺는 모든 채소와 씨 가진 열매를 맺는 모든 나무를 너희에게 주노니, 너희의 식물이 되리라"(「창세기」, 1 : 28~29)고 약속했다. 이런 축복과 약속은, 여기에 나오는 '정복하라'와 '다스리라'는 단어에 대한 여러 가지 해석이 없는 것은 아니지만, 일단 하느님이 인간에게 생태계 파괴의 권리를 준 것으로 해석할 수 있다.[2]

둘째, 현실적으로 볼 때 기독교 윤리에 바탕을 둔 서양의 자본주의는 동양에 비해 훨씬 정교한 과학과 기술을 발전시키는 과정에서 생태계 파괴에 적극적으로 기여했다.[3] 많은 학자들이 동양 종교가 서양 종교보다 훨

---

2) 황필호, 「예수의 생태친화성」, 『서양종교철학 산책』, 집문당, 1996, p. 70.

씬 훌륭한 생태감수성(eco-sensitivity)와 생태친화성(eco-friendliness)을 가지고 있다고 주장하는 이유도 여기에 있다.4)

이렇게 학자들이 기독교를 생태 파괴의 주범으로 규탄하는 이유는 무엇인가? 어느 학자는 그것을 이기적인 인간중심주의와 애니미즘의 거부라는 두 가지 사실로 설명한다. "기독교의 세계관은 인간과 자연을 인간 중심의 입장에서 위계 질서화하려는 이원론적이고 도구주의적인 세계관이고, 또한 기독교는 애니미즘을 거부한다. 애니미즘이란 환경의 모든 부분이 ─ 그들이 살아 있는 존재건 살아 있지 않은 존재건 ─ 영(靈)이나 의식을 가지고 있다고 믿으며, 이로부터 모든 살아 있는 실체의 존재 권리를 인정한다. 기독교는 이를 부인하여 인간 이외에는 영이 살아 숨쉴 수 없도록 하였다. 화이트에 따르면, 바로 이 두 가지 사실을 근거로 해서 유대·기독교 전통은 신, 세계, 인간, 자연의 관계를 철저히 단절시켰다."5)

하이데거의 말을 빌릴 필요도 없이, 과학과 기술은 이제 우리들의 선택의 대상이 아니라 우리의 삶의 일부가 되었으며, 과학과 기술은 오늘날 우리에게 수많은 비극을 선사하고 있다. 우리가 자연 사랑을 떠나서는 사람 사랑이나 하느님 사랑도 제대로 할 수 없다고 말할 수밖에 없는 이유가 여기에 있다. 그래서 어느 학자는 요즘 환경 윤리에서 벌어지고 있는 이른바 '인간중심주의'와 '생명중심주의'의 대결을 토론하면서 자연의 위기는 곧 인간의 위기라고 진단한다.

자연에 대한 인간의 특권적 지위를 지나치게 절대화하면, 인간 중심적 기술 문명은 인간 이외의 자연 환경을 황폐화시켜 결국은 인간의 생존 자체를 위협하는 결과를 초래한다. 반면, 인간을 자연 전체의 한 부분으로 보는 생명중심주의는 인간의 실존 자체에 아무런 존재론적 의미도 부여하지 않는다. 이러한 관점에서 보면 자연의 모든 생명체는 ─ 그것이 의식이 없는 식물이든 아니면 의식을 가진 인간이든 관계없이 ─ 평등하다.

---

3) 최근에는 문명이 전혀 발달하지 않은 원시 국가에서의 자연 파괴가 새삼스레 논란의 대상이 되고 있다.
4) 황필호, 「예수의 생태친화성」, 앞의 글, p. 71.
5) 문순홍, 「생태 윤리와 한국 종교 단체들의 환경 운동」, 『현상과 인식』, 1994, 겨울호, p. 98.

절대화된 인간중심주의가 인간의 생존을 '존재적'으로 위협한다면, 탄력적이지 못한 생명중심주의는 인간의 실존을 '존재론적'으로 위협하고 있는 것이다. 인간만을 중요시하면 인간 이외의 자연 환경은 결국 황폐화되어 인간이 살아갈 수 있는 터전을 잃게 되고, 생명만을 중요시하면 자연은 인간이 없이도 계속 살아남을 수 있는 까닭에 인간이 실존해야 할 의미와 타당성을 상실하게 된다. 이런 관점에서 보면, 결국 위기에 처해 있는 것은 자연이 아니라 인간이다.[6]

길희성도 경천애인은 경천애인애물로 확대되어야 한다고 말한다. "만약 예수가 현대에 사셨다면, 그는 하느님 사랑과 인간 사랑 이외에 자연 사랑의 계명을 추가했을 것이라고 나는 확신한다. 인간의 탐욕으로 이토록 하느님의 아름다운 창조 세계가 파괴되고 신음하게 될 줄은 예수도 미처 모르셨을 것이다."[7] 또한 경천애인애물의 사상은 강남대학교를 설립한 우원(友園) 이호빈 목사님의 사상과도 완전히 일치된다. 김흡영은 이렇게 말한다.

우원은 생태 문제에 민감하였다. 그는 육체 부활의 문자적 해석을 믿는 보수적 한국 교회 풍토에서, 묘지 면적 증대에 따른 한국 생태계의 장래를 걱정하며 묘지 매장을 거부하며 화장을 주장하고, 몸소 실천에 옮기신 분이었다. 우원은 주안(朱安)에 있는 삼농원(三農園)에서 농민 실천 복음 학원을 개설하여 공동체 운동을 지도하면서 애신(愛神), 애인(愛人), 애토(愛土)의 삼애(三愛) 정신을 제창하셨다. 삼애 정신을 다시 말하면 하느님 사랑하기 · 사람 사랑하기 · 땅 사랑하기이고, 여기에는 분명히 애신과 애인과 함께 애토가 포함되어 있다.

삼애 정신은 결국 예수 사랑하기의 세 측면을 표현한 것이다. 우원은 하느님 사랑하기와 사람 사랑하기는 불가분의 관계에 있고, 사람 사랑하기에는 땅 사랑하기가 이미 포함된다고 주장한다. 이런 면에서 보면, 현재 강남대학교 이념인 경천애인(敬天愛人)은 충분하지 못하다. 하느님 사랑하기의 경천 정신과

6) 이진우, 「환경 윤리와 인간의 생존 : 인간을 구원하는 것이 자연을 보존하는 길이다」, 최재천 편, 『과학 · 종교 · 윤리의 대화』, 궁리, 2001, p. 67.
7) 길희성, 「예수 숭배 — 아직도 교회에 다닙니까?」, 오강남, 『예수는 없다』, 현암사, 2001, p. 304.

사람 사랑하기의 애인 정신은 표현되어 있으나, 오늘날의 시각에서 보면 매우 중요한 선견지명이었던 땅 사랑하기(애토 정신)가 결여되어 있다. 우리는 우원의 땅 사랑하기의 애토 정신에서 훌륭한 한국적 생태 신학을 발전시킬 수 있을 것이다.[8]

끝으로 나는 경천, 애인, 애물의 순서에 대하여 간단히 생각해 보겠다. 우리는 흔히 수신, 제가, 치국, 평천하라고 말한다. 실천의 측면에서 볼 때, 수신을 한 사람만이 제가를 할 수 있고, 제가를 한 사람만이 치국을 할 수 있고, 치국을 한 사람만이 평천하를 할 수 있다는 뜻이다. 그러나 목적의 측면에서 볼 때 수신의 목적은 제가며, 제가의 목적은 치국이며, 치국의 목적은 평천하다.

아퀴나스는 이런 순서의 차이점을 '존재의 순서(order of being)'와 '인식의 순서(order of knowing)'로 설명한다. 존재론적 측면에서 보면, 하느님이 먼저 존재하고 그 다음에 인간이 존재하게 된다. 그러나 우리가 하느님을 지각하는 인식론적 측면에서 보면, 우리는 하느님이 창조한 우주를 먼저 알고 그 다음에 우리가 이렇게 파악한 우주를 통해 창조주를 알 수 있다는 뜻이다. 그러므로 경천애인애물은 존재의 순서 혹은 목적의 순서가 되며, 애물애인경천은 인식의 순서 혹은 실천의 순서가 된다. 다음에 나는 이 세 가지 이념을 교육 현장에서 어떻게 구체화시킬 수 있느냐는 문제를 토론하기 위해 학문의 세 단계를 고찰하겠다.

3. 학문의 세 단계와 경천애인애물

일반적으로 모든 학문은 무엇을 배우고 가르치느냐에 따라서 세 단계로 나눌 수 있다. 첫째는 정보(information)의 단계고, 둘째는 지식(knowledge)의 단계고, 셋째는 지혜(wisdom)·진리(truth)·덕(virtue)의 단계다. 우리는 어떤 현상에 대한 정보를 얻고, 그 정보를 통해 현상의 원인을 규명

8) 김흡영, 「21세기 강남대학의 국제화와 해외 선교를 위한 신학적 토대」, 제2회 교수포럼 (2001. 12. 5) 발표문, pp. 29-30.

하는 지식을 얻고, 끝으로 이 지식을 통해 진리에 도달한다. 이제 각 단계를 조금 더 생각해 보자.

첫째, 정보에도 여러 가지가 있다. 요즘 젊은이들이 즐겨 인용하는 썰렁한 유머로부터 유명한 학자의 어록(語錄)에 이르는 여러 가지의 정보가 있지만, 일단 모든 정보는 나름대로의 가치가 있는 듯이 보인다. 특히 정보화 시대로 돌입한 요즘에는 정보의 중요성이 더욱 강조되고 있다. 미래학자 토플러가 『제3의 물결』에서 앞으로는 "정보를 가진 사람이 세계를 지배한다"고 선언한 이유도 여기에 있다. 예를 들자. 나는 서울에서 부산으로 가는 길을 전혀 모르지만, 나의 친구는 육로·해상·항공을 통한 여러 가지 길을 알고 있다. 그러면 나는 그에게 어떻게 부산에 갈 수 있느냐고 물을 수밖에 없다. 그가 나보다 더욱 많은 정보를 가지고 있기 때문이다.

그러면 우리는 무조건 많은 정보를 가질수록 좋은 것인가? 그렇지는 않다. 필요한 정보는 꼭 가지고 있어야 하지만, 필요 없는 정보는 가급적 버리려고 노력해야 한다. 어느 학생이 학교에 가는 길을 모른다고 하자. 참으로 큰 일이 아닐 수 없다. 학생에게 학교로 가는 길에 대한 정보는 필수적이기 때문이다. 이와 반대로, 어느 연예인이 어떤 사람과 결혼을 하려다가 하지 않게 되었고, 그러다가 다시 하게 되었다는 정보가 있다고 하자. 내가 연예계에 종사하지 않는다면, 그녀가 결혼을 한다는 사실이 도대체 나의 인생에 어떤 의미를 가질 수 있겠는가. 참으로 백해무익한 일이다.

실로 현대인은 쓸데없는 정보의 나열을 바로 지식 혹은 진리라고 착각하고 있다. 아니, 그는 쓸데없는 정보를 너무 많이 알고 있기 때문에 진정한 지식이나 지혜를 받아들일 수 없다. 그래서 노자는 『도덕경』(제5장)에서 이런 현대인에게 "말이 많으면 궁하게 된다(多言數窮)"고 경고한다. 즉, 우리는 너무 많이 듣고 너무 많이 말한다. 그것이 우리의 삶에 필요한 것인지 혹은 전혀 불필요한 것인지를 생각조차 하지 않으면서. 그러다 보니 결국 우리는 모두 식자우환(識字憂患)에 걸리게 된다.

오늘날 우리는 정보의 중요성에 집착해서 "배운다는 것은 수많은 정보를 소유하는 것(To be educated is to be in the possession of a great deal of information)"이라고 믿고 있다. 우리들이 흔히 정보를 '사실'이라고 표현하는 이유도 여기에 있다. 그러나 정보의 수집 자체는 교육이 아니다. 교양교육가인 다키(William A. Darkey)는 그 이유를 다음과 같이 설명한다.

> 대부분의 정보 혹은 추정된 사실(alleged facts)은 아직 사실이 아니며, 곧바로 혹은 일상적으로 우리가 의식하지도 못하는 사이에 다른 사실로 대체된다. 고등학교를 졸업하고 10년이 지난 사람은 이런 사실의 타락(the deterioration of facts)을 경험한다. 그럼에도 우리는 한때 교육받은 사람까지도 그가 가지고 있는 사실의 타락으로 인하여 다시 배우지 못한 사람이 될 수 있다는 점을 인정하려고 하지 않는다.
> 더욱 중요한 이유로, 우리들의 정보가 의미가 있으려면, 우리는 우선 추정된 사실을 정확히 이해해야 한다. 거기에 나오는 어휘들을 이해하고, 다른 사실들과의 지적 관계도 이해해야 한다. 그러나 선생을 포함한 모든 사람이 그 어휘들을 항상 이해하는 것은 아니며, 또한 다른 사실들과의 관계도 단순한 선언에 대한 응답으로는 파악될 수 없다. 그래서 학생은 의미를 파악하지 못할 수 있으며, 더욱 나쁜 경우로는 그것을 부분적으로 이해하여 우리 모두가 경험하는 이해와 곡해라는 일상적 좌절의 한 경우로 취급하는 것이다. 그가 진정 이해하려고 할 때도 이런 경우는 발생한다. 그가 이해하려고 하지 않는 경우는 더 말할 필요도 없지만.9)

둘째, 지식에도 여러 가지가 있다. 그러나 아리스토텔레스는 모든 지식이 한 가지 특성을 가지고 있다고 말한다. 지식을 가지고 있다는 것은 그 지식의 원인을 알고 있다는 것이다. 예를 들어서 "A부터 B까지의 거리는 1킬로미터다"라는 정보가 있다고 하자. 여기서 "왜?"라는 질문은 나올 수 없다. 그 거리가 1킬로미터라는데 무슨 이유가 있겠는가. 그러나 지식은 언제나 그 원인을 아는 것이다. 예를 들어서 우리는 니체라는 철학자가 신의 죽음을 선포했다는 사실을 잘 알고 있다. 그러나 도대체 왜 니체는 그렇게 주장했는가. 그 이유는 무엇인가. 만약 우리가 그 이유를 모른다

---

9) William A. Darkey, "Afterword", *Three Dialogues on Liberal Education*, St. John's College Press, 1979, p. 124.

면, 우리는 아직도 니체의 명제를 지식의 차원이 아닌 정보의 차원에서 받아들이고 있는 것이다. 만약 우리가 니체의 명제를 지식으로 알고 있다면, 우리는 그 이유를 조목조목 제시할 수 있어야 한다. 정보는 지식이 아니다.[10]

이렇게 보면, 우리는 평소 우리가 알고 있다고 생각하고 있는 대부분의 것들이 실제로는 알지 못하고 있다는 소크라테스적 자각에 이르게 된다. 우리는 어떤 지식에 이르는 과정이나 원인은 모르면서 그냥 결론만 앵무새처럼 암기하고 있으며, 이런 정보를 다시 진정한 지식이라고 착각하고 있다. 소크라테스가 "네 자신을 알라!"고 외친 이유가 여기에 있다.

셋째, 학문의 궁극적 목표는 지식이 아니다. 그것은 지식보다 한 차원 높은 지성이며 진리며 덕이다. 그래서 우리는 대학을 '지식의 전당'이라고 말하지 않고 '진리의 전당'이라고 말한다. 마치 정보가 지식을 얻는 데 도움이 될 수도 있고 방해가 될 수도 있듯이, 지식도 진리를 얻는 데 도움이 될 수도 있고 방해가 될 수도 있다. 그래서『도덕경』은 "말로 표현된 도는 상도가 아니다(道可道非常道)"라고 강조하며, 일상적으로 우리도 "아는 사람은 말하지 않는다(知者不言)"고 선언하고, 선불교는 아예 불립문자(不立文字)를 주장한다. 성서가 "지식이 증가할수록 괴로움이 더욱 증가한다"고 말하는 이유도 여기에 있다.

전도자인 나는 예루살렘에 사는 이스라엘의 왕이었다. 나는 우주의 모든 것을 이해하려고 전념했다. 그러나 결국 나는 하느님이 지금까지 다스려온 인간의 운명은 행복한 것이 아님을 발견했노라. 모든 것은 바람을 좇는 것과 같이 어리석을 뿐이로다. 한 번 잘못된 것은 다시 고칠 수 없으며, 그것은 둑을 넘어 흘러가는 물과 같도다. 그리고 달리 될 수 있었을 텐데라고 생각해도 아무 소용이 없노라.

나는 스스로 이렇게 말했다. "보라, 나는 예루살렘의 어느 이전의 왕보다 더욱 좋은 교육을 받았다. 나는 누구보다 더욱 많은 지식과 지혜를 가지고 있다." 진실로 나는 어리석지 않고 지혜롭게 되려고 열심히 노력했노라. 그러나 나는 이제 이런 노력조차 바람을 좇는 것과 같다는 것을 깨달았노라. 지혜가 증가할수록 슬픔이 더욱 증가하고, 지식이 증가할수록 괴로움이 더욱 증가하

10) 황필호,『영어로 배우는 인생 : 철학하기란 무엇인가』, 우공, 2001, pp. 43-44.

느니라.11)

우리는 정보보다는 지식을, 지식보다는 진리를 추구해야 한다. 『자유론』의 저자인 밀(John S. Mill, 1806~1873)이 그의 유명한 『공리주의』에서 "만족한 돼지보다 불만족한 인간이 되는 것이 좋다. 만족한 바보보다 불만족한 소크라테스가 되는 것이 좋다"고 외친 이유도 여기에 있다.12) 분명히 학문의 궁극적 목표는 정보나 지식 이상이다. 서양 학자들은 그것을 '지혜'라고 부르고, 동양 학자들은 그것을 '덕'이라고 부르고, 일반적으로 종교인들은 그것을 '진리'라고 부른다.

우리는 이런 사실을 한때 학문의 여왕으로 인정받고 있던 철학에 대한 어원학적 분석에서 쉽게 알 수 있다. 한국에서는 철학을 한때 도학(道學) 또는 심학(心學)이라고 부르기도 했으나 현재는 서양의 'philosophy'를 일본인들이 번역한 '철학'이라는 표현을 그대로 받아들이고 있다. 알다시피 'philosophy'는 '사랑한다(philos; to love)'는 그리스어와 '지혜(sophia; wisdom)'라는 그리스어의 합성어다. 그러니까 철학과 모든 학문은 '지혜·덕·진리를 사랑하고 추구하는 학문' 혹은 한마디로 '애지(愛智)의 학문'이다.13)

지금까지 토론한 학문의 세 단계와 경천애인애물은 어떤 관계에 있는가?

첫째, 애물을 실천하려면 먼저 거기에 필요한 모든 정보를 소유해야

---

11) 「전도서」, 1 : 12-18. "I, the Preacher, was a king of Israel, living in Jerusalem. And I applied myself to search for understanding about everything in the universe. I discovered that the lot of man, which God has dealt to him, is not a happy one. It is all foolishness, chasing the wind. What is wrong cannot be righted ; it is water over the dam ; and there is no use thinking of what might have been. I said to myself, "Look, I am better educated than any of the kings before me in Jerusalem. I have greater wisdom and knowledge." So I worked hard to be wise instead of foolish, but now I realize that even this was like chasing the wind. For the more my wisdom, the more my grief ; to increase knowledge only increases distress."

12) "It is better to be a human being dissatisfied than a pig satisfied ; better to be Socrates dissatisfied than a fool satisfied."

13) 황필호, 「철학이란 무엇인가 : 인생과 철학」, 미발표 논문, pp. 2-5.

한다. 예를 들어서 중국 대륙으로부터 한국으로 날아오는 흙먼지의 문제를 해결하려면, 우리는 우선 그 원인과 결과를 낳는 중국 공장들의 실태, 중국 정부의 태도, 국제 협력의 가능성 등에 대한 정확한 정보를 가지고 있어야 한다. 물론 모든 정보도 지식이나 진리로부터 완전히 떨어져 있는 것은 아니다. 그러나 애물의 실천은 우선 우리들이 가지고 있는 정보의 힘에 의존한다.

둘째, 애인의 실천에서 가장 중요한 것은 우리가 사랑하려는 사람들에 대한 단순한 정보 이상의 지식이다. 예를 들어서 우리가 이슬람교를 아직도 "한 손에 코란, 한 손에 칼!"을 외치는 종교라고 믿고 있는 한, 우리는 모슬렘에 대한 사랑을 절대로 실천할 수 없을 것이다. 물론 이 경우에도 우리는 그들에 대한 수많은 정보를 필요로 할 것이며, 결국 우리가 그들을 사랑해야 하는 근본적인 이유는 하느님이 모든 사람들에게 — 선인과 악인에게 — 골고루 비를 내려준다는 사실과 직결되어 있다. 그러나 애인의 실천은 우선 상대방에 대한 정확한 지식을 필요로 한다.

셋째, 경천의 실천에서 가장 중요한 것은 단순한 정보와 지식이 아니라 진정한 진리, 덕, 지혜가 된다. 예를 들어서 어느 종교철학자가 종교에 대한 해박한 정보와 지식을 소유하고 있다고 해서, 그가 진정 하느님을 사랑하는 사람이 되는 것은 아니다. 신앙이란 삶 전체를 바치는 실존적인 결단이며, 이런 결단은 진리의 소유자에게만 가능한 것이다. 이제 정보·지식·진리라는 학문의 세 단계와 애물애인경천의 관계를 도표로 표시하면 다음과 같다.

만족한 돼지 vs. 불만족한 인간		
만족한 바보 vs. 불만족한 소크라테스		
정 보	지 식	지혜·덕·진리
애 물	애 인	경 천

4. 강남대학교와 경천애인애물

학문을 분류하는 방식에는 실로 여러 가지가 있다. 그러나 우리는 일단 모든 학문을 인문학문·사회학문·자연학문으로 분류하고, 예체능학문 등은 특수 분야로 생각할 수 있다. 물론 이런 구별은 오늘날 그리 확실하지도 않으며, 또한 선명한 구별 자체가 바람직한 것도 아니다. 앞으로 설명하겠지만, 21세기의 바람직한 교육은 일단 '통합의 원칙'을 준수해야 하며, 그래서 예를 들면 '구약성서와 페미니즘, 사회 복지와 문학과 영화, 예술과 논리와 과학, 특수 교육과 경영학, 지식정보학과 국제학, 컴퓨터와 사랑, 석가와 예수, 기독교와 이슬람교와 유교와 불교, 동서 신학 등의 퓨전 메뉴'로 제공되는 것이 가장 바람직하기 때문이다.14) 그러나 우리는 일단 예체능학을 제외한 학문을 인문·사회·자연으로 분류해서 생각해 보자.

현재 강남대학교에서 인문학문을 대표하는 분야로는 신학부를 들 수 있으며, 사회학문을 대표하는 분야로는 사회복지학부를 들 수 있으며, 자연학문을 대표하는 분야로는 지식정보공학부를 들 수 있다. 우리는 이 세 분야를 다시 경천의 실천 과목·애인의 실천 과목·애물의 실천 과목으로 생각할 수 있는데, 그런 관계를 도표로 표현하면 다음과 같다.

진 리	지 식	정 보
경 천	애 인	애 물
인문학문	사회학문	자연학문
신학부	사회복지학부	지식정보공학부

내가 이 글을 제2회 강남대학교 교수 포럼에서 발표했을 때(2001. 12.

---

14) 황필호, 「21세기 교양 교육의 성격과 방법」, 『인문과학 논집』, 제10집, 강남대, 2001, p. 24 ; 이 책, p. 299.

5), 많은 교수들이 두 가지를 지적했다.

첫째, 어떤 교수는 "애물보다는 애토(愛土)가 더욱 적합하며 또한 후자의 표현이 강남대 설립자인 우원의 사상과 더욱 맞는다는 것이다. 또 다른 사람은 애물애인을 전통적인 용어인 격물치지(格物致知)로 표현해야 된다는 것이다. 여기서 나는 '애물'이라는 어휘를 특별히 고집하지 않겠다. 더욱 좋은 표현이 있으면 그것을 사용해야 할 것이며, 이 문제는 우리들이 앞으로 연구할 과제가 될 것이다. 다만 하느님 사랑과 사람 사랑은 환경 사랑을 포함하고 있다는 뜻만 강조하고 싶다.

둘째, 많은 교수들이 앞의 도표에 나오는 인문학문과 사회학문과 자연학문의 구별 혹은 신학부와 사회복지학부와 지식정보공학부의 구별을 가치 판단적으로 받아들였다. 그러나 정확히 말하면, 모든 학문이 다같이 경천과 애인과 애물의 실천을 추구하고 있으며, 또한 경천도 구체적으로는 애인과 애물을 통해 표현될 수밖에 없으며, 그래서 그들 사이에는 오직 어느 쪽에 더욱 관심을 기울이느냐는 강조점의 차이가 있을 뿐이다. 나도 한때는 철학을 '학문의 여왕'이라고 생각했다. 그러나 현재 나는 학문에는 어떤 논리적 우선 순위도 존재하지 않는다고 믿고 있다. 이런 점에서 앞의 도표에 나오는 구별은 절대로 가치 판단적이 아니다.

그러면 강남대학교는 앞으로 경천애인애물의 과목을 어떻게 가르치고 배워야 하는가? 우리가 21세기에 가장 적합한 교육을 실시할 수 있는 원칙은 무엇인가? 나는 이 질문에 대한 해답을 찾기 위하여, 내가 「21세기 교양 교육의 성격과 방법」에서 이미 제시한 네 가지 구체적 원칙을 다시 소개하겠다.15)

① 첫째 원칙은 '차별화(差別化)의 원칙'이다. 모든 과목은 우리나라 혹은 세계 어느 대학의 과목과도 동일하지 말아야 한다.

② 둘째 원칙은 '협동(協同)의 원칙'이다. 이것은 현실적으로 합동 수업(joint teaching)을 말하며, 가능한 한 모든 과목은 두 명 이상의 교수가 맡는 것이 좋을 것이다.

③ 셋째 원칙은 '특성화(特性化)의 원칙'이다. 이것은 모든 과목이 일종의 교양 교육 과목이 되어야 하지만, 강남대학교를 대외적으로 상징하는

---

15) 이 책, pp. 297-300.

가장 특성 있는 분야를 집중 육성해야 한다.

④ 넷째 원칙은 '통합(統合)의 원칙'이다. 이것은 현실적으로 전공 과목·도구 과목·선택 과목이 통합되는 원칙이다.

이제 강남대학교는 지금까지의 매너리즘에서 벗어나 과감하게 새로운 옷을 입고 단장할 필요가 있다. 우리나라의 어느 대학에서도 발견할 수 없는 새로운 메뉴, 모든 인접 과목이 한 과목 속으로 녹아든 퓨전 메뉴, 그리고 그 메뉴를 합동 작전으로 제시하는 새로운 학교로 재탄생해야 할 것이다. 다음에 나는 이 문제를 조금 더 구체적으로 내가 속해 있는 신학부의 실례로 토론하겠다.16)

5. 강남대학교 신학부와 경천애인애물

강남대학교의 모든 학부와 학과가 담당하고 있는 교육이 중요하겠지만 신학부의 중요성도 절대로 인정해야 한다. 강남대학교의 전신이 바로 중앙신학대학이었다는 점에서도 그렇다. 그러나 현재 신학부의 교육만큼 부실한 경우도 별로 없는 형편이다. 이제 나는 신학부 교육의 현재와 미래를 내가 앞에서 제시한 네 가지 원칙에 의하여 설명하겠다.

첫째, 나는 특성화의 원칙을 토론하면서 "강남대학교를 대외적으로 상징하는 가장 특성 있는 분야를 집중 육성해야 한다"고 말하고, 나는 그 분야로 사회복지학부를 지적했다. 여기에 대하여 신학부의 교수들은—신학부에 소속되지 않은 모든 교수들은 절대로 그렇게 생각하지 않겠지만—사회복지학부가 아니라 신학부가 강남대학교의 트레이드마크가 되어야 한다고 주장할 수 있는데, 그들의 논리는 대개 다음과 같다.

이론적인 측면에서 볼 때, 내가 이미 말했듯이 신학부는 주로 경천의 실천에 직접 관여하며, 사회복지학부는 애인의 실천에 직접 관여하며, 지식정보공학부는 애물의 실천에 직접 관여한다. 그러니까 이 중에서 가장

---

16) 내가 여기서 강남대학교의 특수한 분야에 대하여 토론하는 주된 이유는 모든 교육이 그 교육을 담당하는 주체의 역사와 현재 상태를 고려해서 결정되어야 한다는 점을 강조하기 위한 것이다.

중요한 경천 분야의 신학부가 강남대학교를 대표해야 한다는 것이다.

그러나 나는 그렇게 생각하지 않는다. 경천·애인·애물은 논리적인 우선 순위를 따질 수 없을 정도로 서로 보완적이어야 한다. 백 보를 양보해서 목적의 측면에서 경천이 가장 중요하다고 해도, 우리가 여기서 논의하는 것은 경천·애인·애물 자체의 논리적 우선 순위가 아니라 그들을 실천할 수 있는 구체적인 학문 분야에 관한 우선 순위며, 이렇게 볼 때 사회복지학부는 강남대학교에서 가장 높은 경쟁력을 가지고 있으며, 또한 대외적으로도 가장 잘 알려져 있다. 한마디로 강남대학교의 교훈이 '경천애인' 혹은 '경천애인애물'이기 때문에 신학부가 특성화되어야 한다는 주장은 이론적으로 설득력이 없다.

역사적인 측면에서 볼 때, 강남대학교의 전신은 중앙신학교였기 때문에 신학부가 강남대학교를 대표해야 된다는 주장이 있다. 그러나 이런 주장도 설득력이 없다. 강남대학교는 신학대학으로 출발했지만 그 후에 신학대학이 아닌 사회복지대학으로 우리 사회에 알려지게 되었다. 전통이란 일부 교수들이나 동창들이 고집을 부려서 달성될 수 있는 것이 아니라, 10여 년 이상의 지속적 노력에 의해서만 실현될 수 있다.

또한 강남대학교는 분명히 중앙신학으로 출발했지만, 우리는 여기서 그 신학이 일반 신학이 아니라 평신도 신학이었다는 사실을 잊지 말아야 한다. 함석헌·안병무 등의 기라성 같은 교수들이 중앙신학의 정식 교수로 활약했던 것도 당시 우리 대학의 전신이 철저한 평신도 신학이었기 때문이다. 김영일은 강남대학교 설립자인 우원 이호빈 목사의 창학 이념을 초교파 신학·평신도 교육·자립 정신의 세 가지로 정리하면서 이렇게 말한다.

교회 평신도라고 해서 교역자에게 예속되어 끌려다녀서는 아니 되고 자유로운 자기의 신앙을 가져야 하는데, 그러자면 평신도 성경이나 신학에 대하여 알 것은 알고 배울 것은 배워야 한다. 그래서 이호빈 목사는 이렇게 말한다. "한국 교회의 약점은 지도자(목사, 전도사)에 끌려다니는 것입니다. 그건 평신도가 무지해서 그렇다고 볼 수 있거든요. 일반 평신도가 깨우쳐야 해요. 하늘 나라 역사는 제가 보고 제가 가야 합니다. 신도들의 맹목적인 추종은 없어져야 할 것입니다."[17]

그런데 오늘의 현실은 어떤가? 우리는 아직도 입으로는 평신도 신학을 외치고 있다. 그러나 그것은 전혀 교과 과목 속에 나타나 있지 않고 있다. 더구나 2002년 현재 신학을 담당하고 있는 교수 중에서 평신도는 단 한 사람도 없는 실정이다. 이러면서 무슨 평신도 신학을 말할 수 있겠는가. 물론 성직자도 평신도 신학을 가르칠 수는 있겠다. 그러나 평신도의 입장에서 평신도 신학을 가르치는 경우만큼 효과가 있겠는가. 우리는 여기서 이호빈 목사가 본교 신학과 졸업생들을 안수하기 위한 교단을 만들 수 없었던 것이 아니라 일부러 만들지 않았다고 볼 수도 있다는 사실을 심각하게 생각해볼 필요가 있다.

강남대학교 신학부는 이제 아무런 이유도 없이 강남대학교는 신학부가 이끌고 나아가야 한다는 근거 없는 오만에서 벗어나서 이론적·역사적·현실적으로 강남대학교를 대표할 수 있는 사회복지학부에 열심히 협조해야 할 것이다. 이렇게 뭉치면 신학부도 살 수 있지만, 신학부가 강남대학교의 다른 모든 분야를 앞에서 선도해야 한다고 생각한다면 불행한 일이지만 공멸(共滅)을 면치 못할 것이다.

물론 나의 이런 주장은 현실적으로 수많은 어려움을 동반한다. 우선 한국의 모든 대학은 MIT처럼 어떤 특수한 분야에 집중하지 않은 종합대학으로 존재하고 있다. 이런 상황에서 어느 분야나 학부를 특성화시킨다는 것은 그 분야나 학부를 제외한 다른 분야들을 아류(亞流)로 만들려는 시도로 해석될 수도 있기 때문이다. 이런 뜻에서 우리는 일단 모든 분야에 충분한 자율성을 주어서 스스로 생존하려고 노력하도록 만들어야 한다. 즉, 나의 특성화 방안은 이런 자율성을 전제로 하고 있다. 다만 우리가 모든 분야의 자율성과 동시에 어떤 특성화를 원한다면, 그것은 각개 대학의 역사와 환경에 의해 결정해야 된다는 뜻이다.

더 나아가서, 앞으로 한국의 모든 대학은 지금까지의 백화점식 나열의 형태를 벗어난 특성화의 방향으로 진행되어야 하며, 그렇지 않으면 생존에서 실패하게 될 것이다. 한마디로 현재의 상태에서 어느 분야를 특성화시키려는 노력은 수많은 어려움을 가지고 있지만, 그래도 그것이 우리

---

17) 김영일, 「강남대학교의 역사와 창학 이념」, 강남대학교 학사지원팀, 『대학 생활 설계』, 앞의 책, p. 23.

가 앞으로 나아가야 할 방향이다.

둘째, 나는 차별화의 원칙을 토론하면서 "이제 강남대학교의 모든 과목은 우리나라 혹은 세계 어느 대학의 과목과도 동일하지 말아야 한다"고 말하고, 이런 실례로 "종래의 철학 개론은 '영어로 배우는 철학'이 될 수 있고, 종래의 조직신학은 '소설로 배우는 기독교'가 될 수 있다"고 말했다. 다시 말하지만, 먼저 독특한 '나'를 만든 사람만이 '우리'를 도모할 수 있기 때문이다.

그러나 현재 신학부에서 제공하는 모든 과목은 일단 겉으로 보기에는 신약신학 · 구약신학 · 교육신학 · 교회사 · 조직신학 등 천편일률적으로 옛날과 동일하여 변화하는 시대를 따라가려는 노력이 전혀 보이지 않는다. 예를 들어서 '소설로 배우는 기독교'나 '구약과 페미니즘' 등의 어휘를 아직 눈을 씻고 보아도 찾을 수 없다. 강남대학교 신학부가 — 다른 신학교들은 모든 교육을 수요자 중심주의로 나아가려고 발버둥치고 있음에도 불구하고 — 그대로 과거를 답습하고 있다면, 만약 나의 이런 관찰이 옳다면, 참으로 슬픈 일이다. 동일한 신학이라도 이제는 새 시대에 맞는 새 옷으로 단장한 신학 과목과 종교철학 과목이 되어야 승산이 있다.

더구나 강남대학교 신학부는 지금까지 졸업생들에게 안수를 줄 수 없었다. 그래서 천신만고 끝에 교단이 없는 여러 대학의 신학부들이 협의하여 2002년에 각 대학에서 추천한 몇 사람들에게 합동 안수를 주기에 이르렀고, 그래서 졸업한 다음에 안수를 받은 목사의 자격으로 개척 교회라도 세울 수 있는 계기를 마련하게 되었다.

그러나 이런 조치도 일부의 탁월한(?) 사람들에게는 해결책이 될 수 있으나 일반 졸업자들에게는 전혀 도움이 될 수 없다. 강남대학교에서 안수받아 성직자가 되었다고 하자. 그가 어느 교회에 가서 부목사 직책이라도 수행하려면 그는 어쩔 수 없이 기성 교단에서 세운 교회를 찾을 수밖에 없으며, 그 교회는 당연히 자신의 교단에서 안수받은 사람을 원하게 될 것이다. 이 경우에 강남대학교에서 안수받는다는 것은 자신의 장래와 취직을 스스로 봉쇄하는 자살 행위가 될 수밖에 없다. 그러므로 신학부의 미래는 공연히 남을 따라가려고 하지 말고, 안수 여부가 모든 것을 결정한다고 생각하지 말고, 진정 차별화된 교육에서 밝은 미래를 찾아야 할 것이다. 이제는 발상 자체가 변화되어야 한다.

예를 들어서, 최근에는 초대형 베스트셀러 환타지 소설이며 영화화까지 된 조앤 롤링의 『해리 포터』와 신학의 관계에 대한 논란이 뜨겁게 전개되고 있다. 캔터베리 성당 관계자들은 이 소설에 등장하는 이방인의 종교적 이미지가 기독교인들의 반발을 사고 있기 때문에 영화로 제작된 『해리 포터와 마법사의 돌』의 개봉을 반대하겠다고 큰소리를 쳤다. 그러나 그들의 호언장담은 한 편의 해프닝으로 끝나고 말았다.

반대로 브리스톨에 있는 신학교의 브리저 학장은 오히려 이 소설이 아주 심오한 기독교적 메시지를 담고 있으며, 그는 이 소설을 기독교 변증론자였던 C. S. 루이스의 『나르니아』 시리즈와 비교하면서 저자는 '성서의 복음서와 연결될 수 있는 새로운 서사 방식을 주조해냈다'고 말했다. 그리고 그는 자신의 이런 성서 해석을 위한 이방적 서사의 도입을, 사도 바울이 당시 대중적 담론이었던 제우스 이야기를 자신의 전도를 위해 차용한 경우와 비슷하다고 말했다.[18]

나는 여기서 『해리 포터』의 내용이 신학적이거나 종교적이라고 주장하려는 것이 아니다. 다만 이제 신학도 대중 문화의 거센 영향력을 벗어날 수는 없으며, 어떤 식으로든지 거기에 대한 대응책을 내놓을 수밖에 없다는 단순한 사실을 강조하고 싶다. 이런 상황에서 우리가 만약 과거에 가르쳤던 과목을 천편일률적으로 제시한다면, 그것이 어찌 새로운 21세기 시대에 맞는 교육이 될 수 있겠는가.

셋째, 나는 협동의 원칙을 토론하면서 "이것은 현실적으로 합동 수업을 말하며, 가능한 한 모든 과목을 두 명 이상의 교수가 맡는 것이 좋을 것"이라고 말했다. 그러나 현재 강남대학교 신학부는 신학 이외의 다른 분야와의 협동은 말할 것도 없고 신학부 안에 있는 신학 분야와 종교철학 분야의 협동이 전혀 이루어지지 않고 있다.

물론 대학 당국은 종교철학 분야를 완전히 없애버리고 그냥 신학부를 만들 수 있다. 나 개인적으로는 그것이 전혀 바람직하지 않다고 생각하지만, 이것은 전적으로 대학 당국의 선택일 뿐이다. 그러나 만약 신학부에 신학 뿐만 아니라 종교철학을 포함하게 하려면, 만약 신학과 종교학과

---

18) 이택광, 「해리 포터와 반기독교 논쟁」, 『교수신문』, 2001년 11월 26일자.

종교철학이 서로 건설적인 경쟁과 조화로 실현되는 대학으로 만들려면, 그렇다면 우선 '신학부'라는 명칭을 '신학·종교철학부'로 변경해야 한다. 그렇게 하는 것이 그냥 신학부로 신입생을 모집하는 경우보다 더욱 경쟁력을 갖게 될 것이며, 더구나 이런 조치는 분명히 종교철학을 전공하는 학생들에게 정체성의 위기로부터 벗어나도록 만들 것이다.

대학원의 경우도 마찬가지다. 학부에서는 신학·종교철학·종교심리학 등 여러 가지 중에서 마음대로 어느 분야를 전공할 수 있으나 대학원에서는 오직 신학만 전공하는 기구로 만들 수 있다. 그러나 만약 대학원에서도 신학 이외의 다른 종교에 관련된 과목을 전공할 수 있게 하려면, 우선 그 명칭부터 '신학대학원'이 아닌 '신학·종교철학 대학원' 혹은 '신학·종교심리학 대학원'이 되어야 한다.

여기서 나는 학부와 대학원을 신학 전공으로만 채우지 말고 신학 전공과 종교철학 전공을 동시에 해야 한다고 주장하는 것이 아니다. 만약 두분야를 전부 포함하는 기구로 만든다면, 당국과 교과목을 담당하고 있는 교수들은 이 사실을 명확히 대내외에 천명하고, 음성적으로나 직접적으로 일단 신학부에 들어왔으니까 신학 과목을 어느 정도 이상 들어야 한다고 강요하지 말아야 한다는 것이다.

즉, 학부의 학생들에게는 공개적으로 말하지 않지만, 예를 들어서 종교심리학을 전공하는 대학원생에게 "너는 왜 신학대학원에 들어와서 교회사 과목을 듣지 않았느냐?"고 윽박지르지 말아야 한다. 그러나 현재의 강남대학교 신학부에는, 이것은 전적으로 나의 추측이지만, 종교학이나 종교철학을 신학의 예비 단계로 보려는 반시대적 발상이 팽배한 듯이 보인다. 다시 말하지만, 뭉치면 살고 헤치면 죽는다.

넷째, 나는 통합의 원칙을 토론하면서 "이것은 현실적으로 전공 과목·도구 과목·선택 과목이 통합되는 원칙"이라고 말했다. 그러나 나는 여기서 이념의 통일을 강조하고 싶다. 모든 행동 속에는 그 행동을 나오게 만든 이념이 있을 수밖에 없기 때문이다.

현재 강남대학교 신학부에서는 우리가 앞으로 극단적 보수 신학을 가르칠 것인가, 혹은 극단적 자유종교철학을 가르칠 것이냐는 문제가 심각하게 떠오르고 있으며, 이 문제에 관한 한 아무도 자신의 개인 신앙과 반대되는 쪽을 허용하지 않으려고 한다. 어느 쪽을 선택해야 하는가? 나는 이 심각한 질문에 대하여, 강남대학교는 양쪽을 모두 갖추고 있어야 한다고 생각한다. 그래서 아주 보수적인 신학생과 아주 자유분방한 종교철학자가 동거하는 곳, 즉 과거와 현재·정통과 자유·신학과 철학이 공존하는 곳이 되어야 한다. 바로 여기에 강남대학교의 신학·종교철학부가 성공할 수 있는 — 다른 어느 기관도 갖고 있지 못한 — 장점이 있다. 만약 우리가 그 중에서 어느 한쪽을 선택한다면, 강남대학교의 신학·종교철학부의 장래는 결코 밝지 못할 것이다.

끝으로 나는 '통합의 원칙'을 논하면서 모든 교수의 일관성 있는 언행 일치, 윤리와 종교의 일치를 강조하고 싶다. 자신의 언행이 시간과 장소, 일요일과 월요일, 상대하는 사람들에 따라 수시로 변경되지 말아야 할 것이다. 학문과 인생을 일치시킨 사람, 21세기에는 그런 사람만이 진정한 스승이 될 수 있을 것이다.

6. 맺음말

경천·애인·애물을 전통적인 언어로 표현하면 각각 아가페·필리아·에로스가 될 것이다. 물론 에로스는 자연에 대한 사랑이 아니라 사람에 대한 사랑이다. 그러나 신적 사랑인 아가페, 정신적 사랑인 필리아와는 달리 에로스는 어디까지나 육체적 사랑이라는 뜻에서 우리는 그것을 애물이라고 말할 수 있다.

오늘날 우리는 이 세 단계가 질적으로 상이하거나 혹은 그들 사이에는 아무런 관계가 없다고 생각한다. 그러나 이런 생각은 잘못된 것이다. 분명히 플라톤은 아가페를 추구했다. 그러면서도 그는 에로스에 대한 방대한 기록을 남겼다. 어떤 형태로든지 에로스가 필리아 및 아가페와 연관되어 있기 때문이다. 만약 그들이 전혀 상이한 관계라면, 플라톤은 그들을 각기 다른 '단계'라고 표현하지도 않았을 것이며, 도대체 에로스에 대하여 언급조차 하지 않았을 것이다. 로츠는『사랑의 세 단계 : 에로스, 필리아, 아가페』에서 이렇게 말한다.

여기서 관건이 되는 사랑의 세 단계란, 각개의 단계가 다른 두 단계들을 배제하거나, 또는 한 단계를 성취하기 위하여 다른 한 단계를 희생해야 하는 그런 의미의 단계가 아니다. 이 단계들은 오히려 하나요, 동일한 전체 사랑의 부분적 국면이라고 말할 수 있다. 이 부분적 국면들은 서서히 개발되고 서로 보완됨으로써 성숙되며, 이 성숙의 정도에 따라서 서로 더 내적으로 깊이 침투되며, 그럼으로써 인간을 '전면적으로 사랑하는 사람'으로 만든다.

관건이 되는 것은, 에로스에 대한 모든 부당한 편견을 없애고 그것의 불가결한 생산적 힘을 강조할 필요가 있다. 그 중심 역할은 지금까지 이 문제와 관련해서 거의 주목되지 않았던 필리아가 수행한다. 필리아는 한편으로는 에로스를 정화함으로써 에로스의 온전한 인간적 면모를 보존시키며, 또 한편으로는 인격적 사랑으로서의 아가페를 위한 길을 마련한다. 에로스와 필리아는 하느님으로부터 은총으로 내려오는 아가페와 연관된다. 아가페는 두 단계의 사랑에 구원을 줄 뿐만 아니라 인간의 새로운 공간을 열어 준다.

에로스가 필리아를 통하여 정화되고 필리아는 다시 아가페를 통하여 고양될 때, 인간은 비로소 진실로 사랑하는 사람이 된다. 이 과정에서 사랑은 점점 더 자기 본래의 모습으로 성장하게 되고, 자기 본연의 것을 보다 풍요롭게 획득하게 된다.[19]

이와 마찬가지로 경천과 애인과 애물은 절대로 떨어져 있는 것이 아니다. 그들은 구분(distinction)되면서도 차별(discrimination)되지 말아야 한다. 경천과 애인과 애물을 실천하려는 학문들의 관계도 이와 마찬가지다. 이것을 다시 도표로 표현하면 다음과 같다.

경 천	애 인	애 물
진 리	지 식	정 보
인문학문	사회학문	자연학문
아가페	필리아	에로스

---

19) Johannes B. Lotz, 심상태 역, 『사랑의 세 단계 : 에로스, 필리아, 아가페』, 서광사, 1985, pp. 16-17.

대부분의 종교인과 학자는 신앙과 학문 중에서 한쪽을 위해 평생을 바친다. 그러나 강남대학교 교수는 신앙과 학문을 동시에 추구할 수 있다. 참으로 축복 받은 사람이다. 그러나 여기에는 그만치 고통도 따른다는 사실을 잊지 말아야 하며, 우리가 이 수많은 고통을 신앙적 · 학문적으로 슬기롭게 극복해나갈 때 우리는 역사에 남는 '산 발자취'를 남길 것이다. 채규철은 이렇게 말한다.

사람은 언젠가는 죽기 마련이다. 대통령도, 사장도, 보잘것없는 지게꾼도, 이 글을 읽는 여러분이나 나도 마찬가지다. 누가 더 일찍 떠나느냐 하는 차이 밖에는 없다. 그러나 우리는 이 세상을 떠날 때에 뭔가 우리들의 발자취를 남겨놓고 갈 의무를 가지고 있다. 어떤 사람은 돈이나 재산을 많이 모아서 그것을 후손들 유산으로 남겨주기도 하고, 또 어떤 사람은 음악이나 미술로, 어떤 사람은 운동으로 자기의 이름을 남기기도 한다.

이러한 것들이 유산은 될 수 있어도 가장 위대한 유산은 못 된다. 가장 위대한 유산은 특수한 재주가 있는 사람들만이 남겨놓을 수 있는 그런 것이 아니고, 이 세상에 사는 사람이면 누구나 다 남겨놓을 수 있는 그런 것이어야 한다. 그것은 바로 절망할 수밖에 없는 어려운 환경 속에서 절망하지 않고, 자기가 가진 신념이나 신앙으로 역경과 고난을 이겨나가면서 끈질기게 산 발자취를 남겨놓는 일이다. 나는 그렇게 살고 싶다.[20]

강남대학교의 모든 구성원이 이렇게 살기를 진심으로 원한다면, 그런 목표를 위해 각자가 열린 마음으로 토론하면서 실천하려고 노력한다면, 그리고 그런 노력에 대한 하느님의 축복이 임재한다면, 강남대학교는 전 세계에 빛나는 대학이 될 것이며, 우리는 역사의 주역이 될 것이다. 오늘날 우리에게 필요한 것은 소프라노의 높은 목소리가 아닌 베이스의 낮은 목소리다. 안장현은 「보다 낮은 목소리로」에서 이렇게 말한다.

보다 낮게
낮은 목소리로 말할 일을
어깨에 힘만 주고 말해왔구나

---

20) 채규철, 「최대의 유산 : 21세기의 의미」, 『대학 생활 설계』, 앞의 책, p. 33.

나의 시는

하늘이 저렇게 가없이
높고, 넓고, 깊은 줄 모르고
세상을 살아왔구나
나의 시는

한 시어를 찾아
헤맨 지난날
지상의 나무만 읽곤
뿌리는 읽지 못했다
나의 시는

이제는
돌아와 등불을 켜자
옷깃 여미고

낮게, 보다 낮은 목소리로
겸허히21)

---

21) 안장현, 『보다 낮은 목소리로』, 마을, 1996, p. 15.

"인문학문을 하는 것 자체가 투쟁이다." ─ 조동일, 『인문학문의 사명』, 231
쪽.

"인문학문은 다시 태어나야 한다. 여러 분야와 영역으로 나누어져 있는 역
량을 한데 모아 종합문화학을 이룩해야 한다." ─ 조동일, 같은 책, 263쪽.

1. 머리말

요즘 인문학문이 왕따 신세로 떨어지고 있다. 철학·문학·역사 등은
이제 영양가가 없고, 그래서 현실 해결에 아무런 도움을 줄 수 없고, 어느
경우에는 시간 낭비의 주범으로 인정받고 있다. 여기에 대한 원인과 해
결책에 대한 논란이 분분하다. 어느 사람은 그 원인을 신지식인을 내세
우는 정부에 있다고 하고,[1] 다른 사람은 인문학자들의 안일무사주의와

---

1) "신지식인 운동은 가시적 결과를 즉시 생산해낼 수 있는 '어떻게?'의 중요성을 강조하면
서도 이 질문의 본질인 '왜?'의 중요성을 간과하고 있다. 물론 '왜?'를 묻는 철학도 우선 '어
떻게?'라는 현실이 해결된 사람에게만 가능한 것이다. 때꺼리가 없는 사람이 어찌 공자나
소크라테스를 지껄일 수 있겠는가. 그래서 그리스의 사상가들은 철학도 '한가'와 '여유'에서

사대주의에 있다고 하고, 또 다른 사람은 업적주의와 결과만능주의에 사로잡힌 우리나라 학문계 전체의 문제에 있다고 한다.

인문학문의 위기에 대한 진단이 이렇게 다양하다보니 그 해결책도 다양하지 않을 수 없다. 어느 사람은 정부의 새로운 교육 정책을 주장하고, 다른 사람은 인문학문자들의 새로운 각성을 촉구하고, 또 다른 사람은 자본주의 사회에서는 어쩔 수 없는 현실이라고 한탄한다. 그럼에도 대부분의 사람들은 창조의 진통·독자적인 사색·기존 가치에 대한 비판 능력을 강조하는 인문학문은 여전히 유효하다는 원론적인 답변을 앵무새처럼 반복하고 있다.

나는 이 글에서 이 문제에 대하여 가장 종합적으로 접근하면서도 구체적인 방법론까지 제시하고 있는 조동일의 사상을 고찰하겠다. 내가 보기에 그는 아마도 현재 인문학문의 위기의 문제에 관한 한 가장 새롭고, 넓고, 깊은 견해를 가지고 있는 듯하다.

2. 조동일의 학문론

조동일의 인문학문론을 토론하려면 먼저 그의 일반학문론을 토론해야되는데, 그는 학문을 이렇게 정의한다. 첫째, 학문은 진실을 탐구하는 행위다. 둘째, 학문은 논리로 이루어진다. 셋째, 학문은 실천의 지침인 이론을 마련한다. 넷째, 학문은 독백이 아닌 대화다.

그러면 첫째로 진실이란 무엇인가? 그것은 한마디로 진리라고 할 수 있지만, 이른바 '종교적 진리'는 여기에 포함되지 않는다. 학문이란 검증 가능한 작업에만 관여하기 때문이다. 그렇다고 해서 사실이 바로 진리가 되는 것은 아니다. 사실은 학문을 하는 데 필요한 자료일 뿐이며, '사실들의 상관 관계에 어떤 원리가 있다는 것을 발견해야 비로소 학문에서 탐구하는 진실'이 될 수 있다. 둘째로 학문은 논리를 생명으로 한다. 학문을 한다면서 논리를 불신하거나 논리를 의심하는 것은 용납할 수 없다. 그

나온다고 말했다. 그러나 사람이 사람답게 살려면 '왜?'라는 질문은 필수적이다." 황필호, 「놀부는 신지식인인가」, 『에세이 문학』, 통권 69호, 2000년 봄, pp. 313-314.

러나 논리는 타당해도 사실이 그렇지 않을 수 있는데, 이런 경우에는 '사실에 맞는 논리'를 다시 마련해야 한다. 그래서 학문을 하다 보면 "기존의 논리 가운데 다른 것을 가져다 써야 하는 경우도 있고, 논리 자체를 새롭게 개발해야 하는 경우도 있다." 셋째로 학문의 목표는 이론이다. "어떤 실증적 학문이라도 논증한 사실을 종합해서 이론적인 일반화를 이루는 데까지 이르러야 학문이라고 할 수 있다." 실천과 이론은 만나야 한다. 넷째로 학문은 독백이 아닌 대화다. 개인이 연구한 업적을 여러 사람이 토론의 대상으로 삼아 점검하고 비판하는 작업이 활발하게 이루어져야 비로소 '타당한 성과'에 이를 수 있다.[2]

조동일의 이런 학문론은 별반 특성이 없는 듯하다. 그러나 그의 이론을 자세히 관찰하면, 우리는 몇 가지 특성을 쉽게 발견할 수 있다.

첫째, 모든 학문은 개별 학문으로 남지 말고 '학문학'으로 나아가야 한다. 예를 들어서 문학 학문은 인문학문 일반으로, 인문학문에서 인문사회학문 총괄론으로, 인문사회학문에서 인문사회자연학문 총괄론으로 나아가야 한다. 이런 뜻에서 우리는 "학문학을 하지 않는 학문은 학문이 아니다"라고 말할 수 있다.[3]

그렇다고 해서, 우리가 새삼스레 '학문학'이라는 학문을 새로 만들어서 모든 다른 학문을 이 학문학 밑으로 귀속시켜야 되는 것은 아니다. 여기서 말하는 학문학은 '넓은 의미의 철학'이라고 할 수 있다. 즉, 철학을 학문학으로 삼는 것이 바람직하며, 반대로 "철학은 학문학이어야 한다."[4] 물론 오늘날 우리는 철학을 유럽 문명권에서 사용하는 'philosophy'의 번역어로 생각하고 있으며, 이런 뜻에서 철학은 수많은 개별 학문 중에 하나일 뿐이라고 생각한다. 그러나 이제부터 우리는 "다시 출발하기 위해서 '철학' 대신에 '학문학'이라는 말을 일반화해서 사용하는 것이 적극적인 대책"일 것이며, 일반적 학문학을 서양에서는 'philosophy'라고 한다고 생각하는 것이 좋을 것이다.[5]

---

2) 조동일, 『우리 학문의 길』, 지식산업사, 1993, pp. 16-25.
3) 조동일, 『인문학문의 사명』, 서울대, 1997, p. 225.
4) 같은 책, p. 226.
5) 같은 책, p. 224.

철학이 개별 학문의 한 분야라고 하면 학문학의 구실을 할 수 없다. 각론 차원에서 다른 여러 학문과 구별되고 경쟁해서는 학문학이 학문학일 수 없다.

그렇다고 해서 다른 학문들은 [모두] 학문학에 소속되는 하위 학문이어야 한다는 것은 받아들일 수 없는 제안이다. 학문학이 학문학일 수 있게 하는 대책은 그런 분야가 따로 없고, 모든 개별 학문이 그 나름대로 학문학 노릇을 하고, 학문학 일반의 문제를 개별 학문의 특수한 문제와 함께 다루기로 하는 것이다.6)

쉽게 말해서, 이제 철학은 하나의 개별 학문으로 만족하지 말고 중세 시대처럼 모든 학문을 포용하는 철학의 원래 사명을 되찾아야 한다. 조동일은 철학의 이런 책임을 "철학이 따로 없어야 철학이 산다"고 표현하며,7) "우리는 철학은 하지 않으면서 철학을 해야 한다"고 표현하기도 한다.8) 오늘날 우리는 "철학을 넘어서서 철학을 하면서, 지난날의 학문론을 오늘의 것으로 다시 만들어야 한다."9)

철학을 다른 학문과 분리시켜 독자적인 영역과 방법을 가진 개별적 학문으로 정립하는 작업에 몰두하느라고 철학이 학문 세계에서 무엇을 할 수 있는가 밝히려고 하지 않아 철학옹호론이 실패로 끝났다. 철학이 모든 학문 위의 학문이라면, 그것은 인문학문·사회학문·자연학문을 함께 돌보고, 그 모두를 한꺼번에 포괄하는 종합 학문을 해야 마땅하다. 그것이 철학이 할 수 있는 최대의 기여다. 그런데 다른 것은 버려두고 자연과학의 학문학만 하고 있는 것은 철학이 모든 학문 위의 학문이라는 주장을 스스로 뒤집는 처사다.10)

둘째, 모든 학문이 이렇게 '넓은 철학' 혹은 '학문론'에서 만나야 한다는 조동일의 주장은 모든 학문이 다학문적이어야 한다는 뜻을 함유한다. 역사학은 역사학으로 남지 않고 문학·철학과 만나고, 이런 인문학문은 다시 사회학문·자연학문과 만나야 한다. 이제 자신의 울타리 속에서만 안

---

6) 같은 책, p. 224.
7) 같은 책, p. 18.
8) 같은 책, p. 24.
9) 같은 책, p. 50.
10) 같은 책, pp. 221-222.

주하려는 학문은 식민지 시대와 자립화 시대를 지나 세 번째로 닥쳐온 세계화 시대의 학문이 될 수 없다.[11]

예를 들어서, "인생 만사를 논의하는 문학에 대한 연구를 하면서 그 자체로 고유한 연구 방법이 있어야 한다는 것은 부당하다. 인문학문의 여러 영역에서 하는 사명을 통합하면서, 사회학문의 사명까지 함께 수행해야 문학 연구를 제대로 할 수 있다. 그 때문에 문학이나 문학 학문이 자체의 특색을 잃고 공중 분해한다고 염려하지 말아야 한다."[12] 이런 주장은 문학뿐만 아니라 역사학·철학·종교학 등에도 그대로 적용된다.

조동일은 학문을 어느 한 분야에 한정시키지 말고 모든 학문의 '공동의 쟁점'을 토론해야 된다고 말한다. 그래야 학문이 진정 우리의 삶에 피가 되고 살이 될 수 있다. 그가 학문이란 모름지기 '머슴의 능력을 갖가지 방식으로 유용하게 발휘하는 데 머무르지 말고, 이제 세상 만사를 확고하게 장악하는 주인의 자리를 차지해야 한다'고 주장하는 이유도 여기에 있다.[13] 그의 이런 주장은 오늘날 대부분의 학자들이 이른바 전공이라는 감옥에 갇힌 수인(囚人)의 신세를 면하지 못하고 있는 상황에서는 굉장히 어려운 주문이기도 하고,[14] 상대주의가 판을 치고 있는 포스트모던 상황에서는 시대를 거꾸로 가려는 시도이기도 하다.[15]

셋째, 조동일은 '미시 담론'을 벗어나서 '거대 담론'을 통한 학문 통합을 주장한다. "오늘날 학문이 미세하게 분화되고 분화된 영역들끼리 서로 교섭이 없는 것이 커다란 폐단이다. 개별 학문의 주권이 절대적이라고 인정하면, 인문학문론도 학문일반론도 공허한 이름에 지나지 않는다. 인문학문 또는 학문 일반에 관한 총괄적인 논의를 새롭게 해야 하는 이유는 분과 학문의 한계를 넘어서서 함께 다루어야 할 공동의 쟁점이 허다하기 때문이다. 공동의 쟁점을 두고 싸움을 하는 것이 학문 통합을 위한

---

11) 같은 책, p. 239.
12) 같은 책, p. 275.
13) 같은 책, p. v.
14) 황필호, 『문학철학 산책』, 집문당, 1996, p. 3.
15) Cf, "포스트모더니즘은 유럽문명권 근대 학문의 말폐를 보여줄 따름이고, 새 시대의 창조자일 수는 없다. 유럽문명권의 학문이 포스트모더니즘에 휘감기고 있는 것은 새로운 학문 개척의 더 큰 과업이 우리 쪽에 넘어와 있어, 우리가 힘써 감당해야 하는 역사적 전환의 분명한 증거라고 생각한다." 조동일, 『인문학문의 사명』, 앞의 책, p. 9.

최상의 방안이다."16) 그러면 삶에서나 학문의 영역에서 상대주의가 판을 치고 있는 21세기에도 거대 담론은 가능한가? 아니, 그것은 과연 바람직한 것인가? 조동일은 단연 긍정적으로 답변한다.

내가 하고자 하는 일은 거대 이론 창조다. 이제는 거대 이론이 소용없게 되었다는 속설을 물리치고, 유럽 문명권 중심주의와 근대지상주의의 편견에서 벗어나지 못한 기존의 근대 이론을 뛰어넘어, 근대 다음의 시대를 창조하는 데 지침이 되는 예언서를 만들어, 인류 전체에게 새로운 사고를 제공하고자 한다.17)

미래를 예견하는 것은 쉬운 일이 아니다. 유럽 문명권 주도의 근대를 대신할 수 있는 다음 시대가 어떤 시대인가가 분명하지 않고, 다음 시대의 사회나 문화의 구조를 납득할 만하게 제시할 수 없는 것이 사실이다.
그러나 그 때문에 역사의 미래를 설계하는 거대 이론에 대한 기대를 헛되다고 할 수는 없다. 인류 역사에서도 고대인이 중세를, 중세인이 근대를 예견하고 설계하는 것은 참으로 어려운 일이었음을 잊지 말아야 한다. 어려운 일이니까 힘들여 연구해야 한다.18)

조동일은 이런 거대 이론의 실례로 '고대에 만들어진 중세 예견의 좋은 본보기'인『바가바드 기타』, "모든 것은 하나면서 또한 둘이고, 둘이면서 하나라고 하는 원리를 정립하여 성정(性情)·귀천(貴踐)·화이(華夷)를 차별하는 이론을 일제히 극복"한 홍대용(洪大容)의『의산문답(毉山問答)』, 그리고 중국의 왕부지(王夫之)·일본의 안등창익(安藤昌益)·월남의 여귀돈(黎貴惇)을 든다. 또한 그는 이렇게 말한다. "『바가바드 기타』나『의산문답』의 경지까지 가지는 못하지만, 오늘날에도 유럽 문명권에서 거대 이론을 제작하려는 시도가 완전히 사라진 것은 아니다. 예를 들어서 허드슨(Marshall G. S. Hudson)의『세계사 다시 생각하기(Rethinking World History)』(Cambridge University Press, 1993)는 유럽 문명권 중심주의를 시정하고 세계사의 전개를 '대등의 원리'에서 이해하려고 하면

---

16) 같은 책, p. iii.
17) 같은 책, p. 25.
18) 같은 책, p. 63.

서 아랍 세계의 역사의 중요성을 부각시킨다. 그러나 그는 역사학을 역사철학의 경지까지 이끌지 못했다. 즉, 역사학은 철학과 별개의 학문이라는 잘못, 그리고 아직도 유럽 문명권 학자의 협소한 안목을 벗어나지 못하고 있는 잘못을 그대로 유지하고 있다.

월러스틴(Immannel Wallerstein)의 『사회과학 생각하지 않기(*Unthinking Social Sciences*)』(1991 ; 성백용 역, 『사회과학으로부터의 탈피』, 창작과비평사, 1994)는 사회과학을 따로따로 분리하는 낡은 관습을 청산하고 이제는 총괄적인 학문을 해야 한다고 주장한다. 그의 세계 체제(world-system) 이론은 자본주의에 의해 만들어진 세계의 모습을 총체적으로, 그리고 지속적인 현상에서 파악한 성과가 있어, 거대 이론으로 인정되고 평가될 수 있다."19)

넷째, 우리는 어떻게 거대 이론을 만들 수 있는가? 조동일은 생극론(生克論)을 그 방법으로 제시한다. 생극론은 '무엇이든지 포괄할 수 있게 열려 있으며, 다양한 예증을 검토하면서 미발견의 내용을 찾아내도록 하는 방법'이다. 그래서 생극론에서는 "방법이 따로 분리되지 않고, 이론이 방법을 포괄한다. 즉, 총괄 이론 또는 거대 이론은 방법이 따로 노는 것을 허용하지 않고, 방법이 이론이고 이론이 방법이게 한다." 물론 우리는 생극론을 이론적으로 완전히 정립할 수 없다. 그것은 불가능할 뿐만 아니라 무의미한 일이다. 다만 우리는 새로운 세대를 준비한 과거의 거대 이론들이 모두 이 원칙에 의존해 왔다는 사실에서 그것의 유용성을 찾을 수 있다. 이런 뜻에서 우리는 "완성될 수 있다고 생각되는 생극론은 생극론이 아니다"라고 말할 수 있다.

생극론은 오랜 역사를 가지고 있다. 일찍이 『주역』 제2장에는 "강한 것과 부드러운 것이 서로 밀어서 변화를 만든다(剛柔相推 而生變化)"는 구

---

19) 같은 책, pp. 70~73. 조동일은 모든 학문을 물리과학·생명과학·사회과학의 세 분야로 나누면서도 그들을 전부 통합할 수 있는 '메타 과학'을 주장한 장회익의 『과학과 메타 과학』을 비판하면서 생극론의 원리를 이렇게 암시한다. "문제는 객관과 주관의 관계다. 물리과학은 객관적인 쪽을 다루고 사회과학은 주관적인 쪽을 다루는 점이 서로 다른 듯하지만, 물리과학에도 주관이 개입하고 사회과학에도 객관적인 것이 있다. 정확성과 부정확성, 체계성과 비체계성의 관계와 함께 객관과 주관의 관계를 밝히는 것은 학문의 기본 임무다. 그 관계를 논리적으로 진술한 것이 메타 과학이다." 조동일, 『우리 학문의 길』, 앞의 책, p. 229.

절과 제5장에는 "한 번 음이 되고 양이 되는 것을 도라고 한다(一陰一陽 之謂道)"는 구절이 있고, 동중서는 오행(五行)이 상생상승(相生相勝)하는 관계를 고찰했다.

주돈이의 『태극도설』에는 "무극이 태극이니, 태극이 움직여 양을 낳고, 움직임이 극에 이르면 고요해지고, 고요해지면 음을 낳는다(無極而太極 太極而動生陽 動極而靜 靜而生陰)"는 구절, "양이 변하고 음이 합쳐져 수화목금토를 생산한다(陽變陰合而生水火木金土)"는 구절, "음양 두 기가 교감해서 만물을 화생한다(二氣交感 化生萬物)"는 구절이 있다.[20] 그러나 이 모든 사상을 수렴하여 생극론을 완성시킨 사람으로는 서경덕을 들 수 있는데, 그의 사상은 다음의 두 구절에 잘 나타나 있다.

태허는 하나지만 그 가운데 둘을 포함하고 있다. 이미 둘이므로, 그것은 열리고 닫히며, 움직이고 멈추며, 생(生)하고 극(極)하지 않을 수 없다(太虛爲一 其中二 旣二也 斯不能無闔闢無動靜無生克也 —『화담집』, 2 「이기설」).
하나는 둘을 생(生)하지 않을 수 없고, 둘은 스스로 능히 극(克)한다. 생하면 극하고, 극하면 생한다. 기(氣)가 미세한 데까지 이르는 것은 생극이 그렇게 한다(一不得不生二 二自能生克 生則克 克則生 氣之自微至鼓盪 其生克使之也 —『화담집』, 2, 「원리기」).[21]

여기서 서경덕은 "주돈이가 말한 무극·태극·음양의 관계를 태허·1·2의 관계로 재론하여, 0과 1인 리(理)가 2인 기(氣)를 낳는다고 생각할 여지가 없게 하고, 기가 스스로 0이고 1이고 2임을 분명히 한다. 승(勝)이니 극(剋)이니 하는 말들을 '극(克)'이라고 간명하게 나타내고, 오행론에서 제기한 생극 논의를 음양론으로 가져온다. 생과 극이 따로 놀지 않고, 합벽(닫힘과 열림)이나 동정(움직임과 멈춤)에서처럼 서로 불가분의 관계를 가졌음을 명확하게 해서 생극(만들어냄과 이김)의 기본 원

---

20) 조동일, 『한국의 문학사와 철학사』, 지식산업사, 1996, pp. 510–511.
21) 같은 책, pp. 508–509. 조동일은 이런 사상이 불교에도 나타나 있으며, 그 실례로 원효가 『금강삼매경론』의 서두에서 주장한 "둘을 어우르면서도 둘이 아니다(融二不二)", "하나가 아니면서 둘을 어우른다(不一而融二)", "변두리를 떠나지만 가운데는 아니다(離邊而非中)" 등을 든다. 같은 책, p. 512.

리를 정립한다."22) 그러므로 조동일의 생극론은 음양생극론의 발전이라고 말할 수 있다.

한편, 조동일은 각기 다른 분야에서의 공동 노력에 의해서만 성취할 수 있는 생극론은 아직도 완성되지 않았다고 말한다. "생극론은 철학의 모든 문제를 일거에 해결하려고 하는 거대 이론이며, 철학의 의의를 한껏 확대할 수 있게 한다. 그런 이론이 가능하고 필요하다는 것은 지금까지의 논의에서 충분히 입증되었다. 그러나 나는 생극론을 완성하지 못했으며, 내 혼자 힘으로 완성할 수 있다고 믿지도 않는다. 오늘날의 역사에서, 현실에서 제기되는 거대한 문제에 대해서 성찰하고 대답해야 할 책임이 철학에 있다는 데에 동의하는 많은 연구가가 동참해서 함께 풀어나갈 공동의 과제를 '생극론'이라고 이름지을 수 있다는 동의를 얻자는 것이 지금 기대하는 최상의 성과다." 물론 그의 이런 생극론은 여러 사람들로부터 비판을 받고 있는데, 그 중에서 이진우는 이렇게 말한다.

우리는 여기서 조동일의 생극론이 서양의 관념 체계에 대해 '우리에게도 그런 것이 있다'는 식의 반동이라고 몰아붙이고 싶은 생각은 없다. 단지 우리가 묻고 싶은 것은 '갈등이 화합이고 화합이 갈등'이라는 명제가 무엇을 말하는 것이며 또 그것이 자본주의의 체계적 논리에 의해 지배받고 있는 현실에 대해 어떤 의미가 있는가 하는 점이다.

우리가 그 뜻을 알 듯하면서 모르는 까닭은 어디에 있는가? 생극론이라는 전통 사상의 내용이 우리에게 계승되지 않았기 때문인가, 아니면 그 사상이 현재의 삶으로부터 소외되었기 때문인가? 만약 생극론이 다른 문화 뿐만 아니라 우리 안에서도 인정받지 못한다면, 그것은 생극론이 우리의 현실을 담아낼 수 있는 언어를 발전시키지 못하여, 그 사상을 공유할 수 있는 집단과 학문 공동체가 결여되었기 때문일 것이다.

조동일은 결국 구체적 현실에 대한 이론적 의미와 적실성을 검토하지 않음으로써 생극론이라는 특수한 사상에 거대 이론이라는 보편주의적 형식을 덧씌우는 우를 범하고 있다. 그는 마음으로는 '우리 학문으로 남의 학문 넘어서기'를 바라고 있지만, 실질적으로는 바깥의 학문적 조류와의 진정한 토론과 대결 없이 '우리 학문 절대화하기'라는 내용적 보편주의의 길을 걷고 있다.23)

---

22) 같은 책, p. 511.
23) 이진우, 『한국 인문학의 서양 콤플렉스』, 민음사, 1999, p. 217.

그러나 생극론에 대한 조동일의 신뢰는 확고부동하다.

생극론은 화해를 이룩하는 하나를 내세우는 점에서는 관념론과 상통하지·
만, 그 영역은 우세 민족과 열세 민족·민족 국가를 이룬 민족과 그렇지 못한
민족·유럽 문명과 다른 문명·강대국과 약소국·사람과 다른 생명·생물과
무생물에 두루 적용된다.
관념론은 갈등을 배제하지만, 생극론은 갈등이 화합이고 화합이 갈등이므
로 화합의 범위를 한껏 넓힐 수 있고, 화합론이 바로 갈등론이게 해서 변증법
을 전폭적으로 받아들여 넘어선다. 그 양쪽을 받아들이면서 거부하고 거부하
면서 받아들여, 둘이 하나이고 하나가 둘이게 한다.[24]

3. 조동일의 인문학문론

지금까지 토론한 조동일의 일반학문론의 몇 가지 특성은 그의 인문학
문론에도 그대로 적용된다.
첫째, 조동일의 '학문 통합'은 인문학문론에서 전통적인 문사철(文史
哲)을 전부 포함하는 방향으로 나타난다. 예를 들어서 어떤 사람이 "문학
을 전공한다는 이유를 내세워 사학이나 철학을 외면하면, 학문을 혁신하
고자 하는 포부가 공허한 이상에 머무르고 실질적인 성과를 얻지 못한다.
문학, 사학, 철학의 세 영역을 연관시키고 통합하는 것이 인문학문의 총
체적인 시야를 찾는 데 관건이 되는 작업이므로 힘써 시도해야 한다."
여기서 "문외한이 남의 영역에 함부로 침입한 것은 용서받지 못할 만
행이라고 나무라기나 해서야 피차 도움이 되지 않는다. 심각한 논란거리
가 되는 쟁점을 두고 싸움이 벌어져야, 서로 다른 관심사가 한데 합쳐지
고 공동의 연구가 이루어진다. 그 때문에 나는 내가 궁지에 몰리게 되는
경사스러운 날이 곧 닥칠 것을 간절하게 바란다."[25]
우리는 흔히 '인문학'이란 서양의 'humanties'의 번역이라고 생각하는
데, 이렇게 되면 동양의 인문학은 서양에서 수입한 학문이 된다. 그러나

---

24) 조동일, 『인문학문의 사명』, 앞의 책, pp. 69-70.
25) 같은 책, p. vi.

이런 태도는 정말 '자존심 상하는 일일 뿐만 아니라 학문을 하는 마땅한 자세'가 아니다. 특히 한국과 동아시아에서 사회학문과 자연학문은 유럽 문명권에 비해 근대에 들어와서 다소 떨어졌다고 해도 인문학문에서는 자랑할 만한 성과를 이룩했다고 할 수 있기 때문이다. 원래 '인문(人文)'이라는 말은『주역』에서 시작된 것이다.

> 천문을 살펴 때의 변화를 알아내고, 인문을 살펴 천하의 교화를 이룬다(觀乎天文 以察時變 觀乎人文 以化成天下 ―「비괘」).
> 위를 올려보아서 천문을 살피고, 아래를 내려보아서 지리를 알아낸다(仰以觀於天文 俯以察於地理 ―「계사 상」).
> 천도가 있고, 인도가 있고, 지도가 있다(有天道焉 有人道焉 有地道焉 ―「계사 하」).26)

조동일은 주역의 이런 천지인(天地人)의 삼재(三才)를 오늘날의 학문과 연관시킨다. 일월성신(日月星辰)으로 표현된 천문(天文)은 자연학문이고, 산천초목(山川草木)으로 표현된 지문(地文)은 사회학문이고, 시서예악(詩書禮樂)으로 표현된 인문(人文)은 인문학문이라는 것이다. 또한 그는 "문(文)은 도를 심는 그릇이니, 인문이라는 것은 그 도를 얻어 시서예악의 가르침을 천하에 밝혀, 삼광(三光)의 운행을 따르고 만물의 마땅함을 다스리면, 문(文)이 성(盛)함에 이르러 극에 달한다(文者載道之器 言人文也 得其道 詩書禮樂 明於天下 順三光之行 理萬物之宜 文之盛至此極矣)"는 정도전의 구절을 인용하면서,27) 인문학문과 사회학문과 자연학문이라는 삼광은 밀접히 연관되어 서로 떨어질 수 없는 관계라고 주장한다. 모든 학문이 학문학으로 통합되어야 하는 이유가 여기에 있다.

둘째, 조동일은 전통적인 '인문과학' '사회과학' '자연과학'이라는 표현 대신에 '인문학문' '사회학문' '자연학문'이라는 표현을 사용한다. 전통적인 표현은 은연중에 모든 학문을 과학적·논리적·기계적으로 해야 한다는 전제를 가지고 있으며, 이 기준에 의하면 인문학은 과학이 아니기 때문에 열등한 학문이 될 수밖에 없다.

---

26) 같은 책, pp. 210-211.
27) 같은 책, p. 211.

학문은 과학이어야 한다는 주장이 오늘날 학문을 그릇되게 하는 가장 큰 장애 노릇을 한다. (중략) 학문 원론을 다시 마련하려면 우선 용어부터 정비해야 한다. 학문을 자연과학·사회과학·인문과학으로 나누는 관습을 받아들이면, 인문과학이 과학인가 하는 반문에 부딪친다. '인문과학' 대신에 '인문학'이라는 말을 사용하면 그런 반문은 피할 수 있으나, 인문학은 과학이 아니어서 결격 사유가 있다는 것을 인정하게 된다.

학문의 세 영역을 아무런 선입견 없이 서로 대등하게 일컫는 용어를 사용해야 학문론이 정상화될 수 있다. 그래서 세 영역의 학문을 모두 '…… 학문'이라고 일컬어 자연학문·사회학문·인문학문이라는 용어를 사용한다.[28]

28) 같은 책, p. 282. 그가 '패러다임'이라는 용어를 반대하는 이유도 여기에 있다. "패러다임이란 용어는 자연학문을 학문의 모범이라고 보면서 인문학문의 의의를 부정하는 과학철학에서 나왔으며, 유럽문명권의 학풍을 따르도록 부추기기나 하고 학문학 혁신을 위한 우리 작업이 시작되기 어렵게 하는 구실을 한다. 인문학문의 새로운 패러다임에 관해서 말하라고 요구하니, 그 용어 사용의 관습을 청산하지 못해서 남들의 견해나 소개하고 자기 주장을 적극 펴지 못한다. 여러 논자들이 실제로 다룬 내용 가운데 이미 낡은 견해를 새삼스럽게 해설하는 데 그치고 만 것이 대부분이다." 같은 책, p. 9.

Cf. 인문학문과 사회학문의 불가분성을 강조하는 양승태도 이와 비슷한 견해를 제시한다. "자연과학의 여러 분야 등을 포함하여 어떠한 경험과학에도 인문과학적 요소가 필연적으로 포함될 수밖에 없다. 뿐만 아니라 인문과학은 모든 학문의 내적 세계를 이루는 가장 기초적인 학문이므로 여러 특정 과학들과 개념적으로 구분한다는 의미에서도 ['인문과학'보다는] '인문학'이라는 용어가 더 타당하다고 하겠다." 그러나 그는 '현재의 관행상 그리고 사회과학과의 대비적 표현'을 위하여 '인문과학'이라는 용어를 그대로 사용한다고 말한다. 양승태, 「분리된 안과 밖, 그리고 비사회과학적 인문과학과 비인문학적 사회과학의 허구」, 『철학과 현실』, 제40호, 1999년 봄호, p. 250. 이어서 양승태는 '동서양을 막론하고, 자기 것이든 남의 것이든, 축적된 학문과 문화를 접할 수 있는 곳에서는 언제 어디서나 나타날 수 있는 보편적 현상'인 인문과학의 성격을 다음의 네 가지로 정리한다.

첫째로 개인 차원에서는 다른 사람들이 구축한 가치 있는 정신 세계와의 대화를 통하여 자신의 정신 세계를 구축하겠다는 진지한 자아 정신의 표현이다. 둘째로 책으로 나타나는 정신 활동의 산물은 그 주제의 다양성이 무한하기 때문에 인문과학의 연구 대상은 인간의 모든 정신 활동을 포괄할 수 있다는 의미에서 무제한적이다. 셋째로 인문과학은 대화가 갖는 본원적인 사회성과 함께 다른 사람들과의 공동 연구 작업이라는 사회성, 그리고 정신 활동에 대한 물적·제도적 뒷받침이 사회적으로 요구된다는 의미의 사회성을 동시에 내포하고 있다. 넷째로 인문과학적 지식은 시간적 연속성 속에서 끊임없이 새롭게 이해·해석·비판되는 과정을 거치면서 축적·변화된다는 의미에서 역사성을 갖고 있다.

결국 양승태는 이런 정신적 태도의 진지성, 주제의 포괄성, 외적 조건의 사회성, 표현 양식의 역사성을 근거로 해서 인문과학을 이렇게 정의한다. "그것은 역사라는 공간적·시간적 제약 속에서 살아가는 인간이 스스로의 정신 활동 자체를 성찰하는 자기 반성적 정신 왜 모든 학문은 '과학'이 아니라 '학문'이어야 하는가? 우리가 이 질문에 대한 답변을 찾으려면 먼저 "학문이란 무엇인가?"라는 본질적인 질문을 제기해야 한다. '학문'이란 문자 그대로 학(學)하고 문(問)하는 행위, 즉 배우고 묻는 두 가지 행위를 동시에 일컫는다. 학문을 하는 사람은 '스스로 탐구하면서 질문하고, 탐구한 결과를 다른 사람들에게 알려주면서 질문을 받는다'는 다면적(多面的) 행위를 한다는 뜻이다. 그런데 조동일은 '학문'이라는 용어는 동아시아 한문 문명권의 용어며 유럽 문명권에는 그런 말이 없다고 주장한다.

> 영어에서는 '학문'을 'learning'이라고 하지만, 그 말에는 '학습'이라는 뜻이 많다. 또 'research'라고 할 수도 있으나 그 말은 '탐구'하는 행위를 일컬을 따름이고, '과학'과 '철학'을 [동시에] 거느릴 만한 것이 못 된다. 독일어의 'Wissenschaft'는 '학문'과 거의 같지만, 여러 학문을 거느리는 총괄 영역 구실을 제대로 하지 못하고, 여러 학문을 구분해서 지칭하는 데 쓰이는 것이 주된 기능이다. 그 말은 다른 말과 붙여서 'Naturwissenschaft'라고 하거나 'analytische Wissenschaft'라고 할 때 쓰이는 것이 제격이다.[29]

그런데 학문은 크게 '과학인 학문'과 '과학이 아닌 학문'으로 나눌 수 있다. 화이트헤드가 과학과 철학을 구분하고, 러셀이 신학·철학·과학을 구분한 이유도 여기에 있다. 물론 우리는 '과학인 학문'을 그냥 '과학'이라고 부를 수 있다. 그렇다면 우리는 '과학이 아닌 학문'을 무엇이라고 불러야 하는가? '과학'과 대칭되는 용어는 무엇인가? 조동일은 그것을 '통찰(通察)'이라고 부른다.

> '통찰'은 유럽 문명권에서 쓰는 말의 번역이 아니고 한국 학문 재래의 용어다. 과학은 유럽 문명권에서 발전시켰으므로, 그 용어 'science'를 가져와서 '과학'이라고 번역해 쓰는 것은 피할 수 없지만, '과학'과 상대가 되는 학문 활동은 한국 또는 동아시아에서 유럽 문명권과 관련을 가지기 전에 이미 잘 하고 있었고, 그 개념과 특성에 관한 논의도 높은 수준으로 정립했으므로, 그 정통

활동이다." 같은 글, p. 238.

29) 조동일, 『인문학문의 사명』, 앞의 책, p. 295.

성을 살려야 한다. (중략)

'통찰'은 과학의 합리성을 갖춘 것은 아니지만, 그렇다고 해서 비합리적이지는 않다. 학문에는 '과학'인 학문이 있고 '통찰'인 학문이 있듯이, 합리성 또한 '과학'의 합리성도 있고 '통찰'의 합리성도 있다. 그 어느 쪽에 대해서도 일방적인 의의를 부여하지 않고, 양쪽을 대등하게 받아들이는 것이 학문론의 근본을 바로잡는 전제 조건이 된다.[30]

조동일은 통찰을 다시 '통'과 '찰'로 구분하여 고찰하면서 '찰'을 중요시한 원효의 사상과 '통'을 중요시한 최한기의 사상을 합쳐서 새로운 학문방법을 도출하려고 한다. 그는 '통찰'이라는 명칭의 훌륭함을 이렇게 말한다. "학문에 '과학'과 함께 포함되어 있는 다른 무엇이 '통찰'이라는 견해는, 그것을 '비과학'이라고 부르는 부정적인 언표보다 월등한 의의를 가질 뿐만 아니라 '도(道)' 또는 '깨달음'이라는 용어보다도 여러 모로 유리하다. '도'는 궁극적인 진리를 뜻한다고 하겠으며, 학문적인 방법으로 추구하지 않고 종교적인 깨달음을 통해서 얻는다고 하는 경우가 많다. 또한 종교적인 수련을 거쳐 '도'에 이르는 행위를 흔히 '깨달음'이라고 한다. '도'를 깨닫는 행위의 의의를 부정하겠다는 것은 아니다. 그것은 학문의 영역 안으로 모아들이기 어렵다."

여기서 우리는 왜 모든 학문이 '과학'과 '통찰'을 전부 포함해야 하느냐는 이유를 쉽게 알 수 있다. 학문은 과학적 방법과 통찰적 방법을 동시에 필요로 하기 때문이다. 어떤 학문도 '그 둘 가운데 하나만으로는 이루어질 수 없다.'

셋째, 조동일은 특히 '남의 학문'이 아닌 '우리 학문'을 강조한다. 현재 이미 고전으로 인정받고 있으며 또한 조동일을 우리 사회에 최초로 잘 알려준 저서의 제목을 그가 『우리 학문의 길』(1993년 초판)로 한 이유도 여기에 있다.

한국인 교수가 우리 학생들을 상대로 해서 하는 서양철학 강의는 교수가 아무리 뛰어난 능력을 가졌다 해도 쉽사리 전달되고 이해되지 않는다. 다루는 자료를 이해하기 어렵게 하는 것은 언어의 장벽만이 그 이유는 아니다. 문화

---

30) 같은 책, p. 295 ; 298.

의 차이 때문에 생기는 장애가 더욱 극복하기 어렵기 때문이다.

교수가 자기 생각이 아닌 남의 사상을 강의하니 정확성을 보장할 수 없으며, 창의적인 작업은 더욱 불가능하다. 남의 사고 때문에 고생하다가 내 생각은 가꾸지 못해, 기존의 사고를 비판적으로 검토하고 새로운 사고를 마련하는 철학 연구의 당연한 과정이 중도에서 좌절되고 만다. 교수 스스로 할 수 없는 철학 창조의 작업을 학생들에게 요구할 수 없음은 물론이다. 그래서 철학의 빈곤이 심각해진다.[31]

조동일은 한국의 이런 현실을 사학팔방론(四學八方論)으로 설명한다. 일반적으로 학문은 크게 국학(國學)과 양학(洋學)으로 나눌 수 있지만, 국학과 양학이 서로 '관련을 맺는 양상'에서 보면 크게 네 가지로 나눌 수 있고, 이 네 가지는 각기 다른 두 가지 방향을 갖는다는 것이다.

첫째는 '남의 학문 가져와서 자랑하기'인 '수입학'이 있는데, 수입학도 그것이 수입하는 대상에 따라서 '제1세계 학문 가져오기'인 '수입학 제1방향'과 '제2세계 학문 가져오기'인 '수입학 제2방향'이 있다. 둘째는 '남의 학문 가져와서 나무라기'인 '시비학'이 있는데, 시비학도 그것이 시비하는 대상에 따라서 '제1세계 학문 가져와서 나무라기'인 '시비학 제1방향'과 '제2세계 학문 가져와서 나무라기'인 '시비학 제2방향'이 있다. 셋째는 '우리 학문으로 남의 학문 막아내기'인 '자립학'이 있는데, 자립학도 무엇을 내세우느냐에 따라서 '과거의 사실로 막아내기'인 '자립학 제1방향'과 '민족주의론으로 막아내기'인 '자립학 제2방향'이 있다. 넷째는 '우리 학문으로 남의 학문 넘어서기'인 '창조학'이 있는데, 창조학도 무엇을 창조하느냐에 따라서 '비교 연구로 넘어서기'인 '창조학 제1방향'과 '일반 이론으로 넘어서기'인 '창조학 제2방향'이 있다. 수입학은 시비학으로 발전하고, 시비학은 다시 자립학을 거쳐 창조학으로 발전해야 한다.[32]

여기서 우리는 조동일이 주장하는 '우리 학문'은 결코 국수주의적이거나 배타적이 아니라는 사실을 확실히 알 수 있다. 그것은 결국 창조학으로 발전해야 되며, 이런 뜻에서 '우리'의 범위는 단계적으로 확대되어야 한다. 그는 이렇게 말한다.

---

31) 조동일, 『우리 학문의 길』, 앞의 책, p. 197.
32) 조동일, 『인문학문의 사명』, 앞의 책, pp. 30-31.

'내가 펴는 주장에 찬동해 가까운 자리에서 연구하는 동학들의 학문'이 첫 번째 우리 학문이고, '한국에서 새롭게 창조하는 올바른 학문'이 두 번째 우리 학문이고, '자랑스럽게 성장하는 동아시아의 학문 또는 제3세계의 학문'이 세 번째 우리 학문이고, '지금까지의 잘못을 청산하고 다시 태어나는 세계 학문'이 네 번째 우리 학문이다. 이렇게 '우리 학문'은 첫 번째의 것에서 네 번째의 것까지 나아가야 한다.[33]

다섯째, 조동일은 모든 학문을 통괄하는 거대 이론을 추구하면서 특히 인문학문의 중요성을 강조한다.

인문학문을 사회학문이나 자연학문과 함께 발전시키고, 다른 두 영역에서 하지 못하는 일을 적극 감당하는 연구자의 작업이 더욱 소중하다. 그리고 연구에서 밝힌 성과를 근거로 해서 인간 교육이나 교양 교육에서도 상식을 넘어선 통찰력을 제공할 수 있어야 한다. (중략)
그러나 인문학문은 학문이다. 인문학문의 교수는 학자여야 한다. 인문학문은 새로운 연구가 나날이 새롭게 이루어지고 있는 학문이라는 점에서 자연학문과 조금도 다르지 않고, 학문 일반의 총괄적인 작업을 자연학문보다 앞서서 이룩하려고 분투한다는 것을 전공자들이 꼭 보여주어야 한다. 그럴 의향이 없는 사람들이 인문학문의 대변자 노릇을 하니, 인문학문 옹호론이 모두 역효과를 낸다.[34]

학문일반론을 개척하는 데 인문학문이 사회학문이나 자연학문보다 앞서 나아가서 그 두 분야를 이끄는 것이 최상의 기여임을 확인하고자 한다. 자연학문의 '과학'이 모든 학문의 공통된 원리여야 한다는 데 대해서 반대하고, 자연학문이나 사회학문은 그 자체의 대상에 밀착되어 있는 것과 다르게 인문학문은 사람의 사고를 직접 문제삼아 학문적 '통찰' 일반의 원리를 제공한다는 점을 인문학문의 가장 큰 의의로 삼아야 한다고 천명한다.[35]

인문학이 분발해야 한다. 학문학 일반을 다시 정립하는 거대한 작업은 인문학문에서 제시하고 추진하지 않고서는 이루어지지 않는다. 동아시아 학문 또

---

33) 같은 책, p. 78.
34) 같은 책, p. 12.
35) 같은 책, p. 13.

는 한국 학문의 전통을 계승해서 유럽 문명권 근대 학문의 한계를 극복하는 세계사적 과업이 제기되어 피할 수 없게 되었다는 것을 인문학문에서 먼저 알아차리고 있어 전환을 선도하지 않을 수 없다.[36]

여기서 조동일은 다른 학문에 대한 인문학문의 절대적 우위성을 주장하려는 것이 아니다. 다만 모든 학문이 개별성과 총체성을 동시에 관철하는 작업을 해야 하며, 이런 기본 설계를 '인문학에서 먼저 할 수 있고, 또한 해야 한다'고 주장한다.[37] 즉, 인문학문은 사회학문이 자연학문과 합작해서 처리해야 할 과제에 끼여들지 않을 수 없으며, 이런 뜻에서 우리는 인문학문의 '주도적인 구실'을 인정해야 한다.[38]

세계 학문의 역사를 바꾸어놓는 일을 우리 인문학문에서 선도해야 한다. (중략) 유럽 문명권 중심주의, 근대 지상주의, 실용 학문 제일주의가 저절로 무너질 수는 없다. 유럽 문명권의 사회학문이 스스로 알아서 자기 폐단을 시정하라는 것은 기대할 수 없다. 우리 인문학문이 분발해서 싸워야 한다. 그래야만 세상이 달라질 수 있다. 그 싸움은 승패와 우열을 단순하게 가리려고 하는 차원을 넘어서서, 싸움이 화해이고 화해가 싸움이라고 하는 생극론의 싸움이어야 한다.[39]

그러면 조동일은 인문학문을 중심으로 한 그의 거대 이론을 어떤 방향으로 진행하는가? 그는 이렇게 말한다. "엄밀하게 따지는 방법의 학문인 철학이 그 효용을 가까운 데서부터 발휘해서 먼저 철학을, 다음에는 인문학문을, 다시 인문사회학문을, 끝으로 인문사회자연학문을 해명하는 학문학의 작업을 단계적으로 하는 것이 바람직하다."[40] 이것을 도표로 표시하면 다음과 같다.

36) 같은 책, p. 225.
37) 같은 책, p. 226.
38) 같은 책, p. 260.
39) 같은 책, p. 232.
40) 같은 책, p. 221.

학문학 → 인문학문 → 인문사회학문 → 인문사회자연학문

4. 몇 가지 질문

나는 지금까지 조동일의 일반학문론과 인문학문론의 내용과 특성을 비교적 충실하게 정리하려고 했다. 이제 나는 몇 가지 문제점을 토론하겠다.

첫째, 조동일은 '철학'이라는 어휘를 각기 다른 두 가지 의미로 사용한다. 그는 철학을 문학이나 사학 등과 같은 개별 학문으로 취급하고, 다른 한편으로는 모든 개별 학문을 아우르는 '학문학의 또 다른 명칭'으로 사용한다. 전자가 '좁은 의미의 철학'이라면 후자는 '넓은 의미의 철학'이 되겠다. 그의 이런 태도는 마치 『논어』에서 '인(仁)'이 인의예지 중에 하나인 개별 덕목으로 사용되면서도 어느 경우에는 모든 개별 덕목을 개별 덕목으로 만들어주는 본질적인 속성으로 사용되는 경우와 다름이 없다.

조동일이 '철학'이라는 어휘를 이렇게 이중적으로 사용하는 이유는, 원래 철학은 개별 학문이 아닌 '모든 학문의 여왕'이었다는 과거를 가지고 있기 때문이며, 그의 이런 서술은 나와 같이 철학을 전공하는 사람에게는 참으로 고마운 일이 아닐 수 없다. 훌륭한 전통은 그동안 단절되었더라도, 우리는 그것을 다시 찾아서 필요하면 고쳐서 사용할 수도 있기 때문이다. 그러나 여기에는 몇 가지 문제가 도사리고 있다.

우선 현대 철학은 너무나 분과화되고 세분화되어서 이제 모든 학문을 포용하는 철학은 별반 설자리가 없게 되었다. 이것은 참으로 불행한 일이지만, 또한 과거보다 엄청난 양의 재료와 복잡해진 현실을 다뤄야 하고, 그 방법에서도 상당히 기교적인 것까지 있어서 어쩔 수 없는 현상이기도 하다.

또한 조동일은 문학의 영역에서 자신의 과제를 진행하면서 넓은 의미의 철학을 '역사철학'이라고 불러서 더욱 혼란스럽다.[41] "내가 문학·사

---

41) 같은 책, p. 74 각주 ; p. 75.

학·철학을 연결하려고 애쓰는 것은 지나친 문화의 폐단을 염려하는 주제넘은 생각을 하기 때문이 아니고, 연구를 진행하는 과정에서 그렇게 하지 않을 수 없다고 절실하게 판단했기 때문이다 ……. 세계 문학사를 서술하기 위해서 세계 문학사의 역사철학을 정립해야 하고, 역사철학에서 철학의 근본 문제와 만나지 않을 수 없어 분에 넘치는 작업을 하는 것이다."⁴²⁾ 물론 조동일은 모든 인문학문이 만나는 곳을 '역사철학'이라고 부른다고 말할 수 있다. 그렇다면 인문학문과 사회학문이 만나는 철학을 무슨 철학이라고 부르며, 인문학문과 사회학문과 자연학문이 모두 만나는 철학을 무슨 철학이라고 부르겠는가.

이렇게 보면, 우리는 조동일이 사용하는 '학문학'이라는 용어도 그리 현명한 선택이 아니라고 말할 수 있다. 비록 그의 의도는 충분히 이해할 수 있어도, 우선 '학문학'은 '학문에 대한 학문'이라는 옥상옥(屋上屋)의 인상을 주며, 그래서 그것은 마치 '상위 학문'이나 '메타 학문'의 냄새를 풍긴다.

그러면 우리는 조동일이 '학문학' 혹은 '철학'이라고 부르는 종합 학문을 무엇이라고 불러야 할까? '생명학'은 너무 자연학문에 치우친 감이 있고, '인간학'은 모든 학문이 결국 인간을 위해 존재한다는 뜻에서 그럴 듯하지만 그것은 막스 셸러의 '철학적 인간학'을 뜻하는 것 같다는 약점을 가지고 있다. 차라리 '인생학'이라고 부르면 어떨까? 어쨌든 우리가 '학문학'이라고 부르는 것을 서양에서는 'philosophy'라고 한다는 식의 서술은 공연히 문제를 더욱 복잡하게 만들 뿐이다.

나의 이런 지적에 대하여 조동일은 나에게 보낸 이메일(2000. 6. 3.)에서 이렇게 말한다. "지금까지 있어온 철학과 앞으로 있어야 할 철학을 같은 단어로 지칭해 혼란이 일어난 것처럼 보인다. 지금까지 있어온 철학은 개념론과 방법론에 대한 독자적인 탐구를 일삼지만, 앞으로 있어야 할 철학은 다른 학문을 통괄하면서 합치는 학문이어야 한다." 하여간 내가 여기서 제기한 것은 우리들의 학문 목표를 어떻게 표현해야 하느냐는 기술상의 문제이기 때문에 본질적인 문제는 아니다. 우리는 앞으로 더욱 훌륭한 단어를 찾기 위해 서로 상의하고 대화를 해야 할 것이다.

---

42) 조동일, 『한국의 문학사와 철학사』, 앞의 책, p. 503.

둘째, 조동일은 학문을 '과학적 학문'과 '과학이 아닌 학문'으로 분류하는데, 이는 그가 '과학'과 대칭되는 용어를 '통찰'이라고 보기 때문이다. 그러나 이런 서술은 혼란스럽다. 학문의 방법에는 과학적·논리적·체계적 방법과 이 방법과 전혀 다르면서도 동시에 연관되어 있는 통찰적·직관적·심정적 방법이 있다고 말하는 것이 훨씬 간단 명료하며, 이런 뜻에서 그 두 방법은 전통 용어인 '논리'와 '직관'이라고 표현할 수 있다. 우선 '과학'과 '통찰'은 명확한 대칭어가 아니다. 과학은 어디까지나 보통 명사지만 통찰은 동사 혹은 동사형 명사이기 때문이다.

아마 조동일은 '직관'을 반논리적·반과학적·반학문적 방법이라고 말할 것이다. 물론 대부분의 경우에 직관은 반논리적이며, 논리를 완전히 무시한 학문은 존재할 수 없다는 뜻에서 그것은 대개의 경우에 반학문적일 수밖에 없다. 그러나 나는 이미 '논리적 직관'의 가능성을 주장한 일이 있으며,43) 나의 이런 주장은 "통찰은 과학의 합리성을 갖춘 것은 아니지만 그렇다고 해서 비합리적이지는 않다"는 조동일의 주장과 일치한다. 만약 나의 이런 주장이 타당하다면, 직관도 일종의 학문적 방법이 될 수 있을 것이다.

조동일이 주장하듯이, 통찰이 진정한 '한국 학문 재래의 용어'라고 하자. 그렇다고 해서 우리가 꼭 그 용어를 사용해야 되는 것은 아니다. 우리가 서양의 'science'를 '과학'이라고 번역해 쓰는 관용을 피할 수 없다면, '과학'과 '통찰'보다는 모든 과학의 본질인 '논리'와 거기에 상대되는 '직관'이라는 전통적 표현이 훨씬 간편할 것이다.

나의 이런 지적에 대하여 조동일은 앞의 이메일에서 이렇게 말한다. "직관은 과학의 결점을 보완하는 부차적인 방법이고, 통찰은 과학이 더 큰 학문이 되게 하는 또 하나의 학문이다. 근대 학문의 자랑인 '과학'과 중세 학문의 핵심인 '통찰'을 합쳐야 근대 극복의 새로운 학문을 할 수 있다." 하여간 이것도 역시 표현의 문제며, 그래서 우리는 더욱 훌륭한 단어를 찾기 위해 서로 노력해야 할 것이다.

셋째, 조동일에 대한 줄기찬 비판으로는 그가 국수주의자라는 것이며,

---

43) 황필호,『분석철학과 종교』, 종로서적, 1984, pp. 27-29 ; Cf. 소흥열, 『논리와 사고』, 이화여대, 1979, p. 48.

그의 이런 태도는 세계화된 현대에는 전혀 맞지 않는다는 것이다. 언뜻 보기에, 이런 비판은 정당한 듯하다. 그는 일단 유럽 문명권, 미국, 일본의 학문을 모두 비판하기 때문이다.

고대 그리스의 서사시가 세계 서사시의 정통이고 표준이라고 받드는 유럽 문명권 중심주의의 이론이 커다란 피해를 자아내고 있으므로, 시정하지 않을 수 없다. 나는 한국에서 시작해서 아시아로, 다시 아시아를 넘어서서 세계의 다른 여러 곳으로 나아가는 순서를 택해, 구비 서사시의 수많은 자료를 다루면서, 원시 서사시·고대 서사시·중세 서사시의 단계를 거쳐 서사시가 변천해온 과정을 밝히고 있다. 세계 서사시의 역사에 대한 인식을 바로잡아 유럽 문명권 패권주의의 편견을 시정한다.44)

유럽 문명권의 학문은 새로운 창조의 대안을 잃고 지금까지 하던 일로 만족하지도 못해 '시비학'이 되고 마는 것이 전반적인 풍조라고 할 수 있다.45)

역사는 끝나지 않았다. 다만 유럽 문명권 주도의 근대사가 끝나고 있을 따름이다.46)

일본의 인문학문은 재기 불능의 상태에 빠졌다. 근대를 극복하고 역사의 방향을 돌려놓을 수 있는 설계를 스스로 할 수 없게 되었다. (중략) 그렇지만 현재 한국의 인문학문은 일본의 인문학문에서는 생각할 수도 없을 만큼 당당하다.47)

'학문'이라는 용어를 가져와서, 경기 규칙을 동아시아에 유리하게 일방적으로 개정하라는 것은 아니다. 세계 어느 곳의 학문에서도 '학문'이라는 공통의 용어가 있어야 한다. 그런데 불행히도 영어에는 그런 용어가 없어, 우리 학문

---

44) 조동일, 『인문학문의 사명』, 앞의 책, p. 60.
45) 같은 책, p. 42.
46) 같은 책, p. 62.
47) 같은 책, p. 229. Cf. "일본처럼 '수입학'을 하면 유럽 문명권의 문명을 모방해서 이익을 얻을 수는 있어도 새로운 문명을 이룩하는 데 앞설 수는 없다. 이제 유럽 문명권이 세계를 지배하는 근대를 청산하고 다음 시대를 맞이해야 하므로, 우리는 일본과는 다른 길을 택해야 한다. 이제 일본이 앞서간 길을 뒤따르려고 하는 것은 막차를 타는 것이다." 같은 책, p. 32 각주.

론까지 멍들게 한다.48)

물론 조동일은 이런 주장에 대한 나름대로의 정교한 이론적 작업을 동시에 병행하고 있다. 그러나 그는 그가 추구하는 학문학의 내용과 원칙을 우리나라 이외의 학문에서도 쉽게 찾을 수 있을 것이다. 그럼에도 그가 국학(國學)을 그렇게 강조하는 이유는 무엇인가? 그는 한마디로 '정당 방위'라고 말한다.

> 양학(洋學)에 맞서서 국학을 하는 것은 정당 방위다. 민족의 역사와 문화를 스스로 연구해서 밝히고, 외래 문화의 침투에 맞서서 자기를 지키는 것이 전적으로 타당하다. 특히 식민지 시대를 겪으면서 민족의 삶이 유린되고, 유럽 문명권 추종의 풍조 때문에 가치관이 흔들리고 있는 상황에서, 학문과 교육을 통해서 자위권을 행사하지 않는다면 민족의 장래는 암담할 따름이다.
> 우리 자신에 대한 학문을 하지 않고 세계의 학문을 하자는 것은 무리다. 국학에서 얻어낸 성과를 가지고 국민 교육을 하지 않는 나라는 세상에 하나도 없다. 식민지 시대에 부당하게 폄하되고 무시된 민족사의 내력이나 민족 문화의 전통을 찾아서 알려야 한다.49)

나는 "우리 자신에 대한 학문을 하지 않고 세계의 학문을 하자는 것은 무리"라는 주장에 동의하며, 그래서 나는 조동일의 정당 방위론을 반대하지 않는다. 이미 말했듯이 나는 그를 국수주의자라고 생각하지 않는다. 그러나 여기서 말하는 '우리 자신에 대한 학문'의 준거 틀이 꼭 국학이어야 하는 것은 아니다. 그 학문의 내용과 원칙이 대한민국에서 살고 있는 현재 나의 삶과 긴밀하게 연관되어 있다면, 그것은 모두 '우리 학문'이 될 수 있다.

물론 우리가 '우리 학문'을 우리의 말과 글로 전개한다면 그것은 분명히 가장 좋은 길일 것이다. 그러나 모든 사람은 나름대로의 한계를 가지고 있으며, 또한 관심의 영역도 서로 다르게 마련이다. 조동일 스스로 인정하듯이, 조동일은 문학에서 시작하고 다른 사람은 그들의 전공에서 시

---

48) 같은 책, p. 216.
49) 같은 책, pp. 45-46.

작할 수 있다.50) 이 과정에서 사람들은 각기 다른 텍스트를 사용할 수 있으며, 이 텍스트는 국학일 수도 있고 양학일 수도 있다.

나는 여기서 양학이 국학보다 좋다거나 대등하다고 말하는 것이 아니다. 여기서 중요한 것은, 어느 학문의 텍스트가 아니라 그 학문이 — 조동일의 표현을 빌리면 — 인문·사회·자연의 학문을 전부 포함할 수 있는 통합 학문이 될 수 있느냐는 문제다. 조동일이 국학을 강조하는 이유는 그것이 국학이기 때문이 아니라 우리가 그 속에서 거대 담론의 원칙을 발견할 수 있기 때문이다. 그러므로 우리가 궁극적으로 추구해야 할 창조학을 '국학을 세계화하는 학문'이라고51) 그가 표현하는 것은 — 식민지 시대와 외세에 눌려 있는 현재 한국의 위치를 생각하면 충분히 강조할 필요가 있다고 인정하면서도 — 공연한 오해를 초래할 수 있다. 창조학은 양학을 텍스트로 해서도 얼마든지 만들 수 있다. 즉, 그가 국학을 지나치게 강조하는 것은 전략적으로 별로 현명하지 않다. 사람들이 국수주의자가 아닌 조동일을 자꾸 그렇게 부르는 이유도 여기에 있다.

일찍이 간디는 "하느님은 진리(God is Truth)"라고 말하지 말고 "진리는 하느님(Truth is God)"이라고 말해야 된다고 주장했다. 하느님이 명령했기 때문에 진리가 되는 것이 아니라 진리이기 때문에 그것은 하느님, 알라, 부처의 명령으로 우리에게 전해온다는 것이다. 이제부터라도 조동일은 그의 텍스트가 국학이라는 쪽을 강조하지 말고 그가 추구하는 통합 학문의 대원칙을 한국 학문, 동아시아 학문, 제3세계 학문에서 찾을 수 있다는 쪽을 강조하는 것이 훨씬 현명할 것이다.

넷째, 조동일에 대한 가장 큰 비판은 그가 거대 담론을 추구한다는 것이다. 분명히 그는 인문학문·사회학문·자연학문을 모두 어우를 수 있는 통합 학문을 추구하며, 지역별로도 한국·동아시아·서양·세계의 모든 사상을 포괄할 수 있으며, 더구나 그의 학문은 이론의 분야 뿐만 아니라 실천의 분야에도 유용한 작업이라고 말한다. 그리고 그는 머리카락을 헤아리는 듯이 조그만 작업에만 몰두하는 학자들을 맹렬히 공격한다. 그들은 모두 수입학, 시비학, 자립학에 머물러 있어서 창조학의 경지를 시

---

50) 같은 책, p. 53.
51) 같은 책, p. 49.

도조차 하지 않고 있다는 것이다.

예를 들어서, 그는 김영민의 「기지촌의 지식인들 — 탈민족성과 우리 학문의 자생성」을 '풍자문의 명편으로 길이 칭송될 만한 글'이라고 칭찬하면서도 이렇게 비판한다. "여러 '일리(一理)'를 포괄하는 더 큰 범위의 총괄적인 이치를 밝히고자 하는 철학의 오랜 염원을 시행착오가 있다는 이유로 저버릴 수는 없다. 그런 일을 하지 않는다면 개별 학문을 넘어선 철학의 총괄 작업이 왜 필요한가. 우리는 다원론으로 만족해야 하는가. 나는 그런 의문을 진지하게 받아들여 거대 이론을 다시 만들기 위해서 애쓰고 있다."[52] 또한 그는 '하나의 거대한 진리가 곧 만들어지리라는 믿음'을 버리고, '소비자본주의적 문화 논리로 현실을 읽어내야 한다'는 조혜정을 이렇게 비판한다. "미래를 예견하는 것은 쉬운 일이 아니다. 그러나 그 때문에 역사의 미래를 설계하는 거대 이론에 대한 기대가 헛되다고 할 수는 없다. 인류 역사의 과거에도 고대인이 중세를, 중세인이 근대를 예견하고 설계하는 것은 참으로 어려운 일이었음을 잊지 말아야 한다. 어려운 일이니까 [더욱] 힘들여 연구해야 한다."[53]

분명히 조동일은 거대 이론을 창조하려고 한다. 그리고 그의 이런 시도는 포스트모더니즘을 비롯한 각종 상대주의가 판을 치고 있는 현실에서는 굉장히 비상식적으로 보이고, 대부분의 학자들은 그의 이런 주장에 대하여 일종의 위협심과 공포심을 갖게 되며, 어느 경우에는 자신의 좁은 울타리가 붕괴되리라는 콤플렉스까지 갖게 된다. 이진우는 이렇게 말한다.

모든 것을 하나의 원리와 이념으로 수렴시키는 거대한 이야기는 이미 타당

---

52) 같은 책, p. 20. Cf. 이진우는 김영민을 이렇게 비판한다. "학문이 재생할 수 있는 토양은 본래 다양성의 풍토다. 토산품이 있으면 수입품이 있게 마련이고, 가공품이 있어야 독자 제품도 생겨난다. 물론 이들은 건강한 긴장 관계에 있어야 한다. 김영민 교수는 내용 있는 인식의 방법보다는 수행과 성숙의 글쓰기를 자생적 인문학의 전략으로 선택한 것처럼 보인다. 그의 길이다. 그러나 문체와 필체로만 교감하고, 우리가 공유할 수 있는 '실질'과 '내용'이 없다면, 살아 숨쉬는 전통은 결코 뿌리내릴 수 없다. 나는 앎과 삶이 융해된 독자적 성숙의 경지는 안과 밖, 본래와 외래, 식민성과 탈식민성의 경계를 비판적으로 그리는 끊임없는 계몽적 작업을 통해 이룰 수 있다고 생각한다." 「인문학 : 경지의 성숙인가, 경계의 계몽인가」, 출처 미상.
53) 조동일, 『인문학문의 사명』, 앞의 책, p. 63.

성을 상실하고 있다. 그것은 자본주의적 논리에 의해 복잡해진 현실이 하나의 언어와 사상으로 풀어낼 수 없는 많은 문제들을 안고 있기 때문이다. 다양한 현상과 세계들을 하나의 언어로 환원시키고자 하는 전체 이론 또는 거대 이론은 전체주의적 성격과 성향을 가질 수밖에 없다.

이런 시도는 정면으로는 헤겔의 보편사적 철학을 반박하면서 뒷문으로는 그것을 다시 들여놓는 오류를 범할 수 없지 않은가. 헤겔이 동양을 서양 중심적 이성이 발전해가는 데 필요한 하나의 계기로 파악함으로써 결국 동양과 서양의 문화적 차이를 부정했다는 점을 감안하면, 조동일의 거대 이론은 헤겔의 보편사적 성향을 동양의 관점에서 뒤집으려는 시도에 불과하다는 것을 알 수 있다.54)

물론 거대 이론은 '전체주의적 성격과 성향'을 가질 수 있다. 헤겔의 사상이 좌파에서 꽃피워진 경우가 여기에 속할 것이다. 그러나 모든 거대 이론이 꼭 그렇게 되어야 할 논리적 필연성은 존재하지 않는다. 지금까지의 몇몇 거대 이론이 그렇게 이용당했다고 해서 모든 거대 이론이 그렇게 되리라는 결론은 나오는 않는다.

21세기에도 거대 이론의 창조는 가능한가? 그것은 학자들이 지금부터 시도해야 할 과업이다. 분명한 사실은, 과거에는 그런 이론이 가능했으나 이제는 불가능하다는 주장은 전혀 근거가 없다는 사실이다. 과거에는 플라톤, 아리스토텔레스, 토마스 아퀴나스, 아우구스티누스, 헤겔, 칸트로 이어지는 거대 담론이 성행했다. 동양에도 공자, 노자, 맹자, 주희 등이 있었다. 그런데 그런 시도가 왜 이제는 불가능하다는 것인가.

학문을 — 특히 인문학문을 — 진지하게 하는 사람은 언젠가는 거대 담론에 대한 매력을 갖지 않을 수 없으며, 그가 그런 작업을 시도조차 하지 않고 불가능하다고 판단하는 것은 자신의 무능을 스스로 인정하는 것이다. 그러므로 조동일의 거대 담론을 비판하려면 그 내용을 비판해야 할 것이며, 그가 그런 시도를 하는 것 자체를 비판하지는 말아야 한다. 이런 뜻에서 "내가 키를 낮출 일이 아니고 키 큰 사람이 많아야 한다"는 그의 말은 극히 타당하다.55)

---

54) 이진우, 『한국 인문학의 서양 콤플렉스』, 앞의 책, p. 216.
55) 조동일, 『인문학문의 사명』, 앞의 책, p. 64 각주.

그러나 조동일의 태도에도 문제가 없지는 않다. 거대 이론을 추구하지 않는 대부분의 학자들이 수입학과 시비학과 자립학에 머물러 있다는 그의 주장은 옳다. 그러나 그가 주장하듯이 학문은 대화의 학문이어야 하며, 이런 뜻에서 그는 다른 사람들과 공존해서 다같이 선(善)을 이루려는 더욱 겸손한 태도가 필요하다. 더구나 그는 정태와 동태, 상보와 배척, 화합과 투쟁을 전부 인정하고 포괄하는 상극론을 주장하지 않는가. 결론적으로 조동일은 필요 이상의 적을 만들 필요가 없다. 각자는 자신의 성(城)을 가지고 있어서 각자의 길을 가게 용인해야 한다. 비록 나 자신은 아직도 거대 이론에 대한 매력을 완전히 포기하지 않고 있지만.

다섯째, 종교에 대한 조동일의 논의는 더욱 혼란스럽다. 그는 "종교학이 학문이 되어야 근대 극복의 학문이 시작된다"고 말한다.[56] 여기서 학문이 된다는 것은 무슨 뜻인가? 지금까지 종교학은 사회학문에서 주도한 근대 학문의 관습을 따라서 종교학의 고유한 방법론이 있어야 한다고 주장해 왔다. 그러나 이 과정에서 종교학은 '종교 신념에 얽힌 제반 문제를 총괄해서 다루는 학문'에서 벗어나고 말았으며, 그래서 종교학은 '내용의 학문'이 되지 못하고 '방법의 학문'으로 전락하게 되었다.

결국 종교학은 학문의 객관성과 논리적 타당성을 갖추는 대가로 '종교문제의 심각성'으로부터 멀어지게 되었다. 그래서 그는 오늘날의 "종교학은 각 종교에서 펴는 중세적인 종교론의 열띤 주장들을 어우르지 못하고, 넘어서지도 못하고, 멀리서 방관하기만 한다"고 말한다.[57] 그가 앞의 이메일에서 "종교학이 학문이 되어야 한다는 것은 근대 학문을 두고 하는 말이 아니고, 근대 극복의 학문을 이룩하자는 말이다. 근대 학문이 경제학을 중심에다 둔 것처럼 근대 극복의 새로운 학문은 종교를 소중하게 다루면서 구심점으로 삼아야 한다"고 말하는 이유도 여기에 있다.

이제 종교학은 '종교가 무엇이길래 그것 때문에 사람들이 열광하면서 서로 뭉치기도 하고 서로 싸우기도 하며, 주장하는 바가 비슷할수록 갈등이 더욱 심해지는가 하는 의문'에 답변하려고 노력해야 한다.[58] 즉, 사

---

56) 같은 책, p. 268.
57) 같은 책, p. 271.
58) 같은 책, p. 270 각주.

회 속의 종교의 모습을 평가하고 진단해야 한다. 모든 사회인이 종교인은 아니지만 모든 종교인은 우선 사회인이기 때문이다. 그럼에도 오늘날의 종교학과 인문학문들은 무조건 객관적 사회학문 방법론만을 붙들고 있는 형편이다. 그러면 종교학은 이제 어떻게 해야 하는가? 조동일은 이렇게 말한다.

> 새로운 종교학을 일으키면서 종교학의 연구 대상을 엄밀하게 규정하고, 종교학이 다른 학문과 구별되는 독자적인 영역을 분명하게 하려는 어리석은 짓은 하지 말아야 한다. 독자적인 연구 방법을 갖추어 숭상하는 것은 더욱 경계할 일이다. 종교는 문화의 다른 영역과 서로 구별될 수 없을 정도로 얽혀 있고, 역사적으로 형성되어 사회적인 기능을 한다는 사실을 바로 알아야 연구할 수 있다.
> 종교학이 곧 역사학이고, 종교학이 곧 정치학이어야 한다. 인문학문의 종교학이 사회학문의 종교학으로 바뀌어야 한다. 종교학이 없어져야 종교학을 다시 하는 보람이 있어 종교 문제를 제대로 다룰 수 있다. 종교학만 그런 것은 아니다. 인문학문의 다른 분야도 서로 연결되어 서로 합쳐져야 한다. 인문학문의 의의는 인문학문이 사회학문과 합쳐져야 발현될 수 있다.[59]

물론 이 인용문에 나오는 "인문학문의 종교학이 사회학문의 종교학으로 바뀌어야 한다"는 명제는 그 자체로는 옳지 않다. 다만 인문학문으로서의 종교학이 — 문학, 사학, 철학과 마찬가지로 — 사회학문과 만나야 한다는 뜻이겠다.

여기서 우리는 두 가지 질문을 제기할 수 있다. 우선 종교학이 객관성이라는 사회학문의 방법론을 따르면서 종교학의 '본분'을 상실하게 되었다면, 그러면 인문학문의 고유한 방법론은 비객관적 혹은 주관적이란 말인가. 사회학문은 '과학'의 방법을 사용하고 인문학문은 '통찰'의 방법을 사용해야 한단 말인가. 잘 이해가 되지 않는다.

또 조동일은 종교학이 정치학과 같은 사회학문이 되어야 한다고 말한다. 그러나 여기서는 상술하지 않겠지만, 현재 한국과 세계의 종교학은 자신을 인문학문이 아닌 사회학문으로 생각해서 이런 문제가 발생한 것

---

59) 같은 책, p. 272.

이다. 그런데 종교학은 다시 사회학문이 되란 말인가. 인문학문과 사회학문과 자연학문은 분명히 서로 만나야 한다. 그러나 그들이 꼭 '합쳐져야' 하는 것은 아니며, 한쪽의 학문이 다른 쪽으로 '바뀌어야' 하는 것은 더욱 아니다. 한마디로 조동일은 인문학문들의 만남, 그들과 사회학문들과의 만남, 다시 이들과 자연학문과의 만남의 구체적 내용을 좀더 상세하게 서술해야 할 것이다. 만남에도 여러 종류가 있다.

끝으로 나는 조동일의 인문학문론이 주로 전통적인 문사철(文史哲)로 대표되는 문학·사학·철학에 집중되어 있으며, 상대적으로 종교학은 비교적 소홀히 취급되고 있다는 인상을 갖는다. 이것은 나의 잘못이기를 바란다. 그러나 다른 면에서 보면, 나의 이런 인상은 바로 나와 같은 종교변호학자·종교학자·종교철학자들이 지금까지 시비학에 머물러 있으면서 전혀 이런 작업을 하지 않았다는 경고이기도 하다. 참으로 부끄러운 일이다.[60]

여섯째, 조동일의 학문론을 전체로 일관(一貫)하는 원칙은 무엇인가? 그것은 바로 15세기의 서경덕(徐敬德), 18세기의 임성주(任聖周)와 홍대용(洪大容), 19세기의 최한기(崔漢綺)로 이어진 기일원론(氣一元論)이며, 구체적으로 말해서 앞으로의 학문은 비판적이면서도 합리적인 사고를 천거한 최한기와 민족적이면서도 민중적인 사고를 천거한 최재우를 합치는 작업이다.[61]

이상과 현실을 분리시키는 이원론을 받아들일 수는 없다. 이원론을 극복하고 일원론을 마련한 근대의 공적을 무효로 돌릴 수는 없다. 그러면 어떻게 해야 하는가? 이에 대한 대답이 중세에서 근대로의 이행기 동아시아 특히 한국에서 힘써 마련한 기일원론을 되살려 새로운 거대 이론을 만드는 발판으로 삼자는 것이다. 폐기된 설계도를 가져와서 활용하자는 것이다.[62]

---

60) 참고로 나는 종교 학문을 계시신학과 자연신학, 정통과 이단, 신학과 종교학 등으로 분류하지 않고 종교변호학과 종교학과 종교철학의 세 분야로 분류한다. 황필호, 「종교변호학, 종교학, 종교철학」, 『철학』, 2002년 여름호, pp. 245-273.
61) 조동일, 『우리 학문의 길』, 앞의 책, pp. 172-183.
62) 조동일, 『인문학문의 사명』, 앞의 책, p. 68.

지금은 실학을 이어받아 근대화를 하는 데 힘쓸 시기가 아니고 기(氣)철학을 다시 살려 근대 극복의 학문을 창조해야 할 시기다. 실용주의와 경험주의가 학문을 하는 최선의 노력이라고 잘못 판단해서 생긴 폐단을 극복하고 철학의 빈곤을 해결해야 한다. 이론 창조 능력을 되찾아야 한다.[63)]

그러나 오늘날 기, 기공, 기철학 등은 너무나 세속화되어 있다. 예를 들어서 어느 일간지에는 이런 기사가 있다. "지난 5일과 7일 오후 2시에는 한강을 사이에 두고 1.2킬로 떨어져서 장풍으로 사람을 쓰러뜨리는 장면이 TV로 방영되었던 ×××이 나온다. 그는 일반인을 초청해 가만히 서 있게 한 뒤 기로 팔 다리를 움직여 춤을 추게 만드는 것을 선보일 예정이다."[64)] 조동일도 기의 이런 세속화 현상을 인정한다. 그러면서도 그는 이런 현상이 오히려 창조적 학문 연구의 계기가 될 수 있다고 말한다.

기(氣)라는 말이 유행하고, 기를 아무렇게나 팔고 다니는 사람들이 있어, 기에 관한 논의는 무엇이든지 불신을 자아낼 수 있게 된 풍조가 다소 문제된다. 그러나 유행을 나쁘게만 볼 것은 아니다. 대중의 관심이 크게 확대된 것은, 기의 메타 과학을 제대로 정립해야 할 단계에 이르렀다는 증거다. 구세주는 기다림이 고조되었을 때 나타나야 하듯이, 역사를 바꾸어놓는 이론은 대중의 요청을 차원 높게 집약하면서 구현될 수 있다.

사고의 기, 사회의 기, 생명의 기, 물질의 기가 서로 같으면서 다르다는 것이 계승해서 발전시켜야 할 이론의 핵심이다. 이면우의 W 이론에 대한 최종적인 해답, 김재은이 주장하는 천재의 창조력으로 이룩해야 할 과업, 장회익이 주장하는 메타 과학의 진로가 바로 여기 있다. 뿐만 아니라, 이 이론은 관념론과 유물론이 정신과 물질을 양립시켜 놓고 어느 것이 우선하는가 피를 흘리면서 다투어온 불행을 해결할 수 있게 한다. 우리는 그 불행을 누구보다도 더욱

---

63) 같은 책, pp. 249-250. Cf. 조동일은 최한기의 기학(氣學) 혹은 운화학(運化學)의 특성을 이렇게 정리한다. "포괄적이고 개별적인 양상을 탐구하는 철학이면서 대상에 따라 다르게 분화한 여러 학문을 내포하고 있고, 어디서 누구든지 인정할 수 있는 보편적인 원리를 탐구하면서 구체적이고 개별적인 문제를 또한 힘써 다루는 학문이다. 그러므로 정통 유학의 헛된 명분론을 실질적인 의의를 가진 학문으로 바꾸어놓고, 보편적이고 총괄적인 이론을 결여한 실학의 단점을 극복하고 각론 개척의 장점은 수용해, 자기 만족을 얻으면서 하는 학문이면서 세상에 크게 유익할 수 있다." 조동일, 『우리 학문의 길』, 앞의 책, p. 178.
64) 『중앙일보』, 2000년 4월 26일자.

심각하게 겪고 이념 대립을 넘어선 통일을 염원하고 있으므로, 이 이론은 창조의 거대한 과업을 위해 남들보다 더욱 분발하지 않을 수 없다.[65]

그러나 다음과 같은 질문들은 여전히 남아 있다. 다른 사람의 팔과 다리를 움직여 춤을 추게 하는 세속적인 기와 조동일이 주장하는 학문의 원칙으로서의 기가 동일한 것은 아닐 것이다. 그렇다면 그들의 차이점은 무엇인가. 더 나아가서 기·기운·기공·기론 등은 어디까지나 동아시아의 개념이다. 세속적인 면에서도 그렇고 학술적인 면에서도 그렇다. 과연 이런 개념으로 전세계의 학문을 통합할 수 있을까. 비록 그는 앞의 이메일에서 "생극론으로 변증법을 받아들여 넘어서야, 편파적인 인식의 폐단을 시정하고, 이념 대립을 해소하면서, 미래의 학문을 창조할 수 있다"고 말하지만.

5. 맺음말

오늘날 인문학문의 위기는 세계적인 현상이다. "처음부터 근대 실용학문을 일방적으로 중요시한 미국은 말할 나위도 없고, 중세 이래의 전통을 존중해 온 유럽에서도 인문학문은 무시되고 있다. 유럽 문명권의 학문을 받아들이면서 철학을 빼놓고 기술만 가려내서 본뜨는 데 몰두한 일본에서 인문학문의 몰락이 더욱 두드러지게 나타나는 것은 이미 예상했던 바다."[66]

그러나 그것은 한국에서 더욱 위험 수위에 도달한 듯이 보인다. 현재 우리나라에서는 머리를 써서 돈만 많이 벌면 '신지식인'이 되고, 대학의 인문학부 교수들은 당장의 밥그릇을 걱정하게 되었다. 또한 요즘에는 한 가지 특기만 갖고 있으면 입시 지옥이라는 터널을 통과하지 않고도 대학에 입학할 수 있다. 실제로 2000년도에는 댄스 그룹 '핑클'과 'SES'의 멤버, 인터넷 롤플레잉 게임을 개발한 학생, 토플 시험 만점 취득자, PC 게

---

65) 조동일, 『우리 학문의 길』, 앞의 책, p. 231.
66) 조동일, 『인문학문의 사명』, 앞의 책, p. 228.

임 대회 입상자 등이 원하는 대학에 입학했다.

여기서 어떤 사람은 한국의 대학이 경제 원리를 무시하고 너무 많은 인문학자들을 양산해서 이런 결과가 나왔다고 주장하고,67) 다른 사람은 인문학의 원칙적 중요성을 앵무새처럼 지껄이고 있다. 즉, 인간 생활의 여러 현상을 체계적으로 연구하는 인문학문에는 당장의 돈벌이에 응용할 실용성은 없어도 '나라가 커지고 선진국이 되어갈수록 인문학의 기초 학문이 국익과 국력에 결정적 역할을 한다'는 것이다.68)

이런 상황에서 조동일은 나름대로의 대안을, 그것도 거대 이론을 내놓았다. 이제 우리의 몫은 그가 국수주의라거나 거대 이론에 집착한 반시대적 인물이라는 감정적 평가를 벗어나서 구체적으로 그의 주장을 한번 면밀히 검토해보는 것이다. 나는 이 글에서 그런 작업을 시도한 것이다. 조동일은 이렇게 외친다.

　　내가 홀로 분투하고 다른 사람들은 구경이나 해서는 진전이 이룩되지 않는다. 학문하는 사람이라면 누구든지 나서서 적극적으로 따지고, 우리 이론 수립을 위해 분투해야 확고한 성과를 이룩할 수 있다. 아직은 관망하고 있다가 본론이 완성되어 허황되지 않은 결과에 이르면 그때 믿고 따르겠다고 하는 방관자들은 불필요한 방해꾼이므로 진지한 토론의 광장에서 몰아내야 한다. 남들이 이미 이룬 성과를 받아들이는 주체성이 없고, 창조력이 결여된 학풍과 싸우기 위해서 지금까지의 논의를 전개했다.

　　지금까지 편 주장에 대한 진지한 반론이 제기되면 기꺼이 논쟁을 하겠다. 논쟁을 해야 논의가 진전되고 발전된다. 아직 서론에 머무르고 있는 미완성의 착상이 본론까지 이르기 위해서는 반론을 만나는 행운이 있어야 한다. 그런데 반론은 제기하지 않고 주장하는 바가 그저 막연히 의심스럽다든가 허황된다든가 하는 반응은 아무 도움이 되지 않는다.

　　이론 창조가 우리 과업이라는 데 대해 동의하지 않고, 이론의 의의를 불신하는 무리에게는 무엇이든지 의심스럽다. 그런 무리는 스스로 결단을 내리지 못하고, 강압해야 비로소 움직이므로, 설득을 포기한다. 그 대신에 우리 이론 창조를 위해 나서는 것이 자기 사명이라고 확신하면서, 주체적이고 창조적인 학문을 하겠다는 역군과는 뜨거운 토론을 벌이고자 한다.69)

---

67) 복거일, 「인문학 정말 위기인가」, 『문화일보』, 1999년 4월 30일자.
68) 유홍준, 「인문학의 불안한 미래」, 『동아일보』, 1999년 4월 24일자.

물론 조동일 스스로 인정하듯이, 그의 인문학문론은 아직 완성되지 않았으며, 어느 경우에는 구체적인 내용도 없이 그저 선언적 의미만 가지고 있다는 비난을 받기도 한다. 예를 들어서, 어느 학자는 현재 한국에서 진행되고 있는 인문학문에 대한 논의를 백낙청과 조동일의 문맥적 인문학·김우창과 이진우의 비판적 인문학·김영한과 김현의 상상적 인문학·이태수의 개념적 인문학으로 분류하면서 백낙청과 조동일을 이렇게 비판한다.

동양 또는 한국이라는 문맥은 중요하지만 그 문맥의 적합성을 설득력 있게 제시하지 못하고 '동양' 또는 '한국'이라는 단어 뒤에 숨는다면, 이것은 인문학의 지역주의적 위험을 유발하는 것이다.
현대 사회의 다른 지역에서도 공감할 수 있는 그러한 모형의 요구는 무리한 것일까. 이들의 많은 저술들을 통해 아쉬운 것은 [백낙청의] 진리론이나 [조동일의] 학문론으로서의 인문학이 어떻게 인간론과 연결되는지가 심층적으로 분석되지 않고 있다는 점이다. [백낙청의] 진리문맥화나 [조동일의] 최한기는 중요하다. 그러나 한국 지성 사회가 요구하는 인문학 논의를 위해서 사람다움의 현대적 조건을 조명하는 데 어떻게 도움을 줄 수 있는가가 보여져야 할 것이다. 아직도 더 많은 저술들을 기대하게 하는 물음이다.[70]

그러면서도 그 학자는 동시에 조동일에 대하여 이렇게 말한다. "그의 인문학은 서양의 좁은 의미의 인문학에 한정되어 있지 않고, 사회과학과 자연과학의 학문적 성격을 마땅한 주제로 포함한다. 서양의 인문학적 기준에 의해 조동일의 인문학을 평가한다는 것은 설득력이 없다. 그의 인문학은 결국 조동일의 체계 안에 들어가 내재적으로 평가되어야 한다."[71] 옳은 말이다. 조동일은 다시 이렇게 외친다.

지금 이곳에서 역사의 발전이 완성되었다고 착각하지 않고, 세계사의 커다란 시련을 겪는 민족의 고난을 해결하면서 미래를 바람직하게 창조하는 인류의 지혜를 가다듬으려고 한다.

---

69) 조동일, 『우리 학문의 길』, 앞의 책, p. 235.
70) 정대현 외, 『표현 인문학』, 생각의 나무, 2000, p. 331.
71) 같은 책, p. 331.

내가 아니라도 다른 누가 그렇게 할 수 있고, 당연히 그래야 한다. 그렇게 하기 위해서 노력하지 않는 것은 직무 유기다. 성사 여부는 노력한 다음에 가릴 일이지, 미리 속단하지 말아야 한다. 내가 잘났다고 뽐내려고 이런 수작을 늘어놓는다고 여기는 골목 대장 수준의 시비는 그만두자. 한국의 대학 교수는 누구나 그런 포부를 가지고 연구하면서 강의해야 대학이 살고, 학문이 산다고 분명하게 말하기 위해서, 면구스러움을 무릅쓰고 내 자신을 예증으로 삼고 있는 것이다.72)

조동일의 외침은 광야의 외침으로 끝날 것인가. 그래서 우리는 모두 직무 유기자가 될 것인가.73)

---

72) 조동일, 『우리 학문의 길』, 앞의 책, p. 255.

73) "조동일은 원래 불어불문학을 전공한 후 프랑스로 유학을 준비하던 중 남의 나라 문학을 하는 어려움을 인지하고 곧바로 서울대 국문학과에 학사 편입하여 국문과 대학원에 진학한 후 고전 문학을 전공하기에 이른다. 진정한 한국 문학을 연구하기 위해 그는 고향에서 민요를 채집하고 구비 문학에 나타난 민중 의식을 탐구하고 시조와 『춘향전』의 새로운 고찰을 통해 진정한 국문학을 접하고자 시도한다. 그러면서 책으로 엮어진 것이 『서사 민요 연구』, 『구비 문학 개설』, 『한국 가면극의 미학』, 『한국 구비 문학 선집』, 『경북 민요』, 『판소리의 이해』, 『인물 전설의 의미와 기능』, 『구비 문학의 세계』, 『한국 구비 문학 대계(경주편)』, 『탈춤의 역사와 원리』, 『동학 성립과 이야기』 등으로 고전 문학 중에서도 민중의 문학이라는 구비 문학의 학문을 섭렵하기 시작한다. 주로 발로 뛰어서 채집하는 설화, 민요, 판소리, 탈춤 등이다. 그 과정에서 한국 고전 문학을 재정립하는 업적을 쌓는다. 후학들에게 깊은 감명을 주었고 아무도 거들떠보지 않던 구비 문학 분야의 연구도 훌륭한 논문 혹은 훌륭한 저서가 될 수 있다는 희망을 준다. 그는 각 대학 대학원 강의를 통해 『한국 문학 통사』라는 5권으로 된 문학사를 저술한다. 3판 인쇄를 간행할 정도로 스테디셀러가 된 문학사다. 『한국 문학 통사』는 기존 논문의 수집과 그 수집된 논문들을 대학원 강의에서 검토하고 토론하는 과정에서 나타난 문제를 수정과 비판을 통해 만들어진, 말하자면 실증적인 단계를 거친 문학사다."

"그 후 조동일은 국문학의 세계에만 국한하지 않고 시선을 세계로 돌려 한국 문학 영역을 넓히려는 의도가 담긴 저술을 쏟아놓는다. 『한국 시가의 역사 의식』(1993)에서 그는 시인과 사가(史家)의 역할에 대해 언급하면서 시사(詩史)의 변천을 좇아가면서 사상적 논란의 양상과 근거를 찾으려고 한다. 그의 책제목에서 파악할 수 있듯이, 그는 시사에 얽힌 작품을 통해 역사관이나 세계관을 찾으려고 하고, 가사 작품에 대해서는 종교 사상 논쟁까지 다루고 있다. 불교 가사와 유교 가사의 경쟁, 천주 가사와 동학 가사의 대립, 유교 가사의 세태 비판 등을 중심으로 하고 있다. 작가론에 입각해서도 항원(抗元) 의식, 임진왜란 체험이 각성된 문학사적 의의를 통해 동양 시인의 정신 세계와 서양 시인의 정신 세계를 비교하고 있다. 그의 논저는 한국 문학에서 세계 문학으로 영역을 넓히고 있다."

"『한국문학 사상사 시론』(1990)은 우리 문학사상 한국 문학의 사상을 다루어본 적이 없었던 터에 새로운 구상과 그에 알맞은 방법론으로 국문학의 대계를 세우려는 저자 특유의 일련의 저작 중의 하나다. 이 책은 우리 역사상의 문학 사상을 인물별로 뽑아 집중 조명하여 시대별로 체계화를 시도한 역저(力著)이기도 하다. 또한 학문의 영역을 넓히는 것과 연관되어『문학사와 철학사의 관련 양상』(1992)이 있다. 「문학사와 철학사의 관련, 무엇이 문제인가」라는 머리말에서 밝히고 있듯이, 그는 문학 연구와 철학 연구가 서로 협동해야 할 중요한 이유를 말하고 있다. 이유인즉 두 학문의 결점을 상대방의 도움으로 보충할 수 있기 때문이고, 문학 연구와 철학 연구를 연결시키는 작업은 어디서나 소홀하게 여길 수 없다고 생각하기 때문이다. 그러면서 일개 국문학자로 철학에 대해 계통적인 공부를 하지 못한 점을 인정하며 국문학의 사상을 다루려고 한다. 본론에서는 문학을 논하는 과정을 철학 사상의 맥락에서 찾으려 한다고 고백하며, 철학적 관점에서 본 인성론은 18세기를 중심으로 개혁의 의지를 담고 있는 인물인 홍대용·박지원·임성주·이 간 등에서 문학 이론의 논거 혁신과 사상 표출의 새로운 방법을 다루고 인성론의 혁신 과정을 다루고 있다. 심(心)과 물(物)의 철학 관계에서는 이인로(李仁老)와 이규보(李奎報)의 시론(詩論)을 통해 논하고 있다. 결과적으로 그는 여기서 문학의 사명을 도출해내고자 한다.

"『한국 문학과 세계 문학』은 그의 저서 중 25번째 저술이다. 비교 문학적인 방법론으로 전환된 이 저서는 서양 문학의 수용을 논하고 있다. 서사 시론과 공동 문어 문학론에서 한문학 전통의 계승과 개작의 논란, 문학사적 의의, 라틴 문학과 한문학의 문학사 서술 비교에 이르기까지 실로 광범위하게 다루고 있다. 한국 문학의 숭고미와 서양 문학의 비장미, 중국·한국·일본 소설의 개념, 한국 문학과 동남아시아 근대 문학의 형성 등 한국의 문학이라는 좁은 울타리를 벗어나려는 움직임에서 한국의 문학 범주를 세계로 지향하고 이어서 국문학이 지향해야 할 세계를 세계 문학 속의 한국 문학이라는 방향 설정을 하고 있다. 그런 가운데 한국 문학, 곧 인문학이 자연과학, 사회과학, 실용 학문에 뒤지기 시작하여 인기 없고 실용성이 떨어진 학문으로 전락되는 위기감이 일자 이번에는『인문학문의 사명』이라는 논제로 다시 저술한 것이 그의 이번 논제의 텍스트다."

"조동일 교수의 논저는 세 가지 방향으로 흐름을 파악할 수 있다. 한국 고전 문학인 구비 문학의 분야, 비교 문학적인 분야, 그리고 인문학 분야다. 국문학자들이 그를 인정하고 있는 부분도 그의 이러한 끊임없는 탐구 정신과 문학을 문학으로만 보려하지 않고 철학, 역사, 비교 문학의 범주 안에서 문학 세계를 넓히고 있는 점을 들어 그를 한국에서 뛰어난 국문학자라 칭하고 세계 속에서도 한국 문학의 제일인자라고 일컫는다." 김명희,「황필호 교수의 <조동일의 인문학문론>에 대한 논찬」, 강남대 인문과학연구소 학술대회(2000. 5. 29), pp. 1-3.

■ 나가는 말

창작의 공간 : '생각'을 생각하는 곳

I

창작은 새로운 생각에서 나온다. 새로운 생각을 거치지 않은 글은 창작이 아니라 기껏해야 정리나 반복일 뿐이다. 순수한 창작은 새로운 생각의 산물이다.

그러나 새로운 생각이란 어느 날 갑자기 하늘에서 떨어지는 것이 아니다. 그것은 한편으로 수많은 생각들을 새롭게 정리하고 다듬고 반복하는 각자의 노력과 — 소크라테스의 표현을 빌리면 — 신의 은총을 받은 사람만이 도달할 수 있는 경지다. 노력하는 모든 사람이 진정 새로운 생각을 갖게 되는 것이 아니라 평소에 덕(德)을 많이 쌓은 사람만이 소유할 수 있다는 뜻에서 신의 은총이다. 이렇게 보면, 우리는 진정 새로운 생각과 그런 생각에서 나온 순수한 창작은 거의 불가능할 정도로 어렵게 태어난다는 사실을 쉽게 알 수 있다. 인류의 영원한 스승인 공자가 자신을 술이부작(述而不作)이라고 표현하고, 성서가 더욱 정확히 "하늘 아래 새 것은 없다"고 단정한 이유도 여기에 있다. 새로운 생각과 순수한 창작은 참으로 어려운 것이다. 그래서 그것은 더욱 귀중한 것이다.

2

내가 지금까지 출판한 저서와 역서의 목록을 살펴본다. 2002년 여름 현재로 거의 50여 권이니까 양적으로는 그리 적은 숫자는 아니다. 특히 그 중에서 '종교철학 시리즈'의 몇 권은 아직도 스테디셀러로 자리잡고 있으며, 최근에 출판한『통일교의 종교철학』(2000),『중국종교철학 산책』(2001),『종교철학 에세이』(2002)는 그런 대로 사람들의 입에 회자되고 있다. 또한 '사회철학 시리즈'의『비폭력이란 무엇인가』(1986)와『자기 철학을 가지고 살려는 사람에게 : 삶의 철학, 일의 철학』(1993), '여성 철학 시리즈'의『철학적 여성학』(1986), '문학철학 시리즈'의『우리 수필 평론』(1997)과『영어로 배우는 인생』(2001), '여행 수필 시리즈'의『백두산, 킬리만자로, 설악산』(2000), '철학 수필 시리즈'의『꽃과 별의 만남 : 이것이 여성 수필이다』(1999) 등은 비교적 좋은 반응을 얻고 있다.

그러나 내가 출판한 — 대부분이 아닌 — 모든 책은 진정 새로운 생각의 결과물이 아니다. 그들은 기껏해야 남의 얘기를 정리하면서 나의 단상(斷想)을 조금 덧붙인 것들에 지나지 않는다. 그들은 새로운 생각이 아니라 헌 생각을 정리한 것이다. 이것이 나의 솔직한 고백이다. 물론 남의 사상을 정확히 이해하고 정리한다는 것도 그리 쉬운 일은 아니다. 그래서 요즘 신(新)실용주의라는 새로운 기치를 제창하여 논란의 대상이 되고 있는 로티(Richard Rorty)는 이미 1967년에 발표한 「언어적 전회」라는 글에서, 철학에 관한 한 새로운 주제는 있을 수 없으며, 오직 지금까지 내려온 주제들에 대한 새로운 접근 방법이 있을 뿐이라고 선언하기도 했다.

그러면 나는 과연 인생에 대한 새로운 주제를 발견하지는 못했지만 그 주제들에 대한 새로운 접근 방법을 채택했는가. 나의 50여 권의 책 중에서 한두 권이라도 그런 흔적을 갖고 있는가. 불행하게도 나는 이 질문에 대해서도 부정적 답변밖에는 줄 수가 없다. 참으로 부끄러운 일이지만, 이것이 또한 나의 솔직한 고백이다. 앵무새 철학자, 미문(美文)과 명문(名文)을 혼동한 수필가, 말과 삶이 동떨어진 방송인, 인생과 삶을 아직도 완전히 일치시키지 못한 교수, 이런 것들이 나의 진짜 모습이다.

3

우리는 어떻게 새로운 생각을 할 수 있는가? 인간을 '생각하는 갈대'로 규정한 파스칼은 우선 생각에도 우선 순위가 있다고 말한다. 제일 먼저 생각해야 할 것이 있고, 나중에 생각해도 될 것이 있다는 것이다. 그리고 이 우선 순위를 착각하는 것이 바로 허영심이라고 말한다. 예를 들어서, 여기에 학생에게 가장 중요한 공부를 열 번째 중요한 것으로 여기고 열 번째쯤 중요한 놀이를 가장 중요한 일로 여기는 젊은이가 있다면, 분명히 그는 허영에 들뜬 젊은이가 아닐 수 없다.

그러면 우리는 무엇을 제일 먼저 생각해야 하는가? 파스칼은 첫째로 모든 사람은 자아에 대하여 생각하고, 둘째로는 그 자아의 창조주에 대하여 생각하고, 셋째로 이상의 두 생각을 바탕으로 해서 자아의 목표를 생각해야 한다고 주장한다.

여기서 우리는 생각의 순서에 대한 파스칼의 견해에 대하여 좀 진지하게 고찰할 필요가 있다. 알다시피 그는 독실한 기독교인이다. 그는 '철학자의 하느님'이 아니라 '아브라함과 이삭과 야곱의 하느님'을 추구한 신실한 종교인이다. 그래서 그는 모든 것을 제쳐놓고 우선 하느님을 먼저 생각해야 한다고 말할 수 있었지만, 그는 그렇게 말하지 않았다. 또한 그는 천재적인 수학자며 과학자며 발명가다. 오늘날 우리들이 사용하는 계산기를 발명한 사람도 바로 파스칼이다. 그래서 그는 모든 것을 제쳐놓고 학문에 정진해야 된다고 말할 수 있었지만, 그는 그렇게 말하지 않았다. 그는 모든 생각의 출발은 자아라고 말한다. '나'라는 존재는 아주 하찮은 것이지만 동시에 천상천하에서 가장 귀중하다. 그래서 성서는 "사람이 온 천하를 얻고 그의 영혼을 잃으면 무슨 소용이 있겠느냐?"고 질문한다. 철학자들이 자아에 대한 골똘한 생각을 강조한 파스칼을 실존주의 철학의 아버지로 간주하는 이유도 여기에 있다.

4

나는 최근에 거의 30년간 하던 자동차 운전을 하지 않기로 결심했다. 벌써 5년 전의 일이다. 현재는 면허증조차 가지고 다니지 않는데, 그 이유는 다음과 같다. 복잡한 서울 거리를 운전할 때는 아무런 문제가 없다. 그러나 차도 다니지 않는 한가한 곳에서 운전을 하면 공연히 딴 생각을 하고 있다가 서 있는 자동차나 가로수를 들이받기가 일쑤다. 언젠가부터 나 자신에 대하여 골똘히 생각하는 습성을 갖게 되었기 때문이다.

생각하려면 우선 생각할 자료가 있어야 한다. 우리가 외국을 여행하고, 새로운 사람을 만나고, 새로운 경험을 선호하는 이유도 여기에 있다. 그러나 이런 일차원적인 생각은 다시 한 단계 전진해서 이차원적인 생각이 되어야 한다. 즉, 단순한 생각에서 그치지 말고, 그 생각에 대하여 다시 생각해야 한다. 그래야 생각은 '나'와 연결될 수 있다. 나는 잠자는 시간을 제외한 모든 시간에 진정 생각하는 사람이 되려고 노력한다. 특히 나는 글 쓰는 공간에서는 먼저 생각을 골똘히 하려고 한다. 골똘히 생각해야 그것이 새로운 생각이 될 수 있기 때문이다.

5

나는 2002년 초에 생각에 생각을 거듭하여 다음과 같은 강령을 만들었다. 제목은 "나는 이렇게 살겠다"로 했다.

첫째, 나는 매일 30분 이상 명상을 한다. 이것은 기독교의 기도나 불교의 염불이 될 수도 있고, 도산 안창호 선생이 권장했으며 또한 현재 퀘이커교에서 실천하고 있는 '침묵의 기도'가 될 수도 있다. 반성하지 않는 삶은 살 가치조차 없으며, 우리는 다른 사람들을 변화시키려고 하기 이전에 먼저 자신을 반성하면서 변화시키려고 부단히 노력해야 한다. 그래서 간디는 "자기 정화가 없는 비폭력은 불가능하다"고 말한다.

둘째, 나는 국가와 사회의 밝은 미래를 위해 매주 한 시간 정도의 공동 토론회에 참여한다. 물론 토론의 주제를 미리 정하고, 그 주제에 대하여 충분히 읽고 생각한 다음에 토론해야 한다. 아무런 사전 준비도 없는 '취중진담'은 진정한 대화가 아니다.

셋째, 나는 매주 열 시간 이상을 건강 관리에 투자한다. 건강한 정신은 건강한 육체로부터 나온다. 사람이 빵으로만 살 수 없다는 말도 빵의 중요성을 역설적으로 주장하는 말이다.

넷째, 나는 매월 최소한 두 권의 좋은 책을 읽고 주위 사람들과 토론한다. 책을 읽지 않는 사람의 영혼은 절대로 성장할 수 없다. 그리고 책을 선택할 때는 베스트 셀러가 항상 베스트 북은 아니라는 사실을 잊지 않도록 한다.

다섯째, 나는 매월 날짜를 정해 '하루 굶기 운동'에 참여한다. 배고픔을 직접 경험한 사람만이 고통받는 사람들의 심정을 진정 이해할 수 있다. 이슬람교에서 모든 신도가 꼭 지켜야 할 '다섯 개의 기둥' 중에 한 달 동안 해가 뜰 때부터 질 때까지 물 한 모금도 마시지 않는 라마단 행사를 고수하는 이유도 여기에 있다. 하루만 굶으면 세상이 달리 보인다.

여섯째, 나는 어떤 형태로든지 버림받은 사람들을 돕는 자선 행위나 시민단체 운동에 참여한다. 종국적으로 '나'는 '우리'로 승화되어야 하며, 행복 중에서 가장 큰 행복은 역시 '받는 사랑'이 아니라 '주는 사랑'이다.

헤르만 헤세의 『싯달타』에 나오는 주인공은 사랑하는 여인을 위해 할 수 있는 것으로 세 가지를 든다. "나는 생각할 수 있고, 나는 기다릴 수 있고, 나는 금식할 수 있다." 앞에 열거한 강령 중에서 첫 번째와 두 번째는 생각하는 갈대로 살아야 할 우리들의 의무며, 세 번째와 네 번째는 육체적으로나 정신적으로 항상 준비하면서 기다리는 우리들의 자세며, 다섯 번째와 여섯 번째는 구체적으로 금식 등의 고통을 받으면서 꼭 실천해야 할 우리들의 책임이다.

생각하고 기다리고 금식하는 사람들이 점점 증가할 때, 대한민국은 더욱 바람직한 사회가 될 것이다.

■ 출 처

이 책에 실린 글들은 모두 새로 썼거나 옛 글을 다시 수정하고 보완한
것이다. 그들의 원래 출처는 다음과 같다.

- 「쓸모 없는 사람의 쓸모 : 송항룡, <쓸모 없는 사람>을 읽고」, 『수필과
  비평』, 제48호, 2000년 7~8월호, pp. 162-167.
- 「인간 복제, 어떻게 볼 것인가」, 『한국종교사 연구』, 제9집, 2001, pp.
  165-191.
- 「우연과 필연, 어느 쪽을 선택해야 하는가 : 이영욱, <현대 우주론과
  인간>을 읽고」, 제18회 강남대학교 우원사상연구소 학술 세미나 (2001
  년 4월 16일) 발표문.
- 「현대 물리학과 '한' 사상은 만날 수 있는가」, 『철학과 현실』, 1991년
  가을호, pp. 350-360.
- 「현대 종교인의 과학 기술 윤리」, 제4회 종교인 윤리 헌장 실천을 위
  한 학술연구회 (프레스센터, 2001년 11월 29일) 발표문.
- 「하이데거의 생명관 : 최상욱, <하이데거에 있어 생명의 의미>를 읽
  고」, 『종교 연구』, 제21집, 2000년 가을호, pp. 37-54.
- 「공자에 대한 네 가지 질문 : 정주환, 《다시 보는 논어》를 읽고」, 『수
  필과 비평』, 제55호, 2001년 9-10월호, pp. 354-378.

□ 「대중 매체와 대중 스타」, 황필호, 『누가 최고 스타인가』, 열린문화, 1994, pp. 245-282.

□ 「소크라테스는 궤변론자인가 : 아리스토파네스, 《구름》을 읽고」, 황필호, 『문학철학 산책』, 집문당, 1996, pp. 155-184.

□ 「서양 중세 철학에 있어서 철학사와 철학함의 관계 : 박우석, <중세철학의 수용과 한국철학의 정립>을 읽고」, 『철학』, 제56집, 1998년 가을호, pp. 367-392.

□ 「죽음에 대한 현대 서양철학의 네 가지 접근과 한국인의 견해」, 한국종교학회 편, 『죽음이란 무엇인가』, 창, 2001, pp. 257-292.

□ 「21세기 교양 교육의 성격과 방법」, 제1회 강남대학교 제1대학 교수 콜로퀴엄 (2001년 5월 16일) 발표문.

□ 「경천애인애물과 학문」, 제2회 강남대학교 제1대학 교수 콜로퀴엄 (2001년 12월 5일) 발표문.

□ 「조동일의 인문학문론」, 『강남대학교 논문집』, 제37집, 2001, pp. 1-34.

□ 「창작의 공간 : 생각을 생각하는 곳」, 『수필과 비평』, 제56호, 2001년 11~12월호, pp. 26-35.

■ 황 필 호 ────────────────────────────────────

서울대학교 문리과대학 종교학과(학사)와 미국 오클라호마대학교 철학과(석사·박사), 미국 세인트 존스대학교 교육학과(석사)를 졸업한 뒤, 덕성여자대학교와 동국대학교 철학과 교수를 거쳐, 현재는 강남대학교 신학부 소속 종교철학 전공 교수로 있으며, 사단법인 생활철학 연구회의 이사장으로 봉직하며, 수많은 텔레비전 프로그램에 출연해 왔다. 저서와 역서로는 『서양종교철학 산책』, 『통일교의 종교철학』, 『중국종교철학 산책』, 『종교철학 에세이』, 『한국 무교(巫敎)의 특성과 문제점』, 『철학적 여성학』, 『우리 수필 평론』, 『영어로 배우는 철학』 등 2002년 여름 현재 50여 권이 있다.

인문학 · 과학 에세이

초판 1쇄 인쇄 / 2002년 8월 20일
초판 1쇄 발행 / 2002년 8월 25일

□

지은이 / 황 필 호
펴낸이 / 전 춘 호
펴낸곳 / 철학과현실사
서울특별시 서초구 양재동 338의 10호
전화 579─5908∼9

□

등록일자 / 1987년 12월 15일(등록번호 : 제1─583호)

□

ISBN 89-7775-395-3 03130
*잘못된 책은 바꾸어 드립니다.

값 13,000원